GESCHICHTLICHE WELTKUNDE

Herausgegeben von Wolfgang Hug

Quellenlesebuch

Band 3: Von der Zeit des Imperialismus bis zur Gegenwart

Von Wilfried Danner und Wolfgang Hug

Verlag Moritz Diesterweg
Frankfurt am Main · Berlin · München

Die Jahreszahlen hinter den Überschriften bezeichnen die Entstehungszeit des Textes oder verweisen auf das Jahr, aus dem der Autor als Zeitgenosse berichtet. In Klammern stehende Jahreszahlen verweisen auf das Jahr eines geschichtlichen Ereignisses, das der Autor später beschrieben hat.

Umschlagbild: Die BASF im Jahre 1881, nach einem Ölgemälde von Robert Stieler.

ISBN 3-425-03303-4

Satz: acomp, Wemding
Druck: aprinta, Wemding
Bindearbeiten: Großbuchbinderei Monheim, Monheim/Schwaben

GESCHICHTLICHE WELTKUNDE

Quellenlesebuch

Band 3

Vorwort

Dieser Band des Quellenlesebuches handelt von der jüngsten Vergangenheit. Er schildert die Entwicklung in den letzten 100 Jahren aus der Sicht von Zeitgenossen. Viele von den Männern oder Frauen, die in diesem Band zu Wort kommen, haben diese Entwicklung maßgeblich mitbestimmt. Andere haben sie über sich ergehen lassen oder sind ihr zum Opfer gefallen. Auch sie werden in diesem Quellenlesebuch teils durch Selbstzeugnisse, teils durch Schilderungen und Berichte von Augenzeugen vorgestellt. Es geht darum, von den Zeugen der Geschichte zu erfahren, was wirklich geschehen ist.

Freilich konnten auch die Menschen, die selbst Geschichte gemacht oder erlitten und davon etwas überliefert haben, nur aus ihrem jeweiligen Blickwinkel schreiben und nur das mitteilen, was ihnen wichtig erschien. Oft verfolgten sie mit dem, was sie sagten oder schrieben, auch einen ganz bestimmten Zweck. Man wird daher gerade auch zeitgeschichtliche Quellen nicht naiv lesen dürfen, sondern sollte kritisch fragen, was die Autoren jeweils wissen konnten oder was sie mitteilen wollten. Die kritische Lektüre dieser Quellen kann dann erklären, woher wir unser Bild von der jüngsten Vergangenheit besitzen und warum Geschichte aus verschiedenen Perspektiven zu betrachten ist.

Zwar enthält auch das Schulgeschichtsbuch Quellenauszüge. Meist handelt es sich dort jedoch um reine Arbeitstexte, die in knapper Form gehalten sind. Im Unterschied dazu sind in diesem Quellenlesebuch vor allem solche Quellen wiedergegeben,

- die ausführlicher und in größerem Zusammenhang etwas berichten,
- die anschaulich und konkret erzählen und schildern,
- die auch den Alltag einfacher Menschen darstellen.

Die ausgewählten Quellenzeugnisse beziehen sich auf die einzelnen Kapitel des Schulgeschichtsbuches GESCHICHTLICHE WELTKUNDE. Die Wiederholung von Texten, die bereits im Buch zitiert sind, wurde weitgehend vermieden. Das Quellenlesebuch soll der Vertiefung und Ergänzung, Konkretisierung und Differenzierung der Unterrichtsthemen dienen. Der Lehrer kann daraus vorlesen oder vorlesen lassen. Die Schüler können darin lesen und dann nacherzählen, referieren oder diskutieren, was sie gelesen haben. Sie können das Quellenlesebuch aber auch unabhängig vom Unterrichtswerk verwenden und es ganz einfach lesen – aus Neugier und Betroffenheit.

Inhaltsverzeichnis

1. Der Imperialismus – seine Entwicklung und seine Bedeutung

2. Der Erste Weltkrieg

3. Die Bolschewistische Revolution

6. Die Sowjetunion unter Stalin

7. Chinas Weg in den Kommunismus

8. Die nationalsozialistische Herrschaft in Deutschland

9. Europa und die Welt zwischen den Kriegen

1. Der Imperialismus – seine Entwicklung und seine Bedeutung

Cecil Rhodes, Sendungsauftrag der „britischen Rasse“, 1877

Cecil Rhodes war ein einflußreicher britischer Kolonialpolitiker. Sein Ziel war die Ausdehnung der britischen Herrschaft in Afrika vom Kap der guten Hoffnung bis Kairo in Ägypten; der größte Teil Afrikas sollte also britische Kolonie werden. Die Kolonie Rhodesien – heute Simbabwe – war nach Cecil Rhodes benannt worden.

Ich behaupte, daß wir die erste Rasse in der Welt sind und daß es um so besser für die menschliche Rasse ist, je mehr von der Welt wir bewohnen. Ich behaupte, daß jeder Acker, der unserem Gebiet hinzugefügt wird, die Geburt von mehr Angehörigen der englischen Rasse bedeutet, die sonst nicht ins Dasein gerufen worden wären. Darüber hinaus bedeutet es einfach das Ende aller Kriege, wenn der größere Teil der Welt in unserer Herrschaft aufgeht ... Die Förderung des britischen Weltreiches, um die ganze zivilisierte Welt unter britische Herrschaft zu bringen, die Wiedergewinnung der Vereinigten Staaten, um die angelsächsische Rasse zu einem einzigen Weltreich zu machen. Was für ein Traum! Aber dennoch ist er wahrscheinlich. Er ist möglich.

Da [Gott] offenkundig die englisch sprechende Rasse zu seinem auserwählten Werkzeug formt, durch welches er einen Zustand der Gesellschaft hervorbringen will, der auf Gerechtigkeit, Freiheit und Frieden gegründet ist, muß er offensichtlich wünschen, daß ich tue, was ich kann, um jener Rasse so viel Spielraum und Macht wie möglich zu geben. Daher, wenn es einen Gott gibt, denke ich, daß das, was er gern von mir getan haben möchte, ist, so viel von der Karte von Afrika britisch rot zu malen als möglich und anderswo zu tun, was ich kann, um die Einheit zu fördern und den Einfluß der englisch sprechenden Rasse auszudehnen.

The Last Will and Testament of C. J. Rhodes, hrsg. von W. T. Stead (1902), S. 57 f. und 97 f. Zitiert nach: L. Zimmermann, Der Imperialismus. Stuttgart 1979, S. 9/10.

Prévost-Paradol, Frankreichs Bedeutung im Mittelmeerraum, 1868

Auch Nationalisten in Frankreich glaubten, französische Zivilisation und französische Sprache müßten zum Wohle anderer Völker in der Welt verbreitet werden, die französische Ausdehnung habe also einen zivilisatorischen und religiös-missionarischen Auftrag. Schon 1868 schrieb der Franzose Prévost-Paradol in einem Buch:

Möge der Tag bald kommen, wo unsere Mitbürger aus der Enge unseres afrikanischen Frankreich [d. h. aus Algerien] nach Marokko und Tunis hinübergehen und endlich jenes Mittelmeerreich gründen, das nicht nur unseren Stolz befriedigen, sondern auch im künftigen Zustand der Welt die letzte Quelle unserer Größe sein wird ... Denn es gibt nur zwei Arten, das Schicksal Frankreichs aufzufassen: entweder bleiben wir, was wir sind, indem wir uns inmitten einer sich rasch ändernden Welt zu Hause in einer zeitweiligen und ohnmächtigen Erregung verzehren; in diesem Fall versinken wir auf diesem Erdball, der von den Nachkommen unserer alten Rivalen besetzt sein wird, in eine schmähliche Bedeutungslosigkeit ... Oder 80 bis 100 Millionen Franzosen, die auf beiden Ufern des Mittelmeeres, im Herzen des alten Weltteils fest angesiedelt sind, werden den Namen, die Sprache und das wohlerworbene Ansehen Frankreichs durch die Zeiten aufrecht erhalten.

Zitiert nach: J. R. von Salis, Weltgeschichte der neuesten Zeit, Bd. I. Zürich 1955, S. 174.

Auswanderer aus Deutschland, um 1890

Wer in Deutschland in Armut lebte oder keine Arbeit fand, wer optimistisch einer „besseren Zukunft“ entgegengehen wollte, wanderte nach den Vereinigten Staaten von Amerika aus. Von 1840–1910 wanderten etwa 5 Millionen Deutsche aus. Ein Amerikaner berichtet:

Ein Blick auf den Strom der Emigranten durch Bremen im Sommer 1890 ist nicht uninteressant. Bei einem Besuch in mehreren Auswandererunterkünften und bei den Schiffsbüros am Tage vor der Einschiffung sieht man Hunderte von Männern, Frauen und Kindern, die ihr Gepäck auf dem Rücken tragen; besonders die Frauen sind mit Bündeln beladen, die oft größer sind als sie selbst. Viele tragen Holzschuhe. Die meisten Männer und Frauen sind muskulös gebaut, den Frauen sieht man ihre Arbeit im Freien an; die Anmut und Schönheit, die man selbst an den Bauersfrauen der romanischen Völker sehen kann, fehlen. Diese Leute sind weniger lebhaft, aber ausdauernder als jene. Sie zeigen mehr Zufriedenheit in ihrer Armut als unsere einheimische amerikanische Bevölkerung in ihrem vergleichsweisen Überfluß. Eine solche Beschreibung hat sowohl eine rührende als auch eine praktische Seite. Die Eigenschaft der Gelassenheit, an der es dem amerikanischen Leben ziemlich mangelt, mag bei diesen deutschen und skandinavischen Gruppen allzu ausgeprägt sein, doch wird uns ein wenig mehr Zufriedenheit nicht zum Schaden gereichen ...

Ein Vermittler, der vornehmlich mit Auswanderern aus Bremen zu tun hat, schätzt, daß 33% der Emigranten des Jahres 1890 durch Geldsendungen von vorher in unser Land eingewanderten Freunden zur Auswanderung in die Vereinigten Staaten veranlaßt wurden. Derselbe Mann sagt: „Jedes Jahr werden viele Millionen Mark von Amerika nach Deutschland, Österreich, Ungarn und Polen geschickt. Dieses Geld ist zur Unterstützung der alten und zur Förderung der jungen Verwandten bestimmt. Solche (für Europäer) verschwenderischen Geldsendungen verstärken den bereits vorher bestehenden Eindruck, daß in dem neuen Land Kanaa Milch und Honig noch reichlicher fließen als in dem alten. Wenn in einem deutschen Dorf ein Brief an irgendeine alte Frau mit hundert oder zweihundert Mark ankommt, wird das Ereignis vom ganzen Dorf biertrinkend und pfeiferauchend gefeiert; die Neue Welt erscheint dabei mit einem Glorienschein umgeben und das um so mehr, wenn das auf dem Felde arbeitende Mädchen oder der in einer Werkstatt beschäftigte Mann seinen Lohn in Mark mit dem amerikanischen Lohn in Dollar vergleicht" ...

In einer Gruppe von Auswanderern in Bremen fällt ein weiterer Typus auf: Leutnants, mittellos gewordene Barone und Grafen, Offiziere, die sich im Duell geschlagen haben und einen Ortswechsel vorziehen, Bankrotteure und sogar Bankiers, die in den bemerkenswerten Auf- und Abschwüngen gescheitert sind, die Deutschland in seiner jüngsten Finanzgeschichte erlebt hat. Unaufhörlich gehen Vertreter dieser Klassen in die Vereinigten Staaten mit der Hoffnung, das verlorene Vermögen wiederzugewinnen – im allgemeinen reisen sie erster oder zweiter Klasse ... Ohne Zweifel nimmt die Bedeutung der „zweiten Klasse" bei der Auswanderung von Jahr zu Jahr zu. Von allen Ländern der Welt hat Deutschland das größte ungenutzte Potential an gründlich gebildeten Menschen, und die Zahl derer, die man als durchschnittlich gut gebildet bezeichnen könnte, ist nur in den Vereinigten Staaten größer. Wenn man vom italienischen Auswanderer sagen kann, daß er in der Regel keine Schulbildung genossen hat, so trifft für den deutschen das Gegenteil zu.

Zitiert nach: Gerhard A. Ritter, Jürgen Kocka (Hg.), Deutsche Sozialgeschichte 1870–1914. Dokumente und Skizzen. München ³1982, S. 47/48.

Carl Peters, Aufruf zum „Ersten allgemeinen Kongreß zur Förderung überseeischer Interessen", 1886

Dr. Carl Peters (1856–1918) ist einer der bekanntesten Verfechter von Imperialismus und Kolonialismus in Deutschland; er begründete die Kolonie Deutsch-Ostafrika (heute Tansania). Im Aufruf zum Kongreß zur „Förderung überseeischer Interessen" werden ideologische Hintergründe des deutschen Imperialismus deutlich:

Seit Jahrhunderten fließt ein starker Strom deutscher Auswanderung über die Grenzen des Reiches in die Fremde. In allen Ländern und allen Völkern sind es Deutsche gewesen, welche an den großen Kulturaufgaben der Zivilisierung und Kultivierung unserer Erde in hervorragendem Maße Anteil genommen haben. Generationen hindurch sind unsere Landsleute der gemeinsamen Heimat in Europa dauernd ungehindert verlorengegangen.

Diesem Prozeß haben die großen nationalen Errungenschaften der letzten Jahrzehnte ein Ende gemacht. Das Deutschtum auf der ganzen Erde fängt wieder an, sich ernstlich zu besinnen auf sein gemeinsames großes Vaterland, und der Drang eines engeren Zusammenschlusses mit den Landsleuten daheim wird aller Orten lebendig.

Das Deutsche Reich, mehr und mehr erstarkend aus jahrhundertelanger Ohnmacht, beginnt seinerseits mit Nachdruck hinüberzugreifen über die Weltmeere, und deutsche überseeische Interessen, so lange vernachlässigt, stehen heute unter dem sicheren Schutz unserer heranwachsenden deutschen Seemacht.

Aber die Aufgaben, welche unsere *Nation* zu lösen hat, will sie ihre geschichtliche Stellung wiedergewinnen, sind nicht in erster Linie politischer Natur. Das Reich, so stolz es dasteht unter der zielbewußten Regierung unseres Heldenkaisers, dank der von seinem eisernen Kanzler vertretenen kraft- und zielbewußten Politik, bietet nur die Grundlage, auf welcher ein engerer, geistiger Zusammenschluß der Angehörigen unseres Volkes möglich wird. Worauf es ankommt, das ist die *Stärkung der wirtschaftlichen Bande,* welche unser Volkstum auf der Erde umspannen, die Verfestigung des *kulturellen* und *geistigen Zusammenhanges,* der Beziehungen des Gemütes, wie sie noch von jeher den großen Nationen der Geschichte eigentümlich gewesen sind. Die Aufgaben dieser Richtung sind keine politischen, nicht die Regierungen haben sich mit ihrer Lösung zu befassen; sie sind *allgemein nationale,* und die Völker selbst haben an ihnen darzutun, wieviel an sittlicher Kraft ihnen innewohnt.

Deutsche Brüder jenseits der Meere, die ihr ein Herz habt für die Zukunft unserer Art, die ihr gewillt seid, mitzuarbeiten an dem großen Werk der *Wiedererweckung des Deutschtums*, euch laden wir ein, zusammenzukommen am 13. September 1886 in der Hauptstadt des neuentstandenen Deutschen Reiches und mit uns Beratung zu pflegen über das *Gemeinsame in den geistigen und wirtschaftlichen Interessen unseres gesamten Volkstums* und zugleich Mittel und Wege festzustellen, wie diese Interessen eine stete nachdrückliche Vertretung finden können. Es kommt darauf an, praktische Maßregeln zu treffen, wohlerwogene Einrichtungen zu schaffen, durch welche einerseits die wirtschaftlichen Interessen der Deutschen auf der Erde gefördert werden können, anderseits das geistige Band, welches uns alle umschlingt, erweitert und verstärkt zu werden vermag. Als Punkte für die Beschlußfassung stellen wir vornehmlich die folgenden hin:

1. *Fortführung der deutschen Kolonialbewegung zu praktischen Resultaten.*
2. *Kultivierung und Nutzbarmachung der bislang deutscherseits erworbenen Kolonialgebiete.*
3. *Die deutsche Auswanderungsfrage.*
4. *Die Hebung des deutschen Exports.*
5. *Deutsche Missionen in überseeischen Gebieten.*
6. *Erhaltung deutscher Sprache und deutscher Art in überseeischen Gebieten.*
7. *Befestigung der Beziehungen zwischen unseren Landsleuten in der Fremde und in der Heimat.*

Wir richten an alle deutschen Vereine und Verbände, die Einladung, an diesem ersten allgemeinen deutschen Kongreß in Berlin durch Vertreter teilnehmen zu wollen. Alle Deutschen, welche ihr Weg im nächsten Sommer über die Meere in die alte Heimat zurückführt, sind ebenfalls aufgefordert, den Kongreß zu besuchen. Die deutschen Zeitungen aber, innerhalb und außerhalb der Grenzen des Reiches, soweit sie den nationalen Gedanken auf ihr Banner geschrieben haben, bitten wir, für die möglichste Verbreitung dieser Aufforderung Sorge zu tragen. Anmeldungen und etwaige Anträge sind zu richten an die Gesellschaft für deutsche Kolonisation, Berlin SW., Belle-Alliance-Platz 14.

Man hat so oft über den Mangel an nationalem Sinn bei unseren Landsleuten in der Fremde geklagt; man hat bezweifelt, daß unser Volk in dieser Richtung jemals seinen stolzen westlichen Nachbarn gleichkommen könne: Deutsche Brüder auf der ganzen Erde! Beweisen wir durch die Tat, daß das Deutschtum, wie es imstande gewesen ist, aus seiner Zersplitterung heraus zur politischen Vormacht in Europa sich emporzuschwingen, so auch die sittliche Kraft in sich trägt, seine Stellung im Wettkampf mit den

Völkern der Erde treu dem Geist seiner stolzen, großen Vergangenheit von neuem zu gestalten."

C. Peters, Gesammelte Schriften, Bd. I. München 1943, S. 208 f.

Anweisungen der französischen Regierung an ihren Bevollmächtigten im Kongo, 5. Februar 1884

In einer Instruktion für den Vertreter des französischen Staates, Pierre de Brazza-Savorgnan, wird das Vorgehen im Kongo folgendermaßen festgelegt:

Ihre Aufgabe soll darin bestehen, durch eine Reihe von Explorations-Aktionen die Grundlagen für unsere Niederlassung in den Ihnen zugewiesenen Gebieten zu schaffen, wobei Sie mit aller Zurückhaltung, wie sie aufgrund der politischen Gegebenheiten notwendig ist, vorgehen werden ...

Sie müssen in kurzer Frist das Territorium geographisch aufnehmen, die äußere Gestalt und Beschaffenheit des Terrains näher bestimmen; Ihr Ziel muß es dabei sein, all das, was für unseren Handel und unsere Industrie von Interesse sein könnte, zu erfassen (Erzvorkommen, Arten verwertbarer Bäume, für die Kolonisation geeignete Landstriche) – mit einem Wort: Sie sollen sich all dessen vergewissern, was dem Vaterland neue Erkenntnisse und materielle Vorteile erbringen kann.

Sie sind für die definitive Einrichtung der schon begründeten Niederlassungen und Vorposten verantwortlich; Sie werden an anderen Orten neue Niederlassungen und Vorposten einrichten und zu diesen entsprechende Verkehrswege zu erstellen haben. Sie werden diese Arbeiten als machtvolles Element der Zivilisierung einsetzen, wie sie namentlich aus kontinuierlichen Beziehungen zwischen den Missionaren und den Volksstämmen in den von Ihnen erforschten Gebieten resultiert ...

Das französische Vorgehen in diesem Teil Afrikas setzt die Tradition fort, deren Grundlagen Sie selbst durch Ihre früheren Explorationsreisen gelegt haben. Es empfiehlt sich dabei, den Schwarzen unter allen Umständen versöhnlich gegenüberzutreten und es – solange dies nicht unerläßlich ist – zu vermeiden, sich der Gewalt und der Überlegenheit unserer Waffen zu bedienen.

Der Bevollmächtigte der Regierung schließt mit den Häuptlingen der Eingeborenen die Verträge ab, die er für die Erweiterung unseres Einflusses für nützlich hält. Mit Hilfe von geeigneten Maßnahmen, über die er selbst zu befinden haben wird, soll er die Bewohner an den Gedanken gewöhnen, sich eines Tages der verwaltungsmäßigen Abhängigkeit unserer

Kolonie unterstellt zu sehen; er wird ihnen zeigen, daß unser Schutz ein sicheres Unterpfand des Friedens und der Freiheit ist – mit einem Wort: Er wird sich bemühen, die Ergebnisse unserer Intervention auf Dauer zu festigen, indem er sie vor aller Augen rechtfertigt. In der Erwartung, daß die Umstände es der Regierung erlauben werden, die Sklaverei in diesen Gebieten abzuschaffen, wie dies in den anderen französischen Besitzungen bereits geschehen ist, ist es schon jetzt wichtig, dieser Maßnahme den Weg zu ebnen und überall in der Umgebung unserer Niederlassungen und Vorposten mittels Einwirkung auf die Schwarzen den Kampf gegen den Menschenhandel aufzunehmen.

Cathérine Coquery-Vidrovitch, Brazza et la Prise en Possession du Congo. Paris 1965, S. 225. Zitiert nach: P. Alter, Der Imperialismus. Stuttgart 1979, S. 51 f.

Carl Peters, Kolonial-Vertrag mit einem Sultan in Ostafrika, 1884

Muinin Sagara, den 4. Dezember 1884. Muinin Sagara, Herr von Muinin Sagara usw., alleiniger und absoluter Herr von ganz Usagara, und Dr. Carl Peters, als Vertreter der Gesellschaft für deutsche Kolonisation, schließen hierdurch einen ewigen Freundschaftsvertrag ab.

Sultan Muinin Sagara erhält eine Reihe von Geschenken; weitere Geschenke für die Zukunft werden ihm versprochen, und er tritt hierdurch unter den Schutz der Gesellschaft für deutsche Kolonisation resp. [beziehungsweise] deren Vertreter.

Dafür tritt der Sultan Muinin Sagara an Herrn Dr. Carl Peters, als den Vertreter der Gesellschaft für deutsche Kolonisation, kraft seiner absoluten und unumschränkten Machtvollkommenheit das alleinige und ausschließliche Recht, Kolonisten nach ganz Usagara zu bringen, ab.

Dr. Carl Peters, als Vertreter der Gesellschaft für deutsche Kolonisation, verspricht, von diesem Rechte Gebrauch zu machen.

Zu dem Behufe tritt Sultan Muinin Sagara das alleinige und ausschließliche Recht völliger und uneingeschränkter privatrechtlicher Ausnutzung von ganz Usagara an Herrn Dr. Carl Peters, als den Vertreter der Gesellschaft für deutsche Kolonisation, hierdurch ab.

Ferner tritt der Sultan Muinin Sagara an Herrn Dr. Carl Peters, als den Vertreter der Gesellschaft für deutsche Kolonisation, alle diejenigen Rechte ab, welche nach dem Begriff des deutschen Staatsrechts den Inbegriff staatlicher Oberhoheit ausmachen, unter anderem: das alleinige und uneingeschränkte Recht der Ausbeutung von Bergwerken, Flüssen, Forsten; das Recht, Zölle aufzulegen, Steuern zu erheben, eigene Justiz und Verwaltung einzurichten, und das Recht, eine bewaffnete Macht zu schaffen.

Dafür bleibt der Titel Muinin Sagara erblich in der Familie des Sultans Muinin Sagara.

Der privatrechtliche Besitzstand des Sultans wird von Herrn Dr. Carl Peters, als Vertreter der Gesellschaft für deutsche Kolonisation, anerkannt und garantiert, und die Vertreter der Gesellschaft für deutsche Kolonisation werden angewiesen werden, diesen Besitzstand mit allen Kräften mehren zu helfen.

Die Gesellschaft für deutsche Kolonisation wird mit allen Kräften dahin wirken, daß Sklaven aus dem Gebiet des Sultans Muinin Sagara nicht mehr fortgeschleppt werden dürfen.

Dieser Vertrag ist heute, am 4. Dezember 1884, vor versammeltem Volk von Usagara unter Zuziehung einer Reihe rechtsgültiger Zeugen von Muinin Sagara, alleinigem und uneingeschränktem Oberherrn von ganz Usagara, und Herrn Dr. Carl Peters, als dem Vertreter der Gesellschaft für deutsche Kolonisation, durch Namensunterschrift und Namenszeichnung von beiden Seiten in durchaus rechtsverbindlicher Form vollzogen worden.

(Handzeichen des Sultans Muinin Sagara.)
(Handzeichen von Kibuana, Sohn des Sultans Muinin Sagara.)
Dr. Carl Peters.

Peters, Gesammelte Schriften, a. a. O., S. 171.

Walter Lieblinger, Bericht über Tributarbeit in Deutsch-Ostafrika, 1905

Hier im Innern des Schutzgebietes ist zur Zeit noch Ruhe unter den Eingeborenen, jedoch ist dieser Ruhe nicht sehr zu trauen.

Besonders im Distrikt Tabora und Muanza haben die Schwarzen einen furchtbaren Haß gegen die Europäer in den Stationen.

Die Ursache davon ist in der Hauptsache die sogenannte Kopf- oder Hüttensteuer. Die Neger haben so gut wie keinen lohnenden Absatz für die Produkte ihres Feldes, ihre Rinder und Ziegen haben dieselben bis auf geringen Bestand zur Aufbringung der Steuer hergegeben, und nur noch sehr wenige haben etwas Vieh. Wer nun die Steuer nicht bezahlen kann, der muß für die Station fern von den Seinigen arbeiten und ist der Willkür der Askaris [eingeborene Soldaten] preisgegeben, die mit der Nilpferdpeitsche hinterher sind.

Die sogenannte Tributarbeit, über deren Zeitdauer keine richtig strenge Kontrolle herrscht, haßt der Neger bis aufs tiefste, er muß sich derselben jedoch fügen, sonst wird ihm sein Vieh fortgenommen und seine Hütte mit allem was darin ist verbrannt. Er hat kein Obdach für sich und die Seinen, sein Getreidevorrat ist vernichtet mit seinem Haus, und er kann dann in die Pori [Busch] gehen und mit seinem Weib und Kind verhungern. Jetzt hat das Gouvernement noch eine schärfere Durchführung resp. [beziehungsweise] Erhöhung der Kopfsteuer angekündigt, und ich glaube, daß dieses die Ursache zu einem allgemeinen Aufstand im Wanzamwari- und Usakumagebiet sein wird. An der Küste läßt sich ein Aufstand verhältnismäßig leicht unterdrücken, jedoch sehr fraglich ist dies im Inneren, zumal die Wanzamwari und Usakuma mit ihren bisherigen Feinden, den noch nicht unterworfenen sehr kriegerischen Masai, im nördlichen Teile des Schutzgebiets nomadisierend, jetzt gemeinschaftliche Sache gegen die Weißen verabredet haben. Ich lebe hier mit meinem vierjährigen Knaben allein als Ansiedler zwischen den Warambaleuten und habe auch Besitz und Land in Ntussa, Distrikt Muanza. Die Eingeborenen haben Vertrauen zu mir, da ich sie stets reell für ihre Arbeit bezahlt und sehr human behandelt habe. Mir sind ihre Reden und Anschauungen bekannt, jedoch muß ich Ihnen erklären, daß mir solche jetzt viel Sorgen machen.

Wenn ich Gelegenheit hatte, mit Offizieren von Stationen hierüber zu sprechen, so hieß es, wir können dagegen nichts machen, Steuer einzuziehen wird uns befohlen. Bezahlen die Schwarzen solche nicht ordnungsgemäß, so müssen wir gegen sie vorgehen, Hütten abbrennen und Vieh fortnehmen. Befehle müssen ausgeführt werden. Bleiben im Distrikt die Steuern rückständig, so sagt uns das Gouvernement, daß wir unsere Pflicht nicht erfüllt haben; ergo ziehen wir Steuern ein, laß daraus werden was will. Im übrigen sagen wir selber: après nous le déluge [nach uns die Sintflut].

Aus obiger Darstellung können Sie sich ein Bild machen, wie die Sachen hier im Inneren des Schutzgebietes liegen. Wenn ein allgemeiner Aufstand verhütet werden soll, so muß das Gouvernement die Besteuerung der Schwarzen vorläufig sistieren und Mittel und Wege finden, Verkehrsverhältnisse zu schaffen, die einen Umsatz der Bodenerzeugnisse ermöglichen; solange in dieser Hinsicht nicht etwas getan ist, mögen sie die Neger hier im Innern ruhig unbesteuert lassen.

Der Nyamwari- und Usakuma-Neger und auch der Iramba-Mann arbeiten gern für den Weißen, solange er von diesem regulär seinen Lohn bekommt und vor allem nicht geschlagen wird. Er nimmt mit sehr geringem Lohn vorlieb, wenn er sicher ist, daß er wie ein Mensch behandelt wird. Was den anständigen arbeitswilligen Neger vor der Arbeit für den Europäer zurückschreckt, das ist die Nilpferdpeitsche, mit der die Europäer nur zu oft Unfug treiben, und zwar zu ihrem eigenen Schaden.

Es ist über dieses Thema des Prügelns der Neger schon viel hin und her verhandelt worden ... Meine Ansicht geht dahin, daß wir nach dem bestehenden System Gefahr laufen, diese schöne Kolonie durch unsere eigene Schuld zu verlieren. Wir müssen erst lernen, den Neger richtig als Menschen und nicht als Vieh zu behandeln, Verbrechen desselben jedoch streng zu bestrafen. Dem Verbrecher gegenüber halte ich die Prügelstrafe hier in Deutsch-Ostafrika für gerecht, jedoch nicht dem Arbeiter gegenüber.

Vielleicht können Sie Ihren Einfluß an maßgeblicher Stelle in diesem Sinne zum Wohl der Kolonie etwas durchsetzen. Hochachtungsvoll und ergebenst

Walter Lieblinger, Ansiedler

Zitiert nach: Fritz Ferdinand Müller, Kolonien unter der Peitsche. Berlin (Ost) 1962, S. 49 f.

Strafverzeichnisse von Eingeborenen in Deutsch-Südwestafrika (1896–1899)

Der Eingeborene Namke mit 40 Schambockhieben, „weil er sich als Wächter von seinem Vieh entfernt und dadurch verursacht hat, daß das Vieh auseinandergelaufen war".

Die Eingeborenen Haas, July und Jakob mit je 25 Schambockhieben, „weil sie 1 Stunde vor Schluß der ihnen aufgetragenen Arbeit von derselben fortgegangen sind".

Der Eingeborene September mit 25 Schambockhieben, „weil er als Pferdewächter, statt auf die Pferde aufzupassen, sich auf die Werft begeben hat".

Der Eingeborene Arof mit 15 Schambockhieben, „weil er ohne Erlaubnis aus dem Dienst der Station entlaufen ist, ohne daß hierzu die geringste Veranlassung vorhanden war".

Der Eingeborene Muirabon mit 25 Schambockhieben, „weil er einen ihm gegebenen Auftrag infolge selbst verschuldeter Trunkenheit (Genuß von Zuckerbier) nicht ausgeführt hat".

Der Bergdamara Sankap mit 3 Monaten Gefängnis mit Zwangsarbeit und 10 Hieben wegen „Nachlässigkeit im Dienst".

Der Eingeborene Class mit 20 Schlägen „wegen Verbreitung falscher, die Rinderpest-Impfung schädigender Gerüchte".

Der Eingeborene Hendrik Simson mit 15 Schlägen wegen „Fortlaufen aus dem Dienst aus Angst vor verdienter Strafe".

Der Eingeborene Jahn Blum mit 5 Monaten Zwangsarbeit und 25 Hieben: „Grober Verstoß gegen die Gefängnisordnung und mutwillige Beschädigung von Inventargegenständen."

Der Buschmann Jakob Krumm mit 25 Stockschlägen, „weil er als Führer dem Hauptmann von Estorff entlaufen ist".

Der Kaffer Hosieb mit 25 Stockschlägen, „weil er dreimal die Ochsen hat weglaufen lassen".

Der Bergdamara Max mit 25 Stockschlägen, „weil er ein Stück Fleisch entwendet hat".

Der Buschmann Namke mit 25 Stockschlägen, „weil er gestohlenes Fleisch gegessen hat".

Der Buschmann Dickkopf mit 25 Stockschlägen, „weil er wiederholt die Schweine hat weglaufen lassen".

Der Kaffer Sarib und der Hottentott Jakob mit 20 bzw. 25 Schambockhieben und je 4 Wochen Kettenhaft „wegen Vornahme unzüchtiger Handlung an einem Hottentottenmädchen".

Zitiert nach: Müller, Kolonien, a.a.O., S. 88 f.

David Diop, Die Zeit der Qualen

Moderne afrikanische Dichtung bewahrt etwas von der Erinnerung an die Kolonialzeit. Diop, 1927 geboren, lebte in Kamerun, im Senegal und in Frankreich.

Der Weiße hat meinen Vater getötet,
mein Vater war stolz.
Der Weiße hat meine Mutter geschändet,
meine Mutter war schön.
Der Weiße hat meinen Bruder unter die Sonne der Straßen gekrümmt,
mein Bruder war stark.

Der Weiße hat seine geröteten Hände,
gerötet von schwarzem Blut,
mir zugewandt
mit Herrenstimme:
„He Boy! Einen Knaben, ein Handtuch und Wasser!"

Zitiert nach: Schwarzer Orpheus. Moderne Dichtung schwarzer Völker, hrsg. v. J. Jahn. Frankfurt 1960, S. 15 f.

Stephen Pichon, Boxer-Aufstand in Peking, 1900

Der französische Gesandte in Peking, Stephen Pichon, schreibt an den französischen Außenminister:

Die Probleme, die von allen Seiten auf mich zukommen, beanspruchen mich in einem Maß, daß es mir kaum möglich ist, Ihnen von der schweren, durch die Aufständischen geschaffenen Lage Bericht zu erstatten. Seit den Ereignissen, mit denen sich mein Schreiben vom 20. April befaßte, hat sich die Krise verschärft. Pao-Ting-fu, T'ien-tsin und Peking sind von allen Seiten durch Banden gefährlicher Fanatiker bedroht, die von der aufgehetzten Bevölkerung starken Zulauf erhalten und – mit Unterstützung einflußreicher Führer – überall rauben und plündern, Brände legen und Morde begehen. Es sind derzeit die chinesischen Katholiken und Protestanten, die vor allem zu leiden haben. Das Dorf Kao-Kao-Lo (im Verwaltungsdistrikt Lai-Tschui-Hien) wurde zerstört; 70 chinesische Christen blieben ermordet und verbrannt zurück. Weitere benachbarte Dörfer wurden angegriffen und niedergebrannt, wobei Gläubige der englischen, amerikanischen und französischen Missionen zugrunde gingen. Derzeit sind die Banden daran, um die Hauptstadt des Reiches einen Ring zu bilden, der immer enger wird. Es wird behauptet, etwa 10000 Angreifer seien bereits in die Stadt eingedrungen. Die Aufständischen bekennen offen, daß es ihr Ziel ist, alle Fremden zu vertreiben. Flugblätter und Plakate fordern zur Vernichtung der Missionen und zur allgemeinen Erhebung gegen die in China anwesenden Europäer und Amerikaner auf. Es werden auch die Termine genannt, an denen sie ihre Drohungen wahrzumachen hoffen. Sie halten Besprechungen und Versammlungen ab, stellen in aller Öffentlichkeit militärische Einheiten auf und organisieren die Erhebung vor aller Augen. Sie tragen Fahnen mit Inschriften: „Wir kämpfen im kaiserlichen Auftrag für das Wohl der Dynastie."

Zitiert nach: Jean Mabire, Blutiger Sommer in Peking. Wien 1978, S. 373.

Baron d'Autouard, Siegesparade durch die kaiserlichen Paläste in Peking, 1900

Während des Boxer-Aufstandes wurde das Diplomatenviertel in Peking mehrere Wochen durch die Aufständischen belagert. Nur unter großen Mühen konnten einige europäische Gesandtschaften verteidigt werden. Nach der Befreiung dieser Gesandtschaften durch internationale Entsatztruppen wurde eine Siegesparade durch die kaiserlichen Paläste abgehalten.

Nun marschieren die siegreichen Armeen mit wehenden Fahnen in den geheimnisvoll abgeschlossenen Distrikt ein, wo die Gegenwart des allmächtigen Kaisers durch Jahrhunderte alle mit abergläubischer Furcht erfüllte, wo Chinesen nur vor Ehrfurcht zitternd mit gesenktem Kopf einzutreten wagten und niemals das Auge eines Fremden die geheiligten Paläste und Pagoden entweiht hatte. Von den Mauern der jahrhundertealten Paläste, in deren Bereich bisher nur Gesänge zum Lob des Sohnes des Himmels erklungen sind, hallen Soldatenlieder wider, die dessen Niederlage feiern. Wir durchschreiten die Einfriedung, während japanische Fotografen die Parade aufnehmen, durchqueren ein langes Gewölbe und kommen in einen weiten, gepflasterten Hof, dem sich weitere acht ähnliche anschließen; sie sind durch Pavillons monumentalen Ausmaßes voneinander getrennt, die als Empfangsräumlichkeiten dienen. Auf beiden Seiten dieses zentralen, für den Verwaltungsapparat bestimmten Teiles befinden sich die Privatgemächer des Kaisers und der Kaiserin im Westen und die Wohnungen der Konkubinen im Osten, die allesamt nach den Regeln chinesischer Baukunst mit einer Vielzahl von Pavillons und Höfen ausgestattet sind. Pagoden und Gärten sind dazwischengestreut; Lagerräume und Wachtposten finden sich an der Peripherie. Das Ganze bildet eine Stadt von 80 Hektar Bodenfläche, die in viele von hohen Mauern, festen Verteidigungswällen und Gräben umgebene Sektoren aufgeteilt ist und damit zur Festung und zum Gefängnis zugleich wird . . .

Zum Klang der Militärkapellen durchquert die Parade die Reihe der Höfe und Säle der Regierungsgebäude entlang der Mittelachse des Palastes, sie marschiert auf den Wegen des Kaisers. Und die großen vergoldeten Bronzelöwen, die als abschreckende Wächter vor den Treppen sitzen, blinken wie immer im Sonnenlicht.

General Linijewitsch und sein Stab eröffnen mit dem diplomatischen Korps den Zug. Die russische Infanterie, eine lange Kolonne prächtiger breitschultriger Männer, marschiert dann auf und läßt das Pflaster unter dem Tritt ihrer Stiefel erdröhnen.

Nach ihnen kommen die Japaner, klein, gedrungen, in knapp sitzenden, peinlich sauberen Uniformen, exakt marschierend wie auf dem Exerzierplatz.

Zum Gequieke ihrer Dudelsäcke reihen sich nun die Sikhs mit ihren gigantischen Turbanen in eleganter Haltung ein und nach ihnen die Amerikaner, bartlos wie Kleriker, mit Filzhüten wie Waldläufer.

Der Kontrast zwischen dieser steifen angelsächsischen Truppe und unseren „Marsouins" ist augenfällig. Zum Takt ihrer Spielleute marschieren diese mit hartem Tritt, munter und schneidig trotz ihrer noch immer schmutzigen Uniformen aus blauem Tuch, mit denen man sie auf lächerliche Weise ausgestattet hat. Ihnen schließt sich ein annamitisches [Volk an der Ostküste Hinterindiens] Detachement an.

Schließlich erscheinen die deutschen, italienischen und österreichischen Matrosen.

Im letzten Hof vor dem Nordausgang bilden russische und japanische Truppen das Spalier.

Das diplomatische Korps bleibt nun stehen, läßt die Parade an sich vorbeidefilieren und begrüßt sie.

Um halb zehn Uhr ist die militärische Feier zu Ende.

Zitiert nach: Mabire, a.a.O., S. 392ff.

Pu Yi, Lebensweise als Kaiser von China, um 1910

Pu Yi war der letzte Kaiser von China. Als Kind unter einer Regentschaft zum Kaiser (1908–1911) erhoben, erlebte er den kaiserlichen Hofstaat.

Zwei Jahre und zehn Monate alt, wurde ich am 2. Dezember 1908 unter dem Regierungstitel Hsüan Tung auf den Drachenthron gehoben. Es war dies eine feierliche Zeremonie – wenngleich sie auch infolge meines unkaiserlichen Schreiens und Brüllens der letzten Würde entbehrt haben mag . . .

Jeden Morgen, wenn ich zum Unterricht getragen wurde oder den Kaisergemahlinnen meine Aufwartung machte, heftete sich ein langer Schweif von Menschen an meine Fersen. Verließ ich die Verbotene Stadt für einen Ausflug in den Sommerpalast, folgte mir nicht nur unweigerlich eine lange Kolonne von Fahrzeugen, auch die Polizeibehörden der Republik waren jedesmal vorher ersucht worden, entlang der gesamten Reiseroute Posten zu meinem Schutz aufzustellen. Eine einzige solche Spazierfahrt dürfte einige tausend Silberdollar verschlungen haben.

Wenn ich die Kaiserlichen Gärten zum Spielen aufsuchte, reihte sich eine Riesenprozession auf: An der Spitze schritt ein Eunuche der internen Palastverwaltung, der die Funktion einer Autohupe wahrnahm – er zischte unaufhörlich „Tschh! . . . tschh! . . .“, um jede Person in der Nähe zu warnen; zwanzig bis dreißig Schritte dahinter folgten zwei Generaleunuchen, die querbeinig auf beiden Seiten des Wegs einherwatschelten; und mit weiteren zehn Schritten Rückstand kam dann das Hauptstück der Prozession – ich selbst oder die Kaiserinwitwe in meiner Begleitung. Wurde ich in der Sänfte getragen, schritten zwei Jungeunuchen links und rechts neben mir, um meiner Wünsche gewärtig zu sein. Ging ich zu Fuß, griffen sie mir unter die Arme, um mich zu stützen. Hinter mir folgte ein Eunuche, der einen großen seidenen Baldachin balancierte, und wieder dahinter schloß sich eine große Schar von weiteren Eunuchen an, von denen ein Teil gar nichts, die anderen aber alle möglichen Arten von Utensilien mit sich trugen: einen Stuhl zur Rast, Kleider zum Wechseln, Regenschirme, Sonnenschirme. Nach diesen Kammereunuchen der Kaiserlichen Präsenz kamen die Eunuchen des Kaiserlichen Teebüros, die in einer Sammlung von Schachteln und Behältnissen tausenderlei Arten von Gebäck, kleinen Erfrischungen und Delikatessen und zahllose Teesorten nebst großen Kannen mit heißem Wasser und dem nötigen Geschirr mit sich führten. Ihnen folgten die Eunuchen der Kaiserlichen Apotheke mit Tragstangen, an denen alle möglichen Mittel für den Hausgebrauch und für Notfälle in Kasten verstaut baumelten. Die Grundausrüstung bestand aus Tränken von Lampendochtbinsen, Chrysanthemen, Schilfwurzeln, Bambusblättern und Bambusschalen; im Sommer wurden zusätzlich gepreßte Begonien zur Regulierung des Atems, Sechs-Harmonien-Pillen zur Festigung der Zentralorgane, vergoldete Zinoberpillen gegen Hitze, Bällchen aus klebrigem Duftreis, Salben für Universalzwecke, Arzneien gegen Koliken und Pulver gegen Ansteckung mitgeführt; und zu keiner Jahreszeit durfte das „Elixier der Drei Unsterblichen Genien“ für leichte Verdauung fehlen. Den Schluß der Prozession bildeten Eunuchen, die Nachtstuhl und Nachttopf mit sich schleppten. Und falls ich zu Fuß ging, folgte in letzter Position noch die Sänfte, die je nach Jahreszeit offen oder geschlossen war. Dieser buntscheckige Aufzug aus Dutzenden von Menschen bewegte sich mit stummer Würde und Ordnung, sofern er nicht durch mich durcheinandergebracht wurde . . .

Den größten Aufwand aber an Mühen, Geld und Material verschlangen die Mahlzeiten . . . Der Entwurf eines Speiseplans für den März 1911, der vor mir liegt, zählt folgende Gerichte für die erste der zwei Hauptmahlzeiten auf:

Ente der dreifachen Köstlichkeit (Ente, Schinken, Huhn mit Pilzen in besonderer Soße)
Geschnetzeltes Hühnerfleisch mit Gemüse
Ein ganzer gesottener Schinken
Ein ganzes gedämpftes Huhn mit Kaiserlichen Pilzen
Geschnetzeltes Rindfleisch mit gedünstetem Gemüse
Hammelfleisch mit zartem Spinat und Bohnenquark
Süße, frische Südliche Kirschen mit Kartoffeln
Gedämpftes Fleisch und Gemüse im Feuertopf
Seeigel in eingekochter Entenbrühe

Glasierte Ente scharf gewürzt
Kaiserlicher Reis mit Süßkartoffeln
Gebackene Pilze
Schweinefleisch in Würfeln mit Broccoli
Hauchdünn geschnetzeltes Lammfleisch mit gewürzten Gemüsen
Geröstete Auberginen
Charlotten mit geschnetzeltem Fleisch
Kalte Kutteln mit Wein und Gewürzen mariniert
Bohnenquark angerichtet mit Gewürzen, Soja-Bohnensoße und getrockneten Gemüsen
Getrockneter, geräucherter Bohnenquark mit Bambussprößlingen, Ingwer und anderen Gewürzen
Gewürztes, trockenes Wildbret
In Fett gebratenes ausgesuchtes Gemüse
Fleischbrühe zum Gedenken der Ahnen
Gedünstete Kutteln und Lunge

Aber all diese Gerichte, die mit so großem Aufwand hergeschafft wurden, dienten nur als Dekor. Die Speisen konnten nur deshalb unmittelbar nach meiner Anordnung serviert werden, weil sie bereits Stunden oder einen ganzen Tag im voraus in der Kaiserlichen Viktualienkammer zubereitet und über dem Feuer warmgehalten wurden. In der Küche wußte man, daß – wenigstens seit der Zeit Guang-Hsüs – der Kaiser nicht darauf angewiesen war, seinen Hunger an diesen durchgekochten Speisen zu stillen. Ich aß nur die Gerichte, die mir von der Kaiserinwitwe und, nach ihrem Tod, von den vier Kaisergemahlinnen geschickt wurden. Sie verfügten alle über eigene Küchen und einen Stab meisterlicher Köche, die mehr als zwanzig erlesene Speisen zu jeder Mahlzeit lieferten. Diese Speisen wurden unmittelbar an meinem Platz serviert, während das, was aus der Kaiserlichen Viktualienkammer kam, rundum als Staffage aufgestellt wurde ...

Vor mir liegt eine Aufstellung, aus welchem Jahr läßt sich nicht mit Bestimmtheit sagen, mit der Überschrift „Liste derjenigen Materialien, welche tatsächlich zur Anfertigung der Kleidung Seiner Majestät während der Zeit vom 6. Tag des 10. Monats bis zum 5. Tag des 11. Monats verarbeitet wurden". Danach wurden folgende Kleidungsstücke für mich geschneidert: 11 Pelzjacken, 6 pelzgefütterte Ober- und Unterkleider, 2 Pelzwesten, 30 wattierte Westen und ebenso viele Hosen. Sieht man von den Kosten für die aufgewandte Arbeit und die wichtigsten Materialien ab, so schlug allein die Rechnung für kleine Zutaten wie Borten, Taschen, Säume, Knöpfe, Zwirn und Faden mit 2 137 Silberunzen zu Buch.

Wann und wie oft ich meine Garderobe wechseln mußte, war alles bis ins kleinste festgelegt und oblag dem Eunuchen des Kaiserlichen Kleiderspeichers. Selbst gewöhnliche Kleider, die ich täglich trug, gab es in 28 verschiedenen Ausführungen, angefangen von dem Schwarzen Gewand mit weißem Pelzfutter, das ich jeweils am 19. Tag des ersten (lunarischen) Monats anlegte, bis hin zu dem Zobel, den ich an jedem ersten Tag des 11. Monats anzog. Selbstverständlich waren die Gewänder bei zeremoniellen Anlässen und hohen Festtagen wesentlich aufwendiger ...

Nach einem Beamtenkalender aus dem Jahr 1909 umfaßte das Personal des Kaiserlichen Hofamts 1023 Personen (ohne die Palastwache, die Eunuchen und die einfachsten Diener, die sogenannten „Sulas"); nach Gründung der Republik (1911) verringerte sich diese Zahl auf etwas über 600.

Pu Yi, Ich war Kaiser von China. München 1973, S. 25, 37 ff.

2. Der Erste Weltkrieg

Kaiser Wilhelm II., Wehrbegeisterung, 1892/1898

Taufe eines Panzerschiffes, 1892

Ein neues stattliches Fahrzeug Meiner Marine sollst du hinabgleiten in dein Element, wohlvorbereitet, deine Aufgabe zu erfüllen. Du sollst die guten Eigenschaften, die in der kaiserlichen Marine vertreten sind, zur Geltung bringen, Gehorsam, Disziplin und vor allem Treue im Beruf. Möge deine Besatzung stets ihre Schuldigkeit tun!

Es gilt nun, dem Schiff einen Namen zu geben. Er wird genommen aus der Urgeschichte unserer Vorväter im Norden. Du sollst den Namen erhalten des Gottes, dem als Hauptaufgabe die Abwehr übertragen war, desjenigen, dem es oblag, die goldenen Tore Walhallas vor jedem bösen Eindringling zu beschützen und zu bewahren. Wie jener durch sein goldenes Horn weithinschallend, wenn Gefahr im Anzuge, die Götter herbeirief zum Streit in der Götterdämmerung und durch sein Horn Verwirrung und Verderben in die Reihe seiner Feinde brachte, so sei es auch mit dir!

Gleite hinab in dein Element, sei du stets ein treuer Hüter der Meere, sei stets ein treuer Hüter der Ehre unserer Nation, der Ehre unserer Flagge. *Und wenn du dereinst zum Kampfe berufen sein wirst, so bringe auch Zerstörung und Verwüstung in die Reihen deiner Feinde.*

Trage in Ehren den Namen Heimdall!

Trinkspruch beim Sedansfest, 1895

Wenn Ich am heutigen Tage einen Trinkspruch auf Meine Garden ausbringe, so geschieht es froh bewegten Herzens; denn ungewöhnlich feierlich und schön ist der heutige Tag. Den Rahmen für die heutige Parade gab ein in Begeisterung aufflammendes ganzes Volk, und das Motiv für die Begeisterung war die Erinnerung an die Gestalt, an die Persönlichkeit des großen verewigten Kaisers. Wer heute und gestern auf die mit Eichenlaub geschmückten Fahnen blickte, der kann es nicht getan haben ohne wehmütige Rührung im Herzen; denn der Geist und die Sprache, die aus dem Rauschen dieser zum Teil zerfetzten Feldzeichen zu uns redeten, erzählten von den Dingen, die vor 25 Jahren geschahen, von der großen Stunde, von dem großen Tage, da das Deutsche Reich wieder auferstand. Groß war die Schlacht und heiß war der Drang und gewaltig die Kräfte, die aufeinander stießen. Tapfer kämpfte der Feind für seine Lorbeeren; für seine Vergangenheit, für seinen Kaiser kämpfte mit dem Mut der Verzweiflung die tapfere französische Armee. Für ihre Güter, ihren Herd und ihre zukünftige Einigung kämpften die Deutschen; darum berührt es uns auch so warm, daß ein jeder, der des Kaisers Rock getragen hat oder ihn noch trägt, in diesen Tagen von der Bevölkerung besonders geehrt wird – ein einziger aufflammender Dank gegen Kaiser Wilhelm I.! Und für uns, besonders für die Jüngeren, die Aufgabe, das, was der Kaiser gegründet, zu erhalten ...

Bei einer Rekrutenvereidigung, 1898

Ihr habt den Eid als Seeleute auf die Kriegsflagge geschworen, welche die Farben Schwarz-weiß-rot trägt. So bedeutet Schwarz die Arbeit und die Trauer, Weiß Feiertag und Ruhe und Rot das Blut, welches viele Vorfahren für das Vaterland vergossen haben. Ich erinnere daran, daß brave Seeleute mit dem letzten Gedanken an das teure Vaterland und an die Flagge, zu welcher sie den Eid der Treue geschworen hatten, den Tod in den Wellen gefunden haben. Viele von euern Kameraden sind hinausgezogen, um die Interessen des Vaterlandes zu schützen. *Denn wo der deutsche Aar Besitz ergriffen und die Krallen in ein Land hineingesetzt hat, das ist deutsch und wird deutsch bleiben.*

Geht hin und tut eure Schuldigkeit, wie ihr eben vor Gottes Angesicht geschworen!

Zitiert nach: Ernst Johann, Reden des Kaisers. München ²1977, S. 58, 66, 77.

Lloyd George, Über die Schuld am Ausbruch des Ersten Weltkrieges (1914)

1914 gaben sich die Regierungen der Kriegsgegner gegenseitig die Schuld am Ausbruch des Krieges. Zahlreiche Akten wurden veröffentlicht, um die eigene Unschuld zu beweisen; dabei wurden oft „unbequeme" Akten unterschlagen oder verfälscht. Nach dem Krieg äußerte sich der englische Politiker Lloyd George zur Frage der Kriegsschuld mit einer Behauptung, die vielen am Kriegsausbruch beteiligten Politikern willkommen war. Nach neuen Forschungen muß sehr bezweifelt werden, ob diese Aussage die wahren Vorgänge im Juli 1914 beschreibt und die tatsächlichen Motive der Politiker wiedergibt.

Von allen den Männern, die in den ersten Wochen des Juli mit dem Einbringen ihrer Heu- oder Getreideernte beschäftigt waren, sei es bei uns, sei es auf dem Kontinent, kann man ruhig behaupten, daß nicht einer mit der Möglichkeit gerechnet hat, er würde bereits im folgenden Monat zu den Fahnen gerufen und an die Kampffront geschickt werden, um an einem Kriege teilzunehmen, der mit dem gewaltsamen Tode von Millionen seiner Brüder und mit der Verstümmelung noch weiterer Millionen enden würde. Ohne die geringste Spur von Angst oder Bestürzung rutschten die Völker über den Rand in den siedenden Kessel des Krieges. Als ich die Nachricht von der Ermordung des Erzherzogs Ferdinand erhielt, hatte ich das Gefühl, es handle sich um eine ernste Angelegenheit, und diese Angelegenheit könne ernste Folgen haben, die sich, wenn man nicht mit fester und geschickter Hand zupackte, sehr leicht zu einer sämtliche Völker erfassenden Katastrophe entwickeln könnten. Meine Befürchtungen wurden aber sehr bald durch die völlige Gelassenheit besänftigt, mit der die Herrschenden und die Diplomaten der Welt das Ereignis hinzunehmen schienen. Der Kaiser begab sich zu seiner gewöhnlichen Erholungsfahrt in die norwegischen Fjorde.

...

Blickt man auf die Geschehnisse dieser wenigen ereignisreichen Tage zurück, dann glaubt man sich an einen Alptraum zu erinnern, und nachdem ich den größten Teil der Literatur gelesen habe, in der erläutert wird, warum die Völker den Krieg begonnen haben und wer die Verantwortung dafür trägt, bleibt mir nichts als der Eindruck völligen Durcheinanders, chaotischer Verwirrung, kläglicher Schwäche und barer Sinnlosigkeit. Unter den Herrschern und Staatsmännern, die allein das letzte Wort zu sprechen hatten, das große Armeen veranlassen konnte, sich zu erheben und über die Grenzen zu marschieren, hat, wie man jetzt deutlich sieht, kein einziger den Krieg gewollt – zumindest nicht einen Krieg von derartigem Umfang. Möglicherweise bildet der törichte Berchtold, der österreichische Premierminister, eine Ausnahme; ihm muß die Hauptverantwortung für das meiste, was geschehen ist, zugeschoben werden.

Die andern schraken alle vor der Aussicht auf einen Krieg zurück. Am allerwenigsten kann man behaupten, daß der alte Franz Joseph den Krieg gewollt habe. Und desgleichen war ein europäischer Krieg das letzte, was der eitle deutsche Kaiser sich gewünscht hätte. Der schwache und einfältige, aber ehrliche russische Zar wünschte zweifellos nicht den Krieg.

...

Die österreichischen und deutschen Herrscher und Staatsmänner wünschten zweifellos einen kleinen Krieg gegen einen kleinen Nachbarn, der, auf sich selber angewiesen, leicht und schnell zu besiegen gewesen wäre. Die Sache wäre bald vorüber gewesen, das Ansehen Österreichs wäre durch diese Schaustellung seiner unwiderstehlichen Macht wiederhergestellt worden, und Deutschland würde sich abermals als der unbestrittene Herrscher Europas und der unanfechtbare Schiedsrichter über seine Geschicke erwiesen haben. Aber keiner dieser Herrscher und Staatsmänner wollte einen Präriebrand entzünden, der einen ganzen Kontinent versengen mußte. Die Leiter der Staatsgeschäfte bei den Mittelmächten waren lediglich der Ansicht, sie müßten dieses „Wespennest", wie sie Serbien nannten, ausräuchern, und schienen keinen Augenblick lang von dem Umstande Kenntnis zu nehmen, daß das Gras auf den Ebenen Europas zu dieser Zeit dürr wie Zunder war. Keine warnende Stimme rief ihnen ein gebieterisches Halt zu: nirgends gab es eine überragende Persönlichkeit, die sich Gehör erzwungen oder die Führung durch das Chaos übernommen hätte.

...

In Österreich und Rußland trugen in letzter Linie die Oberkommandos die Schuld am Krieg. Sie bestanden auf der Mobilisierung, während noch Verhandlungen im Gange waren, die gar nicht aussichtslos schienen. Die österreichische Mobilisierung veranlaßte Rußland, seine Armee zu mobilisieren, um irgendwelchen überraschenden Bewegungen an seinen Grenzen zuvorzukommen. Österreich mobilisierte zum Schlage gegen Serbien. Rußland mobilisierte zum Gegenschlag. Als der Kaiser, erschreckt durch die Gewitterwolken, persönlich bei dem Zaren intervenierte, um den Krieg abzuwenden, bat er „Nicki", das bereits erlassene Mobilisierungsdekret zurückzuziehen. Der Zar war bereit, diese nicht unvernünftige Bitte zu erfüllen, aber die Armeeführer versicherten ihm, die „technischen" Schwierigkeiten einer Zurückziehung und auch nur einer Teilmobilisierung seien unüberwindlich. So kam es, daß die führenden Militärs in den entscheidenden Ländern des Kontinents den Krieg förderten, während die Staatsmänner immer noch tastend nach dem Frieden strebten. Jede Armee glaubte an ihre eigene Unbesieglichkeit und war begierig, den Beweis dafür zu liefern.

D. Lloyd George, Mein Anteil am Weltkrieg, Bd. 1. Berlin 1933, S. 41–49. Übersetzung: Peter Wit.

Josef Redlich, Beurteilung des Attentates auf Erzherzog Franz Ferdinand, 28. Juni 1914

Der österreichische Journalist Josef Redlich schreibt in sein Tagebuch:

Sonntag, 28. Juni

Ich besuchte Prof. Singer in der Redaktion der „Zeit", der in dem Ende des Erzherzogs und seiner Frau eine glückliche Fügung für Österreich erblickt. So werden viele Tausende denken: ich bin nicht dieser Meinung. Denn Franz Ferdinand würde das durch die Schwäche und Planlosigkeit Franz Josephs unhaltbar gewordene Regime auf jeden Fall beseitigt und eine wahre Existenzerprobung Österreich-Ungarns nach außen und innen durchgeführt haben. Nun ist ein gutmütiger 27jähriger, unbefähigter Prinz der Nachfolger des 84jährigen Kaisers. Und jede Einwirkung auf die staatlichen Probleme des Reiches nach innen und außen durch einen kräftigen Willen scheint unmöglich geworden zu sein.

Das furchtbare Ereignis verlief nach Flandraks, des Pressechefs im bosnischen Ministerium, soeben telephonisch empfangenen Mitteilungen so: Der Erzherzog habe sich bei dieser Reise jede Einmischung der Zivilbehörde verbeten: alles sei von Bardolff und Conrad [Generalstabschef] rein militärisch organisiert worden. Heute vormittag fuhr er vom Konak [Palast] in das Rathaus zu einem offiziellen Empfang: auf dem Wege dahin, am Appel-Kai warf ein aus Bosnien ausgewiesener reichsserbischer Student eine Bombe. Der Erzherzog schleuderte die Bombe kaltblütig von dem Wagen mit der Faust fort, so daß sie erst vor dem zweiten Wagen explodierte, in dem die Grafen Merizzi und Boos-Waldeck verwundet wurden. Der Erzherzog ging dann ruhig in das Rathaus, machte die Feier mit und bestieg dann mit der Herzogin und Potiorek sein Automobil: als dies in die Franz-Josephs-Straße einbog, schoß ein Student – Reichsserbe, aus Belgrad stammend – seit vier Wochen in Sarajewo bei seinem Bruder aufhältlich – zwei Schüsse aus einer Browning-Pistole. Der erste Schuß zerschmetterte dem Erzherzog das Gesicht, der zweite traf die Herzogin in den Bauch! Potiorek brachte beide Körper in den zwei Minuten entfernten Konak, wo beide Opfer nach einer Viertelstunde starben. Beide Attentäter wurden verhaftet und gaben zu, daß das Komplott in Belgrad geschmiedet worden ist.

Dieser Tag ist der Tag eines weltgeschichtlichen Ereignisses. Ob er zu einer Wendung zum Guten oder noch viel schlimmeren in Österreich führen wird, kann jetzt niemand sagen. Die Schicksalsstunde der Habsburger naht: zum erstenmal ist ein Habsburger von dem Sohne einer dem österreichisch-ungarischen Reiche, dem Deutschtum und dem Katholizismus tödlich feindlichen Nation des Balkans getötet worden. Die Unmöglichkeit einer friedlichen Koexistenz dieser halb deutschen mit Deutschland verschwisterten Monarchie und dem bis zu Mördergelüsten aufgeputschten Nationalismus der Balkanvölker sollte nun jedermann klar sein. Ich bezweifle, daß der 84jährige Greis die Kraft hat, die notwendigen Konsequenzen aus diesem Ereignisse zu ziehen: und wohl ebensowenig der bramarbasierende feige Hohenzollernsproß Wilhelm II., der des Erzherzogs Franz Ferdinands beste Eigenschaft, seinen Mut, im Jahre 1912 so empfindlich zu dämpfen gewußt hat. Soviel ich sehe, nimmt die Stadt Wien das Ereignis ruhig auf: die Nachricht verbreitet sich, da es Sonntag mittag ist, ziemlich langsam. Gegen den Erzherzog bestehen tiefe, in breite Volksschichten herabreichende Antipathien. Sein herrisches Wesen, seine Bigotterie, seine in Geldsachen ganz unglaublich kleinliche und unwürdige Art, seine geschmacklose Kunstsammlerei, mit der er längst zum Schrecken aller Antiquitätenhändler geworden war, seine krankhafte Tötungslust, die er am Wilde ausließ, was man längst nicht mehr Jagd nennen konnte, seine jeden edleren Menschen tief verletzende Gewohnheit schimpflichen Mißtrauens, die ihn jeder Denunziation zugänglich machte; dies und die beschränkt – bigotte, intolerante, hochmütige, alles perturbierende [verwirrende] Art seiner Gemahlin haben ihn weithin in Österreich und vollends in Ungarn höchst unbeliebt gemacht. Man wird drüben wohl sagen: der „Gott der Magyaren“ hat die Hand und die Kugel des elenden serbischen Wichtes gelenkt. Vielleicht ist Gott aber überhaupt viel „demokratischer“ und viel weniger „klerikal“ gesinnt, als die Kreaturen am Hofe Franz Ferdinands in ihrer Art von Gottesglauben vermeinen. Vielleicht wird man sagen dürfen: „Gott hat es gut gemeint mit Österreich, daß er ihm diesen Kaiser erspart hat“ –, einen von den Folgen der Tuberkulose schwer angekränkelten Mann, dem einer derjenigen, die ihn gut kannten, die Fühllosigkeit und Grausamkeit eines asiatischen Despoten nachgesagt hat.

Montag, 29. Juni

Heute Haerdtl bei mir. Er ist tief betrübt, sieht gleich mir weiteren Ruin des Staates voraus ... In der Stadt herrscht keine Trauerstimmung, im Prater und hier draußen bei uns in Grinzing an beiden Tagen überall Musik!

Das politische Tagebuch Josef Redlichs. Hg. von Fritz Fellner. Bd. I. Graz 1953, S. 234.

Josef Redlich, Planung des Krieges, 1914

Tagebuchaufzeichnung am 15. Juli 1914:

Heute eine halbe Stunde bei Alek Hoyos[1]: er sagt mir im größten Vertrauen, daß der Krieg so gut wie beschlossen sei. Aber man müsse Geduld haben, es seien gewichtige Gründe, hinauszuziehen. Er werde mir in 14 Tagen die geheime, höchst interessante Geschichte der letzten zwei Wochen erzählen. Berchtold[2] ist mit Tisza[3], Stürgkh[4], Burián[5] einig. Bilinski[6] tut auch so! Der Kaiser selbst ist vollkommen bereit zum Kriege. Hoyos meint: „Wenn der Weltkrieg daraus entsteht, so kann uns das gleich bleiben." Er liest mir ein sehr schönes und ausführliches Schreiben vor, das er soeben vollendet hat und das dem englischen Lordkanzler Haldane an dem Tage der Kriegserklärung überreicht werden soll. Er ist nämlich mit Haldane eng befreundet. Deutschland ist völlig mit uns einverstanden. Hoyos sagt: „Wenn unsere Armee nichts taugt, dann ist die Monarchie ohnehin nicht zu halten, denn sie ist heute der einzige Zusammenhalt des Reiches." Wie ich später von Fritz höre, hat Tisza dem Budapester Bankdirektor Ullmann gleichfalls gesagt, daß der Krieg unvermeidlich sei, nur daß man jetzt noch nicht reden dürfe: man will nämlich erst nach Vollendung der Ernte mit den Serben deutlich werden. Die Mitteilungen, daß Conrad[7] und Krobatin[8] auf Urlaub gehen, sind zur Verschleierung unserer Absichten bestimmt.

Das politische Tagebuch, a. a. O., S. 237.

Heinrich von Tschirsky, Telegramm an den Reichskanzler, 30. Juni 1914

Der deutsche Botschafter in Wien, Graf Tschirsky, telegraphiert an den Reichskanzler von Bethmann Hollweg. Das Telegramm wird Kaiser Wilhelm II. vorgelegt und von diesem mit Randbemerkungen versehen.

Graf Berchtold sagte mir heute, *alles* deute darauf hin, daß die Fäden der Verschwörung, der der Erzherzog zum Opfer gefallen sei, *in Belgrad zusammen-*

1) Hoyos, Kabinettchef im k. u. k. Außenministerium
2) Berchtold, k. u. k. Außenminister
3) Tisza, königlich-ungarischer Ministerpräsident
4) Stürgkh, österreichischer Ministerpräsident
5) Burián, ständiger ungarischer Vertreter am Hof in Wien (im Ministerrang)
6) Bilinski, k. u. k. Finanzminister
7) Conrad von Hötzendorf, k. u. k. Generalstabschef
8) Krobatin, k. u. k. Kriegsminister

liefen. Die Sache sei so wohl durchdacht worden, daß man absichtlich ganz jugendliche Leute zur Ausführung des Verbrechens ausgesucht habe, gegen die *nur mildere Strafe verhängt werden könnte.* Der Minister sprach sich sehr bitter über die serbischen Anzettelungen aus.

hoffentlich nicht

Hier höre ich, auch bei ernsten Leuten, vielfach den Wunsch, *es müsse einmal gründlich mit den Serben abgerechnet werden.* Man müsse den Serben zunächst eine Reihe von Forderungen stellen und falls sie diese nicht akzeptierten, energisch vorgehen. *Ich benutze jeden solchen Anlaß, um ruhig, aber sehr nachdrücklich und ernst vor übereilten Schritten zu warnen.* Vor allem müsse man sich erst klar werden, was man wolle, denn ich hörte bisher nur ganz unklare Gefühlsäußerungen. Dann solle man die Chance irgendeiner Aktion sorgfältig erwägen und sich vor Augen halten, daß Österreich-Ungarn nicht allein in der Welt stehe, daß es Pflicht sei, neben der Rücksicht auf seine Bundesgenossen die europäische Gesamtlage in Rechnung zu ziehen und speziell sich die Haltung Italiens und Rumäniens in allen Serbien betreffenden Fragen vor Augen zu halten.

jetzt oder nie

wer hat ihn dazu ermächtigt? das ist sehr dumm! geht ihn gar nichts an, da es lediglich Österreichs Sache ist, was es hierauf zu thun gedenkt.

Nachher heißt es dann, wenn es schief geht, Deutschland hat nicht gewollt! Tschirschky soll den Unsinn gefälligst lassen! Mit den Serben muß aufgeräumt werden, und zwar bald.

versteht sich alles von selbst, und sind Binsenwahrheiten.

Zitiert nach: Imanuel Geiss, Juli 1914. München 1965, S. 39f.

Ladislaus von Szögyény, Bericht aus Berlin an den österreichisch-ungarischen Außenminister, 12. Juli 1914

Der österreichisch-ungarische Botschafter in Berlin, Graf Szögyény, berichtet über eine Unterredung mit Kaiser Wilhelm II.:

Wie Euer Exzellenz aus meiner telegrafischen Berichterstattung der letzten Tage und aus den persönlich hier gewonnenen Eindrücken des Grafen Hoyos entnommen haben, stehen sowohl Seine Majestät Kaiser Wilhelm als auch alle anderen maßgebenden hiesigen Faktoren nicht nur fest und bundestreu hinter der Monarchie, sondern sie ermuntern uns auch noch auf das Nachdrücklichste, den jetzigen Moment nicht verstreichen zu lassen, sondern energischst gegen Serbien vorzugehen und mit dem dortigen revolutionären Verschwörernest ein für alle Mal aufzuräumen, es uns dabei ganz überlassend, welche Mittel wir dazu zu wählen für richtig halten. Daß Kaiser Wilhelm und das ganze Deutsche Reich in jedem Falle seine Bundespflichten uns gegenüber in loyalster Weise erfüllen würde, daran habe ich nie gezweifelt und habe ich an dieser meiner Überzeugung während meiner langjährigen Tätigkeit als k. u. k. Botschafter in Berlin jederzeit festgehalten. Es hat mich daher auch nicht im geringsten erstaunt, daß Deutschland auch in dem jetzigen Momente uns sofort seiner vollkommensten Bundestreue und Mithilfe versichert hat. Dagegen glaube ich, daß es doch einer gewissen Erklärung bedarf, daß die maßgebenden deutschen Kreise und nicht am wenigsten Seine Majestät Kaiser Wilhelm selbst uns, man möchte fast sagen, geradezu drängen, eine eventuell sogar kriegerische Aktion gegen Serbien zu unternehmen. Es liegt auf der Hand, daß nach all den nicht genug zu beklagenden Ereignissen die Monarchie energischst gegen Serbien vorgehen muß; daß die deutsche Regierung aber dazu gerade den gegenwärtigen Moment auch von ihrem Standpunkt aus politisch für den richtigsten hält, bedarf einer stärkeren Beleuchtung. Für die Wahl des jetzigen Zeitpunktes sprechen nach der deutschen – von mir übrigens vollkommen geteilten – Auffassung allgemein politische Gesichtspunkte und spezielle durch die Mordtat in Sarajewo sich ergebende Momente. Deutschland ist in letzter Zeit in seiner Überzeugung bestärkt worden, daß Rußland zum Kriege gegen seine westlichen Nachbarn rüstet und denselben nicht mehr als eine zukünftige Möglichkeit betrachtet, sondern direkt in sein politisches Zukunftskalkül eingestellt hat. Doch nur in sein Zukunftskalkül, daß es also den Krieg beabsichtigt und sich mit allen Kräften dafür rüstet, ihn aber für jetzt nicht vorhat, oder besser gesagt: für den gegenwärtigen Augenblick noch nicht genügend darauf vorbereitet ist. Daher ist es absolut nicht ausgemacht, daß, wenn Serbien in einen Krieg mit uns verwickelt wird, Rußland demselben mit bewaffneter Hand beistehen würde; und sollte das Zarenreich sich doch dazu entschließen, so ist es zur Zeit noch lange nicht militärisch fertig und lange nicht so stark, wie es voraussichtlich in einigen Jahren sein wird. Weiters glaubt die deutsche Regierung sichere Anzeichen dafür zu haben, daß England sich derzeit nicht an einem wegen eines Balkanlandes ausbrechenden Kriege, selbst dann nicht, wenn er zu einem Waffengang mit Rußland, eventuell auch Frankreich, führen sollte, beteiligen würde. Nicht nur, daß sich das englisch-deutsche Verhältnis soweit gebessert hat, daß Deutschland eine direkt feindliche Stellungnahme Englands nicht mehr befürchten zu müssen glaubt, sondern vor allem ist England zur Zeit nichts weniger als kriegslüstern und gar nicht gewillt, für Serbien oder im letzten Grunde für Rußland die Kastanien aus dem Feuer zu holen. Im allgemeinen ist also, nach dem Vorausgesagten, die politische Konstellation gegenwärtig für uns so günstig wie irgend möglich. Dazu kommen die durch die Bluttat selbst ausgelösten speziell politischen Momente. Während bisher ein großer Teil unserer Bevölkerung nicht an die monarchiefeindlichen separatistischen Tendenzen eines Teiles unserer Serben und an die nach dieser Richtung vom Königreiche bei uns erhaltenen Umtriebe glauben wollte, ist man bei uns nunmehr darüber einig und verlangt selbst aus sich heraus ein energisches Auftreten Serbien gegenüber zur endgültigen Unterdrückung der von dort aus geschürten großserbischen Bewegung.

Zitiert nach: Geiss, a.a.O., S. 88 f.

Kaiser Wilhelm II. – Zar Nikolaus II., Telegramme am 29. und 30. Juli 1914

Der Telegrammwechsel zwischen Kaiser Wilhelm II. und Zar Nikolaus II. (beide waren Vettern) wurde oft als Zeugnis des absoluten Friedenwillens der beiden Monarchen dargestellt. Die Schuld am Ausbruch des Krieges wollte niemand übernehmen.

Wilhelm II. an Nikolaus II., 29. Juli 1914:

Ich habe Dein Telegramm erhalten und teile Deinen Wunsch nach Erhaltung des Friedens. Allein, wie ich Dir in meinem ersten Telegramm gesagt habe, kann ich Österreichs Vorgehen gegen Serbien nicht als einen unwürdigen Krieg ansehen. Österreich weiß aus Erfahrung, daß serbische Versprechungen auf dem Papier gänzlich unzuverlässig sind. Meiner Ansicht nach ist Österreichs Aktion dahin zu beurteilen, daß sie volle Bürgschaft dafür zu schaffen anstrebt, daß die serbischen Versprechungen auch wirklich zur Tat werden.

Diese meine Auffassung wird bestätigt durch die Erklärung des österreichischen Kabinetts, daß Österreich nicht beabsichtigt, irgendwelche territorialen Eroberungen auf Kosten Serbiens zu machen.

Ich rege daher an, daß es für Rußland durchaus möglich wäre, bei dem österreichisch-serbischen Konflikt in der Rolle des Zuschauers zu verharren, ohne Europa in den entsetzlichsten Krieg zu verwickeln, den es je gesehen hat.

Ich halte eine direkte Verständigung zwischen Deiner Regierung und Wien für möglich und wünschenswert und, wie ich Dir schon telegraphiert habe, setzt meine Regierung ihre Bemühungen fort, diese Verständigung zu fördern. Natürlich würden militärische Maßnahmen von seiten Rußlands, die Österreich als Drohungen ansehen würde, ein Unheil beschleunigen, das wir beide zu vermeiden wünschen, und meine Stellung als Vermittler gefährden, die ich auf Deinen Appell an meine Freundschaft und meinen Beistand bereitwillig übernommen habe.

Nikolaus II. an Wilhelm II., 30. Juli 1914:

Danke Dir herzlich für Deine schnelle Antwort. Sende heute abend Tatischtschew mit Instruktionen. *Die militärischen Maßnahmen, die jetzt in Kraft getreten sind, wurden vor 5 Tagen zum Zwecke der Verteidigung wegen der Vorbereitungen Österreichs* getroffen. Ich hoffe von ganzem Herzen, daß diese Maßnahmen in keiner Weise Dein Amt als Vermittler stören werden, das ich sehr hoch anschlage. *Wir brauchen Deinen starken Druck auf Österreich,* damit dieses zu einer *Verständigung* mit uns kommt.

Randbemerkungen Wilhelms II:

nein davon ist gar keine Rede!!!

Österreich hat ja nur im Süden gegen Serbien eine Theilmobilmachung gemacht. Daraufhin hat der Zar – wie hier von ihm offen zugegeben wird – milit. Measures, which have now come into force, gegen Österreich und uns getroffen[1], und zwar schon vor 5 Tagen. Es ist uns also um fast eine Woche voraus. Massregeln seien zur Vertheidigung gegen Austria, das ihn gar nicht angreift!!!

Ich kann mich nicht auf Mediation mehr einlassen, da der Zar der sie anrief zugleich heimlich mobilgemacht hat, hinter meinem Rücken. Es ist nur ein Manöver, um uns hinzuhalten und den schon gewonnenen Vorsprung zu vergrössern.

Mein Amt ist aus!

Zitiert nach: Geiss, a.a.O., S. 291 f.

Zar Nikolaus II., Tagebuch bei Kriegsausbruch, 1914

16. (29.) Juli. Mittwoch

Morgens empfing ich Goremykin[2]. Um 12¼ Uhr beförderte ich auf dem Hof ca. 100 Fähnriche zu Leutnanten zur See. Nachmittags spielte ich Tennis; das Wetter war wundervoll.

Aber der Tag war ungewöhnlich unruhig. Ich wurde ununterbrochen ans Telephon gerufen, mal von Sasonow[3], dann von Suchomlinow[4], dann von Januschkewitsch[5]. Außerdem wechselte ich ununterbrochen Telegramme mit Wilhelm.

---

1) Im englischen Originaltext „decided"; müßte also mit „beschlossen" übersetzt werden.

2) Goremykin, russischer Ministerpräsident

3) Sasonow, russischer Außenminister

4) Suchomlinow, russischer Kriegsminister

5) Januschkewitsch, russischer Generalstabschef

Abends las ich und empfing noch Tatischtschew[1], den ich morgen nach Berlin sende.

17. (30.) Juli. Donnerstag

Morgens war es hinsichtlich meiner Beschäftigung etwas ruhiger; ich empfing Mamontow[2], Botkin[3] aus Lissabon und den Kommandeur des Kaspischen Regiments, Iskrizkij. Nach dem Frühstück waren Sasonow und Tatischtschew bei mir. Ich ging allein spazieren. Das Wetter war warm. Um 6 Uhr empfing ich Graf Fredericksz mit Wojejkow[4], dann Nilow[5]. Badete mit Genuß im Meer. Olga aß bei uns und mit ihr verbrachten wir den Abend.

18. (31.) Juli. Freitag

Der Tag war trübe, ebenso meine innere Verfassung. Um 11 Uhr begann auf dem Vorwerk eine Sitzung des Ministerrates. Ich kehrte gegen 1 Uhr zurück. Nach dem Frühstück empfing ich den deutschen Botschafter. Bis zum Essen und abends war ich beschäftigt.

19. Juli (1. August). Samstag

Morgens waren die üblichen Vorträge.

Nach dem Frühstück ließ ich Nikolascha[6] rufen und teilte ihm seine Ernennung zum Höchstkommandierenden bis zu meiner Abreise zur Armee mit. Fuhr mit Alix in das Diwejewskij-Kloster.

Ging mit den Kindern spazieren. Um 6½ Uhr fuhren wir zur Abendmesse. Nach unserer Rückkehr erfuhren wir, *daß Deutschland uns den Krieg erklärt habe.* Es speisten bei uns: Olga Alexandrowna, Dmitrij[7] und Joann[8] (Diensthabender). Abends kam der englische Gesandte Buchanan mit einem Telegramm von Georgie[9].

Lange überlegten wir mit ihm die Antwort. Dann sah ich noch Nikolascha und Fredericksz. Trank um 12¼ Tee.

---

1) Graf I. L. Tatischtschew, Generalmajor und Militärbevollmächtigter des Zaren bei Kaiser Wilhelm II. (1905–1914)

2) W. I. Mamontow, Vorsteher der Bittschriftenkanzlei des Zaren

3) P. S. Botkin, russischer Gesandter in Lissabon

4) Graf Fredericksz war der Minister des kaiserlichen Hofes, sein Schwiegersohn W. N. Wojejkow Generalmajor en suite und Kommandeur des kaiserlichen Hofes

5) K. D. Nilow, Admiral und Generaladjutant

6) Großfürst Nikolaj Nikolajewitsch

7) Großfürst Dmitrij Pawlowitsch, Flügeladjutant, Vetter des Zaren

8) Fürst Joann Konstantinowitsch, Sohn des Großfürsten Konstantin Konstantinowitsch, Flügeladjutant

9) König Georg V. von England

20. Juli (2. August). Sonntag

Ein guter Tag, insbesondere im Sinne einer Besserung der Stimmung. Um 11 Uhr fuhr ich mit Maria und Anastasia zur Mittagsmesse. Wir speisten allein. Um 2¼ Uhr begaben wir uns auf der „Alexandria" nach Petersburg und auf einem Motorboot direkt zum Winterpalais. Ich unterschrieb das Manifest über die Kriegserklärung. Vom Malachitsaal begaben wir uns in Prozession zum Nikolaj-Saal, in dessen Mitte das Manifest verlesen und ein kurzes Gebet gesprochen wurde. Der ganze Saal sang „Gott, errette" und „Viele Jahre"[1].

Ich sagte einige Worte. Bei der Rückkehr warfen sich die Damen uns entgegen, um uns die Hand zu küssen, und erschreckten Alix und mich. Wir gingen auf den Balkon zum Alexander-Platz und wurden von einer riesigen Menschenmenge begrüßt. Gegen 6 Uhr gingen wir an den Kai und bestiegen das Motorboot; eine große Menge Offiziere und Publikum begleitete uns. Um 7¼ Uhr kehrten wir nach Peterhof zurück. Der Abend verlief ruhig.

Zitiert nach: Manfred Hellmann (Hrsg.), Die russische Revolution 1917. München 1964, S. 44–46.

Kriegsbegeisterung in Deutschland, August 1914

Bericht der Frankfurter Zeitung von der allgemeinen Kriegsbegeisterung in Berlin am 1. August 1914:

Unter den Linden und vor dem königlichen Schloß sammelten sich bald nach der Bekanntgabe der Mobilmachung viele Hunderttausende von Menschen. Jeder Warenverkehr hörte auf. Der Lustgarten und der freie Platz vor dem Schloß waren dicht angefüllt von den Menschenmassen, die patriotische Lieder sangen und wie auf Kommando gleichmäßig immer wieder den Ruf erneuerten: „Wir wollen den Kaiser sehen!" Gegen ½7 Uhr erschien der Kaiser am mittleren Fenster der ersten Etage, von einem unbeschreiblich starken Jubel und von Hurrarufen begrüßt. Patriotische Lieder wurden angestimmt. Nach eniger Zeit trat in der Menge Ruhe ein. Die Kaiserin trat an die Seite des Kaisers, der den Massen zuwinkte, daß er sprechen wolle. Unter tiefstem Schweigen sprach der Kaiser dann ungefähr mit weithin vernehmbarer, langsam stärker werdender Stimme: „*Wenn es zum Kriege kommen soll, hört jede Partei auf, wir sind nur noch deutsche Brü-*

---

[1] Die Zarenhymne und ein anderes patriotisches Lied.

der. In Friedenszeiten hat mich zwar die eine oder andere Partei angegriffen, das verzeihe ich ihr aber jetzt von ganzem Herzen. Wenn uns unsere Nachbarn den Frieden nicht gönnen, dann hoffen und wünschen wir, daß unser gutes deutsches Schwert siegreich aus dem Kampf hervorgehen wird."

An diese Worte des Kaisers schloß sich ein Jubel, wie er wohl noch niemals in Berlin erklungen ist. Die Menge stimmte begeistert erneut patriotische Lieder an.

Zitiert nach: Johann, Reden, a.a.O., S. 125 f.

Der Schriftsteller Bernhard von der Marwitz, August 1914 (von der Marwitz starb an den Folgen einer Kriegsverletzung 1918):

Wie ist das Leben mit einem Male so anders geworden. Wer hätte geahnt, daß es plötzlich vor aller Augen sichtbar werden würde, was uns so lange unser dunkler Glaube, unsere geheime Hoffnung war, diese große Erhebung für ein einziges Großes, um den Preis alles anderen. Das Schwert ist aufgerichtet, und ein ganzes Volk betet zu den Waffen. Denn dieser Krieg ist ein einziges großes Gebet, herausgestoßen mit dem Geschrei der Schlachtendonner. Von den Ereignissen wirst Du mehr als ich wissen; aber so einen Teil nahe vor Augen erleben, ist ein ganzes Leben wert. Mein einziger Wunsch ist, auch bald in die vordere Reihe zu kommen. Leb wohl! Und denke einmal an mich mit wenigen Worten.

Zitiert nach: Ernst Johann, Innenansicht eines Krieges. München 1973, S. 22.

Kaiser Wilhelm II., An das Deutsche Volk, August 1914

An das deutsche Volk!

Seit der Reichsgründung ist es durch 43 Jahre Mein und Meiner Vorfahren heißes Bemühen gewesen, der Welt den Frieden zu erhalten und in Frieden unsere kraftvolle Entwicklung zu fördern. Aber die Gegner neiden uns den Erfolg unserer Arbeit. Eine offenkundige und heimliche Feindschaft von Ost und West, von jenseits der See haben wir zu ertragen im Bewußtsein unserer Verantwortung und Kraft. Nun aber will man uns demütigen. Man verlangt, daß wir mit verschränkten Armen zusehen, wie unsere Feinde sich zu tückischem Überfall rüsten. Man will nicht dulden, daß wir in entschlossener Treue zu unserem Bundesgenossen stehen, der um sein Ansehen als Großmacht kämpft und mit dessen Erniederung auch unsere Macht und Ehre verloren ist. So muß denn das Schwert entscheiden. Mitten im Frieden überfällt uns der Feind. Darum auf zu den Waffen! Jedes Schwanken, jedes Zögern wäre Verrat am Vaterlande. Um Sein oder Nichtsein unseres Reiches handelt es sich, das unsere Väter sich neu gründeten. Um Sein oder Nichtsein deutscher Macht und deutschen Wesens. *Wir werden uns wehren bis zum letzten Hauch von Mann und Roß, und wir werden diesen Kampf bestehen auch gegen eine Welt von Feinden.* Noch nie ward Deutschland überwunden, wenn es einig war. Vorwärts mit Gott, der mit uns sein wird, wie er mit den Vätern war.

Zitiert nach: Johann, Reden, a.a.O., S. 126.

Josef Redlich, Fahrt zur Ostfront in Galizien, August 1914

Samstag, 15. August

Abreise von Wien Dienstag, den 11. Wir werden photographiert, strahlende Hitze, famose Stimmung. Oberst v. Hoen ladet mich in seinen Salonwagen ein, wo ich in einem Fauteuil schlafen werde. Wir fahren an Truppenzügen vorüber, überall tapfere und satirische Aufschriften, man grüßt uns in allen Sprachen. Um 7 Uhr abends in Preßburg. Von den Beamten der ungarischen Staatsbahnen erhalten wir eine ungarische Trikolore und begeisterte Zurufe: Eljen! Hoch! Alles staunt über die Begeisterung der Ungarn! Wir werden in herzlicher Weise empfangen, Damen erscheinen, bringen der Mannschaft Tabak, Zigaretten usw. Uns werden allerhand Leckerbissen und Blumen gebracht. Gutes Nachtmahl, dann in die ungarische Nacht hinaus. In allen Stationen lauter Empfang mit „Eljen!" ... Lustige Wiener Aufschriften zeigen, wie dem feschen „Kerl" von Hernals der Krieg erscheint. Ein Bild, das einen Gorilla darstellt, mit der Aufschrift: „Der Zar in Zivil." Ein Galgen, auf dem ein Mann hängt, der den Zaren vorstellt, dann die Aufschrift: „Die Russen und die Serben, die hauen wir zu Scherben."

Erste Begegnung mit Verwundeten:

Wir besuchen alle drei Spitäler: zuerst verwundete österreichische Offiziere, darunter ein verwundeter Arzt, ein Offizier, der eine matte Kugel im Oberschenkel sitzen hat. Besonders lebendig erzählen zwei, offenbar tschechische Offiziere vom zwölften Jägerbataillon, die bei der Auffenberg-Armee in einem Aufklärungsdetachement ins Gefecht kamen. Sie erzählen, wie ein tschechisches Landwehrregiment nicht recht vorwärts wollte, wie die Jäger endlich sie durch vorgehaltene Gewehre antrieben, wobei die beiderseitigen Offiziere die Säbel gegeneinander richteten! Dann ein großes Zimmer voll gefangener russischer Offiziere: ich sprach Französisch und Tschechisch mit ihnen, gab ihnen, wie unseren Offizieren, Zigaretten. Nahm von einem einen Brief mit, der über Rumänien nach Rußland soll. Dann ein großes Zimmer wieder mit russischen schwer verwundeten Gefangenen, auch ein leicht verwundeter Mongole, der auf Befragen erzählt, daß er aus Perm stamme. Dann ein Jude aus Warschau, dem sein angeschossenes Auge wegoperiert wurde und der sagt, er fühle sich jetzt sehr wohl. Ein durch Bauchschuß verwundeter Russe stöhnt furchtbar, neben ihm ein ganz bis zum Skelett abgemagerter Russe, dessen Schädel durch Schrapnelle [Sprenggeschosse mit Kugelfüllung] ganz gespalten ist. Wir sehen dann, ohne hinzugehen, die Abteilung der Ruhrkranken, die Leichenkammer usw. In der Küche ein sehr freundliches jüdisches Ehepaar, die Wirte mit vielen Gehilfen: sehr gutes und reichliches Essen und Zubereitung. Der alte Hauptmann Czerwinsky, der mir gegenüber von „Abgeordnetenzigarren" träumt: ich werde sie ihm auch schicken. Ich gebe überall Zigaretten. Die meisten Verwundeten gehören dem zehnten Korps an. Die deutschen und tschechischen Regimentern angehörenden Verwundeten sind gut aufgehoben. Prof. Albrecht aus Wien operiert seit gestern. Dr. Lier, Assistent bei Prof. Ehrmann, sagt mir: hier gehört ein leitender deutscher Chefarzt her, auf dem Bahnhofe in Przemyśl gibt es keine Verbandschere! Die Züge kommen – ohne Ärzte – mit Verwundeten vollgestopft. Ein Zug, der von Blut troff, enthielt 1 500 Verwundete, ein Mann mit Magenschuß hatte die Fahrt stehend mitgemacht. Es sind viel zu wenig Tragbahren da: die Sanität ist nicht auf der Höhe, zu wenig Ärzte und zu wenig Sanitätsmaterial vorbereitet, das jetzt mit großen Kosten dringend nachgeschafft wird. Da rächt sich das Regime Uriel – und der Haß des Erzherzogs Franz Ferdinand gegen die Militärärzte bitter.

Das politische Tagebuch, a. a. O., S. 247, 267 f.

Briefe junger Studenten von der Westfront, 1914/15

Die Verfasser der folgenden Briefe sind alle im Krieg gefallen.

Alfred Buchalski:

Vor Dixmuiden, 28. Oktober 1914.

Mit welcher Freude, welcher Lust bin ich hinausgegangen in den Kampf, der mir als die schönste Gelegenheit erschien, Lebensdrang und Lebenslust sich austoben zu lassen. Mit welcher Enttäuschung sitze ich hier, das Grauen im Herzen. Und als krasser Gegensatz dazu: mit welchem Behagen sauge ich mit dieser köstlichen Lust das hundertmal verlorene Leben ein! Wie soll ich Dir alles das, was ich die letzten Tage erlebte, so recht erzählen. Ich möchte Dir in einem dieses ganze große Erlebnis: die Schlacht, berichten, und doch sind es wieder nur Einzelheiten, die sich jetzt in den Vordergrund drängen. – Es war furchtbar! Nicht das vergossene Blut, nicht auch der Umstand, daß es vergeblich vergossen war, auch nicht, daß in dunkler Nacht die eigenen Kameraden auf uns schossen, – nein, die ganze Kampfesweise ist es, die abstößt. Kämpfen wollen und sich nicht wehren können! Der Angriff, der mich so schön dünkte, was ist er anders als der Drang: hin zur nächsten Deckung da vorn gegen diesen Hagel tückischer Geschosse. Und der Feind, der sie entsendet, nicht zu sehen!

Freilich, noch habe ich Hoffnung, daß man auch an diese Kampfesweise sich gewöhnen werde, und daß sich der Drang: Vorwärts, ran an den Feind! – wird betätigen lassen. Erst etwas leisten, dann schmerzt auch die Kugel gewiß nicht so sehr.

Heinz Pohlmann:

Im Felde geschrieben am 25. Mai 1916.

Innigst geliebte Eltern!

Wenn Ihr diese Nachricht von mir erhaltet, dann ist wohl herbes Leid über Euch gekommen, denn dann bin ich nicht mehr in dieser Welt. Ich kann es verstehen, aber um eins bitte ich Euch: beklagt mich nicht.

Trauert um mich, aber seid ruhig und gefaßt; zeigt, daß Ihr Deutsche seid, die das Leid tragen können. Deutsche Eltern, die das Wertvollste, was sie besitzen, hingeben für das Wertvollste, unser herrliches Vaterland. Denn trotz aller trüben Erfahrungen und Nachrichten glaube ich doch noch an eine Zukunft. Für das neue, größere, bessere Vaterland gebe ich gern mein junges Leben.

Ich gehe ganz gefaßt in den Kampf und zittere nicht, dem Tode ins Angesicht zu blicken, denn ich fühle mich geborgen in Gottes Hand. Jesus Christus, den ich nach langen Irrungen als meinen Erlöser erfahren durfte, ist auch für mich die Auferstehung und das Leben. – Vielleicht teilt Ihr nicht meine Überzeugung, aber ich habe ein treffliches Wort in meinem Buche von Lhotzky gelesen: „Von den Menschen führen viele Wege zu Gott, aber von Gott nur einer zu den Menschen."

Noch eins: Wenn ich Euch früher kränkte und wehe tat, so verzeiht es mir. Ich war eigensinnig oft und habe oft einen unrechten Weg eingeschlagen, aber ich habe es bereut, glaubt es mir, und verzeiht mir. Und nun bleibt mir nichts mehr als Euch allen trotz allem zuzurufen:

Auf Wiedersehen! Euer Heinz

Anton Steiger:

17. Juli 1916.

Der letzte Tag vor Verdun und der schrecklichste! Am 11. Juli ist unsere Kompagnie nach dem Fosseswalde abmarschiert. Um 12 Uhr weiter bis zur Ablainschlucht. Da blieben der zweite Zug und eine Gruppe vom dritten Zug. Die erste und zweite Gruppe vom dritten Zug, 17 Mann, zwei Unteroffiziere, ein Feldwebel marschierten weiter. Darunter ich und meine beiden Schulkameraden Steiner und Reiser. Ungefähr 600 Meter vor unserem Bestimmungsort rasteten wir in einem Granatloch, um Kraft zu sammeln, da wir diese Strecke möglichst schnell im Marsch-Marsch machen mußten; denn da war schreckliches Sperrfeuer. Ein Granatloch könnt Ihr Euch am besten vorstellen, wenn Ihr Euch einen großen Baum samt den Wurzeln ausgerissen denkt. Ich hatte mich kaum hingelegt, da ststst! – schlägt eine Granate direkt vor uns ein. Geschrei, Gewinsel, Geheule, zugleich der Ruf: „Auf, auf, marsch, marsch, was noch kann!" Ich nahm meine letzte Kraft zusammen und sprang auf (wir waren natürlich alle bepackt); ich bin die 600 Meter nicht mehr gegangen, sondern gefallen von einem Granatloch ins andere. Im Unterstand gingen von den 17 Mann sechs ab, drei waren tot, darunter Reiser, der die neun Jahre mit mir auf der Schulbank rumgebummelt. Von den drei Verwundeten schleppte sich einer am anderen Tag bei der Frühe in unseren Unterstand. Er wurde nachts von unseren Leuten mitgenommen. Eine Granate schlug ein unter ihnen und der Verwundete samt den vier Trägern waren tot.

Unser Unterstand war eine alte, schon halbzusammengeschossene französische Kasematte, 150 Meter vom Panzerwerk Thiaumont entfernt.

Von uns aus gesehen, war es nur ein Erdhaufen; wie ein Fuchsloch war der Eingang. Dahinter führte eine ganz verschüttete Stiege in den Raum, in dem wir vier Tage lang lagen. Tote lagen unter dem Schutt; von einem schauten die Beine heraus bis zu den Knien. Unten waren drei Räume, einer voll französischer Leuchtraketen und Leuchtkapseln; ein Raum, so groß wie unsere Küche, in dem wir uns aufhielten, zum Teil voll französischer Munition: der dritte mit französischem Sprengstoff gefüllt. Die ganze Zeit war es stockdunkel, da wir nur ein paar Kerzenstangen hatten. Dann war ein schrecklicher Geruch da unten, ein Modergeruch von Toten. Ich habe die vier Tage fast nichts essen können. Am dritten Tag schoß die französische Artillerie mit 28ern so auf unseren Unterstand, daß wir glaubten, es falle alles zusammen. Am vierten Tage, Freitag, ging's dann schon in der Frühe los mit der schweren Artillerie bis abends ½10 Uhr. Was das heißt: zehn Stunden im Unterstand liegen unter Granatfeuer, zehn Stunden den Tod des Lebendigbegrabenwerdens vor Augen oder die Aussicht, in die Luft zu fliegen, falls eine Granate da einschlägt, wo der Sprengstoff liegt – es sollte anders kommen: Ein Loch war schon ganz zusammengeschossen, das andere so stark verschüttet, daß mit knapper Not ein Mann, jedoch ohne Gehänge, durchschlüpfen konnte. Wir bekamen also, da unser Keller sechs Meter hinter dem Loch und dann noch zwei Meter in der Tiefe war, fast keine Luft mehr. Zum Schluß feuerten die Franzosen wahrscheinlich Gasgranaten vor unser Loch. Auf einmal steht der Feldwebel auf, es wird ihm schlecht; ein paar weitere stehen auf und fallen um. Da schreit auch schon der Feldwebel: „Hinaus, hinauf, was noch kann!" Ich und die übrigen liegen auf unseren Tornistern. Als wir aufstehen, fallen wir samt und sonders um. Ein Wirrwarr ging los. Alles schnappte nach Luft. Alles wollte hinaus. Einer fiel, dann stockte wieder alles. Viele hatten nicht mehr die Kraft, sich hinaufzuschwingen. Ich hatte sie Gott sei Dank noch, half sogar noch einem hinaus. Draußen ins nächste Granatloch hinein! Alle waren wir kreideweiß! Wir blieben da liegen und rührten uns nicht mehr, trotz der Granaten, die rechts und links einschlugen. Ein paar kamen schneller wieder zu Kraft und holten die übrigen, die nicht mehr heraufkommen konnten. So wurden alle gerettet. Bei drei oder vier mußte man Belebungsversuche anstellen. Nach einer halben Stunde, um 10 Uhr abends, traten wir dann den Rückweg an, d. h. wir wankten zurück. Keiner konnte mehr gehen, alle fünf Minuten machten wir halt.

Zitiert nach: Philipp Witkop, Kriegsbriefe gefallener Studenten. München 1928, S. 15, 150/151, 231–233.

Gustav Krupp von Bohlen und Halbach, Kriegsziele, 1915

Gustav Krupp von Bohlen und Halbach, ein führender Industrieller, Eigentümer des für die Rüstung wichtigen Krupp-Stahlkonzerns, forderte:

Wenn aber Friede geschlossen wird, so dürfen wir schon nach unseren heutigen Erfolgen auf den Schlachtfeldern hoffen, daß für Deutschland ein Preis erzielt werde, der das Blut unserer Söhne und Brüder lohnt. Dementsprechend muß für Deutschland – oder besser gesagt für das deutsche Volk im weitesten Umfange – eine Grundlage zur Betätigung gewonnen werden, die ihm auf Jahrzehnte hinaus friedliche Arbeit sichert . . .

Hieraus ergeben sich drei große Ziele, die zunächst ins Auge zu fassen sind:

1. Das gesamte Deutschtum muß als Kern von Europa betrachtet und möglichst zusammengefaßt werden. Hierunter ist nicht etwa zu verstehen, daß alle Deutschen in das Deutsche Reich mit eingeschlossen werden müssen, in erster Linie kommt es vielmehr darauf an, daß die deutsche Kultur – im weitesten Sinne des Wortes – in Europa die herrschende wird und demgemäß nach allen Seiten hin eine Anziehungs- und Ausdehnungskraft sich sichert. Die deutsche Kultur hat ein Anrecht darauf, denn sie ist nicht ein äußerer Firnis oder Lack, sondern sie ist ein Bestandteil des deutschen Gemütes, des deutschen Herzens, sie hat ihm tiefste Grundlage in der deutschen Weltanschauung und Gottesfurcht.

2. Es muß politisch, auf militärischem und auf dem Gebiete der Marine dafür Sorge getragen werden, daß in absehbarer Zeit gegen das deutsche Reich eine Einkreisungs- und Erdrosselungspolitik nicht wieder betrieben werden kann.

3. Gleich wie in Europa muß auch auf überseeischen Gebieten eine erhebliche Erweiterung der deutschen wirtschaftlichen Betätigung ermöglicht werden.

Zitiert nach: Johann, Innenansicht, a.a.O., S. 125 f.

Nahrungsmittelknappheit – Hunger, 1917

Kohlrüben statt Kartoffeln

Steckrüben gab es in allen Variationen:

Steckrübensuppe, Steckrüben mit Kartoffeln, braune Steckrüben, Steckrübenauflauf, Steckrübenpudding, Steckrübenfrikadellen, Steckrübenkoteletts, Grünkohl und Steckrüben, Rotkohl und Steckrüben, Steckrübenauflauf mit Weißkohl, Kohlrollen mit Steckrübenfüllung, Steckrübensalat, saure Steckrüben, Steckrüben mit Porree, Steckrüben mit Äpfeln, gefüllte Steckrüben, Steckrübenklöße, Steckrübenbrotaufstrich, Steckrübenmus, Steckrübenmarmelade.

Die Mühen einer Hausfrau, April 1917

Montag: ¾ Stunden Mehl gestanden – schadet nichts. Im Schützengraben stehen sie noch länger.

Dienstag: Keine Möglichkeit Kartoffeln zu bekommen – nun, dann koche ich Kohlrüben.

Mittwoch: Unleidlich hochnasig sind jetzt die Verkäuferinnen, wenn man in der Kundenliste festsitzt – unsere armen Gefangenen werden es auch nicht leicht haben.

Donnerstag: Keine Marmelade mehr gekriegt, nachdem man sich kalte Füße gestanden – ob das Wasser im Schützengraben da in Flandern wohl noch bis ans Knie reicht?

Freitag: Nicht ein Spürchen Fett, nun schon fünf Wochen nicht – wenn nur meine beiden Feldgrauen dort etwas haben, dann will ich's hier schon ertragen.

Sonnabend: Fast zwei Stunden Käse gestanden – immer besser, als daß der Feind im Lande steht!

Verpflegung der Truppen

Beim Empfang von Lebensmitteln wird die Menge immer geringer. Hülsenfrüchte hat es schon lange nicht mehr gegeben. Es stehen mir zur Bereitung eines Mittagessens für jeden Kopf zu Verfügung:

Für Mittwoch	Graupen	= 115	Gramm
Für Donnerstag	Grieß	= 92	Gramm
Für Freitag	Grütze	= 92	Gramm
Für Samstag	Dörrgemüse	= 48	Gramm
Für Sonntag	Reis	= 57,5	Gramm

Damit läßt sich nur eine dünne Suppe kochen. Die 18 jungen Leute unserer Kompagnie unter 23 Jahren erhalten jeden sechsten Tag 200 g Zusatzbrot.

Zitiert nach: Johann, Innenansicht, a. a. O., S. 222 f.

Paul von Hindenburg, Forderung nach Kampfabbruch, 1918

Generalfeldmarschall von Hindenburg, Chef des Generalstabes, forderte am 3. Oktober 1918 vom Reichskanzler:

Die Oberste Heeresleitung bleibt auf ihrer am Sonntag, dem 29. September d. J., gestellten Forderung der sofortigen Herausgabe des Friedensangebotes an unsere Feinde bestehen.

Infolge des Zusammenbruchs der mazedonischen Front, der dadurch notwendig gewordenen Schwächung unserer Westreserven und infolge der Unmöglichkeit, die in den Schlachten der letzten Tage eingetretenen sehr erheblichen Verluste zu ergänzen, besteht nach menschlichem Ermessen keine Aussicht mehr, dem Feinde den Frieden aufzuzwingen.

Der Gegner seinerseits führt ständig neue frische Reserven in die Schlacht. Noch steht das deutsche Heer festgefügt und wehrt siegreich alle Angriffe ab. Die Lage verschärft sich aber täglich und kann die Oberste Heeresleitung zu schwerwiegenden Entschlüssen zwingen.

Unter diesen Umständen ist es geboten, den Kampf abzubrechen, um dem deutschen Volke und seinen Verbündeten nutzlose Opfer zu ersparen. Jeder versäumte Tag kostet Tausenden von tapferen Soldaten das Leben.

gez. v. Hindenburg, Generalfeldmarschall.

Zitiert nach: Johann, Innenansicht, a. a. O., S. 311.

3. Die Bolschewistische Revolution

Der „Vorwärts", Über die Ereignisse in St. Petersburg im Januar 1905

Der „Vorwärts", das Zentralorgan der SPD, 1884 als „Berliner Volksblatt" begründet, erscheint seit 1890 unter diesem Titel.

Anlaß zu der ganzen Streikbewegung war nun, daß vier Arbeitern der Putilowschen Fabrik gekündigt wurde und die Arbeiter annahmen, daß der wahre Grund zu dieser Maßregelung ihre Zugehörigkeit zu dem Arbeiterverein sei. Die Arbeiter verlangten Wiedereinstellung ihrer Kollegen und Entlassung des Meisters, den die Schuld für die Kündigung trifft. Der Direktor weigerte sich, dem Wunsch der Arbeiter wegen der Entlassung des Meisters nachzukommen, am folgenden Tage erschienen aber bei ihm 34 Arbeiterdelegierte mit dem Priester Gapon an der Spitze und stellten ihre Forderungen in 12 Punkten auf, und zwar liefen diese auf das Folgende hinaus:

- Einführung des achtstündigen Arbeitstages,
- Wahl einer ständigen Arbeiterkommission, die gemeinsam mit Vertretern der Fabrikverwaltung zu entscheiden hat über die Höhe der Löhne und die Entlassung der Arbeiter,
- Einführung eines Minimallohnes von 1 Rubel pro Tag für männliche und 70 Kopeken für weibliche Handlanger,
- Abschaffung von Überstunden, bzw. doppelte Bezahlung für dieselben und Besserung der sanitären Verhältnisse der Arbeiter.

Gapon vertrat in zweistündiger Unterhaltung mit dem Fabrikdirektor die Forderungen der Arbeiter, doch dieser sowohl wie der Vorsitzende des Direktoriums der Aktiengesellschaft der Putilowschen Werke erklärten sich nicht für kompetent, den Arbeitern entgegenzukommen, sie wurden auf die Versammlung der Aktionäre, die in einem Monat stattfinden soll, verwiesen. Die „12 Punkte" der Putilowschen Arbeiterforderungen bildeten nun die Grundlage für die Forderungen der Arbeiter, die an den nächstfolgenden zwei Tagen – am 17. und 18. Januar [1905] – in Ausstand traten . . .

In den Arbeiterversammlungen, die seit Beginn des Streiks jeden Tag stattfinden, ohne von den Behörden verhindert zu werden, ist nun auch das politische Moment zum Durchbruch gekommen. Der Gedankenkreis, der schließlich in dem Gros der Arbeiterschaft Oberhand gewonnen zu haben scheint, bildet eine seltsame Mischung von revolutionären Ideen, die durch den mächtigen Einfluß der gewaltigen Ereignisse der letzten Zeit angeweht worden sind, und von altüberlieferter, patriarchalischer Denkungsweise, die nicht mit einem Male der Masse abhanden kommen kann, die zum großen Teile vom Lande stammt und des Schreibens und Lesens gar nicht oder nur in ganz geringem Maße kundig ist. Die Erhaltung der von den Vätern geerbten patriarchalischen Denkweise wurde ja auch begünstigt dadurch, daß die im Verein organisierten Arbeiter unter die Leitung eines Mannes wie Gapon geraten waren.

Zitiert nach: Leo Stern (Hg.), Die russische Revolution 1905–1907 im Spiegel der deutschen Presse. Archivalische Forschungen zur Geschichte der deutschen Arbeiterbewegung, Bd. 2/III, Berlin (Ost) 1961, S. 17f.

Brief des Fürsten Lwow an den Zaren, 3. (16.) Februar 1916

Fürst Lwow war ein einflußreicher Politiker im Zarenreich und wurde nach der Februarrevolution 1917 Ministerpräsident der „Provisorischen Regierung" (vgl. S. 47).

Ew. Kaiserliche Majestät!

Wir, die erwählten Vertreter des Semstwo[1] und der russischen Städte, sind beauftragt, Ihnen die Wahrheit zu sagen.

Als das Ungewitter des Krieges über Rußland hereinbrach und von der Höhe des Thrones herab der Ruf erscholl zur Sammlung aller Kräfte, um den Feind abzuwehren, ist das russische Volk wie ein Mann aufgestanden zur Verteidigung der Unversehrtheit und Unabhängigkeit seiner Heimat und hat alle inneren Unstimmigkeiten und Streitigkeiten abgetan. Der Impuls, der damals ganz Rußland ergriff, entsprach der wirklichen Stärke des russischen Volkes.

In den Tiefen des Volkes, Majestät, wachsen ständig neue Kräfte, und der Geist der Freiheit schwebt über uns. Die großen Reformen Ihres Großvaters, des unvergeßlichen Zar-Befreiers, haben in der Gesellschaft den Grund für fruchtbare eigene Tätigkeit gelegt. Seither sind die befreiten gesellschaftlichen Kräfte im Wachsen. Von Generation zu Generation wird

---

1) Selbstverwaltung, Parlament

der Schrei nach Freiheit weitergegeben und Sie, Majestät, der Enkel des Zar-Befreiers, haben Ihren Untertanen die persönliche Würde der Bürger zugesichert und die Volksvertretung zur „Umbildung des Staates" aufgerufen. Die Kräfte des Volkes sind in diesen Jahren schnell gewachsen und sind gut gediehen. Der Krieg hat die staatliche Macht des russischen Volkes voll sich entfalten lassen und unter den starken Schlägen ist diese Macht nur härter geworden. Das russische Volk hat gelernt, an seine Kräfte zu glauben, es weiß, daß in seiner Einheit seine Unbezwingbarkeit besteht, und der Angriff des schrecklichen Feindes hat es nicht weich werden lassen ... Im Aufschwung aller seiner geistigen Kräfte zur Erringung des Sieges vergaß das Volk allen alten Haß und seine Unterdrückung und bemühte sich, der Staatsmacht zu helfen. Aber die Regierung änderte ihre Haltung nicht. In der Zeit, als unsere Armee ohne Munition genötigt war, sich vor dem Feind zurückzuziehen, indem sie ihm das mit ihrem teuren Blut gedüngte Land überließ, sah die Regierung mit unverändertem Mißtrauen in der patriotischen Bewegung des Volkes eine Gefahr für die Staatsordnung, als ob es um diese und nicht um die Größe und Ehre Rußlands gegangen wäre ...

Die Hoffnung auf Einigung mit der Staatsgewalt ist im Volke geschwunden. Es wachsen Unzufriedenheit und Mißtrauen, es mehren sich die Gerüchte über Verrat und Betrug, es vermindert sich zur Freude des Feindes der Glaube an den Sieg. Rußland ist in großer Unruhe. Das Volk ist bereit zu jedem Opfer, es wird den Krieg nicht vor der völligen Zerschmetterung des Feindes, vor der Verjagung der feindlichen Truppen aus den Grenzgebieten des russischen Landes beenden. Bis zum letzten Mann sind alle in Rußland bereit zu jeder Heldentat, alle arbeiten in dem Bewußtsein, daß der Sieg auch nationale Taten ohne Nachlassen der Kräfte hier, in der Heimat erfordert. Die Opferbereitschaft ist groß, aber die Volkskräfte verlangen nach Führung durch die Staatsmacht. Diese muß sich an die Spitze des siegesgewillten Volkes stellen. Sie muß das Land zum Siege führen, und dazu muß sie stark sein und das allgemeine Vertrauen genießen.

Zit. nach: Hellmann, Die russische Revolution 1917, a.a.O., S. 75 ff.

John Reed, Löhne und Lebenshaltungskosten vor und während der Revolution 1917

John Reed (1887–1920) war der Sohn reicher amerikanischer Eltern. Nach dem Studium an der Harvard-Universität wandte er sich dem Kommunismus zu. Während des Ersten Weltkriegs schrieb er antimilitaristische Artikel in revolutionären Zeitschriften. Im Oktober 1917 ging er illegal nach Rußland, um Material für seine politische Arbeit in den USA zu sammeln. Die Oktoberrevolution erlebte er in Petersburg.

Folgende Zahlen über Löhne und Lebenshaltungskosten wurden im Oktober 1917 von einem gemeinsamen Komitee der Moskauer Handelskammer und der Moskauer Sektion des Arbeitsministeriums zusammengestellt und am 26. Oktober 1917 in der Zeitung „Nowaja Shisn" veröffentlicht:

Tageslöhne
(in Rubel und Kopeken)

Berufe	*Juli 1914*	*Juli 1916*	*Aug. 1917*
Tischler und Zimmerleute	1,60–2,00	4,00–6,00	8,50
Erdarbeiter	1,30–1,50	3,00–3,50	–
Maurer und Stukkateure	1,70–2,35	4,00–6,00	8,00
Maler, Polsterer	1,80–2,20	3,00–5,50	8,00
Schmiede	1,00–2,25	4,00–5,00	8,50
Ofensetzer und Schornsteinfeger	1,50–2,00	4,00–5,50	7,50
Schlosser	0,90–2,00	3,50–6,00	9,00
Hilfsarbeiter	1,00–1,50	2,50–4,50	8,00

Es wurde zwar ein großes Geschrei um die gewaltigen Lohnerhöhungen erhoben, die angeblich nach der Märzrevolution 1917 eingetreten seien, aber diese Zahlen, die vom Arbeitsministerium als kennzeichnend für die Lage überall in Rußland veröffentlicht wurden, zeigen deutlich, daß die Löhne nicht unmittelbar nach der Revolution stiegen, sondern nur allmählich. Durchschnittlich erhöhten sich die Löhne um wenig mehr als 500 Prozent ...

Aber in dieser Zeit verminderte sich der Wert des Rubels auf weniger als ein Drittel seiner vorherigen Kaufkraft, und die Lebenshaltungskosten stiegen ganz gewaltig.

Folgende Tabelle wurde von der Stadtduma in Moskau zusammengestellt, wo Lebensmittel billiger und reichlicher waren als in Petrograd (siehe Tabelle S. 44).

Im Durchschnitt stiegen die Lebensmittelpreise um 556 Prozent, also 51 Prozent mehr als die Löhne.

Noch mehr stiegen die Preise anderer Gebrauchsgüter.

Folgende Zahlen wurden von der Wirtschaftsabteilung des Moskauer Sowjets der Arbeiterdeputierten zusammengestellt und vom Ministerium für Ernährung der Provisorischen Regierung für richtig befunden:

Lebensmittelpreise
(in Rubel und Kopeken)

		August 1914	*August 1917*	*proz. Erh.*[1]
Schwarzbrot	(Pfund)	0,02½	0,12	330
Weißbrot	(Pfund)	0,05	0,20	300
Rindfleisch	(Pfund)	0,22	1,10	400
Kalbfleisch	(Pfund)	0,26	2,15	727
Schweinefleisch	(Pfund)	0,23	2,00	770
Hering	(Pfund)	0,06	0,52	767
Käse	(Pfund)	0,40	3,50	754
Butter	(Pfund)	0,48	3,20	557
Eier	(Dutz.)	0,30	1,60	443
Milch	(Krug)	0,07	0,40	471

Preise für andere Gebrauchsgüter
(in Rubel und Kopeken)

		August 1914	*August 1917*	*proz. Erh.*
Kattun	(Arschin)	0,11	1,40	1 173
Baumwollstoff	(Arschin)	0,15	2,00	1 233
Kleiderstoff	(Arschin)	2,00	40,00	1 900
Wolltuch	(Arschin)	6,00	80,00	1 233
Herrenschuhe	(Paar)	12,00	144,00	1 097
Sohlenleder	(Arschin)	20,00	400,00	1 900
Überschuhe	(Paar)	2,50	15,00	500
Herrenanzug		40,00	400,00–455,00	900–1 109
Tee	(Pfund)	4,50	18,00	300
Zündhölzer	(Karton)	0,10	0,50	400
Seife	(Pud)	4,50	40,00	780
Benzin	(Wedro)	1,70	11,00	547
Kerzen	(Pud)	8,50	100,00	1 076
Karamellen	(Pfund)	0,30	4,50	1 400
Brennholz	(Fuhre)	10,00	120,00	1 100
Holzkohle		0,80	13,00	1 525
Verschiedene Metallwaren		1,00	20,00	1 900

Im Durchschnitt stiegen die Preise dieser Art Waren um etwa 1 109 Prozent, mehr als das Doppelte der Lohnerhöhungen. Die Differenz wanderte selbstredend in die Taschen der Spekulanten und Kaufleute.

Als ich im September 1917 in Petrograd ankam, betrug der tägliche

[1]) prozentuale Erhöhung der Preise

Durchschnittslohn eines gelernten Industriearbeiters – zum Beispiel eines Stahlarbeiters in den Putilow-Werken – etwa acht Rubel. Zur gleichen Zeit wurden aber Riesenprofite gemacht . . . Einer der Eigentümer der Thronton-Wollspinnereien, einer englischen Firma in der Umgebung Petrograds, erzählte mir, daß in seiner Fabrik die Löhne um 300 Prozent gestiegen seien, seine Profite dagegen um *900 Prozent.*

John Reed, 10 Tage, die die Welt erschütterten. Übersetzt von Willi Schulz. Berlin (Ost) 18. Aufl. 1982, S. 391 ff.

General Krymow, Über die Lage an der Front, Januar 1917

M. V. Rodzjanko, der damalige Präsident der Duma, d. h. des russischen Parlaments, berichtet in seinen „Erinnerungen“:

Anfang Januar 1917 traf General Krymow von der Front ein und bat, ihm die Möglichkeit zu geben, in inoffizieller Weise den Mitgliedern der Duma die katastrophale Lage der Armee und deren Stimmung darzulegen. Zahlreiche Abgeordnete der Duma und des Reichsrats sowie Mitglieder der Sonderkonferenz hatten sich bei mir versammelt. In großer Erregung hörte man die Ausführungen des tüchtigen Generals an. Sein Bericht war traurig und furchtbar. Er erklärte, daß, solange die Regierung ihren Kurs nicht ändern würde oder nicht eine andere Regierung ans Ruder käme, keine Hoffnung auf Sieg bestehe. Vom Inneren des Landes aus würden die Operationen an der Front behindert. Vorübergehende Erfolge hätten keine Bedeutung. General Krymow schloß seinen Bericht ungefähr mit folgenden Worten:

„Die Stimmung in der Armee ist derart, daß die Nachricht von einem Umsturz von allen freudig begrüßt werden würde. Der Umsturz ist nicht zu vermeiden, das weiß man auch an der Front. Wenn Sie sich entschließen, dieses äußerste Mittel anzuwenden, so werden wir Sie unterstützen. Ein anderes Mittel gibt es nicht mehr. Sie und viele andere haben ja alles Mögliche versucht, aber der verderbliche Einfluß der Kaiserin wirkt stärker als alles, was dem Kaiser von ehrenhaften Männern gesagt wird. Es ist keine Zeit zu verlieren!“

Manfred Hellmann, Die russische Revolution 1917, a. a. O., S. 101.

Ein Aufruf des Arbeiter- und Soldatenrates, 28. Februar 1917

Die alte Regierung hat das Land bis zur völligen Zerrüttung, das Volk bis zum Hunger gebracht. Es war unmöglich, dies alles weiter zu dulden. Die

Bevölkerung Petrograds ist auf die Straße gegangen, um ihre Unzufriedenheit zu bekunden. Sie wurde mit Gewehrsalven empfangen. Statt Brot hat die Zarenregierung dem Volk blaue Bohnen gegeben.

Doch die Soldaten wollten nicht gegen das Volk vorgehen und erhoben sich gegen die Regierung. Gemeinsam mit dem Volk bemächtigten sie sich der Waffen, der Militärdepots und einer Reihe der wichtigsten Regierungsgebäude. Der Kampf dauert an. Er muß zu Ende geführt werden. Die alte Macht muß endgültig gestürzt werden und einer Volksregierung Platz machen. Hierin liegt die Rettung Rußlands.

Um den Kampf für die Interessen der Demokratie zu einem erfolgreichen Ende zu führen, muß das Volk selbst seine eigene Machtorganisation schaffen. Gestern, am 27. Februar, hat sich in der Hauptstadt der Sowjet [Rat] der Arbeiterdeputierten, bestehend aus gewählten Vertretern der Fabriken und Betriebe, der aufständischen Truppenteile sowie der demokratischen und sozialistischen Parteien und Gruppen gebildet. Der Sowjet der Arbeiterdeputierten, der in der Reichsduma tagt, betrachtet als seine grundlegende Aufgabe: die Organisierung der Kräfte des Volkes und den Kampf um die endgültige Sicherung der politischen Freiheit und der Volksherrschaft in Rußland ...

Alle zusammen wollen wir mit vereinten Kräften für die völlige Beseitigung des alten Regimes und für die Einberufung einer Konstituierenden Nationalversammlung kämpfen, die auf der Grundlage des allgemeinen, gleichen, direkten und geheimen Wahlrechts gewählt werden soll.

Zitiert nach: O. Anweiler, Die russische Revolution 1905–1921. Stuttgart, S. 20f.

Erklärung der Provisorischen Regierung am 3. (16.) März 1917

Bürger! Das Vollzugskomitee von Mitgliedern der Reichsduma hat nunmehr mit der wohlwollenden Hilfe der Truppen und der hauptstädtischen Bevölkerung eine derartige Überlegenheit über die finsteren Mächte des alten Regimes errungen, daß es an die festere Organisierung der Exekutivgewalt gehen kann ...

Bei seiner Tätigkeit wird sich das Kabinett von folgenden Prinzipien leiten lassen:

1. Vollständige und sofortige Amnestie aller politischen und religiösen Vergehen einschließlich terroristischer Angriffe, militärischer Revolten, Verbrechen in der Landwirtschaft usw.

2. Freiheit der Rede, der Presse, Vereins-, Versammlungs- und Streik-

freiheit und Ausdehnung der politischen Freiheit auf Personen, die im Militärdienst stehen, soweit es die militärische Technik zuläßt.

3. Abschaffung aller benachteiligenden Unterschiede infolge der Zugehörigkeit zu bestimmten Ständen, Religionsgemeinschaften und Nationalitäten.

4. Sofortige Vorbereitungen zur Einberufung einer Konstituierenden Versammlung auf der Grundlage des allgemeinen, gleichen, geheimen und direkten Wahlrechts, welche die Verwaltungs- und Verfassungsform des Landes bestimmen soll.

5. Ersetzung der Polizei durch eine Volksmiliz mit gewählter Leitung, die den Organen der lokalen Selbstverwaltung untersteht.

6. Wahlen zu den Organen der lokalen Selbstverwaltung auf der Grundlage allgemeiner, direkter, gleicher und geheimer Wahlen.

7. Die militärischen Einheiten, die an der revolutionären Bewegung teilgenommen haben, nicht zu entwaffnen und aus Petrograd zu entfernen.

8. Unter Aufrechterhaltung strenger militärischer Disziplin an der Front und im Militärdienst Befreiung der Soldaten von allen Beschränkungen allgemeiner Rechte, deren sich die anderen Bürger erfreuen.

Die Provisorische Regierung erachtet es als ihre Pflicht, zu betonen, daß sie nicht beabsichtigt, militärische Umstände zu einer Hinausschiebung der oben angedeuteten Reformen und anderen Maßnahmen auszunützen.

Der Präsident der Reichsduma: M. Rodsjanko
Der Vorsitzende des Ministerrates: Fürst Lwow
Die Minister: Miljukow, Nekrasow, Manujlow,
Konowalow, Tereschtschenko, W. Lwow,
Schingarew, Kerenskij

Iswestija vom 3. (16.) März 1917, zitiert nach: Hellmann, Die russische Revolution 1917, a. a. O., S. 152 f.

Alexander Kerenski, Die Eröffnung des I. Sowjetkongresses, 16. Juni 1917

Kerenski war seit Juli 1917 Ministerpräsident der „Provisorischen Regierung". In seinen „Erinnerungen" beschreibt er seine erste Begegnung mit Lenin:

Auf diesem Kongreß traf ich auch Lenin. Es war das erste und einzige Mal. Er war von seinem ganzen Stab begleitet. Kamenew, Sinowjew, Lunatscharskij, aber auch Trotzkij waren anwesend. Trotzkij wußte noch nicht genau, ob er die Bolschewiki unterstützen solle, liebäugelte aber bereits ganz öffentlich mit ihnen. Obwohl Lenin den zähen Widerstand des Kongresses merken mußte, ließ er sich doch nicht zurückhalten, eine recht einfache Methode zur Lösung des sozialen Problems zu beantragen. Sein Vorschlag war: Festnahme der hundert reichsten Kapitalisten. Alle übrigen würden dann schon für sich selber sorgen. Dieser geniale Vorschlag, der den Enthusiasmus des Straßenmobs erregte, der sich täglich vor dem Balkon des „Kscheschinskajapalastes" versammelte, wo sich Lenin und sein Stab aufhielt, wurde auf dem Kongreß nur mit Gelächter und spöttischen Zwischenrufen beantwortet. Doch die hier Versammelten waren in der Minderheit, waren die besten, ausgewählten Elemente aus dem Volk und der Armee, während dort jenseits der Türen des Kongresses die ungeheure dunkle Masse wogte. Dort waren die vielen, vielen Tausende erbitterter, deklassierter Elemente, die der Krieg und die Revolution zum klassenbewußten Proletariat gemacht hatte. Als ich auf das Podium trat, um Lenin zu entgegnen, bewog mich hierzu nicht der Eindruck, den er auf die Delegierten machte, sondern die Erwägung, welch einen zersetzenden Einfluß er auf eine Zuhörerschaft, die sich aus anderen Elementen zusammensetzte, ausüben könnte. Ich weiß nicht, was Lenin, während er mir zuhörte, plötzlich vermißte. Ich weiß nicht einmal, ob er mir überhaupt zuhörte, oder ob sein Gehör hauptsächlich auf die Stimmung der Zuhörerschaft reagierte. Wie dem auch war, er blieb jedenfalls nicht bis zum Ende meiner Ansprache. Gesenkten Hauptes klaubte er ein paar Worte zusammen und stahl sich dann bei einer Seitentür fast unbemerkt aus dem Saal. Allerdings hatten Lenin und seine Helfershelfer wichtigere Dinge im Sinn als die Teilnahme am Sowjetkongreß. Über die Köpfe der Führer der Demokratie, die sich „der Bourgeoisie verkauft" hatten, hinweg beschlossen sie, sich direkt an das Petrograder Proletariat zu wenden. Ihr Plan ging darauf hinaus, durch eine neuerliche bewaffnete Demonstration auf den Kongreß einen gewissen Druck auszuüben. Nach Lenins Plan sollte diese Demonstration, falls sie erfolgreich verlief, in einen bewaffneten Aufstand verwandelt werden.

A. Kerenski, Erinnerungen, S. 279 ff., zitiert nach: Hellmann, Die russische Revolution 1917, a. a. O., S. 226 f.

Rachja, Lenin in Petrograd, Oktober 1917

Lenin war nach einem gescheiterten Aufstand im Juli 1917 nach Finnland geflohen und im Oktober wieder nach Petersburg zurückgekehrt. Einer seiner engsten Mitarbeiter war Rachja. Er schreibt:

Ich erhielt durch Nadeshda Konstantinowna Krupskaja [Frau Lenin] von Wladimir Iljitsch aus Wyborg, wo er in der Wohnung des Genossen

Latuka sich aufhielt, ein Schreiben mit der Aufforderung, nach dort zu kommen und für einen sicheren Weg nach Petrograd Sorge zu tragen.

Ich traf alle erforderlichen Maßnahmen und wir trafen mit Wladimir Iljitsch wohlbehalten in Petrograd ein.

Die Wohnung, in der er in Petrograd untergebracht wurde, hatte Nadeshda Konstantinowna mit Wissen von Wladimir Iljitsch ausfindig gemacht – im Hause eines Straßenbahndepot-Angestellten an der Wyborger Chaussee. Die Wohnungsinhaber waren mir unbekannt. Aus konspirativen Gründen fragte ich natürlich nicht, wer sie waren. Ich sah einige Male eine ganz alte Frau, die auf ein verabredetes Klopfzeichen von mir die Tür öffnete und auf meine Frage, ob Konstantin Petrowitsch (Wladimir Iljitsch) zu Hause sei, mich in die Wohnung ließ.

Wladimir Iljitsch ging nach seinem Eintreffen in Petrograd fieberhaft an die Arbeit. Er schrieb eine enorme Zahl von Aufsätzen für die „Prawda", empfing einige Genossen und hatte vor allem Unterredungen mit dem Genossen Stalin. Er besuchte einige auf seine Veranlassung einberufene Versammlungen. Es fanden Zusammenkünfte statt mit den Mitgliedern des ZK, und auch eine Versammlung in Leßnoje, in den Räumen der Bezirks-Duma, an der neben den Mitgliedern des ZK auch viele verantwortliche Genossen teilnahmen. In dieser Versammlung stellte Wladimir Iljitsch kategorisch die Frage der Machtergreifung. Ich begleitete ihn zu allen Versammlungen als seine „Leibwache".

Die Ereignisse überstürzten sich. Am 23. Oktober besorgte ich ein Schreiben Wladimir Iljitschs, das für die Verbreitung in den Bezirken bestimmt war. Im Wyborger Bezirk übergab ich den Brief Genja Jegorowa, die ihn auf der Schreibmaschine vervielfältigte und nach den Bezirken versandte.

Ich hatte es gar nicht leicht, da die Aufträge Wladimir Iljitschs wegen der schlechten Verkehrsmittel manchmal überaus schwer zu erledigen waren; erledigt mußten sie aber werden, sonst fuhr mich Wladimir Iljitsch höflich, aber sehr eindringlich an.

In seinem Auftrage besuchte ich Fabriken und Versammlungen, lernte da die Stimmung der Arbeiter kennen und brachte ihnen Kopien der gefaßten Resolutionen mit. Auch die Kasernen besuchte ich zu dem gleichen Zwecke; abends fragte mich Wladimir Iljitsch eingehend über alles von mir Gesehene und Gehörte aus.

Endlich, am 25. Oktober, erfuhr ich, daß die Regierung Kerenskis die Absicht habe, alle Newabrücken aufzuziehen. Die Patrouillen in der Stadt wurden verstärkt, die Brücken wurden von Soldatentrupps bewacht.

Ich beschloß, mich sogleich in die Wohnung Wladimir Iljitschs zu begeben. Dort berichtete ich ihm von den bevorstehenden Ereignissen; wenn es den Truppen Kerenskis gelingen sollte, die Brücken aufzuziehen, dann würde ein Bezirk nach dem anderen gesondert niedergeschlagen werden. Nur auf der Wyborger Seite war die Macht wirklich in den Händen der Roten Garde, die, wenn auch nicht besonders gut, so doch immerhin bewaffnet und genügend zusammengeschlossen war. Es war sogar ein leitender Stab vorhanden. Wladimir Iljitsch hörte mich an und erklärte: „Ja, heute muß es beginnen."

Plötzlich erklärte er mir, man müsse Stalin finden, und zwar so schnell als möglich. Ich erwiderte ihm darauf, dies sei unmöglich, da ich nicht davon überzeugt sei, daß man ihn in der Redaktion der „Prawda" antreffen könne. Es sei möglich, daß er im Smolny[1] sei. Der Weg nach dem Smolny und zurück würde aber mehrere Stunden erfordern, da aller Wahrscheinlichkeit nach die Straßenbahn nicht mehr verkehre; man müßte zu Fuß gehen. Nach meiner Berechnung könnte Stalin nicht vor Mitternacht eintreffen.

Nach Anhören meiner Erwägungen erklärte Wladimir Iljitsch: „Dann wollen wir zum Smolny gehen." Ich versuchte, ihn von seinem Plane abzubringen, indem ich ihm auf jede Weise klarmachte, welch großer Gefahr er sich aussetze, wenn er von jemand erkannt würde. Wladimir Iljitsch war mit meinen Einwänden nicht einverstanden und erklärte kategorisch: „Wir gehen zum Smolny."

Der Sicherheit halber wurde jedoch beschlossen, sich zu maskieren. Soweit es möglich war, wechselten wir Iljitschs Anzug, legten um sein Gesicht eine ziemlich schmutzige Binde, als wenn er Zahnschmerzen hätte, und setzten ihm eine alte Mütze auf den Kopf. Ich hatte für alle Fälle zwei Passierscheine für den Smolny in der Tasche. Diese waren sehr grob gefälscht – die früheren Aufschriften waren ausradiert und an deren Stelle zwei nicht existierende Namen von Mitgliedern des Petrograder Sowjets gesetzt ...

Zitiert nach: Illustrierte Geschichte der russischen Revolution, hrsg. v. W. Astrow, A. Slepkow, J. Thomas (1928). Neudruck, Frankfurt 1970, S. 378.

---

1) vgl. S. 53

Lenin, Brief an die ZK-Mitglieder, 24. Oktober (6. 11.) 1917

Genossen!

Ich schreibe diese Zeilen am Abend des 24. Die Lage ist äußerst kritisch. Es ist sonnenklar, daß jetzt jede Verzögerung des Aufstandes den Tod bedeuten würde.

Mit der Aufbietung meiner ganzen Kraft bemühe ich mich, die Genossen zu überzeugen, daß jetzt alles an einem Faden hängt, daß auf der Tagesordnung Fragen stehen, die nicht durch Konferenzen, durch Kongresse (selbst nicht durch Rätekongresse) entschieden werden, sondern durch die Völker, durch die Masse, durch den Kampf der bewaffneten Massen.

Der bürgerliche Vorstoß der Kornilow-Leute, die Entfernung Werchowskis zeigen, daß man nicht warten darf. Man muß unter allen Umständen heute abend, heute nacht die Regierung verhaften, indem man die Offiziersschüler entwaffnet (nachdem man sie besiegt hat, wenn sie Widerstand leisten) usw.

Man darf nicht warten! Man kann alles verlieren!

Der Preis der sofortigen Machtübernahme ist: Schutz des Volkes (nicht des Kongresses, sondern des Volkes, in erster Linie der Armee und der Bauern) vor der Kornilow-Regierung, die Werchowski verjagt und eine zweite Kornilow-Verschwörung eingefädelt hat.

Wer soll die Macht übernehmen?

Das ist jetzt nicht wichtig: Mag sie das Militärische Revolutionskomitee übernehmen oder eine „andere Körperschaft", die erklären wird, daß sie die Macht nur den wahren Vertretern der Interessen des Volkes übergeben wird, der Interessen der Armee (sofortiges Friedensangebot), der Interessen der Bauern (sofortige Besitznahme des Bodens, Abschaffung des Privateigentums), der Interessen der Hungernden.

Es ist notwendig, daß alle Bezirke, alle Regimenter, alle Kräfte sofort mobilisiert werden und unverzüglich Delegationen an das Militärische Revolutionskomitee an das ZK der Bolschewiki schicken mit der dringenden Forderung: Auf keinen Fall die Macht in den Händen der Kerenski und Co. bis zum 25. lassen, unter keinen Umständen; die Sache muß unbedingt heute abend oder heute nacht entschieden werden.

Die Geschichte wird eine Verzögerung den Revolutionären nicht verzeihen, die heute siegen können (und bestimmt siegen werden), während sie morgen Gefahr laufen, vieles zu verlieren, ja Gefahr laufen, alles zu verlieren.

Wenn wir heute die Macht ergreifen, so ergreifen wir sie nicht gegen die Räte, sondern für sie.

Die Machtergreifung ist Sache des Aufstandes; ihr politisches Ziel wird nach der Machtübernahme klarwerden.

Es wäre verderblich oder Formalismus, auf die unsichere Abstimmung am 25. Oktober zu warten, das Volk hat das Recht und die Pflicht, solche Fragen nicht durch Abstimmungen, sondern durch die Gewalt zu lösen; das Volk hat das Recht und die Pflicht, in kritischen Augenblicken der Revolution selbst ihren Vertretern die Richtung zu zeigen und nicht auf sie zu warten.

Das hat die Geschichte aller Revolutionen bewiesen, und ungeheuerlich wäre das Verbrechen der Revolutionäre, wenn sie den Augenblick verpaßten, obwohl sie wissen, daß die *Rettung der Revolution*, das Friedensangebot, die Rettung Petrograds, die Rettung vor dem Hunger, die Übergabe des Bodens an die Bauern von ihnen abhängt.

Die Regierung schwankt. Man muß ihr *den Rest geben*, koste es, was es wolle!

Eine Verzögerung der Aktion wäre der Tod.

Lenin, Ausgewählte Schriften, hrsg. u. eingel. v. Hermann Weber. München 1963, S. 804 f.

G. Soldan, Die Oktoberrevolution (1917)

Der Text stammt aus einer populärwissenschaftlichen Darstellung, die in der Zeit der Weimarer Republik weit verbreitet war.

Die größte Aktivität lag bei den Bolschewisten. Auf ihren Fahnen und Plakaten standen die Worte, die allein noch Zugkraft hatten: „Nieder mit dem Krieg“ – „Wir fordern den Frieden.“ Am 23. Oktober riß das Kriegsrevolutionäre Komitee kurzerhand die Gewalt in der Hauptstadt an sich: „Die Regierung erkennen wir nicht mehr an, die Militär- und Zivilgewalt ist auf uns übergegangen!“ Die Regierung zieht, was sie an zuverlässigen Truppen hat – dabei war auch ein Frauenbataillon – zur Sicherung ihres Sitzes im Winterpalais zusammen. Ihr zweiter Stützpunkt, die Peter-Pauls-Festung, wird schon am nächsten Tage von der Besatzung den Bolschewisten ausgeliefert. *Trotzki* nimmt Besitz von den großen Waffenlagern. Dieser zielbewußte Mann steht im Mittelpunkte der Ereignisse. Seine erste, sehr schwerwiegende Tat ist, daß er nicht einer entlassenen oder desertierten, abgenutzten Soldateska die Waffen in die Hand drückt, sondern Arbeiter bewaffnet und hiermit den Grundstock zur späteren *Roten Garde* bildet.

Am Morgen des 24. Oktober rückt die bolschewistische Elite, Matrosen aus Kronstadt, in Petersburg ein. Vor der Nikolai-Brücke liegt der schon oft bewährte bolschewistische Kreuzer „Aurora" mit drohend gegen die Brücke gerichteten Geschützen, bereit, Feuer zu speien, wenn Regierungstruppen es wagen wollten, die Brücke hochzuziehen, denn über sie mußte der Weg der Aufständischen zum Regierungssitz, dem Winterpalais, führen. In ruhiger Fahrt kommen klar zum Gefecht weitere Kriegsschiffe die Newa herauf. Rote Fahnen grüßen von ihren Masten die gleichzeitig zu Lande durch die Straßen dringenden Truppen Trotzkis. Es fällt kaum ein Schuß. Als der Morgen des 25. graut, sind Bahnhöfe, Gaswerk, Brücken, Straßenecken von Bolschewisten besetzt. Das Winterpalais ist umzingelt. In dunkler Nacht findet *Kerenski* aber doch eine Lücke, durch welche er entschlüpfen kann. Er verzagt auch jetzt nicht. Wohl war in Petersburg keine Macht für ihn mehr zu finden, um diesen Aufstand, der den offenkundigen Stempel einer neuen Revolution trug, niederzuwerfen. Aber er hofft auf die Front. Warum sollte es ihm, der mit zündender Rede Hunderttausende gegen den äußeren Feind vorgerissen hatte, nicht gelingen, lumpige Tausende jetzt nach Petersburg zu bringen, die ihn und seine Regierung retten konnten?

Im Laufe des Tages sprengen die Bolschewisten das Vorparlament, und am Abend donnern dann die Geschütze der Landbatterien gegen das Winterpalais. Der Kreuzer „Aurora" wendet seine Geschütze, schließt sich dem Vernichtungswerk an, und danach, noch in der Nacht, erfolgt der Sturm. Die Minister werden verhaftet. Und während in Petersburg die Regierung mit Gewalt ausgeschaltet wird, ruft sich im Smolny, dem Sitze der Bolschewisten, der *Rätekongreß* zur höchsten Macht Rußlands aus. *Der Sowjetstaat war erstanden. Lenin* ist plötzlich, wie aus dem Boden gewachsen, wieder da. Mit ihm an der Spitze war der *Sowjet der Volkskommissare* nun der Beherrscher Rußlands.

George Soldan, Zeitgeschichte in Wort und Bild, Bd. 1. München 1931, S. 42 ff.

John Reed, Die Sitzung des II. Allrussischen Sowjetkongresses am 25. Oktober (7. 11. 1917)

Die im folgenden geschilderte Sitzung des II. Allrussischen Sowjetkongresses fand im Smolny statt, einem ehemaligen Töchterinstitut, in dem sich während der Revolution das Hauptquartier der Bolschewisten befand.

Die Wahl des Präsidiums erfolgte unter allgemeiner Unruhe. Awanessow gab bekannt, daß die Bolschewiki, die linken Sozialrevolutionäre und die Menschewiki-Internationalisten sich auf eine proportionelle Besetzung des Präsidiums geeinigt hätten ... Resultat: 14 Bolschewiki, 7 Sozialrevolutionäre, 3 Menschewiki und 1 Internationalist (Gorkigruppe) ... Die Männer des alten Zentralexekutivkomitees verließen die Tribüne. An ihre Stelle traten Trotzki, Kamenew, Lunatscharski, Frau Kollontai, Nogin. Im ganzen Saal stürmischer Beifall. Der Aufstieg der Bolschewiki war ungeheuer. Von der verachteten und gehetzten Sekte noch vor kaum vier Monaten bis zu ihrer jetzigen Stellung als Führer des großen, in vollem Aufstand begriffenen Rußlands.

Kamenew machte die Tagesordnung bekannt: 1. Übernahme der Macht, 2. Krieg und Friede, 3. Konstituierende Versammlung ...

Da plötzlich ein ganz neuer Ton; tiefer als der Tumult der Menge, andauernd, beunruhigend – die scharfen Einschläge von Kanonen. Alles blickte ängstlich nach den Fenstern, fieberhaft erregt. Martow, sich zum Wort meldend, schrie heiser: „Das ist der beginnende Bürgerkrieg, Genossen! Die allererste Frage muß sein: wie können wir diese Krise friedlich überwinden? ... In den Straßen erschießt man unsere Brüder. In diesem Moment, da noch vor der Eröffnung des Sowjetkongresses eine der revolutionären Parteien den Versuch macht, die Frage der Macht durch eine militärische Verschwörung zu entscheiden“ ... (hier wurde seine Stimme einen Moment lang von dem rasenden Tumult übertönt). „Es ist die Pflicht aller revolutionären Parteien, sich die Tatsachen vor Augen zu führen ... Wir müssen eine Macht schaffen, die von der gesamten Demokratie anerkannt wird ... Die Möglichkeit einer friedlichen Lösung liegt allein in der Errichtung einer gemeinsamen demokratischen Gewalt ... Wir müssen eine Delegation wählen, um mit den andern sozialistischen Parteien und Organisationen zu verhandeln ...“

Und währenddem unaufhörlich das taktfeste dumpfe Dröhnen der Kanonen. Die Delegierten aufeinander einschreiend ... So, unter dem Krachen der Geschütze, in dunkler Nacht, mit Haß, Furcht und sorglosem Wagen, kam das neue Rußland zur Welt ...

Für die Menschewiki erklärt Chintschuk, daß sie die einzige Möglichkeit für eine friedliche Lösung in der Einleitung von Verhandlungen mit der Provisorischen Regierung über die Bildung eines neuen Kabinetts sähen, das sich auf alle Klassen der Gesellschaft zu stützen hätte. Minutenlang war er außerstande, weiter zu sprechen. Mit fast zum Schreien gesteigerter Stimme verlas er dann die menschewistische Erklärung: „Die von den Bolschewiki mit Hilfe des Petrograder Sowjets ohne Konsultation der übrigen Fraktionen und Parteien angezettelte militärische Verschwörung macht es uns unmöglich, an dem Kongreß teilzunehmen. Wir ziehen unsere Delegationen darum zurück. Die anderen Gruppen fordern wir auf, unserem Beispiel zu folgen und in einer Besprechung zur Lage Stellung zu nehmen."

„Deserteur!" schallte es zu ihm hinauf. Wildes, fast ununterbrochenes Toben, in dem der Sozialrevolutionär Gendelmann nur zeitweilig zu hören war, als er gegen die Beschießung des Winterpalastes protestierte. „Wir sind entschieden gegen diese Art Anarchie." ...

Dann sprach Abramowitsch für den „Bund", das Organ der jüdischen Sozialdemokraten – mit funkelnden Augen hinter dicken Brillengläsern, schäumend vor Wut:

„Was hier in Petrograd vor sich geht, ist schändlich! Die Vertreter des Bundes schließen sich der Erklärung der Menschewiki und Sozialrevolutionäre an und werden den Kongreß verlassen." Mit lauter Stimme und erhobener Faust: „Unsere Pflicht gegenüber dem russischen Proletariat gestattet uns nicht, hier zu bleiben und die Verantwortung für diese Verbrechen zu übernehmen. Da die Beschießung des Winterpalastes nicht aufhört, hat die Stadtduma zusammen mit den Menschewiki und Sozialrevolutionären und dem Exekutivkomitee des Bauernsowjets den Beschluß gefaßt, mit der Provisorischen Regierung unterzugehen, und wir werden uns jetzt zu ihnen begeben! Unbewaffnet werden wir unsere Brust den Maschinengewehren der Terroristen darbieten ...

Wir fordern alle Delegierten dieses Kongresses auf ..." (der Rest ging in einem Sturm von Zurufen und Drohungen unter, die sich zu einem Höllenlärm steigerten, als fünfzig Delegierte aufstanden und den Kongreßsaal verließen ...).

Kamenew schwang die Glocke: „Sitzen bleiben! Wir fahren in unseren Geschäften fort!" Und dann Trotzki, mit blassem, grausamem Gesicht, voll schneidender Verachtung: „Mögen Sie gehen, die Sozialkompromißler, diese Menschewiki, Sozialrevolutionäre, diese Herrschaften vom ‚Bund'. Was sind sie anderes wert, als auf den Kehrichthaufen der Geschichte gefegt zu werden!"

John Reed, 10 Tage, die die Welt erschütterten. Übersetzt von Willi Schulz. Berlin (Ost) 18. Aufl. 1982, S. 137ff.

Lenin, Aufruf an die Bürger Rußlands, 25. Oktober 1917

Die Provisorische Regierung ist gestürzt. Die Staatsmacht ist in die Hände des Organs des Petrograder Arbeiter- und Soldatenrats, des Militärischen

Revolutionskomitees, übergegangen, das an der Spitze des Petrograder Proletariats und der Garnison steht.

Die Sache, für die das Volk gekämpft: das sofortige Angebot eines demokratischen Friedens, die Aufhebung des gutsherrlichen Grundbesitzes, die Arbeiterkontrolle über die Produktion, die Bildung einer Räteregierung – diese Sache ist gesichert.

Es lebe die Revolution der Soldaten, der Arbeiter und der Bauern!

25. Oktober, 10 Uhr morgens

Das Militärische Revolutionskomitee
des Petrograder Arbeiter- und Soldatenrats

Zitiert nach: Lenin, Ausgewählte Schriften, a.a.O., S. 806.

Lenin, Die Auflösung der Konstituierenden Versammlung vom 7.(20.) Januar 1918

Die Eröffnung der Konstituierenden Versammlung fand am 5.(18.) 1. 1918 im Taurischen Palais in Petersburg statt. Nachdem ein Antrag der Bolschewisten, die nur über 175 von 707 Sitzen verfügten, niedergestimmt war, verließen diese den Sitzungssaal. Ihnen schlossen sich die linken Sozialrevolutionäre an. Die Versammlung tagte trotzdem weiter. Am folgenden Tag versperrten Truppen den Delegierten den Zugang zum Taurischen Palais. Der hier abgedruckte Entwurf des Dekrets über die Auflösung der Konstituierenden Versammlung wurde am 6.(19.) 1. von Lenin verfaßt und noch am selben Tage vom Zentralexekutivkomitee der Sowjets angenommen. Die Veröffentlichung erfolgte am 7.(20.) 1. 1918.

Die russische Revolution hat von ihrem Anbeginn an die Sowjets der Arbeiter-, Soldaten- und Bauerndeputierten hervorgebracht als Massenorganisation aller werktätigen und ausgebeuteten Klassen, als die Organisation, die allein imstande ist, den Kampf dieser Klassen für ihre völlige politische und wirtschaftliche Befreiung zu leiten ...

Die Konstituierende Versammlung, gewählt auf Grund von Kandidatenlisten, die vor der Oktoberrevolution aufgestellt worden waren, brachte das alte politische Kräfteverhältnis zum Ausdruck, aus einer Zeit, als die Paktierer und die Kadetten an der Macht waren. Das Volk konnte damals, als es für die Kandidaten der Partei der Sozialrevolutionäre stimmte, nicht zwischen den rechten Sozialrevolutionären, den Anhängern der Bourgeoisie, und den linken Sozialrevolutionären, den Anhängern des Sozialismus, seine Wahl treffen. So kam es, daß sich diese Konstituierende Versammlung, die die Krönung der bürgerlichen parlamentarischen Republik sein sollte, der Oktoberrevolution und der Sowjetmacht unvermeidlich in den Weg stellen mußte.

Die Oktoberrevolution rief dadurch, daß sie den Sowjets und durch die Sowjets den werktätigen und ausgebeuteten Klassen die Macht gab, den verzweifelten Widerstand der Ausbeuter hervor und offenbarte sich bei der Unterdrückung dieses Widerstands vollauf als Beginn der sozialistischen Revolution. Die werktätigen Klassen mußten sich auf Grund der eigenen Erfahrung davon überzeugen, daß sich der alte bürgerliche Parlamentarismus überlebt hat, daß er mit den Aufgaben der Verwirklichung des Sozialismus absolut unvereinbar ist, daß nicht gesamtnationale, sondern nur Klasseninstitutionen (wie es die Sowjets sind) imstande sind, den Widerstand der besitzenden Klassen zu brechen und das Fundament der sozialistischen Gesellschaft zu legen. Jeder Verzicht auf die uneingeschränkte Macht der Sowjets, auf die vom Volke eroberte Sowjetrepublik zugunsten des bürgerlichen Parlamentarismus und der Konstituierenden Versammlung wäre jetzt ein Schritt rückwärts, würde den Zusammenbruch der ganzen Oktoberrevolution der Arbeiter und Bauern bedeuten.

Die am 5. Januar zusammengetretene Konstituierende Versammlung brachte aus den oben erwähnten Gründen der Partei der rechten Sozialrevolutionäre, der Partei Kerenskis, Awxentjews und Tschernows, die Mehrheit. Natürlich hat diese Partei es abgelehnt, den absolut genauen, klaren, jede Mißdeutung ausschließenden Antrag des Zentralexekutivkomitees der Sowjets, des obersten Organs der Sowjetmacht, zur Beratung zu stellen, das Programm der Sowjetmacht, die „Deklaration der Rechte des werktätigen und ausgebeuteten Volkes“ sowie die Oktoberrevolution und die Sowjetmacht anzuerkennen. Damit hat die Konstituierende Versammlung alle Bande zwischen sich und der Sowjetrepublik Rußland zerrissen. Es war daher unvermeidlich, daß die Fraktion der Bolschewiki und die der linken Sozialrevolutionäre, die jetzt offenkundig die ungeheure Mehrheit in den Sowjets bilden und das Vertrauen der Arbeiter und der Mehrheit der Bauern genießen, diese Konstituierende Versammlung verließen.

In der Tat führen die Parteien der rechten Sozialrevolutionäre und Menschewiki außerhalb der Konstituierenden Versammlung den erbittertsten Kampf gegen die Sowjetmacht, fordern in ihrer Presse offen zum Sturz der Sowjetmacht auf, bezeichnen die zur Befreiung von der Ausbeutung notwendige, gewaltsame Unterdrückung des Widerstandes der Ausbeuter durch die werktätigen Klassen als Willkür und Ungesetzlichkeit, nehmen die im Dienste des Kapitals stehenden Saboteure in Schutz und gehen so weit, daß sie unverhüllt zum Terror aufrufen, mit dessen Anwendung „unbekannte Gruppen“ bereits begonnen haben. Es ist klar, daß der übriggebliebene Teil der Konstituierenden Versammlung infolgedessen nur die Rolle einer Kulisse spielen könnte, hinter der der Kampf der Konterrevolutionäre für den Sturz der Sowjetmacht vor sich gehen würde.

Deshalb beschließt das Zentralexekutivkomitee:

Die Konstituierende Versammlung wird aufgelöst.

Lenin: Ausgewählte Werke, Bd. I und II. Zitiert nach: Geschichte in Quellen, Bd. V, a. a. O., S. 84 f.

Medvedev, Die Ermordung der Zarenfamilie, 16. Juli 1918

Der Verfasser war Zeuge der Hinrichtung der Zarenfamilie.

Am 16. Juli gegen 7 Uhr abends befahl mir Jurovskij, die Revolver aller Posten einzusammeln. Im ganzen waren es 12 Naganrevolver. Ich sammelte also die Revolver ein, brachte sie zu Jurovskij in das Kommandantenzimmer und legte sie auf den Tisch. Am Morgen hatte Jurovskij den kleinen Diener entfernt und hatte ihn bei der Wachmannschaft im Hause Popov untergebracht. Jurovskij gab mir für dies alles keine Erklärung, aber nachdem er die Revolver erhalten hatte, sagte er: „Heute werden wir die ganze Familie erschießen.“ Er befahl mir, die Wachtposten um 10 Uhr zu unterrichten, sie sollten sich nicht beunruhigen, wenn sie Schüsse hörten. Ich sagte den Posten zur besagten Zeit Bescheid und ging dann ins Haus zurück. Um Mitternacht weckte Jurovskij die kaiserliche Familie. Alle standen auf, zogen sich an und kamen ungefähr nach einer Stunde aus ihren Zimmern. Sie waren ruhig und vermuteten keine Gefahr. Sie stiegen die Treppe hinunter. Nikolaus selbst trug Aleksej. Sie gingen in das am äußersten Ende des Hauses gelegene Zimmer. Einige hatten ein Kissen mit, die Kammerfrau trug zwei. Jurovskij ließ Stühle bringen. Man brachte drei. In diesem Augenblick kamen zwei Mitglieder der Čeka, von denen einer, wie ich später erfuhr, Ermakov aus Verch-Iset' war. Der andere war mir unbekannt. Jurovskij, sein Gehilfe und diese beiden Männer gingen in das Untergeschoß, wo sich die kaiserliche Familie schon befand. Außerdem waren noch sieben Letten dabei. Die drei anderen waren in ihrem Zimmer. Jurovskij hatte die Revolver an die sieben Letten, die beiden Čekisten und an seinen Gehilfen verteilt. Er selbst hatte einen behalten. Das machte zusammen elf. Mir befahl er, den zwölften wieder wegzunehmen. Jurovskij trug außerdem eine Mauserpistole. Die Kaiserin, der Kaiser und Aleksej nahmen auf den Stühlen Platz. Die anderen blieben an der Wand stehen. Alle waren ruhig. Einige Minuten danach kam Jurovskij in das Nebenzimmer, in dem ich mich befand, und sagte: „Geh auf die Straße und sieh nach, ob dort niemand ist, und paß auf, ob man die Schüsse hört oder nicht.“ Ich ging hinaus und hörte sogleich Schüsse und kam, um Jurovskij Bescheid zu sagen, daß man sie hörte. Als ich in das Zimmer kam, lagen alle Gefangenen in verschiedenen Stellungen in großen Blutlachen auf der Erde. Alle waren tot, nur Aleksej stöhnte noch. In meinem Beisein gab Jurovskij noch zwei oder drei Schüsse aus seinem Naganrevolver auf ihn ab, und er hörte auf zu stöhnen. Der Anblick dieses Blutbades machte auf mich einen solchen Eindruck, daß mir übel wurde und ich hinausgehen mußte. Dann befahl mir Jurovskij, zu den Posten zu laufen und ihnen zu sagen, sie sollten sich wegen der Schüsse nicht aufregen. Beim Weggehen hörte ich noch zwei Schüsse. Auf der Straße traf ich Starkov und Konstantin Dobrynin, die auf mich zuliefen. Sie fragten mich: „Hat man Nikolaus II. erschossen? Denn wenn man einen anderen an seiner Stelle erschossen hätte, hättest du dafür einzustehen. Du hast die Sache übernommen.“ Ich antwortete ihnen, ich hätte mit eigenen Augen gesehen, wie man Nikolaus II. und seine Familie erschossen habe, und sagte ihnen, sie sollten gehen und ihre Männer beruhigen. Ich habe also gesehen, wie man den Ex-Kaiser, seine Frau Aleksandra, seinen Sohn, seine vier Töchter, Doktor Botkin, den Koch, seinen Diener und eine Kammerfrau erschoß. Jeder hatte mehrere Wunden, ihre Gesichter und ihre Kleider waren blutüberströmt. Ich selbst habe an dem Mord nicht teilgenommen.

Zitiert nach: Richard Kohn, Die Russische Revolution in Augenzeugenberichten. Düsseldorf 1964, S. 486f.

4. Der italienische Faschismus als Gegenrevolution

Italo Balbo, Faschistische Methoden, 30. Juli 1922

Italo Balbo, der spätere Luftmarschall Mussolinis, war damals ein jugendlicher Faschistenführer, der seine Erlebnisse in Erinnerungen und in einem Tagebuch schilderte.

Die Demobilmachung war schon im vollen Gange, als ich um 9.30 Uhr vormittags benachrichtigt wurde, daß im Borgo San Rocco ein Faschist ... ermordert worden sei und daß verschiedene andere Faschisten ... verwundet seien ...

Als ich ankomme, finde ich alle Zugänge zum Borgo von Truppen zu Fuß und zu Pferde und von zwei Panzerwagen versperrt. Während einige Abteilungen den kommunistischen und anarchistischen Klub des Vororts Fratti in Capannetti zerstören, brechen andere Abteilungen in den sozialistischen Vorort Garibaldi ein. Hier beginnt ein starkes Gefecht. Aus den Fenstern fliegen Gegenstände aller Art. Das Ungestüm der Faschisten überwindet jedoch jeden Widerstand. Andere Klubs, in der ganzen Stadt verstreut, werden angezündet. Aber diese örtlichen Kampfhandlungen können die kommunistische Aktivität nicht brechen, welche immer drohender wird ... Ich entscheide mich daher für eine umfassendere Aktion.

Ich gehe zum Polizeipräsidenten, während Dino Grandi die Faschisten zurückhält, die sich inzwischen zu Tausenden in der Umgebung des Borgo angesammelt haben. Ich kündige ihm an, daß ich alle Häuser der Sozialisten in Ravenna niederbrennen und zerstören würde, wenn er mir nicht binnen einer halben Stunde die notwendigen Transportmittel zur Verfügung stelle, um die Faschisten anderswohin zu bringen. Es ist ein dramatischer Augenblick. Ich verlange eine ganze Lastkraftwagenkolonne. Die Beamten des Polizeipräsidiums verlieren den Kopf, aber nach einer halben Stunde teilen sie uns mit, wo wir die schon mit Benzin versehenen Lastkraftwagen in Empfang nehmen können. Einige davon sind sogar Eigentum des Polizeipräsidiums. Ich hatte sie unter dem Vorwand verlangt, die erregten Faschisten aus der Stadt wegtransportieren zu wollen. In Wirklichkeit organisierte ich die „Brandkolonne“ (wie sie von den Gegnern genannt wurde), um unsere Vergeltungsmaßnahmen auf die ganze Provinz auszudehnen. Ich setze mich selbst ... in einen Kraftwagen, welcher die Spitze der langen Lastwagenkolonne nimmt, und wir fahren ab.

Diese Fahrt, die gestern morgen, den 29. Juli, um 11 Uhr begonnen wurde, dauerte bis heute morgen, den 30. Juli. Fast ununterbrochene 24 Stunden Fahrt, und während derselben hat niemand von uns sich auch nur einen Augenblick ausgeruht, noch etwas gegessen. Wir fuhren von Rimini ... durch alle Städte und Dörfer der Provinzen Forli und Ravenna und zerstörten und verbrannten alle Häuser der Roten, die Sitze der sozialistischen und kommunistischen Organisationen. Es war eine schreckliche Nacht. Unser Weg war gekennzeichnet durch hohe Feuer- und Rauchsäulen. Die ganze Ebene der Romagna bis zu den Hügeln unterlag dem erregten Vergeltungsdrang der Faschisten, die entschlossen waren, für immer mit dem roten Terror aufzuräumen. Zahlreiche Episoden, Zusammenstöße mit der bolschewistischen Bande, aber offener Widerstand nirgendwo. Die Führer sind alle geflohen. Die Parteihäuser, die sozialistischen Klubs, die Genossenschaften, alles halb verlassen.

Italo Balbo, Erinnerungen. Zitiert nach: Geschichtliche Quellenhefte mit Überblick, Heft 11 a, Frankfurt[4] 1974, S. 33.

Mussolinis „klare Antwort“, Aus seiner Rede in Neapel vom 24. Oktober 1922

In mehreren großen Reden beruhigt Mussolini das besitzende Bürgertum, die Monarchie und den Vatikan durch die Zusicherung ihrer Vorrechte und durch Loyalitätsbekundungen. „Unser Programm ist einfach“, erklärt er in Udine, „wir wollen Italien regieren.“ Vier Tage vor dem „Marsch auf Rom“ hält er in Neapel eine letzte große Musterung ab; die Behörden des Staates und der Stadt sind anwesend.

Die Politiker fragen uns, was wir wollten. Wir haben sehr klar geantwortet: Auflösung der Kammer, Wahlreform und Neuwahlen in kürzester Frist ... Genauer: wir verlangen das Außenministerium, das Kriegs-, Marine- und Arbeitsministerium und das Ministerium für öffentliche Arbeiten. Ich bin sicher, daß niemand von Euch diese Forderungen für übermäßig halten wird ... Wir Faschisten wollen nicht durch die Hintertür an die Macht gelangen; wir Faschisten wollen nicht auf unsere herrliche geistige Erstgeburt wegen eines jammervollen ministeriellen Linsengerichts verzichten! Denn wir sehen das Problem in der einzig richtigen Weise, die man die historische nennen könnte, zum Unterschied von allen anderen Visionen: den politischen und parlamentarischen.

Es handelt sich nicht darum, irgendeine mehr oder minder lebensfähige Regierung zusammenzustellen, sondern es handelt sich darum, in den liberalen Staat – der seine gewaltigen Aufgaben erfüllt hat, was wir nicht vergessen werden – die ganze Kraft der neuen italienischen Generationen einzuführen, die aus dem Krieg und Sieg hervorgegangen sind. Das ist der wesentliche Zweck des Staates, und nicht nur des Staates, auch der Geschichte, der Nation. Und nun?

Nun, meine Herren, wird die ihrem historischen Sinn nach nicht verstandene Frage eine Frage der Gewalt. Im übrigen, jedes Mal, wenn sich in der Geschichte starke Gegensätze der Ideen und Interessen ergeben, ist es die Gewalt, die schließlich den Ausschlag gibt ...

Wir wollen aber nicht einmal dem Volk sein Spielzeug (das Parlament) wegnehmen. Wir sagen „Spielzeug", denn ein großer Teil des Volkes nimmt es als solches. Könnt Ihr mir zum Beispiel sonst erklären, warum von elf Millionen Wählern sechs auf die Ausübung des Wahlrechts verzichten? Es könnte aber sein, daß sie unzufrieden wären, wenn man ihnen morgen ihr Spielzeug fortnähme. Wir werden es ihnen aber nicht wegnehmen ...

Wenn die Demokratie der Nation im 19. Jahrhundert nützlich und wirkungsvoll gewesen ist, so kann es sein, daß es im 20. Jahrhundert irgendeine andere Form der Politik gibt, die die nationale Gemeinschaft noch verstärkt ...

Wir haben unseren Mythos geschaffen. Der Mythos ist ein Glaube, eine Leidenschaft; es ist nicht notwendig, daß er Wirklichkeit ist. Er ist insofern wirklich, als er ein Ansporn ist, eine Hoffnung, ein Glaube, Mut. Unser Mythos ist die Nation, die Größe der Nation! Und diesen Mythos, diese Größe wollen wir in vollkommene Wirklichkeit verwandeln, ihr ordnen wir alles andere unter.

B. Mussolini: Schriften und Reden, I, S. 333 ff., zitiert nach: W. Kampmann, Der Faschismus in Italien. Stuttgart 1976, S. 22 f.

Italo Balbo, Der Marsch auf Rom, Oktober 1922

Tagebuchaufzeichnung vom 16. 10. 1922, Mailand.

... Mussolini tritt jetzt in die Hauptsache ein. In außerordentlich klarer Darstellung und in breiter Synthese erklärt er, daß die Ereignisse sich überstürzen, und daß der Faschismus von einem Augenblick zum andern in die Notwendigkeit versetzt werden kann, die revolutionäre Bewegung in die Hand zu nehmen ... Nur die totale Eroberung der Macht kann als eine unserer Bewegung würdige Lösung betrachtet werden, denn unser Wirken hat immer außerhalb der Gesetze und über einer altersschwachen Regierung gestanden. Jeder andere Weg wäre Verrat an dem Geiste der jungen Generation, welche Italien wieder aufbauen soll, und eine Schande für unsere Toten. Unser Ziel ist nicht ein Wechsel innerhalb der Regierung, sondern die endgültige Vernichtung des Systems. Ein historisches Ereignis, das sich nicht auf normalem Wege vollziehen kann. Wir geben uns nicht zu Kompromissen her. Wir werfen unsere Macht in die Waagschale ...

Mussolini ist der Ansicht, daß man die für die revolutionäre Aktion gebrauchten Legionen in der Emilia, in der Toskana und in den Marken versammeln und aus diesen Gebieten auf drei zusammenlaufenden Straßen gegen Rom marschieren müsse ... Es wird alsdann beschlossen, 3 Kolonnen zusammenzuziehen: Eine in der Umgebung von Civitavecchia, eine andere in der Nähe von Monterotondo für die Kräfte aus der Emilia, aus Venezien und aus der Lombardei, und eine in Tivoli für die faschistischen Legionen aus den Marken, den Abruzzen, aus Latium und aus dem Süden ...

Tagebuchaufzeichnung vom 24. 10. 1922, Neapel.

Über den heutigen Tag schreibe ich wenig, denn er wird in die Weltgeschichte eingehen. Ein Tag unvergleichlichen Triumphes für den Führer, den die Seele der ganzen Nation umschwebt. Er hat die Worte gesprochen, die Italiens Schicksal entscheiden. Mit den Faschisten kann Mussolini machen, was er will.

Öffentliche Versammlung im San Carlo Theater. Der Duce besteigt die Rednertribüne. Sein Gesicht ist eisern. Er ist ein herrlicher Redner, der weiß, daß er erst absolute Stille schaffen muß, um die Menge nachher um so stürmischer mitreißen zu können.

„Ganz Italien sieht auf uns. Noch niemals gab es nach dem Kriege in Europa eine Bewegung, so mächtig, so epochemachend und so interessant wie der Faschismus. Diese Bewegung, die gleichzeitig politisch, syndikalistisch, militärisch und religiös ist, vereinigt in sich jedes Bedürfnis, jede Hoffnung und jedes Streben der modernen italienischen Seele."

„Wir fordern, daß der Staat seine groteske Überparteilichkeit aufgebe, das Pendeln zwischen den nationalen und antinationalen Kräften. Wir haben gefordert, daß die dringendsten sozialen Fragen gelöst werden, denn der Staat und die Privatwirtschaft stehen vor dem Zusammenbruch."

„Lächerlich war die Antwort der Regierung. Man mutete uns zu, einen nebensächlichen Ministersitz und einige Staatssekretärposten anzunehmen."

Die Menge geriet in Bewegung. „Nie, niemals", war die vieltausendstimmige Antwort.

Hart fiel des Duce Faust auf den Tisch herab.:

„Die Tat wird das letzte Wort sprechen."

Nach Mussolini bestieg Michele Bianchi[1] die Tribüne.

„Faschisten, bei dem geheiligten Angedenken an unsere Toten – schwört, daß ihr den Kampf fortführen werdet bis zum Ende."

„Wir schwören", schrie die Menge, und wie ein Donner wälzte sich durch die Straßen ein Ruf, immer wieder nur ein Ruf:

„Nach Rom –, nach Rom." ...

Heute abend Zusammenkunft im Hotel Vesuvio unter dem Vorsitz Mussolinis ...

Mussolini gibt den Plan bekannt:

Ziel der Bewegung: Die Eroberung der Macht mit einem Kabinett, in dem wenigstens sechs Minister von uns die wichtigsten Ressorts vertreten.

... Es wird beschlossen, für Freitag, den 27., die getarnte Mobilmachung anzuordnen. Dann am 28. Losschlagen gegen die Teilziele, wie z. B. Präfekturen und Polizeipräsidien, Eisenbahnstationen, Post- und Telegrafengebäude, Sendestationen, Zeitungen, antifaschistische Verbände und Arbeitskammern.

Sofort nach der Besetzung der Städte, und zwar noch am gleichen Tage, sollen die Kampfgruppen sich zu den für den Marsch auf Rom bestimmten Kolonnen auf den Weg machen: nach Santa Marinella, nach Monterotondo, nach Tivoli ...

Am Morgen des 28. gleichzeitiger Aufbruch der drei Kolonnen gegen die Hauptstadt ...

Tagebuchaufzeichnung vom 30. 10. 1922, Rom.

... Es kommen Boten[2] von den Versammlungspunkten der Kolonnen [am 28. 10. 1922]. Diese bilden sich, wie wir es vorgesehen hatten, unter dem

---

1) Bianchi war Journalist und Generalsekretär der faschistischen Partei.

2) Nach Perugia, wo sich Balbo mit dem faschistischen „Generalkommando" befand.

Zustrom der faschistischen Kräfte, welche mit jedem möglichen und unmöglichen Verkehrsmittel, aber anweisungsgemäß, ihren Bestimmungsort erreichen ...

... Die Lage in Rom ist noch ganz ungewiß und chaotisch. Der eine kündigt die Bekanntgabe des Belagerungszustandes an, der andere dementiert es. Auf Grund der Nachrichten, welche De Vecchi[1] vor seiner Abreise nach Perugia sich hat verschaffen können, scheint der Belagerungszustand sicher zu sein. Auf Veranlassung von Amendola[2] und Taddei[3] hätte der Ministerrat den Ministerpräsidenten Facta veranlaßt, das entsprechende Dekret dem König vorzulegen ...

[Balbo fuhr am Abend des 28.10. nach Rom und kehrte noch in der Nacht nach Perugia zurück.]

Rom zeigt sich im Kriegszustand. Bewaffnete Patrouillen durchziehen die Straßen. Gendarmen und Königliche Polizei schreiten zur Besetzung der strategischen Punkte der Stadt. Kleinere Gruppen von Soldaten im Stahlhelm führen Maschinengewehre und sogar eine Kanone mit sich. An den Brücken über den Tiber, wohin ich auf einer kurzen Orientierungsrundfahrt komme, bringt man Drahtverhaue und spanische Reiter an ...

Am Morgen des 29. herrscht noch die gleiche Unsicherheit über die politische Lage. Die Arbeit des Generalkommandos wird nicht geringer. Wir haben jetzt genaue Nachrichten über unsere Kolonnen, die vollzählig sind. Zweiundfünfzigtausend Faschisten stehen vor den Toren Roms. De Vecchi und Grandi[4] treffen in Perugia ein. Sie bestätigen uns, daß die Krise noch im Laufe des heutigen Tages gelöst werden muß. Gut, andernfalls werden wir noch heute den Aufbruch der Kolonnen gegen Rom befehlen ...

In Foligno, wo die Reservekolonne steht, verbreitet sich wie der Blitz eine Nachricht. Wie ist sie dahin gekommen? Niemand vermag es zu sagen. Mit derselben Schnelligkeit, mit der im Kriege die mündlichen Mitteilungen aus dem Schützengraben über die Ereignisse von höchster Bedeutung unter den Soldaten kursierten und bis zu den Kommandostellen kamen, vielleicht manchmal noch vor den telegrafischen Nachrichten: Der König hat Mussolini mit der Regierungsbildung beauftragt.

---

1) De Vecchi war Führer der faschistischen Partei in Turin.

2) Amendola war einer der Führer der liberalen Opposition. Bei einem Zusammenstoß mit Faschisten wurde er verwundet und starb kurze Zeit darauf.

3) Taddei war Innenminister der Regierung Facta.

4) Graf Dino Grandi war einer der engsten Mitarbeiter Mussolinis, bis 1932 war er Außenminister, später Botschafter in London und Justizminister.

Nach kurzer Zeit wird die Nachricht von Rom aus bestätigt. Durch die faschistischen Abteilungen läuft ein Schauer der Freude. Strahlende Gesichter, Feze fliegen durch die Luft, Triumphgesänge.

... Die Begeisterung grenzt an Raserei. Die Glocken läuten. Perugia durchlebt einen der größten Tage seiner Geschichte ...

Italo Balbo, Der Marsch auf Rom. Tagebuch der Revolution 1922. Leipzig 1933. Zitiert nach: Geschichte in Quellen, Bd. V, a. a. O., S. 149ff.

Die zehn Gebote des Milizsoldaten

1. Der Faschist, besonders der Milizsoldat, darf nicht an einen ewigen Frieden glauben.
2. Strafen sind immer verdient.
3. Auch der Wachtposten vor einem Benzinfaß dient dem Vaterland.
4. Der Kamerad ist dein Bruder: 1. weil er mit dir lebt, 2. weil er denkt und fühlt wie du.
5. Gewehr und Patronentasche sollen nicht während der Ruhezeit vernachlässigt, sondern für den Krieg bereit gehalten werden.
6. Sage niemals: die Regierung zahlt's; denn du selbst bist es, der zahlt, und die Regierung hast du selbst gewollt und du trägst ihre Uniform.
7. Gehorsam ist der Gott der Heere; ohne ihn ist kein Soldat denkbar, wohl aber Unordnung und Niederlagen.
8. Mussolini hat immer Recht.
9. Der Freiwillige hat keine Vorrechte, wenn er nicht gehorcht.
10. Eines muß dir über allem stehen: das Leben des Duce.

Italo Balbo, Der Marsch auf Rom, a. a. O., S. 153.

Ilja Ehrenburg, Die Ermordung Matteottis, 1924[1]

Im Mai 1924 fuhr ich mit Liuba nach Italien. Dort gab es viele ausländische Touristen, darunter auch Deutsche. Die Deutschen waren mit der stabilen Mark und der nicht minder stabilen Überzeugung gekommen, daß sie dem Erdbeben entronnen seien und sich an dem Land, wo die Zitronen blühn, schadlos halten können ...

In Italien gab es damals noch ein Parlament; im Frühjahr hatten Wahlen stattgefunden. Mit Hilfe von Wein und Rizinusöl, von Versprechungen

---

1) Ilja Ehrenburg (1891–1967), russischer Schriftsteller.

und Einschüchterungen gelang es den Faschisten, sich die Mehrheit zu sichern, immerhin konnten die Oppositionsparteien etwa vierzig Prozent der Stimmen auf sich vereinigen. Am 30. Mai hielt der junge Abgeordnete Matteotti im Parlament eine mannhafte Rede, in der er den Mord und die Gewalt geißelte. Die Faschisten unterbrachen ihn wutschnaubend. Ein Faschist schrie: „Scher dich nach Rußland!" Als Matteotti von der Rednertribüne herabstieg, beglückwünschten ihn einige linke Deputierte zu seiner Rede. Lächelnd entgegnete er einem von ihnen: „Jetzt können Sie meinen Nekrolog vorbereiten." Elf Tage später ging er aus dem Haus, um Zigaretten zu kaufen, und kam nicht mehr wieder.

Mussolini war nicht mehr imstande, Kritik zu ertragen, aber er wagte es noch nicht, einen Parlamentsabgeordneten verhaften zu lassen. Er gab seinem Freund Cesare Rossi den Auftrag, Matteotti aus dem Weg zu räumen. Rossi leitete die Presseabteilung des Innenministeriums, die sich in Wirklichkeit nicht mit Pressefragen, sondern mit dem Mord an politischen Gegnern befaßte. Rossi zitierte Filipelli, den Redakteur des „Corriere Italiano" zu sich, Filipelli rief seinerseits einen gewissen Dumini herbei.

Am Tiberufer, unweit des Hauses, in dem er wohnte, wurde Matteotti von einigen Unbekannten umzingelt und mit Gewalt in ein bereitstehendes Auto gezerrt. Das Auto raste zur Stadt hinaus. Die Entführer knebelten Matteotti. Dumini war ein Meister seiner Kunst (er gab später zu, zwölf Antifaschisten umgebracht zu haben). Matteotti war lungenkrank. Der Kampf war kurz. Als Matteotti den Versuch machte, den Wagenschlag aufzureißen, erstach ihn Dumini mit einem Messer.

An einem öden Ort in der Nähe von Quartarella verscharrten die Faschisten in aller Eile den Körper Matteottis. Mussolini erfuhr mit Befriedigung, die Sache sei glatt verlaufen; er rechnete nicht damit, daß sie ruchbar werden könnte. Aber einige Frauen hatten gesehen, wie man einen Mann mit Gewalt in ein rotes Automobil gezerrt hatte. Es gab noch einige Oppositionsblätter. Ein Gerichtsverfahren wurde eingeleitet. Man fand den Wagen von Filipelli, der Sitz war blutverschmiert. Man war genötigt, Dumini zu verhaften. Sogar Rossi sollte sich verantworten, sein Verfahren wurde freilich gleich niedergeschlagen. Rossi aber überwarf sich bald darauf mit Mussolini, floh nach Paris und begann dort mit Enthüllungen über seinen Exfreund.

Rom siedete. Es war, als ob jeden Augenblick eine Revolution losbrechen könnte. Die oppositionellen Deputierten schworen, sich gegen die Mörderbande zur Wehr zu setzen. In allen Ländern waren die Menschen über den Zynismus der Faschisten entrüstet. Da bekam es der Duce mit der

Angst zu tun. Er erklärte, die Ermordung des Abgeordneten hätte ihn erschüttert; die Schuldigen würden streng bestraft werden. Er veranlaßte sogar den Rücktritt des Generalsekretärs der Faschistischen Partei. Offenbar glaubte auch er, der Funke könnte zünden.

Ilja Ehrenburg, Menschen, Jahre, Leben. Autobiographie, Bd. 1. München 1962, S. 606 ff.

Vittorio Mussolini, Bomber über Abessinien, 1937

Vittorio Mussolini, der Sohn des „Duce", hat 20jährig als Luftwaffenoffizier am Abessinienkrieg teilgenommen und schildert ihn in einem Erinnerungsbuch:

Die Flieger gaben einander in diesen Tagen Tips, wie bei einem Jagdausflug. Statt man sagte: „Ein schöner Schwarm Ringeltauben bei Castell Porziano gesichtet", hieß es hier: „Ich rate dir, nach Samre zu fliegen, du sollst sehen, alles ist voll von Abessiniern!"

Um allen gerecht zu werden, flog ich überall hin. Endlich hatte man nach so langer Zeit den Gegner leibhaftig vor sich.

Teilweise ging sein Rückzug geordnet vor sich, namentlich bei den Truppenteilen mit Troß. Andere Teile hatten sich völlig aufgelöst und liefen Tag und Nacht in wilder Flucht nach Süden, so daß wir im Scherz sagten, sie würden sehr bald General Graziani (dem Oberbefehlshaber an der Somalifront) zu schaffen machen. Über alle diese Gruppen prasselte unaufhörlich ein Regen von Bomben und Granaten herunter.

Anfänglich versuchten sie noch, sich zur Wehr zu setzen. Schließlich aber nahmen sie ihr Schicksal widerstandslos hin ...

Man brauchte nicht einmal tief zu gehen, jede Granate fiel in dichte Haufen, Tod und Verderben säend. Es war eine furchtbare Lehre für die abessinischen Dickschädel und ebenso für die Europäer, die sich bei ihnen befanden: traurige Vertreter menschlicher Würdelosigkeit.

Längs der Karawanenstraße von Samre wurden den Abessiniern besonders die Furten der kleinen Wasserläufe verhängnisvoll. An diesen Stellen mußten sie ihren Vormarsch verlangsamen und ins Freie treten, so daß wir leichtes Spiel hatten. Hier und da schoß noch einer auf uns, aber kraftlos und ohne Überzeugung: es war schwer, uns herunterzuholen, wir schienen unverwundbar. Mehrmals am Tage stieg so Geschwader auf Geschwader vom Morgengrauen bis zur Abenddämmerung von allen Flugplätzen auf, um die Katastrophe dieser Massenflucht zu begleiten und noch furchtbarer zu gestalten.

Tags darauf wieder zwei Flüge, immer über demselben Gebiet, aber diesmal 50 Kilometer weiter vorn. Es wimmelte von Abessiniern, sie schienen zahllos wie die Fliegen in Makalle.

Unsere Verfolgung ließ sie nicht einen Augenblick zur Ruhe kommen. Jedoch begannen die Massen sich jetzt zu zerstreuen, und das war ihr Glück. Die einen versteckten sich in den Dörfern, andere liefen in die Wälder, wieder andere zerstreuten sich aufs Geratewohl, und viele waren für immer in Sicherheit, nämlich tot ... Das alles war in höchstem Maße grausam. Aber seit Monaten hatten wir auf diesen Augenblick gewartet. Im übrigen herrschte die Meinung, daß dies erst der Anfang sei.

Vittorio Mussolini: Bomber über Abessinien. München 1937, S. 69 ff. Zitiert nach: W. Kampmann, a. a. O., S. 38 f.

5. Die Weimarer Republik

Aus dem Brief eines Marinesoldaten in Kiel, 31. Oktober 1918

Hoffentlich kommt dieser Brief nicht in unrechte Hände. Also es sind große Dinge passiert bei der Kaiserlichen Marine. Sämtliche Linienschiffe und Panzerkreuzer meutern ... Wir waren mit unserer Flottille eine Zeitlang draußen und hatten in der Nordsee aufgeklärt, waren verschiedene Male mit dem Engländer zusammen und merkten auch an sonstigen Anzeichen, daß etwas im Gange war.

Als wir nun vor einigen Tagen einlaufen wollten, sahen wir, daß vor der Wilhelmshavener Einfahrt die ganze deutsche Flotte mit sämlichen großen Schiffen und Torpedobooten vor Anker lag, und wir mußten uns ebenfalls dorthin legen. Alles war erstaunt, niemand wußte Genaues. Plötzlich hieß es, der Flottenchef will in der deutschen Bucht Flottenmanöver machen. Auf den plumpen Blödsinn fiel natürlich keiner herein. Man bedenke aber auch diesen Unsinn, jetzt mitten in der Krisis – ein großes Flottenmanöver abzuhalten.

Der erste „Seeklar"-Befehl war nun auf Mittwochnacht festgesetzt worden, wurde aber dann plötzlich auf Donnerstag verlegt. Wir auf den abseits liegenden Booten wußten nicht, was los war, man hörte wohl etwas munkeln von Meuterei und Aufruhr, aber man glaubte es nicht. Gestern hieß es nun plötzlich: „‚B 97' und ‚B 112' (ein anderes Boot von unserer Halbflottille) stehen von 8 Uhr an zur Verfügung. Chef des 1. Geschwaders." Wir gingen um 8 Uhr längsseits von S. M. S. [Seiner Majestät Schiff] „Ostfriesland", worauf sich der Chef des 1. Geschwaders befindet, der dann bei uns an Bord stieg. Wir wußten nun noch immer nicht, was wir von der ganzen Sache halten sollten, bis dann unser Halbflottillenchef die ganze Besatzung im Wohndeck antreten ließ. Dann hat er uns eine Rede gehalten, die ich in meinem Leben nicht wieder vergessen werde. Es wäre etwas Trauriges passiert, auf allen Geschwadern hätte die Besatzung verschiedener Schiffe den Gehorsam verweigert. Als die Flotte auslaufen sollte, hätten die Mannschaften den Feuerlöschapparat angestellt, so daß in allen Kesseln das

Feuer ausging. Bei jedem „Seeklar"-Befehl hätten sie dasselbe gemacht und infolgedessen das Auslaufen der Flotte verhindert. Man fragte sich nach dem Grund, worauf sie antworteten, sie würden sonst keinen Befehl verweigern, aber unter keinen Umständen auslaufen. Sie wollten den Verzweiflungskampf der deutschen Flotte nicht mitmachen. An höherer Stelle sagte man sich, ehe wir die Flotte ausliefern, setzen wir alles auf eine Karte. Lieber lassen wir alles kurz und klein schießen, ehe wir dem Engländer unsere schöne Flotte ausliefern. Und wie auch der Kommandant S.M.S. „Thüringen" sagte: „Wir verfeuern unsere letzten 2000 Schuß und wollen mit wehender Flagge untergehen." Darauf haben sie [die Soldaten] zu ihm gesagt, er solle allein losfahren und nun ging der Krach los. Auf „Thüringen" und „Helgoland" vom 1. Geschwader war es am schlimmsten. Die Meuterer hatten sich im Vorschiff verbarrikadiert. Auf „Helgoland" hatten sie drei Geschütze besetzt. Die Rede, die unser Halbflottillenchef hielt, kann ich hier nicht ausführlich schreiben, er teilte uns nur mit, daß wir vom Befehlshaber der Torpedoboote dazu bestimmt seien, hier wieder Ordnung zu schaffen, und falls es die „Pflicht" erfordern sollte, müßten wir die Waffen gegen die eigenen Kameraden erheben. Wie uns zumute gewesen ist, kann ich keinem Menschen erzählen.

Wir machten unsere Maschinengewehre, unsere Geschütze und Torpedos klar und fuhren etwa bis auf 200 Meter an die „Thüringen" heran. Inzwischen war aus Wilhelmshaven ein Dampfer mit 250 Marineinfanteristen eingetroffen, die die Aufrührer wegtransportieren sollten. Falls sich nun dieselben weigern sollten, den Dampfer zu betreten, sollte „B 97" dazwischenschießen.

Lieber Papa, wenn Du wüßtest, wie es mir zumute gewesen ist, als wir die Kanonen auf unsere Kameraden gerichtet hatten, welche ohnmächtige Wut ich hatte. Was sollten wir auch machen, es kam ja alles so plötzlich, keine Verständigung mit anderen Booten, keiner, der uns den Rücken deckte. Aber wir hofften ja immer noch, daß die Sache gut ablaufen könnte. Endlich nach einer Stunde gaben die Aufständischen ihre Sache auf und zeigten durch die Bullaugen die Rote-Kreuz-Flagge. Sie ließen sich dann, ungefähr 600 Mann, ruhig an Bord des Dampfers bringen. Uns fiel ein Stein vom Herzen, es hing an Haaresbreite, und wenn wir auch niemals auf unsere Kameraden geschossen hätten, auf uns waren von der „Helgoland" drei 15-Zentimeter-Geschütze gerichtet und wenn nur ein Schuß von uns gefallen wäre, von „B 97" wäre kein Holzsplitter mehr übriggeblieben.

Ich werde den 31. Oktober in meinem Leben nie vergessen, es war tausendmal schrecklicher wie bei Oesel oder im Kanal.

Auf der „Helgoland“ und den andern Schiffen hatte sich der Tumult inzwischen etwas gelegt. Den Zweck haben sie ja erreicht, die Flotte wird in der nächsten Zeit nicht auslaufen, und wenn wir jedenfalls auch darunter leiden müssen, aber unsere Zeit kommt bald oder der Friede muß bald kommen. Sonst machen wir ihn uns selber. Die Marine macht nicht mehr mit – wenn nur die Armee und das Volk bald folgt ...

So, lieber Papa, das ist nun, was ich Dir vorläufig mitteilen kann. Beunruhigt Euch nun nicht, wenn's auch etwas drunter und drüber geht. Totschießen lassen wir uns nicht mehr die letzten Tage.

Zitiert nach: Gerhard A. Ritter, S. Miller (Hrsg.), Die deutsche Revolution 1918–1919. Hamburg 1975, S. 41–43.

Forderungen des Soldatenrates in Kiel, 4. November 1918

Nach blutigen Auseinandersetzungen zwischen rebellierenden Matrosen und regierungstreuen Truppen wurde von den Rebellierenden spontan ein Soldatenrat gebildet; die Arbeiterschaft unterstützte dessen 14-Punkte-Forderungen:

1. Freilassung sämtlicher Inhaftierten und politischen Gefangenen.
2. Vollständige Rede- und Pressefreiheit.
3. Aufhebung der Briefzensur.
4. Sachgemäße Behandlung der Mannschaften durch Vorgesetzte.
5. Straffreie Rückkehr sämtlicher Kameraden an Bord und in die Kasernen.
6. Die Ausfahrt der Flotte hat unter allen Umständen zu unterbleiben.
7. Jegliche Schutzmaßnahmen mit Blutvergießen haben zu unterbleiben.
8. Zurückziehung sämtlicher nicht zur Garnison gehöriger Truppen.
9. Alle Maßnahmen zum Schutze des Privateigentums werden sofort vom Soldatenrat festgesetzt.
10. Es gibt außer Dienst keine Vorgesetzte mehr.
11. Unbeschränkte persönliche Freiheit jedes Mannes von Beendigung des Dienstes bis zum Beginn des nächsten Dienstes.
12. Offiziere, die sich mit den Maßnahmen des jetzt bestehenden Soldatenrates einverstanden erklären, begrüßen wir in unserer Mitte. Alles übrige hat ohne Anspruch auf Versorgung den Dienst zu quittieren.
13. Jeder Angehörige des Soldatenrates ist von jeglichem Dienste zu befreien.

14. Sämtliche in Zukunft zu treffenden Maßnahmen sind nur mit Zustimmung des Soldatenrates zu treffen.

Diese Forderungen sind für jede Militärperson Befehle des Soldatenrates.

Der Soldatenrat

Zitiert nach: G. A. Ritter S. Miller (Hrsg.), Die deutsche Revolution, a. a. O., S. 47

Philipp Scheidemann, Proklamation der Deutschen Republik, 9. November 1918

Philipp Scheidemann war Anfang Oktober 1918 Mitglied der Regierung des Reichskanzlers Prinz Max von Baden geworden. Am 9. November trat Scheidemann aus der Regierung aus. Prinz Max von Baden übergab das Reichskanzleramt an Friedrich Ebert (SPD). Über die Ereignisse am 9. November 1918 schreibt Scheidemann:

Die Nacht zum 9. November war schlaflos gewesen, sie kam mir endlos vor. Obwohl ich sehr spät zu Bett gekommen war, stand ich morgens um 6 Uhr schon wieder marschbereit da. Mit meiner Frau besprach ich die Situation. Nach dem Genuß eines undefinierbaren „deutschen Tees" und trockenen Brotes rief ich in der Reichskanzlei an, es war kaum 7 Uhr: „Ist der Kaiser zurückgetreten?"

„Noch nicht, aber wir erwarten die Nachricht seines Rücktritts jeden Augenblick!" – „Ich will noch eine Stunde warten, ist er dann noch nicht gegangen, dann gehe ich!"

Um keine Zeit zu verlieren, fuhr ich sofort in den Reichstag, um immer wieder in der Reichskanzlei anzurufen. Im Reichstag ging es schon lebhaft zu. Allerlei wenig vertrauenerweckende Gestalten trieben sich in den Wandelgängen herum. Gegen 9 Uhr rief ich die Reichskanzlei wiederum an. – „Noch nicht! – Vielleicht mittags!" – „Solange brauche ich zu meiner Entschließung nicht. Bitte, sagen Sie dem Reichskanzler, daß ich mein Amt hiermit niederlege. In einer Viertelstunde haben Sie die Meldung meines Rücktritts auch schriftlich dort . . . Ich soll nichts übereilen? Bitte, man soll vor allem auch nichts verzögern, bis es zu spät ist!"

Ein Eilbote brachte meine Rücktrittsmeldung für den Reichskanzler in die Wilhelmstraße: „Ich beehre mich mitzuteilen, daß ich mein Amt als Staatssekretär hiermit niederlege." Das Kabinett war zu dieser Stunde schon versammelt. Konrad Haußmann hat im „Berliner Tageblatt" am 21. November 1920 festgestellt:

„Am 9. November, vormittags 9 Uhr, wurde dem Kriegskabinett mitgeteilt, daß Staatssekretär Scheidemann sein Amt niedergelegt habe. Die Kabinettssitzung wurde auf 12 Uhr vertagt."

Am 9. November 1918 glich der Reichstag schon in den Morgenstunden einem großen Heerlager. Arbeiter und Soldaten gingen ein und aus. Viele trugen Waffen. Mit Ebert, der nun auch aus der Reichskanzlei in den Reichstag gekommen war, und anderen Freunden saß ich hungrig im Speisesaal. Es gab wieder nur eine dünne Wassersuppe ... Da stürmte ein Haufen von Arbeitern und Soldaten in den Saal, gerade auf unseren Tisch zu.

Fünfzig Menschen schrien zugleich: „Scheidemann, kommen Sie gleich mit!" – „Philipp, du mußt herauskommen und reden!"

...

Schon stand ich im Fenster. Viele Tausende von Armen reckten sich, um Hüte und Mützen zu schwenken. Mächtig hallten die Zurufe der Massen mir entgegen. Dann wurde es still.

Ich sprach nur wenige Sätze, die mit großem Beifall aufgenommen wurden:

„Arbeiter und Soldaten!

Furchtbar waren die vier Kriegsjahre. Grauenhaft waren die Opfer, die das Volk an Gut und Blut hat bringen müssen. Der unglückselige Krieg ist zu Ende. Das *Morden* ist vorbei. Die Folgen des Kriegs, Not und Elend, werden noch viele Jahre lang auf uns lasten. Die Niederlage, die wir unter allen Umständen verhüten wollten, ist uns nicht erspart geblieben, weil unsere Verständigungsvorschläge sabotiert wurden, wir selbst wurden verhöhnt und verleumdet.

Die Feinde des werktätigen Volkes, die wirklichen „inneren Feinde", die Deutschlands Zusammenbruch verschuldet haben, sind still und unsichtbar geworden. Das waren die Daheimkrieger, die ihre Eroberungsforderungen bis zum gestrigen Tage ebenso aufrechterhielten, wie sie den verbissensten Kampf gegen jede Reform der Verfassung und besonders des schändlichen preußischen Wahlsystems geführt haben. Diese Volksfeinde sind hoffentlich für immer erledigt. Der Kaiser hat abgedankt. Er und seine Freunde sind verschwunden. Über sie alle hat das Volk auf der ganzen Linie gesiegt!

Der Prinz Max von Baden hat sein Reichskanzleramt dem Abgeordneten Ebert übergeben. Unser Freund wird eine Arbeiterregierung bilden, der alle sozialistischen Parteien angehören werden. Die neue Regierung darf nicht gestört werden in ihrer Arbeit für den Frieden, in der Sorge um Brot und Arbeit.

Arbeiter und Soldaten! Seid euch der geschichtlichen Bedeutung dieses Tages bewußt. Unerhörtes ist geschehen. Große und unübersehbare Arbeit steht uns bevor.

Alles für das Volk, alles durch das Volk! Nichts darf geschehen, was der Arbeiterbewegung zur Unehre gereicht.

Seid einig, treu und pflichtbewußt!

Das Alte und Morsche, die Monarchie ist zusammengebrochen. *Es lebe das Neue! Es lebe die Deutsche Republik!*"

Schier endloser Jubel ertönte. Dann setzten sich die Massen in Bewegung nach dem Schloß. Die bolschewistische Welle, die an diesem Tage unser Vaterland bedrohte, war gebrochen! Die Deutsche Republik war in den Köpfen und Herzen der Massen lebendig geworden.

. . .

Ebert war mit der Proklamation der Deutschen Republik durch Scheidemann nicht einverstanden.

Ebert war vor Zorn dunkelrot im Gesicht geworden, als er von meinem Verhalten hörte. Er schlug mit der Faust auf den Tisch und schrie mich an: „Ist das wahr?" Als ich ihm antwortete, daß „es" nicht nur wahr, sondern selbstverständlich gewesen sei, machte er mir eine Szene, bei der ich wie vor einem Rätsel stand. „Du hast kein Recht, die Republik auszurufen! Was aus Deutschland wird, ob Republik oder was sonst, das entscheidet eine Konstituante [Verfassunggebende Versammlung]!" Wie konnte ein so kluger Mensch die Situation derart falsch einschätzen, daß er selbst am 9. November noch von Regentschaft, Stellvertretung, Reichsverweser und anderem total erledigtem monarchischem Gerümpel sprach! Jetzt, viele Jahre nach jenem bedeutsamen Tag, verstehe ich das Verhalten Eberts besser, denn jetzt liegen mancherlei Bücher und sonstige Berichte vor, aus denen zu ersehen ist, daß damals vertrauliche Gespräche über Monarchie, Republik, Stellvertretung des Kaisers usw., von denen ich keine Kenntnis hatte, stattgefunden haben. Ebert fühlte sich deshalb wohl bis zu einem gewissen Grade gebunden. Für die Sozialdemokratische Partei und mich bestand eine solche Bindung nicht.

Philipp Scheidemann, Memoiren eines Sozialdemokraten, Bd. II. Dresden 1928, S. 296–314.

Aufruf der Spartakusgruppe in Berlin, 10. November 1918

Die Proklamation der Deutschen Republik durch Scheidemann entsprach nicht den Vorstellungen der Gruppe von Sozialisten, die eine Revolution nach russischem Vorbild anstrebten. Am 10. November rief diese Gruppe zur Weiterführung der Revolution auf:

Arbeiter und Soldaten in Berlin!
Sichert die von euch errungene Macht!
Mißtrauen ist die erste demokratische Tugend!

Die rote Fahne weht über Berlin! Würdig habt ihr euch an die Seite der Städte gestellt, in denen schon das Proletariat und die Soldaten die Macht übernommen haben. Wie aber die Welt auf euch geschaut hat, ob ihr eure Aufgabe lösen werdet, so sieht die Welt jetzt auf euch, wie ihr sie lösen werdet. Ihr müßt in der Durchführung eines sozialistisch-revolutionären Programms ganze Arbeit machen. Mit der Abdankung von ein paar Hohenzollern ist es nicht getan. Noch viel weniger ist es getan damit, daß ein paar Regierungssozialisten mehr an die Spitze treten. Sie haben vier Jahre lang die Bourgeoisie unterstützt, sie können nicht anders, als dies weiter tun. Mißtrauet denen, die von Reichskanzler- und Ministerstellen herunter glauben, eure Geschicke lenken zu dürfen. Nicht Neubesetzung der Posten von oben herunter, sondern Neuorganisierung der Gewalt von unten herauf. Sorget, daß die Macht, die ihr jetzt errungen habt, nicht euren Händen entgleite und daß ihr sie gebraucht für euer Ziel. Denn euer Ziel ist die sofortige Herbeiführung eines proletarisch-sozialistischen Friedens, der sich gegen den Imperialismus aller Länder wendet, und die Umwandlung der Gesellschaft in eine sozialistische.

Zur Erlangung dieses Zieles ist es vor allem notwendig, daß das Berliner Proletariat in Bluse und in Feldgrau erklärt, folgende Forderungen mit aller Entschlossenheit und unbezähmbarem Kampfwillen zu verfolgen:

1. Entwaffnung der gesamten Polizei, sämtlicher Offiziere sowie der Soldaten, die nicht auf dem Boden der neuen Ordnung stehen; Bewaffnung des Volkes; alle Soldaten und Proletarier, die bewaffnet sind, behalten ihre Waffen.
2. Übernahme sämtlicher militärischer und ziviler Behörden und Kommandostellen durch Vertrauensmänner des Arbeiter- und Soldatenrates.
3. Übergabe aller Waffen- und Munitionsbestände sowie aller Rüstungsbetriebe an den Arbeiter- und Soldatenrat.
4. Kontrolle über alle Verkehrsmittel durch den Arbeiter- und Soldatenrat.
5. Abschaffung der Militärgerichtsbarkeit; Ersetzung des militärischen Kadavergehorsams durch freiwillige Disziplin der Soldaten unter Kontrolle des Arbeiter- und Soldatenrates.
6. Beseitigung des Reichstages und aller Parlamente sowie der bestehenden Reichsregierung; Übernahme der Regierung durch den Berliner

Arbeiter- und Soldatenrat bis zur Errichtung eines Reichs-Arbeiter- und Soldatenrates.

7. Wahl von Arbeiter- und Soldatenräten in ganz Deutschland, in deren Hand ausschließlich Gesetzgebung und Verwaltung liegen. Zur Wahl der Arbeiter- und Soldatenräte schreitet das gesamte erwachsene werktätige Volk in Stadt und Land und ohne Unterschied der Geschlechter.
8. Abschaffung aller Dynastien und Einzelstaaten; unsere Parole lautet: einheitliche sozialistische Republik Deutschland.
9. Sofortige Aufnahme der Verbindung mit allen in Deutschland bestehenden Arbeiter- und Soldatenräten und den sozialistischen Bruderparteien des Auslandes.
10. Sofortige Rückberufung der russischen Botschaft nach Berlin.

Arbeiter und Soldaten! Eine jahrtausende alte Knechtschaft geht zu Ende; aus den unsäglichen Leiden eines Krieges steigt die neue Freiheit empor. Vier lange Jahre haben die Scheidemänner, die Regierungssozialisten, euch durch die Schrecken eines Krieges gejagt, haben euch gesagt, man müsse „das Vaterland" verteidigen, wo es sich nur um die nackten Raubinteressen des Imperialismus handelte: Jetzt, da der deutsche Imperialismus zusammenbricht, suchen sie für die Bourgeoisie zu retten, was noch zu retten ist, und suchen die revolutionäre Energie der Massen zu erstikken.

Es darf kein „Scheidemann" mehr in der Regierung sitzen; es darf kein Sozialist in die Regierung eintreten, solange ein Regierungssozialist noch in ihr sitzt. Es gibt keine Gemeinschaft mit denen, die euch vier Jahre lang verraten haben.

Nieder mit dem Kapitalismus und seinen Agenten! Es lebe die Revolution! Es lebe die Internationale!

Zitiert nach: Wolfgang Herbst u. a. (Hrsg.), Die Novemberrevolution in Deutschland (Dokumente). Berlin (Ost) 1958, S. 112/113.

Konrad Haenisch, An die Schüler und Schülerinnen der höheren Schulen Preußens, November 1918

Der Kultusminister von Preußen versuchte, mit folgendem Erlaß die Verwaltung der Schulen zu ändern und den neuen politischen Vorstellungen und Verhältnissen anzupassen.

Die neue Regierung des Freistaates Preußen [Republik Preußen] wendet sich an Euch, die Schülerschaft der höheren Schulen Preußens . . .

Aus der Schule sind in schöner Begeisterung Tausende hinausgestürmt in den Krieg, um ihr junges Leben dem Vaterland zu weihen. Sie haben voll Sehnsucht nach letztem Ernst und wirklicher großer Pflicht die Gelegenheit zu höchster Bewährung und Treue ergriffen, die ihnen der Krieg zu bieten schien ... Eine Jugend, die so ihre Treue mit ihrem Blut besiegelt hat, können und wollen wir nicht mehr als eine unreife und unmündige Masse behandeln. Auch Ihr, die Jugend und die Schule, sollt teilhaben an der neuen Freiheit und Selbstbestimmung unseres Volkes. Und wir hoffen, daß vieles, was unter einem veralteten und toten System der Unfreiheit in Eurer Seele noch hungern, kranken und verkrüppeln mußte, in der neuen Welt der Freiheit gesunden und aufblühen wird ...

An jeder höheren Schule (Vollanstalt) sowie an den Lehrer- und Lehrerinnenseminaren, Präparandenanstalten, Oberlyzeen und Studienanstalten wird bis Ende dieses Jahres *eine Versammlung* sämtlicher Lehrer und sämtlicher Schüler, an den höheren Schulen von der Klasse Obertertia [9. Schuljahr] an aufwärts, einberufen. Diese Versammlung wählt in geheimer Wahl mit gleichem Stimmrecht der Lehrer und Schüler einen Lehrer zum Versammlungsleiter ...

[Es wird verhandelt, ob folgende Einrichtungen eingeführt werden:]

1. An jeder höheren Schule (Vollanstalt), bei jedem Lehrerseminar, jeder Präparandenanstalt, jeder Studienanstalt und jedem Oberlyzeum findet alle zwei Wochen einmal zu einer zum lehrplanmäßigen Unterricht gehörenden Stunde eine „Schulgemeinde“ statt, d. h. eine völlig freie Aussprache von Lehrern und Schülern über Angelegenheiten des Schullebens, der Disziplin, der Ordnung usw. Die Leitung der Versammlung hat ein von der Schülerschaft in geheimer, gleicher Wahl ernannter Lehrer zu übernehmen. An der Schulgemeinde hat der Leiter der Schule und das ganze Kollegium teilzunehmen, sowie alle Schüler, in den höheren Schulen und Studienanstalten von der Obertertia an aufwärts. Die Schulgemeinde kann ihre Wünsche und Meinungen in der Form von Entschließungen zum Ausdruck bringen, anordnende oder gesetzgebende Befugnis hat sie jedoch zunächst nicht. In der Schulgemeinde hat jeder Schüler und Lehrer eine Stimme; sie beschließt mit einfacher Mehrheit ...

2. Die Schulgemeinde wählt aus der Schülerschaft einen *Schülerrat*, der ständig die Interessen der Schülerschaft zu vertreten hat und im Einvernehmen mit Schulleitung und Lehrerschaft für Ordnung zu sorgen hat ...

3. Die Schulgemeinde hat nach mindestens vierteljährigem Bestehen das Recht, in Form einer Entschließung sich über diese neuen Einrichtungen der Schulverfassung auszusprechen, Vorschläge zu ihrem weiteren Ausbau zu machen, sowie an die Regierung (das Ministerium für Wissenschaft,

Kunst und Volksbildung) die Bitte zu richten, ihr zu einer freien Aussprache über die neuen Aufgaben der Jugend im neuen Staats- und Volksleben einen Vertrauensmann der Regierung zu senden. Solche Entschließungen sind auf dem üblichen Wege unverzüglich an das Ministerium einzureichen.

Von jetzt ab wird den Schülern völlige Freiheit zur Bildung unpolitischer *Vereine* (z. B. Wandervogelgruppen, Sportvereine, Sprechsäle, Vereine zur Pflege geistiger Interessen oder künstlerischer Betätigung usw.) im Rahmen des geltenden Rechts gewährt. Auch dürfen die Schülerschaften verschiedener Schulen miteinander in Verbindung treten. Durch die Schuldisziplin findet keinerlei Beeinträchtigung staatsbürgerlicher Rechte statt ...

Wir aber versprechen, daß wir die Arbeit der Jugend nicht nur von einem den Körper schädigenden Übermaß, sondern auch von allen sinnlosen und verrotteten Resten einer überlebten Zeit befreien und nach den Forderungen der neuen Zeit und der ewigen Werte der Menschheit umgestalten wollen. Wir hoffen, der Jugend bald die innere Gewißheit geben zu können, durch ihre Bewährung in Arbeit und Freiheit an ihrem Teile mitzuschaffen am Wiederaufbau unserer Volksgemeinschaft und an der Wiedergeburt unserer Kultur. Möge die Jugend durch Ernst und Treue ein Vertrauen rechtfertigen, wie es ihr bisher in der Geschichte noch nie entgegengebracht worden ist.

Ministerium für Wissenschaft, Kunst und Volksbildung
Konrad Haenisch

Zitiert nach: Gerhard Giese, Quellen zur deutschen Schulgeschichte. Göttingen 1961, S. 234–237.

Kurt Eisner, Proklamation der Bayerischen Republik, 8. November 1918

Einen Tag vor der Proklamation der Deutschen Republik war in München die Bayerische Republik ausgerufen worden.

An die Bevölkerung Münchens!

Das furchtbare Schicksal, das über das deutsche Volk hereingebrochen, hat zu einer elementaren Bewegung der Münchener Arbeiter und Soldaten geführt. Ein provisorischer Arbeiter-, Soldaten- und Bauernrat hat sich in der Nacht zum 8. November im Landtag konstituiert.

Bayern ist fortan ein Freistaat.

Eine Volksregierung, die von dem Vertrauen der Massen getragen wird, soll unverzüglich eingesetzt werden.

Eine konstituierende Nationalversammlung, zu der alle mündigen Männer und Frauen das Wahlrecht haben, wird so schnell wie möglich einberufen werden.

Eine neue Zeit hebt an!

Bayern will Deutschland für den Völkerbund rüsten.

Die demokratische und soziale Republik Bayern hat die moralische Kraft, für Deutschland einen Frieden zu erwirken, der es vor dem Schlimmsten bewahrt. Die jetzige Umwälzung war notwendig, um im letzten Augenblick durch die Selbstregierung des Volkes die Entwicklung der Zustände ohne allzu schwere Erschütterung zu ermöglichen, bevor die feindlichen Heere die Grenzen überfluten oder nach dem Waffenstillstand die demobilisierten deutschen Truppen das Chaos herbeiführen.

Der Arbeiter-, Soldaten- und Bauernrat wird strengste Ordnung sichern. Ausschreitungen werden rücksichtslos unterdrückt. Die Sicherheit der Person und des Eigentums wird verbürgt.

Die Soldaten in den Kasernen werden durch Soldatenräte sich selbst regieren und Disziplin aufrecht erhalten. Offiziere, die sich den Forderungen der veränderten Zeit nicht widersetzen, sollen unangetastet ihren Dienst versehen.

Wir rechnen auf die schaffende Mithilfe der gesamten Bevölkerung. Jeder Arbeiter an der neuen Freiheit ist willkommen! Alle Beamte bleiben in ihren Stellungen. Grundlegende soziale und politische Reformen werden unverzüglich ins Werk gesetzt.

Die Bauern verbürgen sich für die Versorgung der Städte mit Lebensmitteln. Der alte Gegensatz zwischen Land und Stadt wird verschwinden. Der Austausch der Lebensmittel wird rationell organisiert werden.

Arbeiter, Bürger Münchens! Vertraut dem Großen und Gewaltigen, das in diesen schicksalsschweren Tagen sich vorbereitet!

Helft alle mit, daß sich die unvermeidliche Umwandlung rasch, leicht und friedlich vollzieht.

In dieser Zeit des sinnlos wilden Mordens verabscheuen wir alles Blutvergießen. Jedes Menschenleben soll heilig sein!

Bewahrt die Ruhe und wirkt mit an dem Aufbau der neuen Welt!

Der Bruderkrieg der Sozialisten ist für Bayern beendet. Auf der revolutionären Grundlage, die jetzt gegeben ist, werden die Arbeitermassen zur Einheit zurückgeführt.

Es lebe die bayerische Republik!

Es lebe der Frieden!

Es lebe die schaffende Arbeit aller Werktätigen!

München, Landtag, in der Nacht zum 8. November 1918.
Der Rat der Arbeiter, Soldaten und Bauern.
Der erste Vorsitzende: *Kurt Eisner.*

Zitiert nach: G. A. Ritter, S. Miller (Hrsg.), Die deutsche Revolution, a. a. O., S. 61/62.

Josef Hofmiller, Alltag in München während der Revolutionstage, November 1918

Josef Hofmiller war Professor an einem Gymnasium in München; aus konservativer Sichtweise schildert er in seinem Tagebuch den Alltag in München.

Freitag, 8. November. Man fühlte sich durch den Anblick der Maximilianstraße beinahe an Fasching erinnert. Wie an Fasching zog eine Menschenmenge stadtwärts, neugierig und ruhig. Die Hupen der Kraftwagen brachten auch etwas von unserem langweiligen Münchner Fasching herein. Bei der Rückfahrt traf ich F. H., der mir erzählte, er sei gestern an die Kirchenschule gegangen, als der Rummel losging. Die Soldaten hätten die Türen gesprengt, Gewehre geholt, die Kantine geplündert, Decken gestohlen, auch anderes, die Kanzlei verwüstet, die Akten auf die Straße geworfen. Noch schlimmer hätten sie in der Türkenkaserne gehaust. Dort hätten sie alles geplündert und dann den Leuten auf der Straße Verschiedenes zum Kauf angeboten. Alle Geschäfte seien geschlossen, wer Rolläden hätte, hätte sie heruntergelassen. Es scheint nötig zu sein. Gerade höre ich, daß das Geschäft Spielmann am Gärtnerplatz gestürmt, verwüstet und ausgeplündert wurde. Unsere jüdischen Mitbürger scheinen in Sorge zu sein, daß sich die Wut der Menge gegen sie richte.

Kurt Eisner ist, wie ich eben aus Kürschner ersah, 51 Jahre alt, und hat bisher vorwiegend literarische und sozialpolitische Kampfschriften veröffentlicht. Ein Kollege beschrieb ihn mir als blaß, dunkelbärtig, mit langen Locken und einer großen Glatze. Er spielt ein gewagtes Spiel. Wie lang kann er es spielen?

...

Wie lang habe ich keinen gestärkten Kragen mehr angezogen? Kein Mensch trägt mehr einen. Die Hälfte trägt statt des Kragens ein Halstuch. Selbst der weiche Hut verschwindet mehr und mehr zugunsten der Sportmütze. Viele schlagen, weil sie keinen Kragen mehr haben, den Rock- oder Überzieherkragen hoch. Ganz schlimm steht es mit dem Schuhzeug. Mama teilt die einlaufenden Bücher in 2 Kategorien: mit Schutzpappe, ohne Schutzpappe. Aus den Futteralen kann man nämlich Einlegesohlen schneiden, aber man muß sie oft erneuern, weil die Stiefelsohlen durch sind bis aufs Brandleder. Reparaturen und miserables Material dabei sind teuer. Ich glaube, abends nach dem Essen wird in jedem Münchner Haus, wenn nicht in jedem Stockwerk, Schuhzeug repariert, geflickt, Lederstücke und Metallschutzecken aufgenagelt, die die Parkettböden zerkratzen.

Samstag, 9. November. Heut früh sind die „Neuesten" wieder in ihrem regelmäßigen Umfang erschienen, ebenso die „Augsburger Abendzeitung". Die Revolution war offenbar von langer Hand geplant, nur die staatlichen und militärischen Behörden ließen sich allen Warnungen zum Trotz überrumpeln. Voraussetzung für die Revolution war die Vereinigung der in zwei Flügel gespaltenen Sozialdemokratie. Das Quartier des Arbeiter- und Soldatenrates ist der Mathäser. Das erste war, daß Bahnhof und Telegrafenamt besetzt wurden, sodann die Zeitungen. Die politische Umwälzung vollendete sich im Landtagsgebäude. Um 10 Uhr abends war es schon in der Gewalt der Revolutionäre; um Mitternacht tagte ... geschlossen der Arbeiter- und Soldatenrat im Sitzungssaal der Kammer, wählte Kurt Eisner zum Präsidenten und Verkündete die Republik, die Absetzung der Dynastie und der gesamten Regierung. Plünderungen kamen vor, besonders von Waffengeschäften, auch militärische Lager wurden geleert, aber, das muß man der Gerechtigkeit halber feststellen, gegen den Willen des Rates, der von Anfang an, wie es scheint, ehrlich bemüht war, Ordnung zu halten und Gewalttaten zu verhindern. Militär durchzog mit geschultertem Gewehr die Stadt und verlangte zunächst von allen begegnenden Soldaten und Offizieren die Entfernung der schwarz-weiß-roten Kokarde.

Am Stachus sah Stemplinger, wie ein junger Strizzi einem verwundeten Offizier, der den linken Arm in der Schlinge trug, die Kokarde herunterreißen wollte. Ohne ein Wort zu sagen, gab ihm dieser eine saftige Watsche. Das Publikum brüllte Beifall.

Am Freitag morgen war die ganze Umwälzung vollzogen. München war als Hauptstadt des Königreichs Bayern zu Bett gegangen, um als Hauptstadt des bayerischen „Volksstaats" zu erwachen. Telegraf, Telefon und Straßenbahn waren am Donnerstag abend stillgelegt worden. Am Freitag wurde der Betrieb wieder aufgenommen.

Josef Hofmiller, Revolutionstagebuch 1918/19. Leipzig o.J. (1938), S. 31–34.

Ernst Niekisch, Landtagssitzung in München nach der Ermordung Eisners, 21. Februar 1919

Ernst Niekisch war seit Beginn des Jahres 1919 Präsident des Zentralrates der „Arbeiter-, Bauern- und Soldatenräte Bayerns“. Er schreibt über das Ende der Regierung Eisner:

[Eisner] bog um die Ecke seines Ministeriums und mußte an einem verschlossenen Toreingang vorübergehen. Im Torrahmen stand ein Mann, den die drei nicht beachteten. Es war der junge Graf Arco-Valley. Arco schlich sich hinter den dreien her und schoß dann hinterrücks auf Eisner. Es war ein richtiges Meuchelmörderstück. Eisner brach sofort tot zusammen. Fechenbach griff nach seinem Revolver und schoß auf Arco, auch der Matrose begann auf Arco zu feuern. Von vielen Kugeln getroffen, sank Arco zusammen; doch keine war tödlich gewesen. Im Krankenhaus wurde er wiederhergestellt.

Während dieser Vorgänge saß ich im Sitzungssaal des Landtags in der Diplomatenloge neben Frau Eisner. Plötzlich wurde die Tür hinter uns aufgerissen, der blutbesudelte Matrose, der Begleiter Eisners, stürzte herein, stieß Frau Eisner mit dem Zeigefinger an und keuchte: „Eisner ist erschossen.“ Der Ruf ging sogleich durch den ganzen Sitzungssaal, dessen Tribünen überfüllt waren. Bestürzt verließen die Abgeordneten den Saal, um zu Fraktionssitzungen zusammenzutreten. Der Münchener Arbeiter- und Soldatenrat, dem Eisner angehört hatte, versammelte sich unverzüglich. Die Nachrichten, die mir von dort zugingen, waren besorgniserregend; sie gaben Grund, einen überraschenden Exzeß zu befürchten. In Eisners Kabinett war Eisners Gegenspieler, der routinierte sozialdemokratische Führer Erhard Auer, Innenminister gewesen. Auer hatte viele Absichten Eisners durchkreuzt. Durch einen Mittelsmann ließ ich Auer warnen; es war bezeichnend, daß allgemein Auer als der eigentliche Urheber des Attentats betrachtet wurde.

Nach etwa einer halben Stunde wurden die Verhandlungen des Parlaments wieder aufgenommen. Ich stand an einer der schweren Portieren, die die Eingänge zum Sitzungssaal abschlossen. Der Landtagspräsident hatte mit einem Nachruf auf den Erschossenen begonnen und war eben dabei, das Beileid der Abgeordneten zu bezeugen, da war mir, als beträte hinter mir jemand den Saal. Ich sah einen Mann, der einen Militärmantel trug, an der Regierungsbank entlanggehen; er hatte ein Gewehr in der Hand. Von einer bösen Ahnung bewegt, stürzte ich nach vorn, um ein Warnsignal zu geben, aber schon krachten die Schüsse. Der Mann hatte auf Auer angelegt und ein paarmal abgedrückt. Schwer getroffen sank Auer vom Stuhl. Einige Schüsse hatten ihn verfehlt, dafür aber andere Opfer gefordert. Der Abgeordnete Osel und der Major Jahreis lagen tot am Boden. Der Mann mit dem Gewehr benutzte die allgemeine Verwirrung und rannte aus dem Saal. Später stellte sich heraus, daß der Attentäter ein Mitglied des Münchner Arbeiter- und Soldatenrats, der Metzger Lindner, war, dem nach der Tat die Flucht nach Österreich glückte. Von dort wurde er später nach Bayern ausgeliefert und zu 15 Jahren Zuchthaus verurteilt.

Die Abgeordneten rannten kopflos hin und her. Ich ging in den Vorhof hinunter und sah mit Schrecken, daß die Landtagswache ihre Maschinengewehre umkehrte und sie gegen das Treppenhaus richtete. Ich fragte, was das bedeuten sollte. Sie wollten, antworteten die Wachsoldaten, sämtliche Abgeordneten niederknallen. Die Abgeordneten sollten für den Tod Eisners büßen. Ich begann auf sie einzureden; es gelang mir, sie von dem Wahnwitz, den sie im Schilde führten, abzubringen. Murrend drehten sie die Maschinengewehre wieder um, und niemandem geschah ein Leid.

Die Regierung löste sich sofort auf, mehrere Mitglieder, wie z. B. der sozialdemokratische Sozialminister Roßhaupter, wurden mit schwerem Nervenschock ins Krankenhaus gebracht. Die Abgeordneten flüchteten nach Hause. Von einigen wurde erzählt, sie seien durch die Fenster in der Hinterseite des Gebäudes entwichen. Die Regierungsgewalt verschwand. Es lag in der Natur der Dinge, daß die Macht ganz von selbst in die Hände des Zentralrats fiel. Ohne daß irgendein gesetzlicher Akt vorlag, wurde ich auf Grund der Macht der Tatsachen gewissermaßen die oberste Spitze Bayerns.

Ernst Niekisch, Erinnerungen eines deutschen Revolutionärs, Bd. I. Köln 1974, S. 50–51.

Ernst Niekisch, Das Ende der Räterepublik Bayern, Mai 1919

Im Mai 1919 marschierten Freikorps in München ein, um die Bayrische Räterepublik aufzulösen. Es kam zu blutigen Auseinandersetzungen. Ernst Niekisch über die Greueltaten bei dieser „Besetzung Münchens“:

München wurde bald danach von den weißen Truppen eingeschlossen. Die Rote Armee in Dachau heimste wenig kriegerischen Ruhm ein. Als es ernst wurde, blieb der größte Teil der bewaffneten Arbeiter zu Hause, und nur eine kleine Schar Unentwegter hielt durch. Die Freikorps verrichteten bei ihrem Vormarsch gegen München grauenvolle Dinge. In der Nähe von München, bei Puchheim, war ein russisches Gefangenenlager gewesen. Die

Räteregierung hatte die Russen freigelassen. Die Freikorps griffen auf ihrem Vormarsch 52 dieser russischen Kriegsgefangenen auf, die nicht das mindeste mit der Münchener Räterepublik zu tun hatten, trieben sie in einen Steinbruch und ermordeten sie. Bei Starnberg trafen sie auf eine Arbeiter-Sanitäter-Kolonne, die übte. Die Sanitäter wurden kurzerhand an einem Bahndamm niedergeschossen; nur ein einziger, ein Referendar Schlesinger, wurde im letzten Augenblick durch das Eingreifen eines Hauptmanns vor dem Tode bewahrt. Diese Taten bewirkten, daß die Münchener Machthaber zehn Geiseln festnahmen. Es handelte sich dabei um Mitglieder der Thulegesellschaft. Als Nachrichten über weitere Untaten der andringenden Freikorps in München bekannt wurden, beging Seidel, der Kommandant des Luitpold-Gymnasiums, in welchem die Geiseln untergebracht waren, die Torheit, sie als Repressalie erschießen zu lassen. Nun war es um die letzte Zurückhaltung der Freikorps geschehen. Als sie in München eindrangen, tagte eben in einem Keller ein Verein katholischer Gesellen, die an nichts weniger als daran dachten, Revolutionäre zu sein oder die Räterepublik zu unterstützen. Sie wurden allesamt ausgehoben und sofort niedergemetzelt. Obwohl hier die Interessen sowohl der Katholischen Kirche wie der Bayerischen Volkspartei berührt worden waren, überging man diese Scheußlichkeit, der vierundzwanzig schuldlose Menschen zum Opfer gefallen waren, mit Stillschweigen. Die Straßenkämpfe forderten viele Blutopfer. Gefangene Arbeiter wurden im Schlacht- und Viehhof untergebracht, ein großer Teil davon wurde sofort füsiliert.

Niekisch, Erinnerungen, a. a. O., S. 77.

Viscount d'Abernon, Inflation in Deutschland, 1923

Viscount d'Abernon war britischer Botschafter in Berlin. Er glaubte nicht, daß deutsche Politiker fähig seien, die wirtschaftspolitischen Probleme (Inflation, Reparationen), sinnvoll zu lösen. Im August und Dezember 1923 schrieb er in sein Tagebuch:

20. August 1923.

Es wird jeden Tag klarer, daß Deutschland von einem Chaos verschlungen werden wird, wenn es von außen keine Hilfe bekommt ...

Es ist wohl kaum eine Übertreibung, wenn man sagt, daß die für die Finanzpolitik des Landes Verantwortlichen Selbstmord begehen, um sich von Reparationszahlungen zu drücken. Ich gebe ohne weiteres zu, daß die Reparationsforderungen übertrieben waren, daß die Art, in der diese Ansprüche geltend gemacht wurden, absurd war – daß Frankreich und Belgien sich beharrlich weigerten einzusehen, daß man „von einer sterbenden Kuh keine Milch bekommen kann" –, all dies stimmt vollkommen, aber es rechtfertigt vor den Schranken des gesunden Menschenverstandes noch nicht die Politik, die Deutschland verfolgte. In England und Amerika ist der Grundsatz, daß, je mehr Papiergeld ausgegeben wird, desto geringer der Wert jeder Einheit des Papiergeldes sein wird – ein Grundsatz, der der Funktion der allgemeinen Regel von Angebot und Nachfrage entspricht –, zu einem Gemeinplatz geworden. Man braucht keine gründliche Kenntnis der quantitativen Theorie, um sich dessen bewußt zu werden. Aber hier wird dieser Gemeinplatz sowohl in Worten wie in Taten geleugnet. Ein auffallendes Beispiel dafür: Havenstein, der Direktor der Reichsbank, hat am Freitag in aller Öffentlichkeit erklärt, daß die Notenpresse der Reichsbank jetzt zwanzig Billionen Mark täglich druckt und der gesamte Notenumlauf sich auf 63 Billionen Mark beläuft. Aber er fügte mit Stolz hinzu, daß in der nächsten Woche die Reichsbank in der Lage sein wird, 46 Billionen täglich zu drucken. 46 Billionen Mark haben einen Nennwert von 2 300 Milliarden Pfund Sterling und der Notenumlauf einen Nennwert von 3 150 Milliarden Pfund Sterling. Havenstein gab die Erklärung vor dem Staatsrat ab, der aus finanziellen und wirtschaftlichen Sachverständigen bestehen soll, und trotzdem hat keiner seine Politik kritisiert oder auf ihren Irrsinn hingewiesen...

25. Dezember 1923.

Das auffallendste Kennzeichen der neuen Lage ist die erstaunliche Ruhe und Besserung, die unter der Berührung des Zauberstabes der Währungsstabilität eingetreten ist. Selbst die fanatischsten Befürworter der Stabilisierung – und diesen Ehrentitel lasse ich mir von keinem streitig machen – konnten kaum auf bemerkenswertere Ergebnisse hoffen als die, die sich heute zeigen. Die Lebensmittel in den großen Städten sind plötzlich in Hülle und Fülle vorhanden – Kartoffeln und Getreide werden in großen Mengen auf den Markt gebracht, während die Butter, die man bis jetzt nur in besseren Stadtvierteln bekam, jetzt zu einem bestimmten, wenn auch hohen Preise überall erhältlich ist. Die Schlachthäuser haben jetzt reichlich zu tun – Viehladungen treffen von überall ein – und die Polonäsen vor den Schlächterläden und Lebensmittelgeschäften sind verschwunden. Die wirtschaftliche Entspannung hat eine politische Beruhigung mit sich gebracht. Von Diktatur und Putschen wird nicht mehr geredet, und selbst die äußersten Flügelparteien haben für den Augenblick aufgehört, Unruhe zu stiften.

Viscount d'Abernon, Memoiren Bd. II. Leipzig o. J., S. 279/280; 329/330.

Gustav Stresemann, Kosten des passiven Widerstands im Ruhrgebiet, 1923

Der passive Widerstand deutscher Arbeiter nach der Besetzung des Ruhrgebiets durch französische und belgische Truppen war ein wesentlicher Grund für den schnellen Verfall der deutschen Währung. Reichskanzler Stresemann[1], 7.9. 1923:

Die Kosten des passiven Widerstandes betragen zur Zeit täglich 40 Millionen Goldmark. Diese Tatsache ist von entscheidender Bedeutung. Es ist verschiedentlich in der Presse und in öffentlichen Körperschaften darauf hingewiesen worden, daß sich in die Finanzierung des Ruhrabwehrkampfs Mißbräuche eingeschlichen hätten ... Es ist zutreffend, daß in manchen Fällen sich bei der Arbeiterschaft im altbesetzten Gebiet, die zur Weiterarbeit berechtigt ist, die Neigung zeigt, unter dem Deckmantel des passiven Widerstandes die Arbeit niederzulegen. Es ist auch zutreffend, daß in manchen Fällen Mißbräuche mit den den Unternehmen gewährten Krediten getrieben wurden ... Aber diese wohl unvermeidlichen Teilerscheinungen können nichts an der Tatsache ändern, daß die Fortsetzung des passiven Widerstands nicht eine Frage der Gesinnung, sondern eine Frage der Finanzen und damit der Wirtschaft und letzten Endes auch der Politik des unbesetzten Gebiets ist. Der tägliche Bedarf von 40 Millionen Goldmark stellt, derartig ungeheure Anforderungen an die Notenpresse, daß diese selbst durch konfiskatorische Steuermaßnahmen auf lange Sicht nicht mehr gedeckt werden können.

Zitiert nach: Geschichte in Quellen, Bd. V, a.a.O., S. 191.

Proklamationen während des nationalsozialistischen Putschversuches, 1923

Während des Putschversuchs wurden auf verschiedenen Plätzen Münchens von Angehörigen nationalsozialistischen Sturmtrupps mehrere Proklamationen verlesen, verteilt und angeschlagen:

Die Regierung der Novemberverbrecher in Berlin ist heute für abgesetzt erklärt worden.

Eine provisorische deutsche Nationalregierung ist gebildet worden.

Diese besteht aus General Ludendorff, Adolf Hitler, General v. Lossow, Oberst v. Seisser.

Ein weiteres von Sturmtrupps der Nationalsozialisten verbreitetes, großes weißes Plakat lautet:

---

[1]) Gustav Stresemann war von August bis November 1923 Reichskanzler.

Zur Aburteilung derjenigen Verbrechen, die den Bestand des Volkes und des Staates zu gefährden geeignet sind, wird hiermit ein nationales Staatstribunal als oberster Gerichtshof gebildet.

Die Rechtsprechung dieses Tribunals erstreckt sich auf schuldig oder nichtschuldig.

Nichtschuldig gibt Freispruch, schuldig den Tod.

Die Urteile werden binnen drei Stunden nach ihrer Aussprechung vollzogen.

Revision findet nicht statt.

Die Zuständigkeit des nationalen Staatstribunals wird im besonderen geregelt.

Ein kleineres gelbes Plakat, ebenfalls aus Lastkraftwagen der Sturmtrupps verbreitet, hat folgenden Inhalt:

Am 9. November 1918 wurde das um sein Dasein kämpfende deutsche Volk hinterrücks überfallen und verraten. Seit dieser Zeit wird deutsche Ehre von Verrätern und Meineidigen straflos mit Füßen getreten: seit diesem Tage wurde das deutsche Volk ausgebeutet durch seine inneren Todfeinde, und sein Gut und Blut verschachert an die Todfeinde jenseits der Grenzen; seit dem 9. November 1918 setzt eine planmäßige Deutschenverfolgung ein, um die Nutznießer des Novemberverrats die Früchte ihres Verbrechens ungehindert genießen zu lassen.

Das ist jetzt das Ende!

Zitiert nach: Hellmut Schöner, Der Hitlerputsch im Spiegel der Presse. München 1974, S. 42.

„Münchner Neueste Nachrichten", München während des Hitlerputsches, 8./9. November 1923

Am Donnerstagabend

Die Ausrufung der nationalen Diktatur durch Hitler war am Abend des 8. November erst gegen 11 Uhr in den Straßen der inneren Stadt bekannt geworden. Versammlungsbesucher vom Bürgerbräukeller brachten die Mitteilung in nach Hause gehende Gruppen am Marienplatz. Da um diese Zeit auch die Gaststätten sich leerten, wurde der Verkehr in der Neuhauserstraße lebhafter. Am Stachus standen einzelne Gruppen bis zu den letzten Trambahnen, deren Fahrgäste noch vielfach in völliger Unkenntnis der Vorgänge waren.

Lebhafter ging es vor dem *Telegraphenamt am Bahnhofplatz* zu. Dort war die Landespolizei im Lastauto erschienen und hatte die Räume besetzt. Rasch handelnden Korrespondenten war es noch gelungen, vorher kurze Drahtberichte nach auswärts zu bringen. Ebenso konnten fernmündliche Meldungen nach Berlin und Wien gegeben werden, ehe die Beamten entsprechende Weisungen erhalten hatten. Mehrere auswärtige Telephongespräche wurden abgebrochen. Die Tatsachenmeldung war indessen kurz bestimmt nach Berlin und Wien gelangt. Von ½11 Uhr nachts etwa konnten nur mehr Telegramme privaten Inhalts aufgegeben werden. Telephongespräche wurden überhört und bei Erwähnung der Vorkommnisse, Nennung von Namen, abgebrochen.

Nach Mitternacht wurde das Telegraphenamt vollständig von Zivilpersonen geräumt. Der Telegramm- und Telephon-Fernverkehr stillgelegt. So blieb es auch heute vormittag.

Von einer Einstellung des *Brief-Verkehrs* oder dessen besonderer Beaufsichtigung war vormittags auf dem Hauptpostamt noch nichts bekannt.

Gegen 11 Uhr erschien ein Lastauto mit Hitlerleuten vor der *„Münchener Post"*. Die Leute, mit Stahlhelmen, Gewehren und Handgranaten ausgerüstet, drangen in die Räume der „Münchener Post" und warfen aus den Fenstern Büsten und Bilder der marxistischen Führer. Der „Völkische Beobachter" schreibt über die Expedition gegen die „Münchener Post": „Die Giftküche am Altheimereck wurde zerstört. Die grüne Polizei bewacht die rauchenden Trümmer. Der Hebräer Heymann und der ‚Geist' der ‚Münchener Post', Erhard Auer, konnten leider bis zur Stunde noch nicht ergriffen werden." Von rauchenden Trümmern war nach der Expedition nichts zu sehen. Nach 12 Uhr zündete der Trupp Hitlerleute, der zurückgeblieben war, sich aus herabgeworfenen Aktenstücken der „Münchener Post" ein Lagerfeuer an. Die Auslagenscheiben des Gebäudes gingen bei der Zerstörung im Innern in Trümmer.

In den Außenbezirken, in denen wie in der inneren Stadt die neuen Verhältnisse in den frühen Morgenstunden durch die „M.N.N." [Münchner Neueste Nachrichten] allgemein bekannt geworden waren, spielte sich der Verkehr wie an den sonstigen Tagen in normaler Weise ab.

Lebhafter war es in der inneren Stadt.

Festnahme des 1. Bürgermeisters und mehrerer Stadträte durch Hitlerleute

Auf dem Marienplatz machte sich in den Vormittagsstunden schon eine lebhafte Bewegung geltend. Gegen ½10 Uhr zogen sich größere Trupps um die Mariensäule zusammen, die unter Führung von Hitleranhängern wiederholt stürmisch in Rufen gegen die Rathausfront das Hissen der schwarz-weiß-roten Fahne forderten. Eine Anzahl Leute mit einem bewaffneten Nationalsozialisten drang in das Rathaus ein und wiederholte im Vorzimmer zum Ausschußzimmer, wo der Ältestenausschuß des Stadtrates tagte, die gleiche Forderung.

Nach längeren Verhandlungen und Auseinandersetzungen entfernten sich die Leute wieder mit der Drohung, daß sie wiederkommen würden.

Schon bei dem ersten Eindringen wurden Rufe laut, daß der sozialdemokratische 1. Bürgermeister *Schmid* und die sozialistischen Stadträte herangeholt werden mußten. Gegen 11 Uhr verdichteten sich die Menschenmassen vor dem Rathause immer mehr. Ein größerer Trupp drang nun nochmals durch den Eingang unter dem Rathausturm in das Rathaus ein. Kurze Zeit hernach wurde unter lebhaften Heilrufen der untenstehenden Menge eine große schwarz-weiß-rote Fahne am Balkon des ersten Stockes angebracht, später aber am Balkonerker des dritten Stockes befestigt. Von hier aus sprach dann ein Redner zur Menge über die Ziele der Bewegung, die einen Abrechnungsstrich gegenüber dem 9. November 1918 ziehen wolle. Die Menge stimmte dann das Deutschlandlied an.

Unterdessen hatte ein Trupp jüngerer Leute mit einer Hakenkreuzfahne sich auch Einlaß durch den Rathauseingang am Fischbrunnen verschafft, drang durch die Bürgermeisterzimmer zum dortigen Balkon und schwenkte dort unter Heilrufen die Fahne. Plötzlich ratterte vom Alten Rathaus her ein Lastauto mit zwei Maschinengewehren und einem Zug schwerbewaffneter Hitlerleute im Stahlhelm auf den Marienplatz.

Eine Abteilung Bewaffneter drang in das Ausschußsitzungszimmer ein, wo außer den Mitgliedern des Ältestenausschusses auch noch Stadtratsmitglieder der verschiedenen Fraktionen versammelt waren und führte Bürgermeister *Schmid*, ferner die sozialdemokratischen Stadträte *Nußbaum*, *Mauerer*, *Dott* und *Schranke*, die Vertreter der U.S. Fraktion *Niedermaier* und *Greiner*, sowie die kommunistischen Stadträte *Thierau* und *Hermann* gefangen ab. Die Gefangenen wurden zum Bürgerbräukeller verbracht. Stadtrat Schramke gelang es, in einen Saal zu entkommen, in dem eine Anzahl anderer Personen festgesetzt war. Die übrigen Stadträte wurden nach der Mittagsstunde unter bewaffneter Bedeckung auf ein Auto verbracht, das durch die Rosenheimerstraße die Richtung nach Südosten nahm. In ziemlich weiter Entfernung von München hielt das Auto in einem Walde. Die Verhafteten mußten aussteigen und es wurde ihnen bedeutet, in den Wald hineinzugehen.

In der Zwischenzeit war es einem Stadtamtmann gelungen, auf die Spur der Gefangenen zu kommen, die er mit einer Begleitperson im Auto verfolgte. Er traf die Gefangenenwache im Walde und erreichte es durch seine energischen Vorstellungen und durch den Hinweis auf den für die Hitler-Bewegung ungünstigen Ausgang des Kampfes, daß die Gefangenen freigelassen wurden. Die Bedeckungsmannschaft legte dann ihre Uniform zum Teil ab, versah sich mit Zivilkleidungsstücken der Gefangenen und fuhr mit dem Lastauto wieder zur Stadt zurück. Geld und Wertgegenstände wurden den Gefangenen nicht abgenommen. Die Freigelassenen suchten den Weg zur nächsten Bahnstation und fuhren von hier nach München. Gegen Abend trafen sie wieder im Rathause ein und schilderten hier den noch anwesenden Stadtratsmitgliedern ihre Erlebnisse. Es war ihnen das Ehrenwort abgenommen worden, den Ort, wohin sie verbracht worden waren, nicht zu nennen.

Aufhebung des Hitler-Lagers im Bürgerbräukeller

Das Hauptquartier der Nationalsozialisten ist der *Bürgerbräukeller.* Vor dem Eingang hängt das Genfer Rote Kreuz. Auf der Straße stehen etwa ein Dutzend Lastkraftwagen, in denen sich meist Gewehre befinden. Der Eintritt in den Bürgerbräukeller ist nur gegen Ausweis gestattet. Auf der Straße herrscht ein lebhafter Verkehr von Bewaffneten; auch Zivilpersonen mit Gewehren sieht man. Auf der Ludwigsbrücke stehen starke Posten von Sturmtruppen. Ab und zu marschieren Abteilungen der Sturmtruppen stadteinwärts. Sie werden zum Teil mit Heilrufen begrüßt. Gegen halb 2 Uhr erfolgte der Vormarsch der Landespolizei durch die Zweibrückenstraße über die Ludwigsbrücke und Rosenheimerstraße. Die mit Landespolizei vollbesetzten Lastautos wurden im Tal von heftigen Pfuirufen der Menge begleitet.

Im Garten des Bürgerbräukellers waren die Nationalsozialisten eben dabei, die Gewehre auf bereitstehende Lastautos zum Abtransport zu verladen. Mittlerweile war aber die Landespolizei, die an der Ludwigsbrücke bereits alle stadteinwärts fahrenden Straßenbahnwagen kontrollierte und bewaffneten Fahrgästen die Waffen abnahm, bis an den Bürgerbräukeller vorgedrungen. Die Landespolizei drang durch das Tor des Bürgerbräu-Gartens an der Rosenheimerstraße vor.

Gegen halb 3 Uhr war die *Säuberungsaktion beendet.* Im Hauseingang zum Bürgerbräukeller lagen noch die Plakate mit der Proklamation Hitlers, daneben große Stöße kleiner weißer Zettel mit der Aufforderung zum Besuch großer Massenkundgebungen, die am Freitag abend in etwa zehn

Münchner Sälen stattfinden sollten. An der Türe war ein Plakat angeheftet mit der Aufschrift: „Werbebureau".

Zitiert nach: Schöner, a. a. O., S. 43/44.

Sefton Delmer, „Goldene Zwanziger-Jahre" in Berlin

Oft werden die Jahre nach der Inflation als die „Goldenen Zwanziger-Jahre" beschrieben. Dabei wird übersehen, daß Tausende von Menschen auch in diesen Jahren eines wirtschaftlichen Aufschwungs äußerst ärmlich lebten und froh waren, wenn sie täglich ein Dach über dem Kopf und etwas zu essen hatten. Ein britischer Journalist berichtet:

Das Berlin des Jahres 1928 bot einfach alles, wonach sich der Herausgeber einer populären Tageszeitung sehnt: Sex, Mord, politische Intrigen, Geld, Geheimnis und Blutvergießen. Vor allem Blutvergießen. Ja, mit der Zeit wurden die Straßenkämpfe zwischen den immer zahlreicher werdenden Nationalsozialisten und der ebenfalls anwachsenden Schar der Kommunisten so häufig, daß immer, wenn die Zeitung eine aufregende Story brauchte und sonst nirgends etwas los war, jemand bei mir anrief und fragte: „Tom, alter Junge, könntest du uns nicht eine Straßenschlacht liefern?" Und meistens konnte ich das.

. . .

An der Bartheke des Hotels Adlon saßen ausländische Bankiers auf den hohen Hockern, ließen Martinis in ihren Magen und Pfunde und Dollars nach Deutschland fließen. Mehr als einmal hörte ich einen dieser Adlonbar-Bankiers den allwissenden Chefmixer fragen: „Sagen Sie mal, Fred, wissen Sie nicht zufällig jemanden, der gern eine Auslandsanleihe aufnehmen möchte – etwa ein Industriekonzern oder eine Stadtverwaltung?" Und das war keineswegs ein Scherz. Oft genug lehnte sich Fred nach so einer Frage vertraulich vor, der Gast zog so eifrig Notizbuch und Bleistift heraus, als wolle er sich die Telefonnummer einer jungen Dame notieren, und bald darauf fanden wieder einige Millionen Dollars oder Pfunde ihren Weg nach Deutschland.

Die ausländischen Bankiers veranstalteten ein förmliches Wettrennen darum, kurzfristige Anleihen nach Deutschland zu vergeben – und die Provision dafür zu kassieren. Denn Deutschland zahlte die höchsten Zinsen. Und Deutschland florierte – es florierte und borgte. Es machte die Hausse von Wall Street mit und es borgte, um seine Industrien zu erweitern, um städtische Schwimmbäder zu bauen und um an der New Yorker Börse spekulieren zu können. Es sah aus, als müsse diese Aufwärtsentwicklung immer weitergehen. „Hier ist alles schick und großartig, verdammt schick!" versicherte mir einer meiner Freunde, ein Berliner Börsenmakler.

...

Nach einem solchen Fest dachte niemand daran, direkt nach Hause zu gehen. Wir gingen entweder noch in ein Tanzlokal wie die „Queen" – so nannte Berlin die „Königin-Bar" – oder in eins der verrauchten und überfüllten Nachtlokale, wo ein blinder Mann auf einem Klavier herumklimperte oder ein femininer Bursche mit Falsettstimme Opernarien sang, während die Gäste applaudierten und Hühnersuppe aßen.

...

Und wenn die Sechstagerennen nicht genügten, um meinen Lebens- und Vergnügungshunger zu befriedigen, dann gab es immer noch das Luna-Wellenbad am Freitagmorgen. Das war ein sehr eindrucksvolles, ultramodernes Schwimmbad mit einer Art riesiger Kartoffelquetsche am einen Ende, die große Wellen erzeugte, welche rhythmisch, eine nach der anderen, die ganze Länge des Bassins entlangschwappten. Am anderen Ende befand sich ein Restaurant, in dem die Badenden ein Frühstück, ein Mittagessen oder ein Abendessen einnehmen und sogar tanzen konnten.

...

Jeder Tag und fast jede Nacht lieferte mir irgendeine Neuigkeit, über die ich in meiner Zeitung berichten konnte. Wenn ich mir heute die Berichte von damals noch einmal ansehe, erscheinen mir manche der Meldungen bemerkenswert prophetisch. So schrieb ich zum Beispiel über Fritz von Opel, „den jungen millionenschweren Besitzer der Opelwerke", der überzeugt war, daß die Zukunft dem Raketenantrieb gehöre. Am 30. September 1929 berichtete ich, daß Fritz von Opel einen erfolgreichen Flug mit dem ersten Raketenflugzeug der Welt unternommen habe.

Dann war da Herr Kockow, der Leiter der Rundfunkabteilung im Reichspostministerium. Im Dezember 1928 erzählte er mir von einer „erstaunlichen Erfindung", die Denes von Mihály, ein junger ungarischer Radiospezialist, gemacht hatte. „Die Reichspost", so sagte er, „wird mit Hilfe dieser Erfindung Ende 1929 imstande sein, über den Funk Filme auszustrahlen, die in jedem deutschen Heim auf Bildschirmen sichtbar werden." Ein Direktor von Mihálys Gesellschaft fügte hinzu, er werde Empfangsgeräte mit diesen Spezialschirmen zu Preisen zwischen hundert Mark und vierhundert Mark auf den Markt bringen können.

Raketenflugzeuge und Fernsehapparate sind heute selbstverständliche Dinge, im Jahre 1929 jedoch wirkten solche Gedanken unwahrscheinlich und phantastisch. Aber das Deutschland der „Goldenen Zwanziger" war ohnehin der Nährboden alles Phantastischen und Unwahrscheinlichen. Was konnte zum Beispiel unwahrscheinlicher klingen als die Tatsache, daß Prinzessin Victoria von Schaumburg-Lippe, die Schwester des früheren Kaisers und Enkelin der Königin Victoria, einen mittellosen jungen russischen Kellner heiratete und daß sich dieses Paar als Herr und Frau Zoubkoff im Palais Schaumburg in Bonn etablierte – dem Amtssitz des heutigen deutschen Bundeskanzlers? Die Zoubkoffs und ein ganzer Schwarm von russischen Freunden des früheren Kellners schmausten und zechten genau achtzehn Monate in dem Palais. Dann war die Prinzessin bankrott. Nicht lange danach starb Zoubkoff, der mit einem Zirkus herumzog, wo er sich als Schwager des Kaisers dem Publikum präsentierte, an einem Herzanfall.

Sefton Delmer, Die Deutschen und ich. Übers. aus dem Englischen Gerda von Uslar. Hamburg 1963, S. 75–82.

Theodor Heuss, Beurteilung der Wahl Hindenburgs zum Reichspräsidenten, 1925

Theodor Heuss[1] schreibt in seinen Erinnerungen über den zweiten Wahlgang der Reichspräsidentenwahl 1925:

Die Verfassung bot die Möglichkeit, im zweiten Wahlgang einen Kandidatenwechsel vorzunehmen. Jetzt sahen die Deutschnationalen ihre Chance; der Feldmarschall von Hindenburg wurde als möglicher Nachfolger Eberts entdeckt. Es heißt, daß der alte Herr in Hannover selbst wenig Lust zeigte. Doch sei es dem Großadmiral von Tirpitz gelungen, ihm eine Zusage abzuringen – ob er wohl, was vor einem Jahr mißglückt war, die Betrauung mit dem Reichskanzleramt erwartete –, Stresemann war überspielt; seine Einwände gegen Gessler, mit dem Blick auf das Ausland begründet, mußten jetzt fast als lächerlich erscheinen. Die Kandidatur wirkte in dem Sinn alarmierend, daß die „Weimarer Koalition" zusammenrückte und sich auf den Zentrumsabgeordneten Marx einigte. Auch Ludendorff resignierte – nur die Kommunisten blieben bei ihrem Thälmann. Und vielleicht gab eben dies den Ausschlag, daß Hindenburg gewählt wurde! Aber diese These, der Feldmarschall habe seine Wahl eigentlich den Kommunisten zu danken, ist doch wohl zu einfach. Es mag sein, daß die Kommunisten, die mit einer Katastrophe rechneten, den politisch unerfahrenen alten Soldaten lieber an dieser Stelle sahen als einen betont kirchlichen Mann, für den sie die „Paro-

---

[1]) Theodor Heuss, führender Politiker der FDP/DVP, war 1949–1959 erster Bundespräsident der Bundesrepublik Deutschland.

le“ nicht ausgeben konnten. Doch ohne die neue Kandidatur des Thälmann wäre vermutlich der Ausgang der Wahl anders gelaufen – denn jedermann wußte, daß Hindenburg in seiner seelischen Substanz Monarchist war.

...

Der Ausgang, für den die relative Mehrheit galt, brachte am 26. April 1925 diese Ziffern: Hindenburg 14,6, Marx 13,7, Thälmann 1,9 Millionen Stimmen. Der bald achtundsiebzigjährige Soldat hatte, was auch niemand von ihm erwartete, keine Werbereden gehalten. „Man“ wählte nicht eine politische Persönlichkeit, sondern den Mythos siegreicher Feldzüge. Der Ausgang des Krieges, die Niederlage, vor deren Erkenntnis er nicht ausgewichen war, fiel bei der Entscheidung der deutschen Mehrheit nicht mehr ins Gewicht.

Theodor Heuss, Erinnerungen 1905–1933. Tübingen[3] 1963, S. 328/32.

Hans-Otto Meißner, Ball beim Reichspräsidenten (1934)

Reichspräsident von Hindenburg pflegte die gesellschaftlichen Formen der „Kaiserzeit“. H. O. Meißner[1] beschreibt einen Ball ein Jahr nach der „Erneuerung Deutschlands“ durch die Nationalsozialisten.

Fünfzehn Jahre nach dem Sturz der Monarchie erlebte ich noch Gesellschaftsbilder, die ganz und gar dem Stil und Wesen der wilhelminischen Epoche entsprachen. Aber nicht einmal die Bälle der „alten Gesellschaft“ im Hotel Esplanade konnten sich an Korrektheit und altväterlicher Würde mit denen messen, die der Reichspräsident von Hindenburg alljährlich bis zum Winter vor seinem Tode gab.

Seine Amtswohnung, das Alte Palais in der Wilhelmstraße, war hierzu gerade der rechte Rahmen, konnte es doch auf eine alte Tradition bis in die friderizianische Zeit zurückblicken. Während Hindenburg Präsident war, wurde während der Saison drei- bis viermal bei ihm getanzt, wie es vor dem Ersten Weltkrieg in allen großen Häusern üblich war, die sich ihres Ranges wegen zu Geselligkeit verpflichtet sahen. Da ich jedoch nach ebenso alter Sitte nicht als Student, sondern erst mit meiner Bestallung zum Referendar die unterste Stufe gesellschaftlicher Rangordnung betrat, wurde ich nur zu den letzten der Präsidenten-Bälle zugelassen, die auch die letzten Bälle

---

[1]) H. O. Meißner ist der Sohn des Staatssekretärs Otto Meißner, der unter den Reichspräsidenten Ebert, von Hindenburg und Hitler das Reichspräsidialamt leitete.

überhaupt waren, die noch in dieser schon kulturhistorisch gewordenen Form stattfanden.

Der Reichspräsident war wirklich der Eiserne Hindenburg, denn nichts vermochte ihn davon abzuhalten, in das moderne Berlin eben jenen gesellschaftlichen Stil zu übertragen, wie er ihn um die Jahrhundertwende als weiland Kommandierender General in Magdeburg gepflegt und von Jugend auf gewohnt war. Demzufolge waren seine Bälle keine prunkvollen Staatsaktionen, sondern vielmehr Gelegenheiten, vornehmlich jüngere Herren und Damen in dem ihrem Alter angemessenen und relativ bescheidenen Rahmen gesellschaftlich wahrzunehmen ...

Die Einladung lautete auf 8 Uhr. Daher hatte man zehn Minuten vor acht einzutreffen, damit noch genügend Zeit blieb, die Garderobe abzulegen, die Sitzordnung einzusehen und vor allem die Karte an sich zu nehmen, die angab, welche Dame man zu Tisch führte. Dann ging es rechter Hand auf tiefrotem Teppich in das erste Stockwerk. Auf dem Treppenabsatz stand ein Zwei-Meter-Mann in der Galalivree des achtzehnten Jahrhunderts. Er sah starr vor sich hin und trug einen sogenannten Zweimaster auf der gepuderten Perücke, sowie ein breites, goldbesticktes Bandelier quer über der Brust. Bei jedem Gast, der vorüberschritt, stieß er mit einem Stock, der oben eine goldene Kugel trug, vernehmlich auf den Teppich. Warum er dort stand und warum er dies tat, wußten die meisten nicht, es war halt so uralte Sitte und diente – so oder ähnlich – der Repräsentation eines jeden Staatschefs ...

Auf die Sekunde um acht Uhr stieß der livrierte Hausmeister, den Zweispitz unter dem Arm, dreimal mit einem Stock auf das Parkett. Diener öffneten die Flügeltüren, und der Reichspräsident, damals bereits 85 Jahre alt, trat ein, seine jugendlichen Gäste zu begrüßen. Er war im Frack, trug das orangefarbene Band des Schwarzen Adler-Ordens sowie das so selten verliehene Goldene EK [Eisernes Kreuz] auf achtzackigem Stern.

Er ließ seine Augen langsam über das Halbrund der Damen und Herren gleiten, die ihn schweigend anschauten, war er doch bereits zur Gestalt einer deutschen Sage geworden.

Alsdann begann das Defilé der Gäste. Frau von Hindenburg [die Schwiegertochter des Reichspräsidenten] sowie meine Mutter stellten dem Reichspräsidenten die jungen Damen vor, mein Vater die Beamten, während ihm ein höherer Offizier die Herren des Militärs zuführte ...

Das Abendessen oder vielmehr das Souper, wie man es eigentlich nennen sollte, um dem Stile jener Epoche zu entsprechen, war sehr bescheiden, jedenfalls für die Tafel eines Staatsoberhauptes. Es gab nur zwei Gänge und eine Nachspeise, als Getränk dazu lediglich Bowle. So hatte es vor 35 Jahren der General von Hindenburg gehalten, und so hielt er's auch jetzt als Haupt von 65 Millionen.

Aus Gründen, die ich nicht mehr weiß, wurde zur kaiserlichen Zeit der Tango von Offizieren in Uniform nicht getanzt. So wurde er's auch nicht beim deutschen Reichspräsidenten. Dagegen war Foxtrott gestattet, auch Walzer, den ja die Königin Luise selbst bei einer Hofgesellschaft eingeführt hatte. Aber noch etwas wurde getanzt und mußte gekonnt werden, nämlich die Quadrille à la Cour. Da kaum einer der Geladenen ihre komplizierten Figuren von Haus aus beherrschte, mußten sie vor einem solchen Ball erst mühsam gelernt werden. Wenn erst einmal die Schritte und Verbeugungen leicht und glatt vonstatten gehen, ist die Quadrille eine der hübschesten gesellschaftlichen Vergnügungen, die man sich denken kann, verlangt allerdings Grazie und Leichtigkeit. Jedenfalls war es ein sehr reizvolles, beschwingtes Bild, das diesen Rokoko-Saal erfüllte, ein Bild junger, festlich gekleideter Menschen, die sich zu den Klängen hundertjähriger Musik ganz im Stil ihrer Großeltern bewegten, drehten, sich voreinander verbeugten, aufeinander zu- und voneinander wegschritten. Daß es keine Filmszene war, sondern Wirklichkeit, mußte man sich immer wieder ins Gedächtnis zurückrufen. Wir schrieben bereits 1934 und erlebten doch noch einen allerletzten Widerschein des neunzehnten Jahrhunderts.

Hans-Otto Meißner, So schnell schlägt Deutschlands Herz. Gießen 1951, S. 60–62.

Stimmzettel für Reichstagswahlen, 1930

Ein Wähler in Württemberg[1] konnte sich für eine der folgenden Parteien entscheiden:

Reichstagswahl
Wahlkreis Württemberg
(Württemberg und Regierungsbezirk Sigmaringen)

[1] In anderen Wahlkreisen traten auch andere Parteien zur Wahl an (s. fehlende Ziffern auf dem Stimmzettel) z. B. Bayrische Volkspartei, Deutsches Landvolk, Konservative Volkspartei, Deutsch-Hannoverische Partei, Volksnationale Reichsvereinigung, Deutsche Einheitspartei für wahre Volkswirtschaft, Polenliste, Nationale Mitte, Schicksalsgemeinschaft Deutscher Erwerbsloser, Freiwirtschaftliche Partei Deutschlands, Deutsche Volksgemeinschaft, Unitaristen Union etc.

1	**Sozialdemokratische Partei Deutschlands** Keil – Roßmann – Dr. Schumacher – Hildenbrand	1	◯
2	**Nationalsozialistische Deutsche Arbeiter-Partei (Hitlerbewegung)** Dreher – Grund – von Jagow – Kiehn	2	◯
3	**Kommunistische Partei Deutschlands** Frau Zetkin – Buchmann – Link – Frau Greiner	3	◯
4	**Württembergische und Hohenzollerische Zentrumspartei** Dr. Bolz – Farny – Groß – Wiedemeier	4	◯
5	**Deutschnationale Volkspartei** Dr. Wider – Dr. Hölscher – Frau Klotz – Kächele	5	◯
5 a	**Radikaler Mittelstand** Mylius	5 a	◯
6	**Deutsche Volkspartei** Keinath – Krämer – Ahner – Mayer	6	◯
7	**Reichspartei des deutschen Mittelstandes (Wirtschaftspartei) e. V.** Pallmann – Franz – Pfisterer – Köster	7	◯
8	**Deutsche demokratische Partei Württemberg und Hohenzollern** Dr. Heuß – Dr. Bruckmann – Frau Krauß – Dr. Mauthe	8	◯
11	**Christlich-sozialer Volksdienst (Evangelische Bewegung)** Simpfendörfer – Bausch – Dr. Strathmann – Flad	11	◯
11 a	**Volksrecht-Partei** Bauser – Hagel – Fackler – Brink	11 a	◯
12	**Deutsche Bauernpartei** Dr. Fehr – Dilling	12	◯
14	**Bauern- und Weingärtnerbund** Haag – Freiherr von Stauffenberg – Klein – Siegel	14	◯
17	**Sozialistische Arbeiterpartei Deutschlands** Hurm – Roos – Ritter	17	◯

20	**Deutsche Sozialistische Kampfbewegung** Schild – Oldenburg – Goldhahn – Krause	20	◯
24	**Kampfgemeinschaft der Arbeiter und Bauern** Schneider – Seebich – Hildwein – Frau Gagg	24	◯
26	**Gerechtigkeitsbewegung für Parteienverbot – gegen Lohn-, Gehalts- und Rentenkürzungen – für Arbeitsbeschaffung** Mayer – Schaum – Waldmann – Müller	26	◯
28	**Interessengemeinschaft der Kleinrentner und Inflationsgeschädigten** Pitak – Jochens – Stoinski – Bittkow	28	◯
29	**Arbeiter- und Bauernpartei Deutschlands, Christlich-radikale Volksfront** Keller – Wäschle – Sauter – Leinmüller	29	◯
30	**Landwirte, Haus- und Grundbesitzer** Gölitz – Nauerz – Rast	30	◯
31	**Nationalsozialistische[1] Kleinrentner, Inflationsgeschädigte und Vorkriegsgeldbesitzer** Beer – Preukschat – Sielmann	31	◯
32	**Nationalsozialistischer enteigneter Mittelstand** Richter	32	◯
33	**Nationalsozialistische Handwerker Handel- und Gewerbetreibende** Frau Tangermann – Lehmann – Huhn	33	◯
34	**Nationalsozialistische Kriegsteilnehmer, Kriegsbeschädigte und Kriegshinterbliebene** Hellwig – Spieß – Röseler	34	◯
35	**Nationalsozialistischer Volksbund für Wahrheit und Recht** Krämer – Herfort	35	◯

[1] Die Gruppen, die sich „nationalsozialistisch“ nannten, hatten mit der NSdAP nichts zu tun.

Frankfurter Zeitung, Kommentare zur Reichstagswahl 1930

In der Reichstagswahl am 14.9. 1930 errang die NSdAP 18,3 Prozent der Stimmen. Ein Redakteur der „Frankfurter Zeitung" kommentiert:

Erbitterungs-Wahlen also, in denen eine aus vielen Quellen gespeiste Stimmung, durch eine wilde Verhetzung aufgewühlt, sich in radikalen Stimmzetteln entlud. Kein positiver Wille, auch nicht der zu einem wirklichen Umsturz des heutigen Staates, nicht einmal der zu dem gewaltsamen Versuch eines Umsturzes unserer heutigen außenpolitischen Grundlagen, steht hinter einem großen Teil dieser radikal-negierenden Stimmen. Ein solcher Umsturzwille ist, wir dürfen uns wahrhaftig nicht in Illusionen wiegen, bei einem Teil sicherlich vorhanden. Der andere Teil hat lediglich Protest gewollt. Protest – auch darüber dürfen wir uns keine Illusionen machen, und am allerwenigsten dürfen das diejenigen Parlamentarier und sonstigen Parteistellen, die es zunächst angeht – gegen die Methoden des Regierens oder Nichtregierens, des entschlußlosen parlamentarischen Parlamentierens der letztvergangenen Jahre, die sie betrieben. Protest gegen die wirtschaftliche Not, die furchtbar ist und die viele, zum Teil aus ehrlicher Verzweiflung, zum anderen bloß aus dem Ärger über diese oder jene Einzelmaßnahme, einfach in die Stimmung treibt: die Partei, für die sie bisher gestimmt hatten, habe ihnen nicht geholfen, also versuche man es nun einmal mit der anderen Tonart. Hitler verspricht ja Macht, Glanz und Wohlstand. Also!

Zitiert nach: Ernst Deuerlein, Der Aufstieg der NSDAP in Augenzeugenberichten. Düsseldorf 1968, S. 318/319.

Theodor Heuss, Beurteilung des Reichskanzlers Franz von Papen (1932)

Die Entscheidung, die der Reichspräsident über Brünings Nachfolge traf, mußte überraschen: es war der frühere Kavallerie-Offizier Franz von Papen, aus dem westfälischen Adel, durch seine Ehe mit einer Erbin des großen saarländischen keramischen Werkes Villeroy & Boch zu stattlichem Vermögen gekommen, das ihm den Erwerb des Berliner Zentrumsblattes „Germania" gestattete. Es gelang ihm auch, einen Sitz im preußischen Landtag zu gewinnen, wo aber seine Parteifreunde geringe Freude an ihm empfinden konnten, da er sich gegen die dortige Koalition seiner Gruppe mit dem Sozialdemokraten stellte. Er war mit dem Chef des Ministeramts im Reichswehrministerium, dem General Kurt von Schleicher, befreundet, einem klugen, vielleicht zu klugen Mann, der sich dem „Kameraden" wohl überlegen fühlte und vermutete, ihn in der Hand zu behalten; Papen würde es, als Monarchist, in seiner gesellschaftlichen Gewandtheit, schon fertigbringen, ein gutes Verhältnis zu dem alten Herrn zu pflegen. Schleicher meinte auch, daß ein Katholik nicht die ausgesprochene Gegnerschaft des Zentrums erfahren würde. Aber gerade darin täuschte sich der vielgewandte Mann; die Zentrumsfraktion sah *diese* Betrauung geradezu als Affront an und stellte sich geschlossen hinter Brüning.

Daß Papen ehrgeizig war, wird man ihm billigerweise nicht verübeln können – das ist das Recht, das mag sogar die Pflicht eines Mannes sein, den die öffentlichen Sorgen innerlich bewegen. Aber er konnte nicht verhindern, daß seine Amtszeit als Kanzler und sein Verhalten in den Hitler-Jahren mit fast nur negativen Vorzeichen in die Geschichtsdarstellungen jener Periode eingegangen sind. Dagegen wollte er sich später wehren durch eine Autobiographie, die zuerst in England, dann in Deutschland (1952), hier unter dem provozierenden Titel „Der Wahrheit eine Gasse", herauskam. Ich habe sie damals zu lesen begonnen, um etwas zu lernen, blieb aber sehr bald in einem Wust von Unwahrheiten hängen, daß ich die weitere Lektüre aufgab. Nachdem er die Kadettenanstalt hinter sich gebracht hatte, wurde er für einige Zeit in das Pagenkorps des königlichen Hofes aufgenommen, und um zu erweisen, wie frühe sein politischer Sinn erweckt worden, gab er ein Bild von dem Eindruck, den bei Parlamentseröffnungen oder vergleichbaren Veranstaltungen im Schloß Männer wie Windthorst, Reichensperger, die alten Zentrumsgrößen, auf ihn gemacht haben (oder einige konservative Politiker, die erst später Figur wurden). Diese Frechheit der Irreführung ärgerte mich damals so, daß ich wieder unter die Publizisten ging und einen kleinen Essay „Papen als Historiker" veröffentlichte – wer *so* zu schwindeln versteht, hat alle Glaubwürdigkeit verloren.

Heuss, a.a.O., S. 440/441.

Julius Schätzle, Widerstand gegen Faschisten (vor 1932)

Julius Schätzle ist 1905 in Furtwangen geboren, er besuchte in Stuttgart die Schule und lernte das Schreinerhandwerk. 1920 wurde er Mitglied der Freien Sozialistischen Jugend, später trat er in die KPD ein. Er wurde schon 1932 aus politischen Gründen inhaftiert und war fast zwölf Jahre lang eingesperrt.

Wenke: Wie kam es eigentlich, daß Sie sich schon als fünfzehnjähriger Lehrling in einer politischen Gruppe engagiert haben?

Schätzle: Das war nicht so ganz unnormal. Nach der Novemberrevolution 1918 war die Jugend sehr stark politisiert. Sie müssen bedenken, daß ich nur sieben Jahre in die Schule ging, mit 13 Jahren die Schule verlassen mußte und dann als Schreinerlehrling begann. Wobei die Arbeitsbedingungen damals gegenüber heute natürlich sehr verschieden waren. Ich bekam – um nur ein Beispiel zu nennen – drei Mark Lohn pro Woche, die Arbeitszeit dauerte von halb sieben bis fünf oder sechs Uhr, und einen Urlaub gab es auch noch nicht. Dazu kam, daß ein Kollege, ein Geselle, Mitglied der Sozialdemokratischen Partei war und als Gewerkschaftler angefangen hat, die Lehrlinge mal ein bißchen aufzuklären. Und dann war die ganze Atmosphäre so, daß man als Arbeiter gemerkt hat, ich bin unten, und die anderen, die sind oben. Die ganze revolutionäre Atmosphäre, die 1918 war, hat auch die Jugend beeinflußt. Und so versuchte ich, irgendwo Aufklärung zu finden: „Was ist eigentlich los? Und wo gehörst Du hin?“ Deswegen habe ich mich schon früh politisch organisiert.

W.: Die Freie Sozialistische Jugend war erst eine Jugendgruppe der USPD?

Schätzle: Ja, der Unabhängigen Sozialdemokratischen Partei, vom linken Flügel der SPD. Und diese Jugendgruppe schloß sich später dem Kommunistischen Jugendverband an.

W.: Und wie sah Ihre Arbeit in dieser Gruppe aus?

Schätzle: Unsere Jugendarbeit bestand erstens mal darin, daß wir Jugendlichen selbst uns über unsere Probleme unterhalten haben, über die Arbeitsbedingungen, über eine bessere Gesellschaft. Wir sahen noch die Kriegskrüppel und die ganzen Kriegsfolgen, und wir haben natürlich nach einer besseren Welt getrachtet. Die Jugend ist ja immer sehr schnell zu begeistern, und so sind wir auch dafür eingetreten, daß es nicht wieder zu einem Krieg kommt. Wobei noch hinzuzufügen ist, daß auch der Einfluß der russischen Revolution damals in Deutschland sehr stark war. Wir alle glaubten, daß sich ein Krieg nicht wiederholen würde. Heute müssen wir leider sagen, daß die Arbeiterklasse, aber auch das Bürgertum, nicht einig genug und zu schwach waren, einen Zweiten Weltkrieg zu verhindern. Und der Zweite Weltkrieg war ja noch viel, viel fürchterlicher als der Erste . . .

W.: Nach 1930, als die Nazis immer mehr Stimmen gewannen, haben ja einige Leute schon vorausgesehen, was auf sie zukommt. Was haben Sie denn zu dieser Zeit in Ihrer politischen Gruppe getan?

Schätzle: Nach 1930, besser gesagt, mit dem Wachsen der Arbeitslosigkeit, kam auch eine Verschärfung der politischen Gegensätze. Wegen dieser Gegensätze ist es dann auch in Stuttgart zu harten Auseinandersetzungen mit den Nazis gekommen. Unsere Devise war – und das hat sich auch bewahrheitet – daß, wenn Hitler an die Regierung kommt, alle demokratischen Errungenschaften verlorengehen und daß er zielstrebig auf den Krieg hin arbeitet. Das ist keine Weisheit, die man sich nachträglich aneignen konnte, sondern Hitler hat das in seinem Buch „Mein Kampf" deutlich geschrieben, und jedermann konnte das nachlesen. Deswegen lasse ich das Argument nicht gelten, wenn heute die ältere Generation sagt: „Wir haben nichts davon gewußt." Hitler hat dann auch so ohne weiteres die Macht übernehmen können, weil die Meinung weit verbreitet war: „Lassen wir ihn ruhig mal regieren, er soll mal zeigen, was er kann." Das hat natürlich dazu beigetragen, daß die Abwehrfront gegen den Faschismus gelähmt wurde. Dies war die Stunde der Kapitulation.

W.: Und was haben Sie nun im Kommunistischen Jugendverband getan, um Ihre Warnungen an den Mann zu bringen?

Schätzle: Wir haben Versammlungen und Kundgebungen abgehalten und Flugblätter verteilt. Ich habe unter anderem auch an einer Zeitung mitgearbeitet, einer nur kleinen, abgezogenen Zeitung, die an die Reichswehr gerichtet war und die wir vor den Kasernen verteilt haben. Und in dieser Zeitung stand geschrieben: „Laßt euch nicht vom Faschismus verführen, denn der Hitler bedeudet Krieg!" Und das hat mir und noch zwei Stuttgartern wegen Vorbereitung zum Hochverrat eineinhalb Jahre Gefängnis eingebracht. Das war im Sommer 1932, also noch unter der Regierung von Papen. Und diese eineinhalb Jahre habe ich im Landesgefängnis in Ulm abgesessen. Weihnachten 1933 hätte ich entlassen werden sollen; daraus wurde aber nichts, sondern ich wurde gleich – wie viele andere politische Häftlinge – in „Schutzhaft" genommen. Das heißt, ich wurde der Geheimen Staatspolizei übergeben, die ihr neues Konzentrationslager auf dem Oberen Kuhberg bei Ulm errichtet hatte.

Bettina Wenke, Interviews mit Überlebenden. Verfolgung und Widerstand in Südwestdeutschland. Stuttgart 1980, S. 20ff.

6. Die Sowjetunion unter Stalin

Lenin in seinem Testament über Stalin, 1922/23

Nachdem Genosse Stalin Generalsekretär wurde, vereinigte er eine enorme Macht in seinen Händen, und ich bin nicht sicher, daß er es immer versteht, diese Macht mit der notwendigen Vorsicht zu gebrauchen. Andererseits zeichnet sich Genosse Trotzki nicht nur durch seine außergewöhnlichen Fähigkeiten aus, wie er in seinem Kampf mit dem Zentralkomitee in der Frage des Volkskommissariats für Straßen und Verkehr bewiesen hat, sondern er ist auch sicherlich der fähigste Mann im augenblicklichen Zentralkomitee. Aber er neigt auch dazu, durch sein zu weit gehendes Selbstvertrauen sich zu sehr für die rein administrative Seite der Dinge zu interessieren.

Diese beiden Eigenschaften der beiden fähigsten Führer des augenblicklichen Zentralkomitees könnten, ganz unbeabsichtigt, zu einer Spaltung führen. Wenn unsere Partei nicht Vorkehrungen trifft, um dies zu verhindern, könnte diese Spaltung ganz plötzlich eintreten. Ich will die persönlichen Eigenschaften der anderen Mitglieder des Zentralkomitees nicht näher charakterisieren. Ich will Euch nur daran erinnern, daß die Oktober-Episode von Sinowjew und Kamenew natürlich keine zufällige war, doch sollte dies ebensowenig gegen sie gewertet werden, wie der „Nicht-Bolschewismus" von Trotzki.

Was die jüngeren Mitglieder des Zentralkomitees betrifft, möchte ich einige Worte über Piatakow und Bucharin sagen. Sie sind meines Erachtens die fähigsten Köpfe (unter den Jüngsten). Was sie anbetrifft, muß man folgendes bedenken: Bucharin ist nicht nur der wertvollste Theoretiker der Partei, wie er auch der bedeutendste ist, sondern man kann in ihm auch den Liebling der ganzen Partei sehen. Seine theoretischen Ansichten können nur unter größtem Vorbehalt als voll marxistisch gelten, weil er zu sehr Akademiker ist. (Er hat nie die Dialektik beherrscht, und ich glaube, sie auch nie ganz verstanden.)

Und nun Piatakow – ein Mann mit zweifellos bestem Willen und Fähigten, aber zu verstrickt in Verwaltungsfragen, um in wichtigen politischen Dingen zuverlässig zu sein.

Natürlich beziehen sich diese beiden Wertschätzungen auf das Heute oder auf die Annahme, daß diese beiden tüchtigen und loyalen Arbeiter keine Gelegenheit fänden, ihre Kenntnisse zu erweitern und ihre Einseitigkeit zu verbessern.

25. Dezember 1922.

P.S. Stalin ist zu grob, und dieser Fehler, der unter uns Kommunisten durchaus erträglich ist, wird vollkommen untragbar in dem Büro des Generalsekretärs. Ich schlage daher den Genossen vor, ein Mittel zu finden, um Stalin aus dieser Stellung zu entfernen und einen anderen zu ernennen, der sich von Stalin in jeder Weise nur durch Überlegenheit unterscheidet – nämlich geduldiger, loyaler, höflicher, aufmerksamer gegen die Genossen und weniger launisch ist und so weiter. Dieser Umstand mag von geringer Bedeutung scheinen, aber ich glaube, daß im Interesse der Vermeidung einer Spaltung und in Anbetracht der Beziehungen zwischen Stalin und Trotzki, über die ich oben gesprochen habe, es keine Bagatelle ist oder jedenfalls eine, die von entscheidender Bedeutung werden könnte.

4. Januar 1923. Lenin.

Zitiert nach: David Shub, Lenin. Wiesbaden 1957, S. 441 f.

Stalins Treueid auf Lenin, 26. Januar 1924

Lenin war am 21. Januar 1924 gestorben. Am 26. Januar verlas Stalin auf dem II. Sowjetkongreß das hier folgende feierliche Gelöbnis:

Genossen! Wir Kommunisten sind Menschen besonderen Schlages. Wir sind aus einem besonderen Stoff gemacht . . . Es gibt keinen höheren Titel als den, Mitglied der Partei zu sein, die von dem Genossen Lenin gegründet und geleitet wurde. Es ist nicht jedem gegeben, Mitglied einer solchen Partei zu sein. Es ist nicht jedem gegeben, die Entbehrungen und die Stürme zu ertragen, die den Mitgliedern einer solchen Partei nicht erspart sind. Die Söhne der arbeitenden Klasse, die Söhne der Not und des Kampfes, die Söhne unvorstellbarer Entbehrungen und heldenhafter Leistungen, sie, vor allem sie, sollen Mitglieder einer solchen Partei sein . . .

Als er uns verließ, hieß uns der Genosse Lenin, den stolzen Titel, Mitglied einer solchen Partei zu sein, hoch und rein zu halten. Wir geloben dir, Genosse Lenin, daß wir dieses dein Gebot getreulich erfüllen werden . . .

Als er uns verließ, hieß uns der Genosse Lenin, die Einigkeit in der Partei zu hegen und zu schützen wie unsern Augapfel. Wir geloben dir, Genosse Lenin, daß wir auch dieses dein Gebot getreulich erfüllen werden ...

Als er uns verließ, hieß uns der Genosse Lenin, die Diktatur des Proletariats zu schützen und zu stärken. Wir geloben dir, Genosse Lenin, daß wir unsere Kraft nicht schonen werden, um auch dieses dein Gebot getreulich zu erfüllen ...

Als er uns verließ, hieß uns der Genosse Lenin, die Union der Sowjetrepubliken zu stärken und zu vergrößern. Wir geloben dir, Genosse Lenin, daß wir auch dieses dein Gebot getreulich erfüllen werden ...

Als er uns verließ, hieß uns der Genosse Lenin, den Grundsätzen der Kommunistischen Internationale die Treue zu bewahren. Wir geloben dir, Genosse Lenin, daß wir Leib und Leben dafür einsetzen werden, um den Bund der Werktätigen der ganzen Welt, die Kommunistische Internationale, zu stärken und zu vergrößern.

Zitiert nach: I. Deutscher, Josef Stalin. Eine politische Biographie. 2 Bde. Berlin 1979, Bd. 1, S. 292.

Geschichte der KPdSU, Die Industrialisierung der Sowjetunion

Der Text stammt aus der offiziellen Darstellung der Kommunistischen Partei der Sowjetunion.

Es war notwendig, die kommunistischen Wirtschaftler zu bewegen, ihre Aufmerksamkeit der Technik zuzuwenden, bei ihnen das Interesse für die Technik zu wecken, ihnen zu zeigen, daß die Beherrschung der modernen Technik die ureigenste Sache der als Wirtschaftsleiter tätigen Bolschewiki ist, daß wir ohne Beherrschung der modernen Technik Gefahr laufen, unsere Heimat zu Rückständigkeit, zum Dahinvegetieren zu verdammen.

Das war eine Aufgabe, ohne deren Lösung es unmöglich war, vorwärtszuschreiten.

Von größter Bedeutung war in dieser Beziehung die Rede des Genossen Stalin auf der ersten Konferenz der Funktionäre der Industrie im Februar 1934.

„Zuweilen wird die Frage gestellt", sagte Genosse Stalin in seiner Rede, „ob man nicht das Tempo etwas verlangsamen, die Bewegung zurückhalten könnte. Nein, das kann man nicht, Genossen! Das Tempo darf nicht herabgesetzt werden! ... Das Tempo verlangsamen, das bedeutet zurückbleiben. Und Rückständige werden geschlagen. Wir aber wollen nicht die Geschlagenen sein. Nein, das wollen wir nicht!

Die Geschichte des alten Rußland bestand unter anderem darin, daß es wegen seiner Rückständigkeit fortwährend geschlagen wurde. Es wurde geschlagen von den mongolischen Khans. Es wurde geschlagen von den türkischen Begs. Es wurde geschlagen von den schwedischen Feudalen. Es wurde geschlagen von den polnisch-litauischen Pans. Es wurde geschlagen von den englisch-französischen Kapitalisten. Es wurde geschlagen von den japanischen Baronen. Es wurde von allen geschlagen wegen seiner Rückständigkeit ...

Wir sind hinter den fortgeschrittenen Ländern um 50 bis 100 Jahre zurückgeblieben. Wir müssen diese Distanz in zehn Jahren durchlaufen. Entweder bringen wir das zuwege, oder wir werden zermalmt ...

In höchstens zehn Jahren müssen wir jene Distanz durchlaufen, um die wir hinter den fortgeschrittenen Ländern des Kapitalismus zurück sind. Hierzu besitzen wir alle objektiven Möglichkeiten. Es fehlt bloß am Können, diese Möglichkeiten gehörig auszunutzen. Das hängt aber von uns ab. *Nur* von uns! Es ist Zeit, daß wir lernen, diese Möglichkeiten auszunutzen. Es ist Zeit, mit dem faulen Standpunkt der Nichteinmischung in die Produktion Schluß zu machen. Es ist Zeit, sich eine andere, eine neue, der jetzigen Periode entsprechende Einstellung zu eigen zu machen; sich in alles einzumischen. Bist du Direktor eines Betriebes – so mische dich in alle Dinge, dringe in die Einzelheiten ein, lasse dir nichts entgehen, lerne und noch einmal lerne. Die Bolschewiki müssen die Technik meistern. Es ist Zeit, daß die Bolschewiki selbst zu Spezialisten werden. *Die Technik entscheidet in der Rekonstruktionsperiode alles.*" ...

Entwicklung der Rekonstruktion erfolgte nicht nur in der Industrie und im Verkehrswesen. Sie entfaltete sich in noch rascherem Tempo in der Landwirtschaft. Das ist auch verständlich: die Landwirtschaft war weniger als andere Zweige der Volkswirtschaft mit Maschinen versorgt, und sie bedurfte am meisten neuer Maschinen. Die verstärkte Versorgung der Landwirtschaft mit neuen Maschinen war aber besonders jetzt notwendig, da jeder Monat, jede Woche ein neues Anwachsen des kollektivwirtschaftlichen Aufbaus und folglich auch eine neue Nachfrage nach Tausenden und aber Tausenden von Traktoren und landwirtschaftlichen Maschinen brachte.

Das Jahr 1931 brachte ein neues Anwachsen der Kollektivwirtschaftsbewegung. In den wichtigsten Getreidegebieten waren schon mehr als 80 Prozent der Gesamtzahl der Bauernwirtschaften in Kollektivwirtschaften vereinigt. Die durchgängige Kollektivierung war hier im wesentlichen bereits abgeschlossen. In den minder wichtigen Getreidegebieten und in den Rayons der gewerblichen Nutzpflanzen waren mehr als 50 Prozent der Bauernwirtschaften kollektiviert. 200000 Kollektivwirtschaften und 4000

Sowjetwirtschaften bestellten bereits zwei Drittel der gesamten Saatfläche, die Einzelbauern nur ein Drittel.

Das war ein gewaltiger Sieg des Sozialismus im Dorfe.

Geschichte der kommunistischen Partei der Sowjetunion. Moskau 1939, S. 380ff.

Wolfgang Leonhard, Die große Säuberung – vom Kinderheim aus gesehen (1937)

Wolfgang Leonhardt wurde 1921 in Wien geboren und lebte von 1935 bis 1945 in der Sowjetunion, wo er 1942/43 in der Komintern-Schule ausgebildet wurde. Am 30. April 1945 kam er in der „Gruppe Ulbricht" aus Moskau nach Deutschland und half, eine deutsche Verwaltung in der von den Truppen der UdSSR besetzten Zone einzurichten. 1950 übersiedelte er in die Bundesrepublik Deutschland.

Die Verhaftungen wollten und wollten kein Ende nehmen, ja, sie hatten nach unserer Rückkehr von der Krim, Ende August 1937, sogar noch zugenommen. Im Herbst 1937 wurde alles bisher Dagewesene übertroffen.

Es war für mich nichts Außergewöhnliches mehr, wenn ich beim Besuch eines Bekannten die versiegelte Tür oder eine andere Familie vorfand, die inzwischen in das Zimmer der Verhafteten eingewiesen worden war. Der Begriff „Verhaftung", noch vor wenigen Jahren ein schrecklicher Ausnahmefall, wurde zur alltäglichen Erscheinung. Auf dem kurzen Weg zur Schule konnte ich fast täglich die grünen Wagen sehen, mit denen die Verhafteten abtransportiert wurden.

Immer häufiger hörten wir von Verhaftungen führender Kominternfunktionäre, die uns bisher als Beispiel und Vorbild dargestellt worden waren. Über Nacht verschwanden nicht nur Lehrer der Karl-Liebknecht-Schule, sondern auch Redakteure der *Deutschen Zentralzeitung* und Mitarbeiter des „Klubs ausländischer Arbeiter". Immer wieder wurde von neuen Verhaftungen im Emigrantenheim und unter den Schutzbündlern berichtet. Man merkte den Lehrern in der Schule, den Pädagogen im Heim, ja sogar den Referenten der Komintern bei ihren Besuchen die ständige Angst an, in der sie lebten.

Diejenigen, die noch nicht verhaftet worden waren – sie nannten sich selbst manchmal die „Übriggebliebenen" –, verhielten sich unterschiedlich.

Die meisten waren von einer ständigen Angstpsychose befallen; sie liefen wie gehetztes Wild umher, immer darauf bedacht, nur ja das Richtige zu tun, um einer Verhaftung zu entgehen.

Aber was war „das Richtige"?

„Am wichtigsten ist es jetzt, möglichst überhaupt nichts zu sagen, vor allem natürlich keine einzige politische Äußerung zu tun. Selbst wenn sie noch so linientreu ist. Schweigen, Schweigen und nochmals Schweigen, das ist das Gebot der Stunde", meinten die einen.

„Es gibt heute nichts Gefährlicheres, als schweigend umherzulaufen, denn dadurch erweckt man den Anschein, geheime Gedanken zu haben und überhaupt ein Volksfeind zu sein. Gerade in der heutigen Situation ist es besonders wichtig, aktiv zu wirken und täglich im Sinne der *Prawda* zu allen Fragen klar seine Meinung zu äußern", meinten die anderen.

„Man kann nie wissen, wer morgen als ‚Volksfeind' verhaftet wird. Am besten ist, man grüßt niemanden mehr und sondert sich völlig ab", war die eine These.

„Man muß gerade jetzt so leutselig wie möglich sein. Man muß sich genauso wie früher verhalten und so tun, als ob man von der ganzen Säuberung nichts merkte. Nichts kann gefährlicher sein, als sich in einem kleinen Kämmerlein abzusondern", war die andere.

„Am wichtigsten ist jetzt, seine Bücher zu ‚säubern'. Alle Bücher, bei denen auch nur die Möglichkeit besteht, daß sie vielleicht nicht ganz auf der Linie liegen könnten, muß man sofort im Ofen verbrennen", sagten die einen.

„Es gibt nichts Gefährlicheres, als in diesen Monaten der Säuberung auch nur das kleinste Stück Papier in den Ofen zu stecken. Das wird sofort von anderen Mietern gemerkt, und dann heißt es, man habe Dokumente verbrannt, und man wird automatisch als Spion verdächtigt. Lieber zehn parteifeindliche Bücher im Bücherschrank als ein Stückchen verbranntes Papier im Ofen!" widersprachen andere.

Letzten Endes waren aber alle Diskussionen vergeblich. Es wurden sowohl die verhaftet, die stumm wie Fische umhergelaufen waren, als auch andere, die bei allen möglichen und unmöglichen Gelegenheiten laut und begeistert die Leitartikel der Prawda zitiert hatten. Jene, die sofort nach der Arbeit in ihr Zimmerchen gingen und sich nicht mehr herauswagten, fielen genauso der NKWD zum Opfer wie solche, die es sich zum Prinzip gemacht hatten, „nichts zu merken" und sich wie früher zu verhalten. Die Übervorsichtigen, die ihre halbe Bibliothek verbrannten (darunter auch erlaubte Bücher), wurden genauso verhaftet wie die anderen, die den Ofen überhaupt nicht anmachten, aus Angst, man könne annehmen, sie wollten Dokumente verbrennen. Es gab einfach kein Rezept für unschuldige Menschen, sich so zu benehmen, daß man ihnen die Schuldlosigkeit auch glaubte. Sogar in unserem Kinderheim war es inzwischen bekannt geworden, daß 99 Prozent aller verhafteten Menschen niemals etwas gegen die Sowjetmacht getan hatten und daher selbst mit bestem Willen beim Verhör nichts gestehen konnten. Meist, so wurde mir damals erzählt, gelang es der NKWD aber doch, irgend etwas zu finden, was an und für sich völlig harmlos war – etwa eine Postkarte aus dem Ausland oder ein Besuch im Café National, in dem sich zur gleichen Zeit, viele Tische entfernt, ein ausländischer Diplomat befunden hatte. Ein solches, an sich völlig harmloses Ereignis konnte dann, mit einer gewissen Phantasie, zur Teilnahme an einer Verschwörung gegen Stalin „ausgebaut" werden.

Die Frage, die damals von den „Noch-nicht-Verhafteten" diskutiert wurde, war nun die: Soll man sich konsequent weigern, Phantasieverbrechen einzugestehen und zu unterschreiben, oder soll man dem Untersuchungsrichter helfen, eine solche Geschichte zusammenzustellen und sie unterschreiben, um wenigstens den guten Willen zu zeigen?

Die Meinungen meiner Bekannten waren geteilt.

„Ich habe niemals irgend etwas gegen die Sowjetmacht getan, und falls ich verhaftet werde, denke ich nicht daran, irgendwelche Verbrechen einzugestehen, die ich nie begangen habe. Ich werde nichts aussagen und auch nichts unterschreiben", lautete die eine These.

„Die Verhaftungen haben ja nicht das geringste mit einer Schuld oder Unschuld zu tun. Eine Weigerung, etwas auszusagen, hilft niemandem. Im Gegenteil, man erhält lediglich eine viel härtere Strafe und hat niemandem damit gedient", war die entgegengesetzte Meinung. „Ich werde jetzt schon eine möglichst glaubwürdige Geschichte ausdenken, um es der NKWD einfach zu machen und vielleicht noch eine verhältnismäßig geringe Strafe zu bekommen, falls ich verhaftet werden sollte."

Wolfgang Leonhard, Die Revolution entläßt ihre Kinder. Köln 1955, S. 37ff.

Milovan Djilas, Die Verbrechen Stalins

Der Kommunistische Politiker Djilas war der Vertraute des späteren jugoslawischen Präsidenten Tito und während des Zweiten Weltkriegs dessen Verbindungsmann zu Moskau. 1955 wurde Djilas wegen seiner Kritik am Kommunistischen System verhaftet und erst 1961 aus der Haft entlassen.

Viele – unter ihnen natürlich Trotzki – haben auf Stalins verbrecherische, blutdürstige Leidenschaften hingewiesen. Ich habe weder die Absicht, sie abzustreiten, noch sie zu bestätigen, da mir dazu die Tatsachen nicht genau genug bekannt sind. Kürzlich wurde in Moskau publik gemacht, daß er wahrscheinlich den Leningrader Sekretär, Kirow, töten ließ, um einen Vorwand zur Abrechnung mit der innerparteilichen Opposition zu haben.

Er hatte wahrscheinlich bei Gorkis Tod seine Hand im Spiel; dieser Todesfall wurde in seiner Propaganda zu auffällig als das Werk der Opposition hingestellt. Trotzki vermutet sogar, daß er Lenin tötete, unter dem Vorwand, seine Leiden abzukürzen. Es wird behauptet, daß er auch seine eigene Frau umbrachte oder sie jedenfalls durch seine Grobheit dazu trieb, sich das Leben zu nehmen. Die von Stalins Agenten verbreitete romantische Legende, die auch mir zu Ohren kam, ist wirklich zu naiv – sie sei vergiftet worden, während sie für ihren guten Ehegatten die Speisen vorkostete.

Bei Stalin war jedes Verbrechen möglich, denn es gibt kein einziges, das er nicht begangen hätte. Mit welchem Maß wir ihn auch messen wollen, ihm wird jedenfalls – hoffen wir, für alle Zeiten – der Ruhm zufallen, der größte Verbrecher der Geschichte zu sein.

Milovan Djilas, Gespräche mit Stalin. Frankfurt 1962, S. 237.

Alexander Solschenizyn, Foltermethoden im Archipel GULAG

Solschenizyn (geb. 1918) war während des Zweiten Weltkriegs Artillerieoffizier in der Roten Armee. 1945 wurde er zu acht Jahren Straflager verurteilt. Der Schriftsteller lebt heute in der USA.

23. Die bereits erwähnte *Wanzenbox*, ein dunkler Bretterverschlag mit einer hundertköpfigen, tausendköpfigen Wanzenzucht. Mit nacktem Oberkörper wird der Delinquent hineingestoßen, im Nu haben die hungrigen Wanzen von ihm Besitz ergriffen, fallen gierig über ihn her, stürzen sich von der Decke auf ihn herunter. Am Anfang kämpft er erbittert, schlägt um sich, glaubt in ihrem Gestank zu ersticken; nach einigen Stunden sinkt er kraftlos zusammen und läßt sich widerstandslos aussaugen.

24. Der *Karzer.* Wie schlimm es in der Zelle auch sein mag, im Karzer ist's immer noch schlimmer; von dort besehen erscheint jede Zelle als Paradies. Im Karzer wird der Mensch durch Hunger und gewöhnlich durch *Kälte* geschunden (in der Suchanowka gibt es auch *heiße* Karzer). Die Karzer in Lefortowo, zum Beispiel, werden überhaupt nicht beheizt, Heizkörper stehen nur im Gang draußen, und in diesem „geheizten" Gang machen die Wärter in Filzstiefeln und Wattejacken Dienst. Der Arrestant aber wird bis auf die Wäsche, manchmal bis auf die Unterhosen ausgezogen; so hat er regungslos (es ist zu eng) einen Tag, drei Tage, fünf Tage zu verweilen (heiße „Suppe" gibt es erst am dritten Tag). In den ersten Minuten glaubst du: Das halte ich keine halbe Stunde durch. Wundersamerweise jedoch bringt der Mensch seine fünf Tage hinter sich; möglich natürlich, daß er sie mit einer lebenslangen Krankheit bezahlt.

Der Karzer kann verschiedene Spielarten haben: Feuchtigkeit, Wasser am Boden. Schon nach dem Krieg mußte Mascha G. im Gefängnis von Tschernowitz bloßfüßig zwei Stunden bis zu den Knöcheln in *eisigem Wasser* stehen – gestehe, gestehe! (Sie war achtzehn, wie leid es einem da um die Beine ist, und wie lange man noch damit zu leben hat!)

25. Soll das *Eingesperrtwerden* in einer brustschmalen *Nische* als Abart des Karzers betrachtet werden? Bereits 1933 wurde S.A. Tschebotarjow in der Chabarowsker GPU so gefoltert: Sie steckten ihn nackt in eine Betonnische, so daß er die Knie nicht beugen, die Arme nicht ausstrecken, den Kopf nicht bewegen konnte. Dem war noch nicht genug! Kaltes Wasser begann auf seinen Scheitel zu tropfen (wie aus einem Dreigroschenheft!) und in kleinen Bächlein an seinem Körper herabzurinnen. Natürlich hatten sie ihm nicht gesagt, daß es nur 24 Stunden dauern würde. Da kann einem schon angst werden – wie auch immer, er verlor das Bewußtsein, tags darauf holten sie ihn scheinbar tot heraus; im Krankenrevier brachten sie ihn mit Salmiakgeist, Koffein und Herzmassage wieder zu sich. Er konnte lange nicht begreifen, woher er kam und was ihm gestern geschehen war. Einen Monat lang war er sogar für die Verhöre untauglich. (Wir dürfen doch annehmen, daß diese Nische und die Tropfvorrichtung nicht eigens für Tschebotarjow eingebaut wurden. 1949 hatte mein Zellengenosse aus Dnjepropetrowsk in einer ähnlichen gesessen, allerdings ohne das Tropfen. Sollten wir nicht eher zwischen Chabarowsk und Dnjepropetrowsk, dazu in sechzehn Jahren, auch noch andere Standorte vermuten?) . . .

27. Das *Prügeln,* keine Spuren hinterlassend. Geprügelt wird mit Gummiknüppeln. Geprügelt wird mit Teppichklopfern. Geprügelt wird mit Sandsäcken. Arg ist der Schmerz, wenn sie auf Knochen schlagen, zum Beispiel mit Stiefeln gegen das Schienbein, wo über dem Knochen nur Haut ist. Der Brigadekommandeur Karpunitsch-Brawen wurde 21 Tage hintereinander geprügelt. (Heute sagt er: „Noch dreißig Jahre später tut mir jeder Knochen weh und der Kopf." Auf Eigenes und Vernommenes rückblickend, kam er auf insgesamt 52 Folterarten.) Oder auch noch so: Die Hände des Untersuchungshäftlings werden in einer Sondervorrichtung festgeschraubt – so daß die Handflächen fest am Tisch aufliegen – , und dann hauen sie mit der scharfen Kante eines Lineals auf die Gelenke. Da heulst du auf! Soll beim Prügeln das Zähneausschlagen gesondert angeführt werden? (Karpunitsch verlor acht Stück.) – Wie jedermann weiß, benimmt einem ein Faustschlag ins Sonnengeflecht den Atem und läßt doch nicht die geringste Spur zurück. Oberst Sidorow in Lefortowo übte sich, nach dem Kriege bereits, im freien Gummischuhschießen gegen die herab-

hängenden männlichen Annexe (wer Fußball gespielt hat, wo solches mit dem Ball passiert, weiß den Schlag zu schätzen. Dieser Schmerz ist mit nichts zu vergleichen, für gewöhnlich verliert man das Bewußtsein).

28. In der Noworossijsker NKWD erfanden sie eine Maschine zum Nägelquetschen. In den Durchgangsgefängnissen sah man später bei vielen Leuten aus Noworossijsk abgehende schwarze Fingernägel.

29. Und die *Zwangsjacke?*

30. Und das *Brechen des Rückgrats?* (Immer in derselben GPU von Chabarowsk, 1933.)

31. Und das *Aufzäumen* (die „Liegewaage") ? Eine Eigenart der Suchanowka, aber auch im Archangelsker Gefängnis als Methode nicht unbekannt (Untersuchungsrichter Iwkow, 1940). Ein langes grobes Tuch wird dir durch den Mund gezogen (das Zaumzeug), dann über dem Rücken an den Fersen festgebunden. Bleib einmal so als Rad auf dem Bauch ohne Essen und Trinken zwei Tage lang liegen!

Soll die Aufzählung weitergehen? Wie lange noch? Was alles können sie nicht noch erfinden, die satt, gefühllos und müßig sind?

Bruder und Mitmensch! Verdamme keinen, dem solches widerfuhr, bis daß er schwach ward und zu vieles unterschrieb ... Wirf nicht den Stein auf ihn.

Alexander Solschenizyn, Der Archipel GULAG. Bern/München 1974, S. 117ff.

Deportation nach Sibirien, Bericht einer Aussiedlerin aus Rußland (um 1941)

Nach ihrer Ausreise in die Bundesrepublik schildert aufgrund einer Befragung die deutschstämmige Aussiedlerin Frau A. ihre Erlebnisse in Rußland, vor allem aus der Zeit um 1941:

Geboren wurde ich in Tscherniew bei Orodok in der Nähe von Odessa. Meine Eltern mußten hart schaffen, um ihre zehn Kinder satt zu kriegen, denn sie hatten wenig Land und wurden während der Revolution mehrmals ausgeplündert. Als ich sechs Jahre alt war, übersiedelten wir in den Kaukasus, wo wir Verwandte hatten. Meine Eltern glaubten, dort besser vorwärtszukommen. Mein Vater aber war schwach und die Mutter immer krank, so mußten wir Kinder, klein wie wir waren, gleich zu fremden Leuten arbeiten gehen. Eine Schule hat keines von uns besucht – sie lag auch 15 Kilometer weit entfernt –, doch meine teure Mutter hat mich wenigstens lesen gelehrt aus dem einzigen Buch, das wir im Hause hatten, aus der Bibel. Das war für mich eine große Hilfe in der schweren Zeit, die uns allen noch bevorstand. Schreiben aber kann ich bis zum heutigen Tage nicht.

Im Kaukasus waren wir in einem kleinen Dorf untergekommen, da wohnten nicht nur Grusinen, sondern auch sehr viele Deutsche, bei denen wir Arbeit fanden. Mich holte eine Frau zu sich, um ihr kleines Kind zu versorgen, wenn sie aufs Feld ging. Später, als die Kollektivwirtschaften entstanden, konnte ich schon in den Ställen mithelfen beim Vieh, und über dieser Arbeit bin ich schlecht und recht 20 Jahre alt geworden und habe geheiratet. Mein Mann war Deutscher, und wir kamen gut miteinander aus. Gerade als der Krieg anfing, bekam ich mein viertes Kind, das erste hatte ich schon früh verloren.

Als die Deutschen heranrückten, wurden wir mit fast allen Familien aus dem Dorf verschleppt. Das geschah in wenigen Stunden. Mitnehmen durften wir nichts anderes, als was wir am Leibe hatten. 45 Kilometer führten sie uns in Lastkraftwagen zur nächsten Eisenbahnstation, von da im Zug bis ans Meer. Am Ufer hatten sie schon eine große Menge Menschen zusammengetrieben, und die pferchten sie dann in die Barken, die dort lagen. Das sind Schiffe, auf denen man sonst Vieh und Schweine transportiert, aber für Menschen waren die nicht gemacht. Man kann sich nicht vorstellen, wie es da drinnen aussah und wie es stank! Und Läuse haben wir gehabt, ihr lieben Leute, sie krochen uns sogar unter die Haut. Ich will mich gar nicht daran erinnern, es tut so weh ...

Von Anfang an gaben sie uns kaum etwas zu essen. Einmal am Tag eine Kelle dünne Suppe und ein kleines Stück Brot. An manchem Tag auch gar nichts. Von wo auch? Wir litten schrecklichen Hunger, aber noch schrecklicher war es, mit anzusehen, wie die Kinder sich quälten. Die Männer versuchten zu fischen und etwas Eßbares aus dem Meer herauszuholen, aber sie wurden von den Wächtern mit den Gewehrkolben zurückgeschlagen. Und als unsere Leute immer aufsässiger wurden, drohten die Russen, uns alle ertrinken zu lassen, und unsere Männer antworteten, dann müßten auch sie mit ins Wasser. Als wir dann aber zusehen mußten, wie vier Barken vor unseren Augen versenkt wurden und die Menschen hilflos ertranken, da traute sich keiner mehr, solche Reden zu führen.

Zwei Monate sind wir auf dem Kaspischen Meer hin- und hergefahren, und immer mehr Leute starben, vor allem die Kinder. Sie verhungerten der Reihe nach, und die Leichen warf man einfach ins Meer. Auch meinen vierjährigen Buben haben sie ins Wasser versenkt. Der andere, der siebenjährige, hat das mit ansehen müssen, und da klammerte er sich an meinen Rock und sagte: „Liebe Mutter, laß es nicht zu, daß sie auch mich ins Wasser schmeißen, ich möchte dich bitten, laß mich leben, ich will dann auch immer bei dir bleiben und, wenn ich groß bin, für dich sorgen." Er war noch so klein und mager und weinte jämmerlich: „Ich hab doch solchen Hunger, Mutter!" Da hab ich ihn einfach an die Brust genommen – ich hatte ja noch den Säugling bei mir – hab ihn zugedeckt, damit die Leute nicht sehen konnten, daß er ein bißchen Milch bei mir trank. Ach Gott, ich muß immer gleich weinen, wenn ich daran denke, denn er ist dann doch verhungert, und es ist geschehen, wovor er sich so gefürchtet hat. Auch er kam ins Wasser.

In der neunten Woche, die wir auf dem Schiff verbrachten, flogen immer öfter Flugzeuge über uns hinweg, und es hieß, die Deutschen seien hinter uns her, wir müßten die weiße Fahne hinaustun, damit sie uns nicht versenken. Die Wachen wollten das aber nicht selber tun und befahlen uns, diese Fahne hochzuziehen. Wir haben es also getan, ich selber habe mitgehofen, und so sind wir schließlich irgendwo an einem Ufer angekommen. An Land ließen sie uns nicht Zeit, ein wenig zu verschnaufen, gleich wurden wir wieder in Viehwaggons verladen, und dann ging es nach Sibirien, nach Kotschitaw Rayon Kotschitawsko Oblosk. Daß wir dort noch lebend ankamen, daß mir mein Mann und wenigstens das kleinste Kind, ein Mädchen, erhalten blieben, das war wie ein Wunder. Denn diese Fahrt war kaum leichter zu ertragen als die auf dem Wasser.

Ich kann nicht schildern, wie wir aussahen, als wir endlich am Ziel waren. So schmutzig und verlaust, daß man uns in die Siedlung gar nicht hineinließ. Drei Kilometer vom Dorf entfernt gab es Erdgruben, wie man sie für den Luftschutz anlegt, und darin kein Bett, keinen Tisch, kein Licht – gar nichts! Da sollten wir nun wohnen, und wir haben tatsächlich zwei Jahre in diesen Erdlöchern gehaust wie die Füchse. Auch im Winter bei bitterstem Frost. Mit der Zeit haben wir Holz aus dem Wald geholt und die Gruben ausgebaut und haben uns darin eingerichtet, so gut wir konnten.

Als dann unsere Papiere ankamen, holte man uns ins Dorf zum Vorsteher, der uns fragte, wie wir hergekommen seien und wer die weiße Fahne auf dem Schiff hochgezogen hätte. Ich sagte ihm, daß ich dabei mitgeholfen hätte – und da fing er an, auf mich einzuschlagen, Leute! Er hat mich so geschlagen, daß mir das Blut vom Kopf hinunterfloß, ich kann es euch zeigen, da ist die Narbe. „Auf, ihr Faschisten!" schrie er und prügelte weiter auf mich ein, hier diesen Knochen am Arm hat er mir gebrochen. Zu meinem Glück kam gerade der Kommandant herein und fragte, was denn da los sei. Er hob mich vom Boden auf und schrie den Verwalter an: „Ich werde euch strafen, wenn ihr die deutschen Leute weiter mißhandelt und beleidigt!" Geschlagen hat uns dann wohl keiner mehr, aber vor Beleidigungen hat uns in Zukunft niemand geschützt.

Ich war dann sehr krank. Zwei Monate bin ich gelegen. Eine Frau hat mir die Wunde am Kopf zugenäht, es war eine Deutsche, die auch bei uns in den Gruben von Kotitschaw gelebt hat.

Kurze Zeit darauf haben sie meinen Mann weggeholt – für immer. Und ich bin mit dem kleinen Kind allein geblieben. Weil ich noch nicht arbeiten konnte und deshalb auch kein Brot bekam, mußte ich von meinen paar Kleidern etwas eintauschen, aber der Hunger trieb mich bald zur Arbeit in den Wald, wo wir bei jedem Wetter Bäume fällen mußten. Der Säugling blieb den ganzen Tag allein zu Hause. Umsonst bekamen wir nichts, keine Kartoffel, kein Stückchen Brot. Die Leute im Dorf hatten alle einen Haß auf uns, und der Mann, der mich geschlagen hatte, war der Vorsteher vom Kollektiv.

Von meinem Mann habe ich lange nichts gehört. Viel später erst erfuhr ich von deutschen Leuten, daß er in Tscheljabinks verhungerte. Mein Mann soll immer zu den Abfallgruben gegangen sein, dort haben sie die Fischköpfe hineingeschmissen, die hat er aufgelesen und gegessen, denn er wollte am Leben bleiben, um seine Frau und sein Kind einmal wiederzusehen. Anfangs hat er im Wald gearbeitet, doch als er immer schwächer wurde und nicht mehr schaffen konnte, bekam er auch keine Zuteilungen mehr. Bevor er starb, soll er acht Tage keinen Bissen gegessen haben, dann ist er eingeschlafen.

Zitiert nach: Katharina Drotleff, Laßt sie selber sprechen. Berichte rußlanddeutscher Aussiedler. Hannover, 3. Auflage 1980, S. 20ff.

N. S. Chruschtschow, Geheimbericht vor Delegierten auf dem 20. Parteikongreß im Februar 1956

Der volle Text des Berichts wurde durch das US-Außenministerium veröffentlicht, das die Kopie aus vertraulicher Quelle erhielt und daher keine volle Bürgschaft für die Authentizität übernommen hat. Russischerseits ist der Bericht niemals veröffentlicht worden.

... Nach dem Tode Stalins leitete das ZK der Partei eine Aufklärungspolitik ein, uns mit zwingender Konsequenz nachzuweisen, daß es unzulässig und dem Geist des Marxismus-Leninismus zuwider ist, eine Person herauszuheben und sie zu einem Übermenschen zu machen, der gottähnliche, übernatürliche Eigenschaften besitzt, zu einem Menschen, der angeblich alles weiß, alles sieht, für alle denkt, alles kann und in seinem ganzen Verhalten unfehlbar ist. Ein solcher Glaube an einen Menschen, und zwar an Stalin, ist bei uns viele Jahre kultiviert worden . . .

Von Stalin stammt der Begriff des „Volksfeindes". Dieser Terminus machte es von vornherein überflüssig, einer Person oder Personengruppe, die sich mit ihm im Widerspruch befand, ideologische Irrtümer nachzuweisen. Dieser Terminus ermöglichte die Anwendung grausamster Unterdrükkung, die Verletzung aller Normen der revolutionären Gesetzlichkeit zum Nachteil derer, die in irgendeinem Punkt nicht mit Stalin übereinstimmten, bei denen auch nur der geringste Verdacht feindlicher Absichten bestand und die nicht gut angeschrieben waren . . .

Stalins Eigenmächtigkeit gegenüber der Partei und ihrem Zentralkomitee trat nach dem 17. Parteitag, der 1934 abgehalten wurde, voll in Erscheinung . . .

Es ist inzwischen festgestellt worden, daß von den auf dem Parteitag gewählten 139 Mitgliedern und Kandidaten des Zentralkomitees der Partei 98 Personen, das sind 70 Prozent, in den Jahren 1937/38 verhaftet und liquidiert worden sind. Wie war die Zusammensetzung der Delegierten des 17. Parteitages? Es ist bekannt, daß 80 Prozent der stimmberechtigten Delegierten dieses Parteitages in den Jahren der Konspiration vor der Oktoberrevolution und während des Bürgerkrieges, also vor 1921, der Partei beigetreten waren. Nach der sozialen Herkunft handelte es sich bei der Masse der Delegierten des 17. Parteitages um Arbeiter (60 Prozent der Stimmberechtigten) . . . Der einzige Grund, warum 70 Prozent aller Mitglieder und Kandidaten des Zentralkomitees als Feinde der Partei und des Volkes angeprangert wurden, war der, daß man Verleumdungen gegen sie vorbrachte, falsche Anschuldigungen gegen sie konstruierte und die revolutionäre Gesetzlichkeit in unzulässiger Weise aushöhlte. Dieses Schicksal ereilte nicht nur die Mitglieder des Zentralkomitees, sondern auch die Mehrzahl der Delegierten des 17. Parteitages. Von 1 966 stimmberechtigten oder beratenden Delegierten wurden 1 108 Personen, also über die Hälfte aller Delegierten, unter der Beschuldigung gegenrevolutionärer Verbrechen verhaftet. Allein diese Tatsache beweist, wie absurd, phantastisch und widersinnig die Beschuldigungen waren, die, wie wir jetzt sehen können, der Mehrzahl der Delegierten des 17. Parteitages zur Last gelegt wurden . . .

Als nun die Fälle einiger dieser sogenannten Spione und Saboteure untersucht wurden, zeigte sich, daß die „Fälle" restlos erfunden worden waren. Die Schuldgeständnisse vieler Personen, die man verhaftet und volksfeindlicher Tätigkeit bezichtigt hatte, waren mit Hilfe grausamer und unmenschlicher Folterungen erpreßt worden ...

Wenn Stalin befahl, daß dieser oder jener zu verhaften sei, mußte es genügen, um ihn zum Volksfeind zu erklären. Inzwischen beeilte sich dann die Berija-Bande, die die Staatssicherheitsorgane beherrschte, die Schuld des Verhafteten und die Echtheit der von ihr gefälschten Unterlagen zu beweisen. Und welche Beweise legte man vor? Die „Geständnisse" der Verhafteten – und die Untersuchungsrichter akzeptierten sie! Und wie ist es möglich, daß ein Mensch Verbrechen zugibt, die er gar nicht begangen hat? Nur auf eine Weise, nämlich auf Grund der Anwendung physischer Gewalt – indem man ihn bis zur Bewußtlosigkeit foltert und ihn seiner Urteilsfähigkeit und seiner menschlichen Würde beraubt. Auf diese Weise kamen die „Geständnisse" zustande ...

Sehr ernste Konsequenzen, die sich besonders bei Kriegsausbruch bemerkbar machten, hatte die Liquidierung zahlreicher militärischer Führer und politischer Funktionäre, die in der Zeit von 1937–1941 auf Grund von Stalins Mißtrauen und auf Grund verleumderischer Anschuldigungen erfolgt war. In diesen Jahren wurden bestimmte Teile des Militärapparates, und zwar buchstäblich vom Kompaniechef und Bataillonsführer aufwärts bis zu den höheren militärischen Führungsstäben, Repressalien unterworfen. In dieser Zeit wurde der Führungskader, der in Spanien und im Fernen Osten Erfahrungen gesammelt hatte, fast vollständig liquidiert ...

Die drohende Gefahr, der unser Vaterland in der ersten Kriegsphase ausgesetzt war, resultierte deshalb hauptsächlich aus den verfehlten Methoden, mit denen Stalin sowohl die Nation als auch die Partei leitete. Hier jedoch ist nicht nur vom Kriegsbeginn die Rede, der eine bedrohliche Desorganisation unserer Armee und bedeutende Verluste mit sich brachte. Auch nach dem eigentlichen Kriegsbeginn zeigte Stalin Anzeichen von Nervosität und Hysterie, die, da er sich ständig in die militärischen Operationen einmischte, unserer Armee wesentlichen Schaden zufügte ...

Die Willkür Stalins zeigte sich nicht nur in seinen Entscheidungen über innenpolitische Fragen, sondern auch in den Beziehungen der Sowjetunion zum Ausland.

Das Juli-Plenum des ZK (1955) untersuchte die Gründe für die Entstehung des Konfliktes mit Jugoslawien in allen Einzelheiten. Stalin hat dabei eine schändliche Rolle gespielt. An der „Jugoslawien-Affaire" war nichts, was sich nicht in Parteidiskussionen unter Genossen hätte regeln lassen. Es lag kein ernsthafter Grund vor, eine Affaire daraus zu machen; es wäre durchaus möglich gewesen, den Abbruch der Beziehungen zu diesem Lande zu verhindern. Das bedeutet natürlich nicht, daß die führenden Männer in diesem Lande keine Fehler gemacht hätten oder frei von Unzulänglichkeiten gewesen wären. Die Fehler und Unzulänglichkeiten wurden aber von Stalin in monströser Weise aufgebauscht, so daß es darüber zum Abbruch der Beziehungen zu diesem befreundeten Staate kam.

Ich erinnere mich an die ersten Tage des Konflikts zwischen der Sowjetunion und Jugoslawien, als man diese Angelegenheit künstlich aufzuputschen begann. Gerade aus Kiew nach Moskau gekommen, wurde ich damals zu Stalin bestellt, der mir die Kopie eines soeben an Tito gesandten Briefes zeigte und fragte: „Hast du das gelesen?“

Ohne eine Antwort abzuwarten, fuhr er fort: „Ich brauche nur den kleinen Finger zu rühren – und schon wird es keinen Tito mehr geben. Er wird fallen.“

Wir haben einen hohen Preis für dieses „Kleine-Finger-Rühren“ bezahlt . . .

Zitiert nach: Hans Kohn, Das moderne Rußland. Grundzüge seiner Geschichte. Freiburg/München 1961, S. 213 ff.

7. Chinas Weg in den Kommunismus

Dick Wilson, Der „Lange Marsch" (1935)

Wilson, ein amerikanischer Journalist, zitiert den Bericht eines Soldaten:

Unsere bittersten Prüfungen kamen, als wir über schmale und gefährliche Pfade, durch enge Pässe über schmale Brücken passieren oder durch eisige Wasserläufe schwimmen mußten. Bei solchen Gelegenheiten wurden unsere Vorhuten langsamer, die Nachhut machte einen Schritt nach vorn und blieb für zehn [Schritte] stehen. Wir konnten uns nicht nach vorn bewegen und konnten nicht rasten. Einige Männer schliefen im Stehen ein.

Bei anderen Gelegenheiten marschierten wir durch Unwetter, wo wilder Wind und Regen unsere Körper peitschten. Unter solchen Umständen zündeten wir keine Fackeln an, die Pfade waren schlüpfrig und gefährlich. Manchmal legten wir nachts nur einige „Lis" zurück und mußten, völlig durchnäßt, im Freien biwakieren.

Da war der Laoschan (Alter Berg) an der Kuangsi-Grenze, wo wir einen so steilen Hang hinauf mußten, daß ich die Sohlen meines Vordermanns sehen konnte. Stufen waren in die Bergwand geschlagen, sie waren so hoch wie die Taille eines Mannes. Politische Funktionäre stiegen die Kolonne hinauf und hinunter, sie ermutigten unsere sich vorwärts kämpfenden Männer und halfen Kranken und Verwundeten ... Dann kam die Nachricht die Linie entlang, daß unsere Vorhut vor einer nackten Klippe stand und daß man die Pferde nicht hinaufbrächte. Nach einer Weile kam der Befehl zu schlafen, wo wir waren, und bei Tagesanbruch weiterzuklettern.

Der Pfad war an keiner Stelle breiter als einen halben Meter, selbst wenn es jemand gelang, sich hinzulegen, konnte er sich nicht umdrehen, ohne den Berghang hinunterzurollen. Überall ragten zackige große Felsen auf, selbst der Pfad war mit scharfen Steinen bedeckt. Da es sonst nichts zu tun gab, faltete ich meine Decke zusammen, legte sie unter mich und versuchte, mich auf dem Pfad einzurollen. Irgendwann während der Nacht weckte mich die Kälte. Ich wickelte die Decke um mich und versuchte, mich zu einem kleinen Ball zusammenzurollen, aber ich konnte immer noch nicht einschlafen. Ich lag und beobachtete die funkelnden Sterne am Himmel. Sie sahen wie Jadesteine auf einem schwarzen Vorhang aus. Die dunklen Gipfel, die rings um mich aufragten, wirkten wie drohende Riesen. Wir schienen am Grund eines Brunnens zu liegen.

Den Pfad hinauf und hinunter sah ich viele kleine Feuer. Männer hatten sie angezündet, die ebenfalls durch die Kälte geweckt worden waren. Sie saßen herum und sprachen leise. Abgesehen von ihren Stimmen war die Stille so groß, daß ich glaubte sie hören zu können. Manchmal war sie nah und manchmal fern, manchmal laut und manchmal leise, wie Frühlingsseidenraupen, die Maulbeerblätter fressen. Ich lauschte gespannt, es klang wie eine Gebirgsquelle, dann wie das ferne Rauschen des Ozeans ...

Am nächsten Morgen erreichte meine Gruppe die Felswand, die uns letzte Nacht aufgehalten hatte. Es war der Leikungjai (Donnergott-Felsen), eine solide Felsklippe, die in einem Winkel von fast neunzig Grad in den Himmel ragte. Man hatte Steinstufen, die nicht breiter als dreißig Zentimeter waren, in die Wand geschlagen, so mußten wir hinauf, ohne uns festhalten zu können. Pferde mit gebrochenen Beinen lagen am Fuß der Klippe.

Unsere Sanitätseinheiten litten am meisten, weil die Verwundeten und Kranken die Bahren verlassen und entweder hinaufkriechen oder geschoben, geschleppt oder getragen werden mußten. Die Genossinnen vom Sanitätskorps trösteten unaufhörlich die Männer in ihrer Obhut und halfen ihnen ...

Der „Alte Berg“ war das schwierigste Gebirge, das wir bisher erklettert hatten.

Dick Wilson, Mao tse-tungs Langer Marsch 1935. Der Ursprung der Volksrepublik China. Wiesbaden 1974, S. 101.

Edgar Snow, „Sie singen zu viel“, 1938

Der Amerikaner Snow reiste 1936 als erster westlicher Journalist nach Yenan und berichtet in seiner Reportage vom Leben in der Roten Armee, vom „Langen Marsch“ und vom Aufbau einer kommunistischen Gesellschaft.

Ich blieb drei Tage in Wu Ch'i Chen, besuchte Arbeiter in den Fabriken, „inspizierte“ die Arbeitsbedingungen, nahm teil an ihren Theatervorstellungen und politischen Zusammenkünften, las ihre Wandzeitungen und ihre Schriftzeichen-Bücher, unterhielt mich mit ihnen – und entwickelte mich zum Sportler. Ich beteiligte mich an einem Basketballspiel auf einem der drei Spielfelder in Wu Ch'i. Wir bildeten eine improvisierte Mannschaft, bestehend aus dem Beauftragten des Auswärtigen Amts, Fu Chinkuei, einem jungen, englisch sprechenden Studenten, der in der politischen Abteilung arbeitete, einem Roten Arzt, einem Soldaten und mir. Die Basketballmannschaft des Arsenals nahm unsere Herausforderung an und schlug uns zu Brei.

Das [Waffen-]Arsenal war ebenso wie die Rote Universität in einer langen Reihe kellerartiger Räume untergebracht, die in den Berg gebaut waren. Sie waren kühl, gut durchlüftet und beleuchtet von einer Reihe von Schächten, die in einem Winkel in die Wand gehauen waren. Sie hatten hauptsächlich den Vorteil, daß sie vollständig bombensicher waren. Hier fand ich über 100 Arbeiter, die Handgranaten, Mörser, Pulver, Pistolen, kleine Patronen und Kugeln und einige Ackerbaugeräte herstellten. Eine Reparaturabteilung war damit beschäftigt, die Magazine kaputter Gewehre, Maschinengewehre, automatischer Gewehre und Maschinenpistolen auszubessern. Allerdings, die Produkte des Waffenlagers waren primitiv, so daß der größte Teil für die Ausrüstung der Roten Partisanen bestimmt war, während die regulären Roten Truppen fast vollständig mit Gewehren und Munition versorgt wurden, die von feindlichen Truppen erbeutet worden waren ...

Neben der Waffenfabrik gab es in Wu Ch'i Chen Kleider- und Uniformfabriken, eine Schuhfabrik, eine Strumpffabrik und eine Apotheke und kleine Poliklinik mit einem diensttuenden Arzt. Er war ein junger Mann, der gerade seine medizinische Ausbildung an einer medizinischen Fachschule in Shansi beendet hatte; seine junge, hübsche Frau lebte mit ihm und arbeitete als Krankenschwester. Beide waren im Winter zuvor während des Shansi-Feldzugs zu den Roten gestoßen. In der Nähe lag ein Krankenhaus, weitgehend von verwundeten Soldaten belegt, die von drei diensttuenden Armeeärzten betreut wurden; daneben gab es eine Radiostation, ein Behelfslaboratorium, eine Genossenschaft und ein Armeeversorgungslager.

Die meisten Arbeiter, abgesehen von denen in der Waffenfabrik und der Uniformfabrik, waren junge Frauen zwischen 18 und 25 oder 30. Einige von ihnen waren mit Roten Soldaten verheiratet, die zu der Zeit an der Front waren; beinah alle waren aus Kansu, Shensi oder Shansi; und alle trugen kurzgeschnittenes Haar. „Gleiche Bezahlung für gleiche Arbeit" war eine der Losungen der chinesischen Sowjets, deshalb sollte es keine Lohndiskriminierung der Frauen geben. Arbeiter wurden offensichtlich, was die Bezahlung anging, bevorzugt behandelt vor allen anderen in den Sowjetgebieten. Das schloß auch Rote Befehlshaber ein, die kein regelmäßiges Gehalt bekamen, sondern nur einen kleinen Betrag für den Lebensunterhalt, der entsprechend den vorhandenen Mitteln zugeteilt wurde ...

Es gab den 8-Stunden-Tag und die 6-Tage-Woche. Als ich die Fabriken besuchte, waren sie 24 Stunden am Tag in Betrieb bei dreimaligem Schichtwechsel.

Das alles schien sehr fortschrittlich, wenn auch vielleicht noch weit entfernt von einer kommunistischen Utopie. Es war wirklich sehr interessant, daß solche Bedingungen tatsächlich mitten in der Verarmung der Sowjets verwirklicht wurden. Wie *primitiv* sie verwirklicht wurden, ist eine andere Frage. Sie hatten Klubs, Schulen, geräumige Unterkünfte – sicher, das gab es alles –, aber in Höhlenwohnungen untergebracht, mit der nackten Erde als Fußboden, keine Duschen, keine Kinos, keine Elektrizität. Sie wurden mit Nahrung versorgt; aber die Mahlzeiten bestanden aus Hirse, Gemüse und manchmal Hammelfleisch, ohne irgendwelche Delikatessen. Sie bezogen ihre Löhne und Sozialversicherung regelmäßig in der Sowjetwährung; aber die Artikel, die sie damit kaufen konnten, waren streng auf das Notwendigste beschränkt – und auch davon nicht allzuviel.

„Unerträglich", würde der durchschnittliche amerikanische oder englische Arbeiter sagen. Ich erinnerte mich jedoch an Shanghaier Fabriken, wo kleine Jungen und Mädchen 12 oder 13 Stunden am Tag an ihrer Arbeit standen oder saßen und dann erschöpft auf einer dreckigen Baumwollsteppdecke in Schlaf fielen, auf ihrem Lager direkt neben den Maschinen. Ich erinnerte mich an kleine Mädchen in Seidenspinnereien und an die blassen jungen Frauen in Baumwollfabriken, die nicht anders als Sklaven für vier oder fünf Jahre an ihre Arbeitsplätze verkauft worden waren, ohne Möglichkeit, bei Tag oder bei Nacht das schwer bewachte, von einer hohen Mauer umgebene Fabrikgebäude zu verlassen, es sei denn mit einer speziellen Erlaubnis. Und ich erinnerte mich, daß in Shanghai im Jahr 1935 mehr als 20000 Leichen auf den Straßen aufgelesen und aus den Flüssen und Kanälen gezogen wurden – Leichen der Ärmsten der Armen, von verhungerten oder ertränkten Babys oder Kindern, die ihre Eltern nicht ernähren konnten.

Wie primitiv das Leben in Wu Ch'i Chen auch immer sein mochte, so schien es für die Arbeiter dort doch wenigstens ein Leben in guter Gesundheit, Bewegung, sauberer Bergluft, Freiheit, Würde und Hoffnung zu sein und ein Leben mit Entwicklungsmöglichkeiten. Sie wußten, daß niemand Geld aus ihnen schlug. Ich glaube, sie fühlten, daß sie für sich und für China arbeiteten, und sie sagten, sie seien *Revolutionäre!* Ihre täglichen 3 Stunden Lesen und Schreiben, ihre politischen Unterrichtsstunden und ihre Schauspielgruppen nahmen sie sehr ernst, und sie wetteiferten angestrengt um die kümmerlichen Preise, die in Wettbewerben zwischen Gruppen und Einzelpersonen für Sport, Literatur, Hygiene, Wandzeitungen und Steigerung der Arbeitsproduktivität ausgesetzt waren. All dies hatte Wirklichkeitsgehalt für sie, Dinge, die sie nie zuvor gekannt hatten, unmöglich kennen konnten, in irgendeiner anderen Fabrik Chinas; sie schienen dankbar für die Lebensmöglichkeiten, die ihnen damit eröffnet wurden.

Für einen alten Chinakenner wie mich war dies alles schwer zu glauben, und ich war mir nicht klar, was für eine Bedeutung dies letzten Endes haben würde. Aber ich konnte die Beweise, die ich gesehen hatte, nicht einfach leugnen. Um diese Beweise im einzelnen darzulegen, müßte ich ein Dutzend Geschichten erzählen von Arbeitern, mit denen ich redete; aus ihren Essays und Kritiken in den Wandzeitungen zitieren, die in der kindlichen Kritzelschrift derer geschrieben waren, die gerade das Lesen und Schreiben gelernt hatten – viele davon übersetzte ich mit Hilfe des Studenten. Ich müßte von den politischen Zusammenkünften berichten, an denen ich teilnahm, und von den Theaterstücken, die die Arbeiter ausdachten und aufführten, und von den vielen kleinen Dingen, die gewöhnlich einen „Eindruck“ ausmachen.

So traf ich zum Beispiel einen Elektroingenieur in Wu Ch'i Chen mit Namen Chu Tso-chih. Er konnte sehr gut Englisch und Deutsch, war ein Energieexperte, hatte ein Fachbuch über Maschinenbau geschrieben, das in ganz China benutzt wurde. Früher war er Angestellter bei der Shanghai Power Company, danach bei Anderson Meyer & Co. Bis vor kurzem hatte er ein durchschnittliches Einkommen von 10000 Dollar jährlich in Südchina gehabt, wo er beratender Ingenieur und Rationalisierungsfachmann war; er hatte alles aufgegeben und seine Familie verlassen, um in die wilden, dunklen Berge von Shensi zu kommen und seine Dienste den Roten umsonst anzubieten. Unglaublich! Der Hintergrund dieses Phänomens reichte zurück bis zu einem geliebten Großvater, einem berühmten Philanthropen in Ningpo, der dem jungen Chu auf dem Totenbett eingeschärft hatte, „sein Leben der Verbesserung des kulturellen und zivilisatorischen Standards der Massen zu widmen“. Und Chu hatte beschlossen, daß man mit der kommunistischen Methode am schnellsten dahin kam.

Chu war einigermaßen dramatisch in diese Angelegenheit hineingeraten, im Geiste des Märtyrers und Eiferers. Es war eine heilige Sache für ihn; er dachte, es bedeute einen frühen Tod, und erwartete von jedem dieselbe Einstellung. Ich glaube, daß er etwas schockiert war, als er auf so vieles stieß, was ihm nur wie ein schlechter Scherz vorkam, wobei doch alle offensichtlich glücklich waren. Als ich ihn fragte, wie es ihm gefiel, antwortete er ernsthaft, daß er nur einen einzigen Punkt wirklich kritisieren müsse. „Diese Leute verbringen wirklich viel zu viel Zeit mit *Singen!*" beklagte er sich. „Dies ist nicht die Zeit zum Singen!"

Edgar Snow, Roter Stern über China. Mao tse-tung und die chinesische Revolution. Berlin 1974, S. 255 ff.

Mao tse-tung, Rolle und Struktur der kommunistischen Partei Chinas, 1938

Aus den dargelegten Gründen müssen die Kommunisten im nationalen Krieg ihre hohe Aktivität bekunden; sie müssen das konkret auf allen Gebieten tun, das heißt, sie müssen in jeder Hinsicht ihre Rolle als Vorhut und Vorbild zur Geltung bringen. Unser Krieg verläuft unter schwierigen Umständen. Die breiten Volksmassen haben noch nicht genug Nationalbewußtsein, nicht genug nationale Selbstachtung und nationales Selbstvertrauen; sie sind in ihrer großen Mehrheit unorganisiert; unsere militärischen Kräfte sind nicht stark, unsere Wirtschaft ist rückständig, unsere politische Ordnung ist undemokratisch; im Land existieren Fäulniserscheinungen und pessimistische Stimmungen; innerhalb der Einheitsfront mangelt es an Geschlossenheit und Festigkeit. Das alles und noch anderes ergeben diese schwierigen Umstände. Infolgedessen müssen die Kommunisten bewußt die schwere Verantwortung auf sich nehmen, das ganze Volk zur Überwindung der verschiedenen Übelstände zusammenzuschließen. Hierbei ist die Rolle der Kommunisten als Vorhut und Vorbild von größter Bedeutung. Die Kommunisten in der Achten-Route-Armee und in der Neuen Vierten Armee[1] müssen ein Vorbild an Tapferkeit im Kampf und ein Vorbild bei der Ausführung der Befehle sein, sie müssen vorbildlich Disziplin halten und politische Arbeit leisten, und sie müssen auch bei der Wahrung der inneren Einheit und Geschlossenheit als Vorbild dienen. Wenn sie mit den befreundeten Parteien und Armeen in Berührung kommen, müssen sie auf dem Standpunkt des Zusammenschlusses zum Widerstand gegen Japan beharren, an dem Programm der Einheitsfront festhalten und als Vorbild dienen bei der Durchführung der vom Widerstandskrieg gestellten Aufgaben; sie müssen ihr Wort halten, und ihre Taten müssen entschlossen sein;

1) Elitetruppen Mao tse-tungs

sie müssen frei von Hochmut sein, offenherzig und geradsinnig mit den befreundeten Parteien und Armeen beratschlagen und zusammenarbeiten und als Vorbild dienen in den gegenseitigen Beziehungen zwischen den in der Einheitsfront zusammengeschlossenen Parteien. Ein in Regierungsdiensten stehender Kommunist muß ein Vorbild an absoluter Integrität sein, muß darin, daß er keine Vetternwirtschaft betreibt, hart arbeitet, aber ein geringes Entgelt bezieht, als Vorbild dienen. Ein in den Massenbewegungen tätiger Kommunist muß ein Freund der Volksmassen sein und darf sich nicht als ihr Vorgesetzter aufspielen; er muß als ihr unermüdlicher Lehrer auftreten, nicht aber als bürokratischer Politiker. Niemals und nirgends darf ein Kommunist seine persönlichen Interessen an die erste Stelle setzen; er muß sie den Interessen der Nation und der Volksmassen unterordnen. Deshalb sind Selbstsucht, Passivität und Lässigkeit, Bestechlichkeit, Geltungsdrang usw. höchst verächtlich; dagegen sind Selbstlosigkeit, Aktivität und Eifer, Selbstaufopferung für das Gemeinwohl und zähe, harte Arbeit achtungsgebietend. Die Kommunisten müssen sich gemeinsam mit allen nicht der Partei angehörenden fortschrittlichen Menschen einträchtig darum bemühen, daß sich das ganze Volk zur Überwindung der verschiedenen Übelstände zusammenschließt. Man muß begreifen, daß die Kommunisten nur einen kleinen Teil der Nation bilden und daß es außerhalb der Partei breite Kreise von fortschrittlichen Menschen und Aktivisten gibt, mit denen wir zusammenarbeiten müssen. Es wäre grundfalsch zu glauben, daß nur wir allein zu etwas gut wären, alle anderen aber zu nichts taugten. Die Kommunisten dürfen rückständige Menschen nicht geringschätzig oder verächtlich behandeln, sie müssen sich vielmehr ihnen annähern und sich mit ihnen zusammenschließen, sie überzeugen und sie ermutigen, vorwärtszuschreiten. Die Kommunisten dürfen jene Menschen, die in ihrer Arbeit Fehler begangen haben – mit Ausnahme unverbesserlicher Elemente –, nicht von sich stoßen, sondern sie müssen durch Überzeugung auf sie einwirken, damit sie sich von Grund auf zum Besseren wandeln, das Alte ablegen und von neuem beginnen. Der Kommunist muß ein Vorbild sowohl an Realitätssinn wie an Weitblick sein. Denn nur wenn man die Wahrheit in den Tatsachen sucht, kann man die gestellten Aufgaben lösen; und nur wenn man weit vorausschauen kann, verliert man beim Vorwärtsschreiten nicht die Orientierung. Deshalb müssen die Kommunisten auch beim Lernen ein Vorbild sein; sie sollten zu jeder Zeit sowohl die Lehrer der Massen als auch ihre Schüler sein. Nur wenn man von den Massen, aus den aktuellen Umständen und bei den befreundeten Parteien und Armeen lernt und sie gut kennt, kann man Realitätssinn in der Arbeit und Weitblick für die Zukunft bekunden. In einem langwierigen Krieg und unter schwierigen Umständen können nur dann, wenn die Kommunisten mit den befreundeten Parteien und Armeen sowie mit allen fortschrittlichen Menschen unter den Volksmassen zusammenarbeiten und ihre Rolle als Vorhut und Vorbild in höchstem Maße zur Geltung bringen, alle lebendigen Kräfte der Nation zum Kampf für die Überwindung der Schwierigkeiten, für den Sieg über den Feind und für den Aufbau eines neuen China mobilisiert werden ...

Die Kommunistische Partei Chinas ist eine Partei, die inmitten einer großen, hunderte Millionen zählenden Nation die Führung in einem großen revolutionären Kampf innehat; sie kann ihre historische Aufgabe nicht erfüllen, wenn sie nicht über eine große Zahl sowohl fachlich wie politisch qualifizierter führender Kader verfügt. In den letzten 17 Jahren hat unsere Partei nicht wenig führende Kräfte herangebildet, und auf militärischem, politischem und kulturellem Gebiet sowie in den Parteiangelegenheiten und Massenbewegungen haben wir bereits einen Stamm von Funktionären, was nicht nur der Partei, sondern auch der ganzen Nation zur Ehre gereicht. Aber dieses Kadergerüst, das uns jetzt zur Verfügung steht, reicht noch nicht aus, um das gewaltige Gebäude unseres Kampfes zu tragen, und wir müssen noch in breitem Umfang neue Kader heranbilden. Aus dem großen Kampf des chinesischen Volkes sind bereits zahlreiche Aktivisten hervorgegangen und werden weitere hervorgehen, es ist unsere Pflicht, sie zu organisieren, zu schulen, zu umsorgen und zweckdienlich einzusetzen. Nachdem die politische Linie festgelegt worden ist, werden die Kader zum entscheidenden Faktor. Deshalb ist die planmäßige Heranbildung zahlreicher neuer Kader unsere Kampfaufgabe ...

In Anbetracht der schweren Verstöße gegen die Parteidisziplin, die sich Dschang Guo-tao zuschulden kommen ließ, müssen wir die Regeln der Parteidisziplin erneut bekräftigen: 1. Unterordnung des Einzelnen unter die Organisation; 2. Unterordnung der Minderheit unter die Mehrheit; 3. Unterordnung der unteren Instanzen unter die oberen; 4. Unterordnung der gesamten Partei unter das Zentralkomitee. Wer gegen diese Regeln verstößt, der untergräbt die Einheit der Partei. Die Erfahrung lehrt: Manche Personen verstoßen gegen die Disziplin, weil sie nicht wissen, was Parteidisziplin heißt, während andere, wie z. B. Dschang Guo-tao, vorsätzlich die Disziplin brechen und die Unwissenheit vieler Mitglieder für ihre bösen Ansichten ausnutzen. Deshalb muß man die Parteimitglieder zur Parteidisziplin erziehen, damit die einfachen Mitglieder Disziplin halten und ferner darüber wachen können, daß die führenden Persönlichkeiten der Partei ebenfalls Disziplin halten, und so wird verhütet werden, daß sich Fälle wie der mit Dschang Guo-tao wiederholen. Um zu gewährleisten, daß sich die innerparteilichen Beziehungen in den richtigen Bahnen bewegen, müssen wir, zusätzlich zu den erwähnten vier wichtigsten Regeln der Disziplin, ausführliche Parteiregeln ausarbeiten, die die Tätigkeit der Parteileitungen aller Ebenen vereinheitlichen sollen ...

Angesichts des gegenwärtigen großen Kampfes fordert die Kommunistische Partei Chinas, daß alle Leitungen sowie alle Mitglieder und Funktionäre ihre Aktivität in vollem Maße entfalten; nur dadurch kann der Sieg gesichert werden. Diese Aktivität muß konkret darin zum Ausdruck kommen, daß die Leitungen, die Funktionäre und die Mitglieder Schöpferkraft, Verantwortungsbewußtsein und Arbeitselan zeigen, daß sie den Mut haben und es verstehen, Fragen aufzuwerfen, Meinungen zu äußern, Mängel zu kritisieren sowie aus kameradschaftlicher Sorge die Tätigkeit der Leitungen und der führenden Funktionäre zu kontrollieren. Andernfalls wird die Aktivität, von der hier die Rede ist, zu einem leeren Wort. Die Entfaltung dieser Aktivität hängt aber von der Demokratisierung des Parteilebens ab. Wenn es an einem demokratischen Leben in der Partei mangelt, bleibt die Entfaltung der Aktivität ein unerreichbares Ziel. Es ist auch nur in einer Atmosphäre der Demokratie möglich, zahlreiche fähige Menschen heranzubilden. In unserem Land herrscht das patriarchalische System der Kleinproduktion vor, und es gibt im gesamtstaatlichen Maßstab bis jetzt noch keine Demokratie; diese Umstände spiegeln sich infolgedessen in unserer Partei durch ein ungenügendes demokratisches Leben wider. Solche Erscheinung verhindert in der ganzen Partei die volle Entfaltung der Aktivität. Sie wirkt sich zugleich auch in einer ungenügenden Entwicklung der Demokratie innerhalb der Einheitsfront und der Massenbewegungen aus. Deshalb müssen wir uns in der Partei mit der Erziehung zur Demokratie befassen, damit die Parteimitglieder begreifen, was ein demokratisches Leben bedeutet, welcher Zusammenhang zwischen Demokratie und Zentralismus besteht und wie der demokratische Zentralismus zu verwirklichen ist. Nur so kann man einerseits die innerparteiliche Demokratie tatsächlich erweitern und andererseits eine extreme Demokratisierung, ein die Disziplin untergrabendes Treibenlassen vermeiden.

Zitiert nach: Kuo Heng-yü, Maos Weg zur Macht und die Komintern. Paderborn 1975, S. 213ff.

8. Die nationalsozialistische Herrschaft in Deutschland

Melita Maschmann, 30. Januar 1933

Melita Maschmann erlebte als Schülerin die Ernennung Hitlers zum Reichskanzler am 30. Januar 1933. Sie war zunächst begeistert von der neuen nationalsozialistischen Bewegung:

Keine Parole hat mich je so fasziniert wie die von der Volksgemeinschaft. Ich habe sie zum erstenmal aus dem Mund der verkrüppelten und verhärmten Schneiderin gehört, und am Abend des 30. Januar bekam sie einen magischen Glanz. Die Art dieser ersten Begegnung bestimmte ihren Inhalt: Ich empfand, daß sie nur im Kampf gegen die Standesvorurteile der Schicht verwirklicht werden konnte, aus der ich kam, und daß sie vor allem den Schwachen Schutz und Recht gewähren mußte. Was mich an dieses phantastische Wunschbild band, war die Hoffnung, es könnte ein Zustand herbeigeführt werden, in dem die Menschen aller Schichten miteinander leben würden wie Geschwister.

Am Abend des 30. Januar nahmen meine Eltern uns Kinder – meinen Zwillingsbruder und mich – mit in das Stadtzentrum. Dort erlebten wir den Fackelzug, mit dem die Nationalsozialisten ihren Sieg feierten. Etwas Unheimliches ist mir von dieser Nacht her gegenwärtig geblieben.

Das Hämmern der Schritte, die düstere Feierlichkeit roter und schwarzer Fahnen, zuckender Widerschein der Fackeln auf den Gesichtern und Lieder, deren Melodien aufpeitschend und sentimental zugleich klangen.

Stundenlang marschierten die Kolonnen vorüber, unter ihnen immer wieder Gruppen von Jungen und Mädchen, die kaum älter waren als wir. In ihren Gesichtern und in ihrer Haltung lag ein Ernst, der mich beschämte. Was war ich, die ich nur am Straßenrand stehen und zusehen durfte, mit diesem Kältegefühl im Rücken, das von der Reserviertheit der Eltern ausgestrahlt wurde? Kaum mehr als ein zufälliger Zeuge, ein Kind, das noch Jungmädchenbücher zu Weihnachten geschenkt bekam. Und ich brannte doch darauf, mich in diesen Strom zu werfen, in ihm unterzugehen und mitgetragen zu werden ...

Irgendwann sprang plötzlich jemand aus der Marschkolonne und schlug auf einen Mann ein, der nur wenige Schritte von uns entfernt gestanden hatte. Vielleicht hatte er eine feindselige Bemerkung gemacht. Ich sah ihn mit blutüberströmtem Gesicht zu Boden fallen, und ich hörte ihn schreien. Eilig zogen uns die Eltern fort aus dem Getümmel, aber sie hatten nicht verhindern können, daß wir den Blutenden sahen. Sein Bild verfolgte mich tagelang. In dem Grauen, das es mir einflößte, war eine winzige Zutat von berauschender Lust: „Für die Fahne wollen wir sterben", hatten die Fackelträger gesungen. Es ging um Leben und Tod. Nicht um Kleider oder Essen oder Schulaufsätze, sondern um Tod und Leben. Für wen? Auch für mich? Ich weiß nicht, ob ich mir diese Frage damals gestellt habe, aber ich weiß, daß mich ein brennendes Verlangen erfüllte, zu denen zu gehören, für die es um Leben und Tod ging.

Melita Maschmann, Fazit. München 1979, S. 8–9.

Erich Beier-Lindhardt, Der Tag von Potsdam, 1933

Erich Beier-Lindhardt erinnert sich 1935 begeistert an den Tag von Potsdam, den 21. März 1933:

21. März – Frühlingsanfang; 21. März 1933 – Frühlingsanfang im neuen Reich. In Potsdam läuten die Glocken, hier versammeln sich in der Garnisonkirche die neugewählten Abgeordneten zur feierlichen Eröffnung des Reichstages. Im Staate Adolf Hitlers wird der Geist des Preußenkönigs, den die Geschichte den Großen nennt, wieder lebendig. In der Kirche, in der seine Gebeine ruhen, wird nun der Grundstein gelegt zum Dritten Reich.

Schon einmal am 21. März wurde ein deutscher Reichstag eröffnet: der Eiserne Kanzler, Fürst Bismarck, eröffnete den ersten Reichstag des zweiten Reiches am 21. März 1871. Und wieder ist es ein Kanzler von geschichtlicher, ja man wird sagen von weltgeschichtlicher Größe, auf den heute sich aller Aufmerksamkeit richtet, der deutsche Volkskanzler Adolf Hitler.

Zu Hunderttausenden drängen sich die Menschen in der alten Residenzstadt Potsdam. Nicht nur aus Potsdam und Berlin, aus allen Teilen des Reiches sind Volksgenossen herbeigeeilt, um dem geschichtlichen Ereignis nahe zu sein und die ersten Männer des Staates sehen zu können. Alle andern aber, die nicht hier sein können, lauschen am Rundfunk dem großen

Geschehen. Während der feierlichen Stunde ruht in den Geschäften und Betrieben die Arbeit. Auch der Schulunterricht ist ausgefallen, und die Schulklassen in ganz Deutschland haben sich um die Rundfunkgeräte geschart, um auf diese Weise an dem ersten großen Staatsfeiertag teilzuhaben.

...

Nun erhellt sich der Himmel, strahlend scheint die Sonne auf den Feiertag der Nation. Unendlicher Jubel hallt aus den Straßen, denn jetzt begibt sich der Reichspräsident aus der Nikolai- zur Garnisonkirche, und an der Spitze der Reichsregierung schreitet Adolf Hitler durch lebende Mauern von Menschen, die nicht müde werden, ihm durch Heilrufe und Fahnenschwenken zu huldigen. An manchen Stellen vermag die Polizei kaum, ihm einen Weg durch die begeisterten Menschen zu bahnen, die herandrängen, um einen Blick des Führers zu erhaschen.

Das Geläut der Glocken von Potsdam geleitet unsere Staatsmänner und segnet den Mann, ohne den dieser große und einzigartige Tag der Geschichte unseres Volkes nicht gekommen wäre. Von fern heran klingt das Lied der Deutschen auf und wird von der Masse näher und näher getragen, bis auch zu der Garnisonkirche sein wuchtiger Klang emporbrandet: „Deutschland, Deutschland über alles, über alles in der Welt."

Gemeinsam betreten der Reichspräsident und der Reichskanzler das Gotteshaus. Die Kronleuchter flammen auf, und stehend, in feierlicher Stille, empfängt der versammelte Reichstag die führenden Männer des Reiches, durchdrungen von der Größe und Einmaligkeit des Augenblicks. Das Orgelspiel braust auf und ergießt sich über alle Sender ins deutsche Land, in die Herzen der Millionen und Abermillionen. Ganz Deutschland ist Zeuge dieser Stunde.

Unter den ruhmgekrönten Fahnen der preußischen Armee beginnt die Feier des Dritten Reiches. Ein Choral feierlicher, jubelnder Erhebung erklingt: „Nun lob mein Seel den Herren". Dann erhebt sich der greise Reichspräsident und verliest mit fester und ernster Stimme seine Begrüßungsansprache. Er erinnert daran, daß dieser Ort zum Rückblick mahnt auf das alte Preußen, das durch Gottesfurcht, pflichttreue Arbeit, nie verzagenden Mut und hingebende Vaterlandsliebe groß geworden ist. „Möge der alte Geist dieser Ruhmesstätte auch das heutige Geschlecht beseelen."

Nach den Worten des Reichspräsidenten verkündet Adolf Hitler in einer großen Eröffnungsrede eine Botschaft an das Deutsche Volk. Seine Hände ruhen auf der Plüschdecke des goldenen Rednerpults. Er redet mit zwingender Eindringlichkeit. Er gedenkt des wechselvollen Geschickes unseres

Volkes und seiner Ursache, der Uneinigkeit. Auch nach dem Weltkrieg ist es in Zwiespalt und Hader versunken. Während es immer mehr dem Elend entgegentrieb, begann „die neue Sammlung der deutschen Menschen". „Diesem jungen Deutschland haben Sie, Herr Generalfeldmarschall, am 30. Januar 1933 in großherzigem Entschluß die Führung des Reiches anvertraut. Am 5. März hat sich das Volk entschieden und in seiner Mehrheit zu uns bekannt. Indem nun aber die nationale Regierung in dieser feierlichen Stunde zum erstenmal vor den neuen Reichstag hintritt, bekundet sie zugleich ihren unerschütterlichen Willen, das große Reformwerk der Reorganisation des deutschen Volkes und des Reiches in Angriff zu nehmen und entschlossen durchzuführen. – Der Welt gegenüber aber wollen wir, die Opfer des Krieges von einst ermessend, aufrichtige Freunde sein eines Friedens, der endlich die Wunden heilen soll, unter denen alle leiden."

...

Nach dem Staatsakt erklingen vor der Garnisonkirche schneidige Militärmärsche. Mit erhobenem Marschallstab grüßt Reichspräsident v. Hindenburg die im Paradeschritt vorbeimarschierenden verschiedenen Truppengattungen der Reichswehr, die Ehrenkompanie der Schutzpolizei, die in Zwölferreihen marschierenden SA.- und SS.-Abteilungen. Und über all dem strahlt die Frühlingssonne.

Am Nachmittag findet die erste Reichstagssitzung statt. Der ehemals so schöne und große Sitzungssaal des Reichstagsgebäudes liegt noch ausgebrannt in Trümmern. Darum tagt der Reichstag nun in der Krolloper. Reichskanzler Adolf *Hitler*, Reichsinnenminister *Dr. Frick* und Reichsminister *Dr. Goebbels* erscheinen in der braunen Uniform. Bald können die nationalsozialistischen Abgeordneten den wiedergewählten Präsidenten des Reichstages, Hermann *Göring*, mit einem dreifachen Heil begrüßen. In einer kraftvollen Ansprache gedenkt dieser der Bedeutung des Tages und der ergreifenden Feier am Vormittag. „Wir danken aus innerstem Herzen unserem Volkskanzler, daß er an dieser Stätte Worte gefunden hat, wie sie sonst vielleicht kein Deutscher zu finden vermag; Worte, die uns überhaupt erst klarmachten, *in welch gewaltiger Zeit wir leben und welche gewaltigen Aufgaben wir vor uns haben.*"

Am Abend aber bewegt sich als Krönung und Abschluß des unvergeßlichen Tages ein riesiger Fackelzug durch die Straßen Berlins. Ungeheure Menschenmassen standen schon Stunden vorher in Erwartung desselben. An der Spitze marschierten die braunen Sturmsoldaten der SA. und die SS.; Stahlhelm, vaterländische Vereinigungen und die Studentenschaft folgten, ein unabsehbarer Zug, in dem zahlreiche Fahnen und Wimpel mitgeführt wurden. Beim Vorbeimarsch der Fahnen entblößten sich die Häupter, die Hände streckten sich zum Hitlergruß. Der Zug ging durch das Brandenburger Tor. – Es leuchtete hell aus dunkler Nacht ...

„Sie ziehen alle, Sturm an Sturm, in festgeschloss'nen Reihn;
die Fahnen und Gesichter loh'n, beglänzt vom Fackelschein.
Wir kennen *ein* Gelübde nur und einen Willen bloß:
Dir, Adolf Hitler, folgen wir, bis Deutschland frei und groß!"

Erich Beier-Lindhardt, Der Führer regiert. Langensalza 1935, S. 24–31.

Joseph Goebbels, Rede zu Führers Geburtstag, 1933

Meine Volksgenossen und Volksgenossinnen!
Ich empfinde in dieser Stunde das Herzensbedürfnis, zu Adolf Hitler ein persönliches Bekenntnis abzulegen, und ich glaube hierbei vielen Hunderttausenden von Nationalsozialisten weit und breit im Lande aus der Seele zu sprechen. Wir überlassen es anderen, Adolf Hitler zu verherrlichen, wir wissen, wie wenig der Führer darauf Wert legt und wieviel mehr seiner Art und seinem Charakter die hingebungsvolle Treue und die niemals wankende Anhänglichkeit seiner Freunde und Mitkämpfer entspricht.

Daß Hitler uns als geschichtliche Persönlichkeit erscheint, kann den geheimnisvollen Zauber nicht erklären, den dieser Mann auf alle, die mit ihm in Berührung kommen, ausübt. Was ihn uns so lieb und wert macht, ist mehr: er ist in den Tiefen und Höhen seiner Laufbahn, von Beginn seiner politischen Tätigkeit an bis zu ihrer gewaltigen Krönung durch die Übernahme der Macht immer derselbe geblieben, ein Mensch unter Menschen, ein Freund seiner Kameraden, ein hilfsbereiter Förderer jeder Fähigkeiten und allen Talentes, ein Wegbereiter für die, die sich ihm und seiner Idee hingeben, ein Mann, der die Herzen seiner Mitkämpfer im Sturme eroberte und sie nie mehr aus seinem Herzen ließ. Es scheint mir, daß bei dem lauten Überschwang der Gefühle der anderen das einmal gesagt werden muß.

Nur wenige kennen Hitler von nahem. Die meisten, die Millionen, die zu ihm im gläubigen Vertrauen emporschauen, sehen ihn nur aus weiter Ferne. Er ist für sie schon zum Symbol ihres ganzen Zukunftsglaubens geworden. Sonst verhält es sich meist so, daß, kommt man großen Männern nahe, die man aus der Ferne verehrte, sie ihren Zauber und ihre Wirkung verlieren. Bei Hitler ist es umgekehrt. Je näher man ihm kommt, desto mehr lernt man ihn schätzen und lieben und desto vorbehaltloser ist man bereit, in seiner großen Sache aufzugehen. Wir, seine Freunde und Kameraden, stellen uns in diesen Tagen rund um ihn herum, reichen ihm unsere Hände und danken für alles, was er uns ist und was er uns gegeben hat. Es soll einmal gesagt werden: *Wir lieben Adolf Hitler und wir wissen, daß er unsere ganze Liebe und Anhänglichkeit verdient!*

...

Mein Führer! Millionen und Millionen der besten Deutschen senden dir in dieser Stunde ihre Grüße und halten dir auf offenen Händen ihr Herz dankerfüllt entgegen. *Du hast Deutschland aus seiner tiefsten Erniedrigung wieder emporgeführt zu Ehre und Geltung!* Heute sollst du wissen, daß hinter Dir, und wenn es not tut, auch vor dir eine geschlossene und entschlossene Kämpferschar steht, die jederzeit bereit ist, für dich und deine Idee ihr Letztes hinzugeben. Dir gehört unser ganzes Herz. Wir wünschen dir und uns zu deinem Geburtstag, daß das Schicksal dich dem Vaterlande noch viele Jahrzehnte erhalten und daß du immerdar unser bester Freund und Kamerad bleiben mögest. Diesen Wunsch legen wir, deine Gefolgsleute, Mitkämpfer und Freunde, dir auf den Geburtstagstisch. *Wir reichen dir dabei unsere Hände und geloben, daß du für uns immer das sein wirst, was du uns heute bist:*

Unser Hitler!

Zitiert nach: Beier-Lindhardt, a.a.O., S. 35–40.

Hermann Böschenstein, Hitler-Kundgebung, 1935

Hermann Böschenstein erlebte als schweizerischer Journalist eine Massenkundgebung Hitlers:

Am 29. November 1935 hörte ich zum erstenmal Adolf Hitler. Der Gau Groß-Berlin hatte zur Einweihung der Deutschlandhalle aufgerufen. Das Rätsel, wie es Hitler gelang, eine so große Zahl von Deutschen hinter sich zu bringen, wird nie gelöst werden. Freilich wird manches besser verständlich, wenn man sich den Volksredner und sein Auditorium in Erinnerung ruft. Die 20000 Menschen wurden lange vor Beginn der Kundgebung in jene Stimmung versetzt, die dem Schweizer immer fremd bleiben wird ...

Die von Goebbels inszenierte Aufmachung war geeignet, die Stimmung der Massenversammlung gebührend auf den von stürmischem Beifall umgebenen Einzug des Führers anzuheizen. Vom Adolf-Hitler-Platz zur Halle standen auf beiden Seiten der Triumphstraße in der dunklen Winternacht die Fackelträger, und in der mächtigen Halle ertönte anfeuernde

Marschmusik. Die braunen und schwarzen Uniformen bildeten keineswegs die Mehrheit: die größte Zahl der Teilnehmer rekrutierte sich aus einfachen Leuten in Zivil, darunter viele Frauen, Kinder und Jugendliche. Die Rede, die nachher in der Presse nur summarisch wiedergegeben und übrigens frei vorgetragen wurde, bestand vor allem in einer hemmungslosen Polemik gegen die bürgerlichen Regimekritiker. Immer wieder betonte Hitler, er bleibe mit dem wahren Volke in engster Verbindung. Aber er diskutiere nicht mit den Wählern, sondern verlange unbedingten Gehorsam. „Wir sind da und bleiben da", rief er unter minutenlangem Beifall aus. Das Volk werde immer wissen, warum er dieses und jenes anordne. Die „Frankfurter Zeitung" und das „Berliner Tageblatt" übergoß er mit einem haßerfüllten Hohn. Der Nationalsozialismus und er selber hätten zwar viele Nachahmer, aber sie seien samt und sonders Cäsaren der Vergangenheit. „Das ist aus, das gab's nur einmal." Als er mit den Parteien der Vergangenheit abrechnete, nahm er mit besonderer Schärfe das Zentrum aufs Korn. Dieser Angriff löste einen Beifallsturm aus. Er pries dann seinen eigenen Mut zur Unpopularität, der ihm recht eigentlich zur Popularität verholfen habe. Wer mit Wochen, dann mit Monaten des nationalsozialistischen Regimes gerechnet habe, sei bereits vorsichtiger geworden und rechne heute schon mit Jahren. Aber auch diese Rechnung sei falsch, denn der Nationalsozialismus werde vor keiner Schwierigkeit kapitulieren. Und wenn es nicht gelingen sollte, die heutige Generation uneingeschränkt zu gewinnen, so sei er der unbedingten Hingabe der Jugend gewiß.

Es war zu erwarten, daß die heftigsten Ausfälle gegen das Judentum kommen werden. Die haßerfüllten Spottiraden gegen die Juden überboten noch jene gegen seine inneren Gegner. Nach dieser Rede war mir weniger denn je zuvor verständlich, daß in Deutschland noch Juden blieben, die eine letzte Möglichkeit hatten, das Reich zu verlassen, aber sich nicht dazu entschließen konnten ...

Hitler begann seine Rede eher langsam und in dem Millionen damals vertrauten tiefen Tonfall, wurde dann immer lebhafter und begann schließlich zu schreien: die Stimme klang am Ende der anderthalbstündigen Rede belegt. In keinem Augenblick kam ich vom Eindruck los, daß die Rede von erstaunlicher Banalität war, aber die Wirkung auf den Hörer bestand eben in dem unbestreitbar dämonischen Willen, die errungene Machtposition niemals mehr preiszugeben und bis zum Äußersten auszunützen.

Hermann Böschenstein, Vor unseren Augen. Bern 1978, S. 37–39.

Melita Maschmann, Heimlich in die Hitler-Jugend, 1933

Ich weigerte mich also, in den Luisenbund einzutreten, und da meine Eltern mir nicht erlaubten, Mitglied der Hitler-Jugend zu werden, wurde ich es heimlich. Für mich begann jetzt meine private „Kampfzeit". Ich holte nach, was meine neuen Kameraden und Kameradinnen vor 1933 geleistet hatten: die unter persönlichen Opfern erkaufte Zugehörigkeit zur nationalsozialistischen Jugend. Um es vorwegzunehmen: Was zunächst auf mich wartete, war eine bittere Enttäuschung, deren Ausmaß ich mir nicht einzugestehen wagte. Die Heimabende, zu denen man sich in einem dunklen und schmutzigen Keller traf, waren von einer fatalen Inhaltslosigkeit ...

In besserer Erinnerung sind mir die Wochenendfahrten mit den Wanderungen, dem Sport, den Lagerfeuern und dem Übernachten in Jugendherbergen. Gelegentlich gab es dabei Geländespiele mit benachbarten Gruppen. Wenn zwischen ihnen Rivalitäten bestanden, artete das Spiel manchmal in zünftige Prügeleien aus. Was für einen Anblick die sich um einen Wimpel raufenden Mädchen einem Außenstehenden geboten haben mögen, will ich mir lieber nicht ausmalen ...

Ich war das, was man ein „Märzveilchen" nannte: Mein (zunächst heimlicher) Eintritt in die Hitler-Jugend datierte vom 1. März 1933, und alle anderen Führungsstellen waren mit sogenannten „alten Kämpfern" besetzt. Sie zu respektieren und zu bewundern, war ich fraglos bereit, aber in der Praxis ergaben sich Schwierigkeiten. Die wenigsten von ihnen gefielen mir. Eben weil ich ein Märzveilchen und noch dazu Oberschülerin war, behandelten sie mich mit Herablassung und ließen mich deutlich spüren, daß ich nicht zu ihnen gehörte. Sie waren zum Teil von einer peinlichen Grobschlächtigkeit und Primitivität und entsprachen – ich stellte es bekümmert fest – dem Bild, das meine Mutter von „Proleten" zu entwerfen pflegte. Eine Ausnahme, zum Glück nicht die einzige, bildete Johanna, meine Untergauführerin. Auch sie stammte aus „kleinen Verhältnissen" und hatte, was mich an meiner Vorgesetzten natürlich schmerzte, keine ausgeprägten geistigen Interessen. Aber sie glaubte an die Ideale der nationalen Erneuerung, für die sie temperamentvoll eintrat, und sie haßte menschliche Unanständigkeiten. Ihre Umgangsformen waren nicht zimperlich. Wenn wir zum Appell angetreten waren und im Glied geschwätzt wurde, brüllte sie laut: „Schnauze!". Dann war es sofort still.

...

Eine planmäßige Erziehung zum Haß und zur „Härte im Geben" hätte viele von uns abgestoßen. (Daß wir es später im Krieg lernten, auch „hart im Geben" zu sein, und warum wir der dann einsetzenden Erziehung zum Haß keinen Widerstand boten, soll in anderem Zusammenhang erörtert werden.) Was die jungen Menschen zunächst am Nationalsozialismus anzog, war nicht der Haß (gegenüber „feindlichen" Tendenzen oder fremden Mächten), sondern die Liebe zu Deutschland. Für den Dienst an dieser Liebe wollten sie sich „zäh, flink und hart" machen.

Maschmann, a.a.O., S. 17–25.

Karl-Heinz Janßen, HJ-Dienst als „Pimpf", um 1940

Wir waren Hitler-Jungen, Kindersoldaten, längst ehe wir mit zehn Jahren für wert befunden wurden, das Braunhemd zu tragen. Schon vorher waren wir dauernd „im Einsatz". Wir sammelten Altpapier und Altmetalle, suchten Heilkräuter, schwangen fürs Winterhilfswerk die Sammelbüchse, bastelten Spielzeug für Babies, führten zur Erheiterung der Soldatenfrauen politische Spielchen auf („In England wohnt ein alter Mann, der nie die Wahrheit sagen kann")[1], waren aufs „Dienen" vorbereitet, ehe wir als Pimpfe zwei- oder dreimal die Woche und oft auch noch am Sonntag zum „Dienst" befohlen wurden: „Du bist nichts, dein Volk ist alles!"

Wenn andere von der Pimpfenzeit schwärmen (als sei das Ganze nur ein Pfadfinderklub mit anderem Vorzeichen gewesen), so kann ich diese Begeisterung nicht teilen. Ich habe beklemmende Erinnerungen. In unserem Fähnlein bestanden die Jungvolk-Stunden fast nur aus „Ordnungsdienst", das heißt aus sturem militärischem Drill. Auch wenn Sport oder Schießen oder Singen auf dem Plan stand, gab es erst immer „Ordnungsdienst", endloses Exerzieren mit „Stillgestanden", „Rührt euch", „Links um", „Rechts um", „Ganze Abteilung – kehrt", – Kommandos, die ich noch heute im Schlaf beherrsche. Es ging zu wie bei Unteroffizier Himmelstoß [Figur aus Remarques Roman „*Im Westen nichts Neues*"] und dem Kasernenhof: Zwölfjährige Hordenführer brüllten zehnjährige Pimpfe zusammen und jagten sie kreuz und quer über Schulhöfe, Wiesen und Sturzäcker. Die kleinsten Aufsässigkeiten, die harmlosesten Mängel an der Uniform, die geringste Verspätung wurden sogleich mit Strafexerzieren geahndet – ohnmächtige Unterführer ließen ihre Wut an uns aus. Aber die Schikane hatte Methode: Uns wurde von Kindesbeinen an Härte und blinder Gehorsam

---

[1]) Spottlied auf Churchill

eingedrillt. Auf das Kommando „Hinlegen“ hatten wir uns mit bloßen Knien in die Schlacken zu werfen; bei Liegestützen wurde uns die Nase in den Sand gedrückt; wer bei Dauerlauf außer Atem geriet, wurde als „Schlappschwanz“ der Lächerlichkeit preisgegeben.

Wie haben wir das nur vier Jahre ertragen? Warum haben wir unsere Tränen verschluckt, unsere Schmerzen verbissen? Warum nie den Eltern und Lehrern geklagt, was uns da Schlimmes widerfuhr? Ich kann es mir nur so erklären: Wir alle waren vom Ehrgeiz gepackt, wollten durch vorbildliche Disziplin, durch Härte im Nehmen, durch zackiges Auftreten den Unterführern imponieren. Denn wer tüchtig war, wurde befördert, durfte sich mit Schnüren und Litzen schmücken, durfte selber kommandieren, und sei es auch nur für die fünf Minuten, in denen der „Führer“ hinter den Büschen verschwunden war. Jugend muß durch Jugend geführt werden, lautete die Losung. In der Praxis hieß das: Wer oben ist, darf treten.

Mit dreizehn hatte ich es geschafft: Ich wurde „Jungzugführer“ in einem Dörflein, wo es nur zwölf Pimpfe gab. Beim Sport und beim Geländespiel vertrugen wir uns prächtig, und wenn ich zum Dienstschluß mein „dreifaches Sieg Heil auf unseren geliebten Führer Adolf Hitler“ ausrief, strahlten die Augen „meiner Kameraden“. Doch der befohlene „Ordnungsdienst“ langweilte sie. Eines Tages muckten sie auf. Nun war die Reihe an mir zu treten. Nach Dienstschluß um sechs Uhr abends knöpfte ich mir (um im Jargon jener Jahre zu reden) die drei ärgsten „Rabauken“ vor und „schliff sie nach Strich und Faden“. „Hinlegen – auf“, „An die Mauer – marsch – marsch“, „Zurück – marsch – marsch“, „Tiefflieger von links“, „von rechts“, „von links“, „zehn Liegestützen“, „fünfzehn Liegestützen“, „zwanzig“ – so in immer schnelleren Wechseln. Ich brauchte nur zu brüllen, den Daumen auf und ab zu bewegen und die Liegestützen zu zählen, ganz so, wie ich es als Sechsjähriger schon beim Strafexerzieren des Reichsarbeitsdienstes mitangesehen hatte. Die armen Kerle stöhnten, schwitzten, schnappten nach Luft – aber sie gehorchten. Ihr (Eigen-)Wille war gebrochen.

Zitiert nach: Harald Focke, Uwe Reimer, Alltag unter dem Hakenkreuz. Hamburg 1979, S. 45/46.

Inge Scholl, Abkehr von der Hitler-Jugend

Die Geschwister Hans und Sophie Scholl versuchten mit ihrer Gruppe „Die Weiße Rose“, durch Flugblattaktionen an der Universität München Widerstand gegen das NS-Regime zu organisieren. Sie wurden 1943 verhaftet und hingerichtet.

Wir waren mit Leib und Seele dabei, und wir konnten es nicht verstehen, daß unser Vater nicht glücklich und stolz ja dazu sagte. Im Gegenteil, er war sehr unwillig darüber, und zuweilen sagte er: „Glaubt ihnen nicht, sie sind Wölfe und Bärentreiber, und sie mißbrauchen das deutsche Volk schrecklich." Und manchmal verglich er Hitler mit dem Rattenfänger von Hameln, der die Kinder mit seiner Flöte ins Verderben gelockt hatte. Aber des Vaters Worte waren in den Wind gesprochen, und sein Versuch, uns zurückzuhalten, scheiterte an unserer jugendhaften Begeisterung.

...

Aber nach einiger Zeit ging eine merkwürdige Veränderung in Hans vor, er war nicht mehr der alte. Etwas Störendes war in sein Leben getreten. Nicht die Vorhaltungen des Vaters waren es, nein, denen gegenüber konnte er sich taubstellen. Es war etwas anderes. Die Lieder sind verboten, hatten ihm die Führer gesagt. Und als er darüber lachte, hatten sie ihm mit Strafen gedroht. Warum sollte er diese Lieder, die so schön waren, nicht singen dürfen? Nur weil sie von anderen Völkern ersonnen waren? Er konnte es nicht einsehen; es bedrückte ihn, und seine Unbekümmertheit begann zu schwinden.

Zu dieser Zeit wurde er mit einem ganz besonderen Auftrag ausgezeichnet. Er sollte die Fahne seines Stammes[1] zum Parteitag nach Nürnberg tragen. Seine Freude war groß. Aber als er zurückkam, trauten wir unseren Augen kaum. Er sah müde aus, und in seinem Gesicht lag eine große Enttäuschung. Irgendeine Erklärung durften wir nicht erwarten. Allmählich erfuhren wir aber doch, daß die Jugend, die ihm dort als Ideal vorgesetzt wurde, völlig verschieden war von dem Bild, das er sich von ihr gemacht hatte. Dort Drill und Uniformierung bis ins persönliche Leben hinein – er aber hätte gewünscht, daß jeder Junge das Besondere aus sich machte, das in ihm steckte. Jeder einzelne Kerl hätte durch seine Phantasie, seine Einfälle und seine Eigenart die Gruppe bereichern helfen sollen. Dort aber, in Nürnberg, hatte man alles nach einer Schablone ausgerichtet. Von Treue hatte man gesprochen, bei Tag und Nacht. Was aber war denn der Grundstein aller Treue: zuerst doch die zu sich selbst ... Mein Gott! In Hans begann es gewaltig zu rumoren.

Bald darauf beunruhigte ihn ein neues Verbot. Einer der Führer hatte ihm das Buch seines Lieblingsdichters aus der Hand genommen, Stefan Zweigs „Sternstunden der Menschheit". Das sei verboten, hatte man ihm gesagt. Warum? Darauf gab es keine Antwort. Über einen anderen deut-

---

[1]) Einheit des „Jungvolks"

schen Schriftsteller, der ihm sehr gefiel, hörte er etwas Ähnliches. Er hatte aus Deutschland fliehen müssen, weil er sich für den Gedanken des Friedens eingesetzt hatte. Schließlich aber war es zum offenen Bruch gekommen.

Hans war schon vor längerer Zeit zum Fähnleinführer[1] befördert worden. Er hatte sich mit seinen Jungen eine prachtvolle Fahne mit einem großen Sagentier genäht. Die Fahne war etwas Besonderes; sie war auf den Führer geweiht, und die Jungen hatten ihr Treue gelobt, weil sie das Symbol ihrer Gemeinschaft war. Aber eines Abends, als sie mit der Fahne angetreten waren zum Appell vor einem höheren Führer, war eine unerhörte Geschichte passiert. Der Führer hatte plötzlich unvermittelt den kleinen Fahnenträger, einen fröhlichen zwölfjährigen Jungen, aufgefordert, die Fahne abzugeben. „Ihr braucht keine besondere Fahne. Haltet euch an die, die für alle vorgeschrieben ist." Hans war tief betroffen. Seit wann das? Wußte der Stammführer nicht, was gerade diese Fahne für sein Fähnlein bedeutete? War das nicht mehr als ein Tuch, das man nach Belieben wechseln konnte?

Noch einmal forderte der andere den Jungen auf, die Fahne herauszugeben. Der blieb starr stehen, und Hans wußte, was in ihm vorging und daß er es nicht tun würde. Als der höhere Führer den Kleinen zum drittenmal mit drohender Stimme aufforderte, sah Hans, daß die Fahne ein wenig bebte. Da konnte er nicht länger an sich halten. Und er trat still aus der Reihe heraus und gab dem Führer eine Ohrfeige.

Von da an war er nicht mehr Fähnleinführer.

Zitiert nach: Georg L. Mosse, Der nationalsozialistische Alltag. Königstein 1978, S. 292–294.

Erich Dressler, Hitler-Jungen gegen Lehrer

Das Paulsen-Realgymnasium war ein ganz altmodischer Kasten. Für Führerparolen wie „Die Schulung des Charakters ist wichtiger als die Schulung des Geistes" hatten die Lehrer kein Verständnis. Sie löcherten uns mit Latein und Griechisch, anstatt uns Sachen beizubringen, die wir später gebrauchen konnten. Wir waren entschlossen, uns nicht von ihren überholten Ansichten beeinflussen zu lassen und sagten ihnen das ins Gesicht. Sie sagten zwar nichts dazu, denn sie hatten, glaube ich, ein bißchen Angst vor

[1]) Fähnlein = Einheit des „Jungvolks"

uns, aber sie änderten auch nicht ihre Lehrmethoden. So waren wir gezwungen, uns zu wehren.

Das war ziemlich einfach. Gab uns unser Lateinlehrer einen endlosen Abschnitt aus Cäsar auf, so übersetzten wir einfach nicht und entschuldigten uns damit, daß wir am Nachmittag Dienst in der Hitler-Jugend gehabt hätten.

Einmal nahm einer von den alten Knackern allen Mut zusammen und protestierte dagegen. Das wurde sofort dem Gruppenführer gemeldet, der zum Rektor ging und dafür sorgte, daß dieser Lehrer entlassen wurde. Der Gruppenführer war erst sechzehn, aber als Hitler-Jugendführer konnte er nicht dulden, daß wir an der Ausübung unseres Dienstes, der viel wichtiger als unsere Schulaufgaben war, gehindert wurden. Von dem Tag an war die Frage der Hausaufgaben geklärt. Hatten wir keine Lust dazu, dann waren wir eben „im Dienst" gewesen, und kein Mensch wagte, irgend etwas dagegen zu sagen.

Zitiert nach: Focke, Reimer, a.a.O., S.87/88.

Spielaufgaben – Schulaufgaben, 1940

Regeln aus dem Würfelspiel „Wir fahren gegen England"

Mit Eifer verfolgt ihr alle die kühnen Taten unserer tapferen U-Boot-Männer und Flieger, die den Briten Schlag um Schlag versetzen. Was euch in Wirklichkeit noch nicht vergönnt ist, auf dem Kommandoturm eines U-Bootes zu stehen oder in schnellem Flug der englischen Küste entgegenzustreben, das könnt ihr hier im Spiel erleben. Mit diesen kleinen U-Booten und Flugzeugen sollt ihr „gegen England" fahren und könnt dabei, wenn ihr euch alle geschickt anstellt, die ganze englische Flotte vernichten. Das ist doch so recht ein Spiel, wie ihr es haben wollt! Seht zu, daß ihr recht viel Tonnage der Engländer auf den Meeresgrund absacken lassen könnt. Wer die höchste Tonnenzahl erreicht, hat gewonnen; der weniger Erfolgreiche wird sich beim nächstenmal schlauer anstellen, denn echte Kerle wie ihr lassen sich ja bekanntermaßen nicht erschüttern ...

Schwarzer Punkt 1: Deutsches Flugzeug stellt beim Anflug der englischen Küste ein englisches Flugzeug zum Kampf und bringt es zum Absturz. Der Spieler darf sogleich noch einmal würfeln.

Schwarzer Punkt 2: Deutsches Flugzeug versenkt durch Bombenabwurf ein englisches U-Boot. Der Spieler darf sogleich noch einmal würfeln.

Schwarzer Punkt 3: Deutsches U-Boot wird durch Minensperre zu vorsichtigem Fahren genötigt. Der Spieler setzt einmal mit Würfeln aus, darf aber beim nächsten Wurf um die doppelte Augenzahl weiter voran ...

Weißer Punkt 1: Deutsches U-Boot passiert Minensperren und kommt gut durch. Der Spieler rückt mit seiner Figur sogleich auf Punkt 1 (mit roter Zahl) und versenkt dort einen schweren Kreuzer ...

Das Spiel ist beendet, wenn alle englischen Kriegsschiffe versenkt sind.

Aus einem Mathematik-Schulbuch

Warum erbkranker Nachwuchs verhütet werden muß:

Erbminderwertige Familien haben erfahrungsgemäß eine höhere Kinderzahl als erbgesunde. – Nehmen wir an, es gäbe in einem Land gleich viel erbgesunde (A) und erbminderwertige (B) Ehepaare, von denen die Gruppe A durchschnittlich je drei, die Gruppe B durchschnittlich je fünf zur Heirat gelangende Kinder hätte. Die A-Kinder würden wiederum durchschnittlich je drei, die B-Kinder je fünf Nachkommen haben. In welchem Verhältnis würden die Nachkommen der beiden Gruppen nach hundert Jahren (= drei Geschlechterfolgen), nach zweihundert Jahren stehen?

...

Ein Geisteskranker kostet täglich etwa 4 RM, ein Krüppel 5,50 RM, ein Verbrecher 3,50 RM. In vielen Fällen hat ein Beamter täglich nur etwa 4 RM, ein Angestellter kaum 3,50 RM, ein ungelernter Arbeiter noch keine 2 RM auf den Kopf der Familie. a) Stelle diese Zahlen bildlich dar. – Nach vorsichtigen Schätzungen sind in Deutschland 300000 Geisteskranke, Epileptiker usw. in Anstaltspflege; b) Was kosten diese jährlich insgesamt bei einem Satz von 4 RM?; c) Wieviel Ehestandsdarlehen zu je 1000 RM könnten – unter Verzicht auf spätere Rückzahlung – von diesem Geld jährlich ausgegeben werden.

...

Ein moderner Nachtbomber kann 1800 Brandbomben tragen. Auf wieviel Kilometer Streckenlänge kann er diese Bomben verteilen, wenn er bei einer Stundengeschwindigkeit von 250 Kilometer in jeder Sekunde eine Bombe wirft?

Wieviel Meter sind die Einschläge voneinander entfernt ...?

Wieviel Quadratkilometer können zehn derartige Flugzeuge in Brand setzen, wenn sie in seitlichen Abständen von fünfzig Metern fliegen?

Wieviel Brände entstehen dabei, wenn ein Drittel der Abwürfe Treffer sind und dann wieder ein Drittel zünden?

Zitiert nach Focke, Reimer, a.a.O., S. 47, 90/91.

Völkischer Beobachter, Boykott gegen jüdische Geschäftsleute, April 1933

Der „Völkische Beobachter" war die offizielle Parteizeitung der NSDAP.

München im Zeichen des Abwehrkampfes gegen die jüdische Greuel- und Boykotthetze. Von den Litfaßsäulen künden große Anschläge in gelber und roter Farbe die Wahrheit über den volksfremden Juden, der stets auf seinen eigenen Vorteil bedacht und dessen einziges Bestreben es ist, das deutsche Volkstum zu vernichten: „Kauft nicht in jüdischen Kaufhäusern und Geschäften!", „Geht nicht zu jüdischen Rechtsanwälten und Ärzten!", „Der Jude hetzt im Ausland gegen uns". Überall wird dem deutschen Volksgenossen diese Mahnung entgegengerufen. Überall reißt man dem ewigen Juden die Maske vom Gesicht. Lastkraftwagen fahren durch die Stadt. Überall Aufklärung. Und das deutsche München lauscht und gehorcht den Worten seiner Führer.

Durch die Straßen der Innenstadt wälzt sich ein breiter Menschenstrom. Aber die SA- und Stahlhelmposten vor den jüdischen Geschäften haben wenig zu tun. Gut hat der Aufklärungsfeldzug, der von der deutschen Presse und allen verantwortlichen Stellen durchgeführt wurde, gewirkt. Überall herrscht freudige Zustimmung zu den energischen Abwehrmaßnahmen, die nun endlich ergriffen wurden. Fast hat man den Eindruck, daß die Posten mehr zum Schutz der Geschäfte da waren, so hoch gingen die Wogen der nationalen Erregung.

Vor den Warenhäusern „Epa" und „Uhlfelder" glaubten jüdisch-marxistische Hetzer im trüben fischen zu können. Aber sie hatten nicht mit dem Wandel im Volk gerechnet. Meist übergab das Publikum selbst die Provokateure der Polizei und Hilfspolizei. Ein Teil dieser jüdischen Helfershelfer trug sogar das Parteiabzeichen. Gelegentliche Ansammlungen wurden rasch zerstreut. Auch vor dem Hotel des Ostjuden Friedinger, „Stadt Wien", standen unsere Braunhemden. Vereinzelt sah man Streifen der SA- und SS-Hilfspolizei.

In den Hauptgeschäftsstraßen der Innenstadt traf man immer wieder auf das gelbe oder rote kleine, aber wirksame Plakat: „Jude! Zentralkomitee zur Abwehr der jüdischen Greuel- und Boykotthetze für München". Es ist erschütternd zu sehen, wie diese fremde Rasse sich bei uns eingenistet hat und deutschen Volksgenossen Arbeit und Brot wegnimmt.

Der ganze erste Tag des Boykotts stand im Zeichen einer musterhaften Disziplin und Ruhe. Eisern und unbeweglich war die SA auf ihrem Posten und kämpfte auch hier für Deutschland, wie sie es jetzt 14 Jahre lang getan.

Der Abwehraktion in München war durch das Zusammenwirken aller nationalen Kräfte ein voller Erfolg beschieden ...

Auch in Augsburg wurde der Abwehrboykott streng nach den Weisungen des Zentralkomitees durchgeführt. Als unmittelbar vor zehn Uhr die SA begann, vor den Geschäften aufzumarschieren, herrschte in den Hauptstraßen ein lebensgefährliches Gedränge, so daß die zahlreich aufgebotene Polizei Mühe hatte, den Verkehr einigermaßen aufrechtzuerhalten. Erst als die meisten vom Boykott betroffenen Geschäfte nach Beginn des Abwehrkampfes freiwillig schlossen, nahm das Straßenbild allmählich das gewohnte samstägige Aussehen an. Vor den Eingängen zu den großen jüdischen Kaufhäusern sind große Abwehrtransparente aufgestellt ...

Zitiert nach: Martin Broszat, Elke Fröhlich, Falk Wiesemann, Bayern in der NS-Zeit, Bd. I. München 1977, S. 433/434.

Amtliche Berichte zur Judendiskriminierung, 1933/1935

Bericht des Stadtrates von Bayreuth über das Aufgebot von „Mischehen" zwischen „Ariern" und „Juden", 1933

Der Jude Justin Steinhäuser hat vor kurzem das Aufgebot mit einer hiesigen Christin beantragt, und letztere hatte trotz eindringlicher Belehrung durch das Standesamt auf der Erlassung des Aufgebots bestanden. Das Aufgebot wurde erlassen, da gesetzliche Hinderungsgründe nicht bestanden. Die Ehe wurde auswärts geschlossen. Der nationale Staat spricht sich grundsätzlich gegen Judenmischehen aus. Insbesondere haben Kinder aus einer Ehe zwischen Juden und Christen schwere Nachteile für ihr Fortkommen zu erwarten. Da eine Änderung des Personenstandsgesetzes bis jetzt nicht erfolgt ist, können solche Ehen zur Zeit rechtlich nicht verhindert werden. Aus der Einwohnerschaft wurden uns erregte Vorhaltungen über die den Rechts- und Rassenanschauungen der heutigen Zeit widersprechende Aufgebotserlassung gemacht, denen mit Rechtsgründen kaum zu begegnen war. Falls die Ehe hier geschlossen worden wäre, hätte mit peinlichen Zwischenfällen gerechnet werden müssen. Vielleicht empfiehlt es sich, der wohl noch längere Zeit ausstehenden Umarbeitung der Gesetzgebung durch ein Sondergesetz, das derartige Mischehen verhindert, vorzugreifen.

Bericht der Bayerischen Politischen Polizei, 1935

In der Bewegung gegen die Juden macht sich die fortschreitende rassische Aufklärung der Bevölkerung immer stärker bemerkbar. Neben Einzelaktionen, die sich meist aus Affekthandlungen entwickeln, tritt immer mehr eine überlegte planvolle Ablehnung alles Jüdischen. Das zeigt sich beispielsweise in dem Verhalten der arischen Bevölkerung gegen die jüdischen Benützer der öffentlichen Badeanstalten. Selbst wenn sich die Juden ruhig verhalten und abgesondert bleiben, werden sie von den arischen Besuchern zum Verlassen der Bäder aufgefordert, weil die Bevölkerung anfängt, das Zusammensein und insbesondere das Zusammenbaden mit Juden als ekelhaft zu empfinden. Meist werden dann Schilder angebracht mit der bekannten Aufschrift: „Juden nicht erwünscht" oder „Juden ist der Zutritt verboten", so z. B. in der Nacht vom 4. auf 5. Juli an der Städtischen Badeanstalt in Bad Kissingen.

Im Bad Maria Einsiedel in München erregten am 14. Juli 1935 einige Juden, die sich mit arischen Mädchen im Bade aufhielten, öffentliches Ärgernis und Unwillen arischer Badebesucher. Leider verwahrte sich die Badedirektion gegen polizeiliches Einschreiten mit der Begründung, daß die Juden sich ruhig verhielten und daß in erster Linie die Badedirektion selbst für Ruhe und Ordnung sorge.

Zitiert nach: Broszat, Fröhlich, Wiesemann, a. a. O., S. 436/437; 450/451.

Polizeibericht zur „Kristallnacht", 1938

Am 10. 11. 1938 fand in vier Sälen eine Protest-Kundgebung mit dem Thema „Der Meuchelmord in Paris!" statt. Veranstalter waren die vier Ortsgruppen der NSDAP in Freising. In jeder Versammlung wurde die Bevölkerung aufgefordert, sich jeder Tätigkeit gegen Person und Sache zu enthalten. Es wurde auf die Rundfunkdurchsage von Reichsminister Dr. Goebbels hingewiesen. Jede Veranstaltung war überfüllt.

Nach Beendigung, gegen 9.15 Uhr, gingen die Massen, etwa 3000 Personen, nicht nach Hause, sondern zogen durch die Straßen der Stadt und forderten durch Sprechchöre, daß die Juden aus Freising verschwinden sollten. Es wurde auch ein kleines Transparent mit der Aufschrift „Juda verrecke" mitgetragen. Ein Trupp dieser Leute, vielleicht 200 Personen, zogen vor das Haus des Juden Holzer, der bereits am Nachmittage festgenommen und nach München gebracht wurde. Sie forderten, daß die Tochter des Juden, Irma Holzer, eine äußerst freche und unverschämte Jüdin, herauskomme. Der Aufforderung kam sie nach. Nun wurde sie auf der Straße, etwa 100 m weit, zum „Anschauen" herumgeführt. Sie wurde nicht geschlagen, erlitt auch keinerlei Verletzungen. Es ist nur gerufen worden, sie solle aus Freising verschwinden. Von der Schutzpolizei der G[endarmerie] Freising wurde sie zu ihrem persönlichen Schutz in Haft genommen, im Polizeiarrest verwahrt und beim Morgengrauen wieder entlassen.

Fast zur gleichen Zeit wurde der arische Rechtsanwalt Max Lehner, der judenhörig ist und bei Geldbeitreibungen Juden vor Gericht vertritt, mit Gewalt aus seiner Wohnung geholt. Es begab sich ein Trupp vor seine Wohnung und forderte ihn auf, herauszukommen. Da nicht geöffnet wurde, ist die Wohnungstüre eingedrückt worden, auch ging eine Fensterscheibe in Trümmer. Es wurde ihm dann das bereits erwähnte Transparent „Juda verrecke" in die Hand gedrückt, das er eine längere Wegstrecke tragen mußte. In seiner Wohnung erhielt er ein paar Ohrfeigen, auf dem Wege selbst wurde er nicht mißhandelt. Auf dem Wege erhielt er naturgemäß viele Zurufe, die sich mit seinem bisherigen Verhalten befaßten und das die Bevölkerung nicht verstehen kann. Nachdem die Schutzpolizei mit der Unterbringung der Jüdin fertig war, rückte sie aus und nahm auch Lehner fest. Er wurde zu seiner persönlichen Sicherheit und auf seinen eigenen Wunsch in Schutzhaft genommen. Die Unterbringung erfolgte im Amtsgerichtsgefängnis Freising, das er am anderen Morgen um 7 Uhr wieder verließ ... Bezüglich der Anzeigeerstattung befragt, erklärte Lehner, daß er nicht wünsche, daß vorerst irgend etwas unternommen würde, er wolle sich die ganze Sache erst noch überlegen ...

Zitiert nach: Broszat, Fröhlich, Wiesmann, a.a.O., S. 470.

Siegmund Weltninger, „Kristallnacht", 1938

Am 10. November 1938 wurde ich schon am frühen Morgen durch telefonische Anrufe gewarnt. Ich sollte nicht aus dem Hause gehen, da Juden auf der Straße und in den Verkehrsmitteln verhaftet würden. Dies schien mir aber unwahrscheinlich, und außerdem hatte ich nicht zu befürchten, als Jude äußerlich erkannt zu werden. Ich fuhr also in der Stadt herum und sah mir alles an. Die Tauentzienstraße bot einen furchtbaren Anblick. Die meisten Geschäfte hatten keine Schaufensterscheiben mehr, und die Straße war mit Glasscherben übersät. Die Synagogen brannten noch immer. Die Feuerwehr war aufgefahren, griff aber nur ein, um die umliegenden Gebäude vor Funkenflug und Brandgefahr zu schützen ...

Ich hatte genug gesehen! Als ich nach Hause kam, lief mir auf der Straße mein Sohn entgegen und erzählte mir aufgeregt, daß bei uns ein Herr von der Gestapo säße, um mich abzuholen. Mutter ließe mir sagen, ich solle nicht nach Hause kommen. Nach kurzem Überlegen tat ich dies trotzdem. Der Beamte, der übrigens sehr höflich war, eröffnete mir, daß er den Befehl habe, mich zu verhaften und nach dem Alexanderplatz zu bringen. Einen Grund konnte er mir nicht angeben, meinte aber, ich würde am späten Abend wieder zurück sein ... Im Hof des Polizeipräsidiums standen Hunderte von Menschen, lauter Juden. Wir wurden bald auf Lastkraftwagen geladen und abtransportiert. Niemand wußte, wohin. Nach langer Fahrt über die nördlichen Vororte Berlins landeten wir im Konzentrationslager Sachsenhausen. Als wir in der Dunkelheit vom Wagen springen mußten, wurden wir von SS-Leuten mit Ohrfeigen, Fußtritten und Kolbenstößen empfangen ...

Wir standen die ganze Nacht auf dem riesigen Appellplatz, Austreten war nicht erlaubt. Alle paar Minuten trafen neue Transporte ein. In den frühen Morgenstunden wurden wir in eine Baracke geführt und mußten uns dort vollkommen ausziehen. Geld und Wertsachen wurden uns gegen Quittung abgenommen. Dann kamen wir nackt in einen Nebenraum, wo uns der Kopf geschoren wurde. In einem dritten Raum wurden wir dann mit leichter Unterwäsche versehen sowie einem blau-weißgestreiften Drilichanzug ... Wir erkannten uns gegenseitig nicht mehr in diesem Aufzug.

Während wir da standen, belustigten sich die SS-Leute damit, uns wahllos zu ohrfeigen oder zu treten. In meiner Nähe stand ein riesengroßer, starker Mann. Ein Mathematikprofessor. Als diesem von einem SS-Mann ein Faustschlag versetzt wurde, schlug er zurück, daß der SS-Mann hinpurzelte. Dies sah der Lagerführer und ließ ihn festnehmen. Auf seinen Wink wurde ein Holzbock herangebracht, und der Professor wurde über diesem festgeschnallt. Vier Männer waren dazu nötig, um ihn zu bändigen. Dann mußten wir alle einen großen Kreis bilden, und der Lagerführer verkündete mit lauter Stimme, daß der Jude Itzig zu 25 Stockschlägen verurteilt sei. Und jetzt bot sich mir das erschütterndste Schauspiel, das ich jemals in meinem Leben gesehen hatte. Ein riesiger SS-Mann schlug mit einem Ochsenziemer nach Kommando 25 mal auf den Gefesselten. Dieser schrie und brüllte vor Schmerz, und das Blut spritzte nur so umher. Bei den letzten Schlägen war er ohnmächtig, denn er schrie nicht mehr. Dann wurde er abgeschnallt, es wurden Salz und Pfeffer in die Wunden gestreut, und der Bewußtlose wurde fortgeschleppt. Wir haben ihn nie wiedergesehen.

Zitiert nach: Walter Anger, Das Dritte Reich in Dokumenten. Frankfurt 1957, S. 56/57.

Flammensprüche bei Bücherverbrennungen, 1933

Symbolisch wurden die Werke von Schriftstellern verbrannt, die nicht der nationalsozialistischen Ideologie entsprachen. In Deutschland sollte nur *eine* Weltanschauung gelten und erlaubt sein, die der Nationalsozialisten. Joseph Goebbels rief bei der „Bücherverbrennungsfeier“ am 27. Februar 1933 aus: „O Jahrhundert, o Wissenschaften! Es ist eine Lust zu leben!“[1].

Gegen Klassenkampf und Materialismus! Für Volksgemeinschaft und idealistische Lebenshaltung! Ich übergebe der Flamme die Schriften von Marx und Kautsky ...

Gegen Dekadenz und moralischen Verfall! Für Zucht und Sitte in Familie und Staat! Ich übergebe der Flamme die Schriften von Heinrich Mann, Ernst Glaeser und Erich Kästner ...

Gegen Gesinnungslumperei und politischen Verrat! Für Hingabe an Volk und Staat! Ich übergebe der Flamme die Schriften von Friedrich Wilhelm Förster ... „Gegen seelenzerfasernde Überschätzung des Trieblebens! Für den Adel der menschlichen Seele! Ich übergebe der Flamme die Schriften des Sigmund Freud ...

Gegen Verfälschung unserer Geschichte und Herabwürdigung ihrer großen Gestalten! Für Ehrfurcht vor ihrer großen Vergangenheit! Ich übergebe die Flamme die Schriften von Emil Ludwig und Werner Hegemann ...

Gegen volksfremden Journalismus demokratisch-jüdischer Prägung! Für verantwortungsbewußte Mitarbeit am Werk des nationalen Aufbaus! Ich übergebe der Flamme die Schriften von Theodor Wolff und Georg Bernhard ...

Gegen literarischen Verrat am Soldaten des Weltkrieges! Für Erziehung des Volkes im Geist der Wehrhaftigkeit! Ich übergebe der Flamme die Schriften von Erich Maria Remarque ...

Gegen dünkelhafte Verhunzung der deutschen Sprache! Für Pflege des kostbarsten Gutes unseres Volkes! Ich übergebe der Flamme die Schriften von Alfred Kerr ...

Gegen Frechheit und Anmaßung! Für Achtung und Ehrfurcht vor dem unsterblichen deutschen Volksgeist! Verschlinge, Flamme, auch die Schriften der Tucholsky und Ossietzky ...

Zitiert nach: Heinz Huber, Artur Müller (Hrsg.), Das Dritte Reich, Bd. II. München 1969, S. 12.

---

[1]) Ausspruch Ulrich von Huttens, 1518

Adolf Hitler, Kampf um das reine Blut

Jedes Tier paart sich nur mit einem Genossen gleicher Art. Meise geht zu Meise, Fink zu Fink, Storch zur Störchin, Feldmaus zu Feldmaus, Hausmaus zu Hausmaus, der Wolf zur Wölfin ... Die Folge dieses in der Natur allgemein gültigen Triebes zur Rassenreinheit ist nicht nur die scharfe Abgrenzung der einzelnen Rassen nach außen, sondern auch ihre gleichmäßige Wesensart in sich selber. Der Fuchs ist immer ein Fuchs, die Gans eine Gans, der Tiger ein Tiger usw. ... Es wird aber nie ein Fuchs zu finden sein, der seiner inneren Gesinnung nach etwa humane Anwandlung Gänsen gegenüber haben könnte, wie es ebenso auch keine Katze gibt mit freundlicher Zuneigung zu Mäusen ... Es gibt nur ein heiligstes Menschenrecht, und dieses Recht ist zugleich die heiligste Verpflichtung, nämlich: zu sorgen, daß das Blut rein erhalten bleibt, um durch die Bewahrung des besten Menschentums die Möglichkeit einer edleren Entwicklung dieser Wesen zu geben. Ein völkischer Staat wird damit in erster Linie die Ehe aus dem Niveau einer dauernden Rassenschande herauszuheben haben, um ihr die Weihe jener Institution zu geben, die berufen ist, Ebenbilder des Herrn zu zeugen und nicht Mißgeburten zwischen Mensch und Affe ... Alles, was wir heute auf der Erde bewundern – Wissenschaft, Kunst, Technik und Erfindungen – ist nur das schöpferische Produkt weniger Völker und vielleicht ursprünglich einer Rasse. Von ihnen hängt auch der Bestand dieser ganzen Kultur ab. Gehen sie zugrunde, so sinkt mit ihnen die Schönheit dieser Erde ins Grab ... Was wir heute an menschlicher Kultur, an Ergebnissen von Kunst, Wissenschaft und Technik vor uns sehen, ist nahezu ausschließlich das schöpferische Produkt des Ariers. Gerade die Tatsache läßt den nicht unbegründeten Rückschluß zu, daß er allein der Begründer höheren Menschentums überhaupt war, mithin den Urtyp desselben darstellt, was wir unter dem Wort „Mensch" verstehen ... Solange er den Herrenstandpunkt rücksichtslos aufrechterhielt, blieb er nicht nur wirklich der Herr, sondern auch der Erhalter und Vermehrer der Kultur ... Hier freilich kommt der echt judenhafte freche, aber ebenso dumme Einwand des modernen Pazifisten: Der Mensch überwindet eben die Natur! ... Mit der Zertrümmerung der Persönlichkeit und der Rasse fällt das wesentliche Hindernis für die Herrschaft des Minderwertigen – dieser aber ist der Jude ... Indem ich mich des Juden erwehre, kämpfe ich für das Werk des Herrn.

Adolf Hitler, Mein Kampf. Zitiert nach: Hermann Glaser, Das Dritte Reich. Freiburg 1961, S. 31/32.

Ludwig Leonhardt, „Heirat und Rassenpflege“, 1935

„Aufnordung“, Verbreitung der „Nordischen Rasse“ war einer der wichtigsten Bestandteile der nationalsozialistischen Ideologie; „Familienpolitik“ war deshalb für viele Nationalsozialisten selbstverständlich.

In tiefer Erkenntnis der Quelle völkischer Erneuerung betrachtet der Nationalsozialismus die Familie als Grundlage des Staates. Um die Bedeutung dieses Satzes voll erkennen und würdigen zu können, müssen wir den Begriff „Familie“ näher erläutern. Wir dürfen dabei unter Familie nicht allein Eltern und Kinder verstehen, zur Familie in unserem Sinne gehören auch nicht nur die, die einen Namen tragen, die ein Grundstück oder sonstiges Vermögen besitzen. Auch sind es nicht rechtliche Bindungen allein, die den Begriff Familie umschließen. Vielmehr umfaßt dieser alles das, was in einem bestimmten Personenkreis an geistigem und seelischem Gut lebendig vorhanden war und lebendig bleiben wird. Was wir sind, was wir leisten, ist nicht unser Verdienst, wir verdanken es letztlich unseren Eltern und Großeltern, unserer ganzen Ahnenreihe, deren Erbgut wir in uns tragen. Das also, was durch sie an geistigen Gütern auf uns überkommen ist und was wir an unsere Kinder und Kindeskinder weitergeben sollen, das alles gehört zur Familie, deren Bedeutung für das Volksleben erst der neue Staat voll anzuerkennen bereit ist. Und wir müssen uns immer vor Augen halten, daß wir nicht die letzte Zusammenfassung der vielfachen Anlagen, sondern daß wir dazu bestimmt sind, diese rein und unverdorben weiterzugeben, um das, was Familie heißt, fortzupflanzen, vorwärtszutreiben, damit durch immer wiederholte Verflechtung der Familien ein Deutsches Volk werde.

An dieser Zielsetzung aber erkennen wir, welch ungeheure Verantwortung jeder von uns trägt. Denn, wie wir kostbares Erbgut nicht untergehen lassen dürfen, wie wir es auch nicht durch unsere Schuld schädigen dürfen, so müssen wir danach streben, schlechtes und minderwertiges auszumerzen, zu verbessern oder zu vernichten. Wie aber kann sich der Einzelne darüber klar werden, wie er diese Verantwortung dem Volke gegenüber vertritt? Kann er das ohne genaue Kenntnis seines gesamten Erb- und Erscheinungsbildes, also ohne genaue Kenntnis seines eigenen Wesens und des Wesens seiner Vorfahren? Nein! Wer nur in den Tag hinein lebt, wem es gleichgültig ist, aus welcher Wurzel er entsprungen ist, wer nicht im Tiefsten die Bedeutung der Worte Vor- und Nachfahren erspürt, der kann nicht als verantwortungsbewußtes Glied der Volksgemeinschaft angesprochen werden.

Beginnen wir also mit der Erforschung unseres Familienbildes! Es bedarf dazu einiger Arbeit, die aber jeder leisten muß, in dessen Familie irgendwelche Aufzeichnungen bisher noch nicht gemacht worden sind. Wenn wir nämlich ehrlich sein wollen, so müssen wir gestehen, daß nur in den wenigsten Fällen unsere eigenen Kenntnisse ausreichen, um dieses Bild auch nur einigermaßen deutlich zu machen. Es ist leider so, daß sehr viele kaum die Augenfarbe ihrer Eltern und Geschwister kennen, ganz zu schweigen von der der Großeltern, zu schweigen aber auch von den wichtigeren Eigenschaften des Geistes und Gemütes. So ergibt sich für jeden die Pflicht, sich möglichst eingehend darüber zu unterrichten, wes Art er ist.

Zitiert nach: Mosse, a. a. O., S. 60/61.

NS-Heiratsannoncen, 1934/1940

Annoncen aus dem Völkischen Beobachter (12. 8. 34) und Münchner Neueste Nachrichten (25. 7. 40):

SA-Scharführer, Anfang 30, Blutordensträger, blonder Vollgermane, kernig und erbgesund, sucht auf diesem Wege die Mutter seiner kommenden Kinder und Wahrerin seines Hortes. Selbe muß Garantin rassischer Vollwertigkeit kommender Geschlechter sein. Stattliche Blondine bevorzugt, nachgedunkelte Schrumpfgermanin unerwünscht. Eigenes Heim vorhanden. Vermögen Nebensache.

* * *

Deutsche Minne, blondes BDM-Mädel, gottgläubig aus bäuerlicher Sippe, artbewußt, kinderlieb, mit starken Hüften, möchte einem deutschen Jungmann Frohwalterin seines Stammes sein. (Niedere Absätze – kein Lippenstift.) Nur Neigungsehe mit zackigem Uniformträger.

* * *

Zweiundfünfzig Jahre alter, rein arischer Arzt, Teilnehmer an der Schlacht bei Tannenberg, der auf dem Lande zu siedeln beabsichtigt, wünscht sich männlichen Nachwuchs durch eine standesamtliche Heirat mit einer gesunden Arierin, jungfräulich, jung, bescheiden, sparsame Hausfrau, gewöhnt an schwere Arbeit, breithüftig, flache Absätze, keine Ohrringe, möglichst ohne Eigentum.

Zitiert nach: Ludwig Helbig, Politik im Aufriß. Frankfurt 1973, S. 137, und Focke, Reimer, a. a. O., S. 121.

Aufgaben der „Nationalsozialistischen Frau", 1937/1938

Frankfurter Zeitung (1.6. 37):

Braunschweig, 31. Mai. In einer Versammlung der NSDAP wandte sich SS-Obergruppenführer Jeckeln gegen den „Blondheitsfimmel". Blonde Haare und blaue Augen seien allerdings noch längst kein zwingender Beweis, daß man der nordischen Rasse angehörte. Ein Mädchen, das heute einen SS-Mann heiraten wolle, müsse in jeder Beziehung einwandfrei sein. Daher werde von ihr der Besitz des Reichssportabzeichens gefordert. Manche könnten vielleicht heute dieses Verlangen noch nicht verstehen. Aber Deutschland brauche keine Frauen, die auf den Fünf-Uhr-Tees schön tanzen könnten, sondern Frauen, die durch sportliche Leistungen ihre Gesundheit bewiesen hätten. Und zum Gesundwerden tauge der Speer oder der Sprungstab besser als der Lippenstift.

Völkischer Beobachter (25.12. 38):

„Die deutsche kinderreiche Mutter soll den gleichen Ehrenplatz in der deutschen Volksgemeinschaft erhalten wie der Frontsoldat, denn ihr Einsatz von Leib und Leben für Volk und Vaterland war der gleiche wie der des Frontsoldaten im Donner der Schlachten." Mit diesen Worten hat der Hauptdienstleiter für Volksgesundheit in der Reichsleitung der Partei, Reichsärzteführer Dr. Wagner, bereits auf dem Parteitag der Arbeit im Auftrage des Führers die Schaffung eines Ehrenzeichens für die kinderreiche deutsche Mutter angekündigt.

3 Millionen deutscher Mütter werden nunmehr am Tage der deutschen Mutter 1939 erstmalig in feierlicher Weise die neuen Ehrenzeichen durch die Hoheitsträger der Partei verliehen bekommen. Jahr für Jahr werden diese Feiern sich dann am Muttertag, am Ordenstag der kinderreichen Mutter, wiederholen.

Die Jugend vor allem, sie soll zur Ehrfurcht vor den Müttern des Volkes angehalten werden. So wird sich die Ehrung der kinderreichen deutschen Mutter nicht nur auf den Muttertag und auf die Ordensverleihung beschränken. Auch im öffentlichen Leben wird die kinderreiche Mutter in Zukunft den Platz einnehmen, der ihr zukommt.

Durch die Grußpflicht sämtlicher Mitglieder der Jugendformationen der Partei wird der Jungnationalsozialist ihr die Achtung erweisen.

Darüber hinaus aber werden die Trägerinnen des Mütter-Ehrenkreuzes in Zukunft alle jene Bevorzugungen genießen, die uns gegenüber den verdienten Volksgenossen, gegenüber Kriegsbeschädigten und Opfern der nationalsozialistischen Erhebung bereits Selbstverständlichkeit geworden sind, als da sind Ehrenplätze bei Veranstaltungen der Partei und des Staates, Vortrittsrecht an Behördenschaltern, Verpflichtung der Schaffner zu bevorzugter Platzanweisung in Eisen- und Straßenbahn. Dazu kommt eine Altersversorgung, bevorzugte Aufnahme in Altersheimen für alleinstehende Altmütter, eventuell in eigens in Großstädten zu errichtenden Altersheimen oder in besonderen Abteilungen der schon bestehenden Heime.

Doch nicht Dank allein bedeutet diese Ehrung der kinderreichen Mutter, insbesondere der deutschen Altmutter, durch den Führer, sie drückt auch zugleich das Vertrauen aus, das der Führer und damit das deutsche Volk allen deutschen Müttern entgegenbringt, daß sie uns auch weiterhin den Weg unseres Volkes bereiten helfen, daß sie uns die Jugend schenken, die nach schwerer Zeit dereinst den Aufstieg unseres Volkes beendet.

Zitiert nach: Mosse, a. a. O., S. 67, 69/70.

Melita Maschmann, Eheweihe, um 1936

Noch während meiner Schulzeit habe ich an einer Eheweihe teilgenommen, die im Wald bei Potsdam gefeiert wurde. Ich gehörte zu einem Chor, der dabei mitwirken sollte. In einer Waldlichtung stand ein Altar, auf dem ein Feuer brannte. Zwei Frauen in langen, weißen Gewändern trugen Schalen, die mit Brot und Früchten gefüllt waren. Während eine dieser „Priesterinnen" ihr langes blondes Haar offen trug, hatte die zweite einen ordinär ondulierten „Bubikopf" und war mit Ohrringen geschmückt, wie man sie häufig bei Mädchen vom Land sah.

Leider ist mir der Dialog des jungen Paares nicht mehr wörtlich in Erinnerung. Der Mann trug die Uniform eines SS-Führers, das Mädchen war weiß gekleidet und blumenbekränzt. Beide standen vor dem Altar und redeten sich erhobenen Hauptes mit Zitaten aus der „Edda" an: „Dich, du herrlichste der Weiber ..." Die herrlichste der Weiber war klein, dick und hatte ängstliche schwarze Augen. Das Zittern ihrer Stimme verriet wenig Brünhildenhaftes. Für meine Kameradinnen und mich war diese Eheweihe später noch häufig ein Anlaß zu herzlichem Gelächter.

In den folgenden Jahren habe ich mehrmals Eheweihen von Jugendführern und -führerinnen erlebt, die Stilgefühl bezeugten und in denen der Versuch gemacht wurde, inhaltlich und formal dem Ernst des Anlasses gerecht zu werden. Der Gedanke, daß die Ehe in der Verantwortung vor dem Volk geschlossen wurde, stand dabei allerdings aufdringlich im Mittelpunkt. Es gab aber auch junge Paare, die alle derartigen Formulierungen scheuten und die Texte für ihre Eheweihen dementsprechend auswählten.

Der religiöse Gehalt dieser Feiern war sehr allgemein, man wird wohl sagen müssen: verschwommen.

Maschmann, a. a. O., S. 49/50.

NS-Schulungsbrief, Zehn Gebote der Gattenwahl, 1939

Die folgenden „Zehn Gebote" dienten als Grundlage nationalsozialistischer Jugendschulung. Sie waren in den meisten Schulungsmaterialien in dieser oder in einer gekürzten Form enthalten.

1. Gedenke, daß Du ein Deutscher bist.
   Alles, was Du bist, bist Du nicht aus eigenem Verdienst, sondern durch Dein Volk. Ob Du willst oder nicht willst, Du gehörst zu ihm; denn Du bist aus ihm hervorgegangen. Darum denke bei allem, was Du tust, ob es Deinem Volke förderlich ist. Gemeinnutz geht vor Eigennutz.
2. Du sollst, wenn Du erbgesund bist, nicht ehelos bleiben.
   Alles, was an Dir vorhanden ist, alle Eigenschaften Deines Körpers und Geistes sind vergänglich. Sie sind ein Erbe, ein Geschenk Deiner Vorfahren. Sie leben in Dir in ununterbrochener Kette weiter. Wer ohne zwingenden Grund ehelos bleibt, unterbricht diese Kette der Geschlechter. – Dein Leben ist nur eine vorübergehende Erscheinung; Sippe und Volk bestehen fort. Geistiges und körperliches Erbgut feiert in den Kindern Auferstehung. [. . .]
3. Halte Deinen Körper rein!
   Was Dir an Gesundheit von reinen Eltern verliehen worden ist, erhalte es, um Deinem Volke dienen zu können. Hüte Dich, nutzlos und leichtsinnig damit zu spielen. Der Genuß eines Augenblicks kann Deine Gesundheit und Dein Erbgut dauernd zerstören, zum Fluche für Dich, Deine Kinder und Enkel. Was Du von Deinem zukünftigen Lebensgefährten verlangst, mußt Du auch von Dir selbst verlangen. Gedenke, daß Du ein deutscher Ahnherr bist!
4. Du sollst Geist und Seele rein erhalten.
   Erhalte, was Du an Anlagen hast, werde, was Du Deinen Anlagen nach sein kannst. Halte fern von Geist und Seele alles, was Dir innerlich fremd ist, was Deiner Art zuwider ist, was Dein Gewissen Dir verbietet. Aussicht auf Geld und Gut, Aussicht auf schnelleres Fortkommen, Aussicht auf Genuß verleiten gar oft dazu, dies zu vergessen. [. . .]

5. Wähle als Deutscher nur einen Gatten gleichen oder nordischen Blutes.
Wo Anlage zu Anlage paßt, herrscht Gleichklang. Wo ungleiche Rassen sich mischen, gibt es einen Mißklang. Mischung nicht zueinander passender Rassen (Bastardierung) führt im Leben der Menschen und Völker häufig zu Entartung und Untergang; um so schneller, je weniger die Rasseneigenschaften zueinander passen. Hüte Dich vorm Niedergang, halte Dich von Fremdstämmigen außereuropäischer Rassenherkunft fern! Glück ist nur bei Gleichgearteten möglich. [. . .]
6. Bei der Wahl Deines Gatten frage nach seinen Vorfahren.
Du heiratest nicht Deinen Gatten allein, sondern mit ihm gewissermaßen seine Ahnen. Wertvolle Nachkommen sind nur zu erwarten, wo wertvolle Ahnen vorhanden sind. Gaben des Verstandes und der Seele sind ebenso ein Erbteil wie die Farbe der Augen und Haare. Schlechte Anlagen vererben sich ebenso wie gute. Ein guter Mensch kann in sich Keime (Erbgut) tragen, die in den Kindern sich zum Unglück gestalten. Darum heirate nie den einzigen guten Menschen aus einer schlechten Familie.
7. Gesundheit ist Voraussetzung auch für äußere Schönheit.
Gesundheit bietet die beste Gewähr für dauerndes Glück; denn sie ist die Voraussetzung für Schönheit und seelische Ausgeglichenheit. Verlange von Deinem zukünftigen Gefährten, daß er sich ärztlich auf Ehetauglichkeit untersuchen läßt, wie Du es selber auch tun mußt.
8. Heirate nur aus Liebe.
Geld ist vergänglich Gut und macht nicht dauernd glücklich. Wo der göttliche Funke der Liebe fehlt, kann kein Glück gedeihen. Reichtum des Herzens und Gemütes ist die beste Gewähr für dauerndes Glück.
Darum sei Deine Liebe nicht blind, sondern sehend und sich der Verantwortung bewußt! Ein kurzer Sinnenrausch ist keine echte Liebe!
9. Suche Dir keinen Gespielen, sondern einen Gefährten für die Ehe.
Die Ehe ist kein vorübergehendes Spiel zwischen zwei Menschen, sondern eine dauernde Bindung, die für das Leben des einzelnen wie des ganzen Volkes von tiefer Bedeutung ist. Der Sinn der Ehe ist das Kind und die Aufzucht der Nachkommenschaft.
Nur bei seelisch, körperlich und rassisch gleichgearteten Menschen kann dieses Hochziel erreicht werden zum Segen ihrer selbst und ihres Volkes; denn jede Rasse hat ihre eigene Seele. Nur gleiche Seelen werden einander verstehen.
Ein allzu großer Altersunterschied zwischen Ehegatten gefährdet leicht das Gleichgewicht in der Ehe.

10. Du sollst Dir möglichst viele Kinder wünschen.
Erst bei drei bis vier Kindern bleibt der Bestand des Volkes sichergestellt. Nur bei großer Kinderzahl werden die in der Sippe vorhandenen Anlagen in möglichst großer Zahl und Mannigfaltigkeit in Erscheinung treten. Kein Kind gleicht genau dem anderen. Ein jedes Kind hat verschiedene Anlagen seiner Vorfahren ererbt. Viele wertvolle Kinder erhöhen den Wert eines Volkes und sind die sicherste Gewähr für seinen Fortbestand. Du vergehst; was Du Deinen Nachkommen gibst, bleibt; in ihnen feierst Du Auferstehung. Dein Volk lebt ewig!

Zitiert nach: Frauenalltag und Frauenbewegung im 20. Jahrhundert. Materialsammlung zu der Abteilung 20. Jahrhundert im Historischen Museum Frankfurt. Band III: Frauen im deutschen Faschismus, zusammengestellt und kommentiert von Sabine Kübler, Annette Kuhn, Wilma Wirtz. Frankfurt am Main 1980, S. 137f.

Hans Frank, Recht und Verwaltung im NS-Staat, 1938

Hans Frank war Reichsjustizminister und Präsident der Akademie für deutsches Recht. In einem „Schulungslehrgang des Reichsrechtsamts der NSDAP" führte er aus:

Wenn wir an Hand dieser Leitlinien nunmehr der Betrachtung des Verhältnisses von *Recht und Verwaltung* im nationalsozialistischen Reich nähertreten, so ist zu Anfang jeder derartigen Erörterung vorauszusetzen, daß der *Führer Adolf Hitler der oberste weltanschauliche Repräsentant des deutschen Volkes wie der höchste Lenker seiner staatlichen Geschicke* ist. Als Führer der NSDAP bestimmt Adolf Hitler Ziel und Form, wie auch die Zeit der Verwirklichung des Parteiprogramms. Als Führer des Deutschen Reiches aber hat Adolf Hitler folgende in ihrer Unterschiedlichkeit wohl zu beachtende Stellung:

1. *Der Führer ist Oberhaupt, Staatschef des Deutschen Reiches.* Er ist damit der die Würde des deutschen Staates der Welt gegenüber vertretende oberste Lenker unseres Gesamtschicksals nach den Möglichkeiten, die die ewige Vorsehung für die Geschichte unseres Volkes ihm gegeben hat.
2. Der Führer ist *Chef der deutschen Reichsregierung* als Reichskanzler und damit *Chef des gesamten Verwaltungsapparates des Deutschen Reiches,* Chef aller Minister, Vorsitzender des Reichskabinetts mit der Entscheidungsgewalt über die Richtlinien und die Einzelhandlungen der deutschen Gesamtverwaltung.
3. Adolf Hitler ist der *verfassunggebende Abgeordnete des deutschen Volkes.*

In dieser Eigenschaft übt er die Gesamtheit der Befugnisse des Deutschen Reichstags auf dem Gebiete der Gesetzgebung und der politischen Vertretung des deutschen Volkes aus. Er ist der *Generalbevollmächtigte der deutschen Nation.*

4. Adolf Hitler ist *Oberbefehlshaber der deutschen Wehrmacht,* was staats- und verwaltungsrechtlich gesehen bedeutet, daß er sowohl den Oberbefehl der Wehrmacht führt, wie auch die gesamten Funktionen des *Reichskriegsministers* mit seiner Person vereinigt sind.
5. Adolf Hitler ist *Oberster Gerichtsherr* des Deutschen Reiches und Volkes, der in dieser Eigenschaft die Möglichkeit besitzt, in Ausübung der richterlichen Entscheidungsbefugnisse jedes Rechtsverfahren an sich zu ziehen und in einer generellen ausschließlichen Zuständigkeit zu entscheiden.

Wenn man sich das Schema dieser Vollmachten des Führers vor Augen hält, dann wird einem die Bedeutung der nationalsozialistischen Revolution im Rahmen des Staats- und Verwaltungsrechts erst so recht klar. Die Aufgaben, die der Führer für sein deutsches Volk und das Deutsche Reich damit übernommen hat, schließen eine *Verantwortung vor der Geschichte unserer Nation in sich, wie sie größer noch von keinem Menschen getragen wurde.* Das Bewußtsein dieser Wirkungssphäre des Führers muß eine geradezu weihevolle Einstellung all der deutschen Volksgenossen erwecken, die im Dienste der deutschen Verwaltung stehen. Hier muß jeder einzelne, ganz gleich auf welchem Platz er steht, sich darüber klar sein, daß er teilnimmt an dem gigantischsten Gesamtwerk, das die Weltgeschichte kennt.

. . .

In unserem Reiche steht auch nicht ein Kollegium der Regierenden einer willkürlich regierten Untertanenmenge gegenüber, vielmehr umfaßt der Begriff der *nationalsozialistischen Volksgemeinschaft alle Deutschen, vom Führer bis zum letzten Angehörigen unserer Nation.* Aus diesem Begriff der Volksgemeinschaft ergibt sich die Schicksalsverbundenheit und aus dieser wiederum eine verschworene Verbundenheit aller Männer und Frauen unseres deutschen Volkes in Richtung auf das große nationale Ziel.

Der Vorstellung des Verhältnisses von obrigkeitlichem Regiment und Untertan wurde in der Zeit Montesquieus gegenübergestellt die geradezu apotheotisch verklärte Darstellung des englischen Verwaltungsrechts unter dem Gesichtspunkte der sogenannten *Gewaltenteilung: Gesetzgebung, Verwaltung und Rechtsprechung.* Etwa hundert Jahre nach Montesquieu entstand das berühmte Idealbild des sogenannten *Rechtsstaates.* Die Lehre von der Gewaltenteilung hat unser Verwaltungsrechtsdenken lange beherrscht.

Die ganze Struktur auch noch des heutigen Aufbaues unseres Reiches ist ein Rest dieses schon von Aristoteles aufgestellten Einteilungsschemas staatlicher Tätigkeit. Für uns Nationalsozialisten ist diese Form der *Gewaltenteilung nicht mehr tauglich.* Denn für uns gibt es *keine ressortmäßige Aufspaltung der Regierungsfunktionen mehr unter völliger gegenseitiger Isolierung.* Vielmehr *fließt alle Verwaltungstätigkeit aus der im Führer personifizierten Einheit des Staatswillens und der Staatswillensverwirklichung.*

Hans Frank, Recht und Verwaltung. München 1939, S. 9–14.

Joseph Goebbels, Nationalsozialistische Wirtschaftsgesinnung, 1936

Aus einer Rede auf dem Berliner Gautag, 17. Januar 1936:

Und wenn man ihm heute sagte, daß er heute im ganzen Lande keine Butter mehr zu sehen bekäme, dann würde er sagen: Ob mit oder ohne Butter, damit werden wir fertig. Aber wir werden nicht fertig ohne Kanonen! Wenn wir heute überfallen werden, und es könnte ja sein, ich weiß es nicht, dann könnten wir uns nicht mit Butter, sondern wir müßten uns mit Kanonen verteidigen. Man wird uns vielleicht entgegenhalten, der Völkerbund oder das Weltgewissen wären dazu da. Ich kann es nicht genau sagen, aber selbst wenn ich annehme, daß selbst der Völkerbund die moralische Überlegenheit hätte, würde ich trotzdem wünschen, daß wir Kanonen haben, weil ich mir sage: Doppelt genäht hält besser!

...

Was die Butterfrage anlangt, so ist das ja nicht mehr aktuell. Aber es lohnt sich vielleicht, ein paar Worte darüber zu verlieren. Wir haben in Deutschland alles in allem etwa fünf Millionen Menschen wieder in Arbeit gebracht. Wenn ich dazu die Angehörigen zurechne, so gibt das eine Summe von 15 bis 17 Millionen. Diese Menschen hatten vor unserer Machtübernahme nur so wenig, daß sie sich nur das Allernotwendigste, nämlich Brot und Kartoffeln, kaufen konnten. Wenn nun die fünf Millionen Ernährer dieser Familien statt früher 12, 14 und 15 Mark in der Woche heute 30 und 35 und manches Mal 50, 60 oder 70 Mark mit nach Hause bringen, so ist es ganz klar, daß die Familie nun zuerst einmal anfängt, sich innerlich wieder etwas aufzufrischen, nämlich zu essen. Sie werden nicht nur Kartoffeln und Brot essen, sondern hin und wieder schmieren sie sich auch etwas Margarine und Butter auf das Brot, und hin und wieder werden die Kartoffeln nicht nur gekocht, sondern sie werden auch gebraten. Dazu braucht man Fett, und so nehmen 17 Millionen Menschen mehr am Fettverbrauch teil, der dadurch natürlich knapper wird. Es gibt also nicht weniger Fett, es haben nur mehr Volksgenossen das Glück, daran teilhaben zu dürfen. Ist das unsozial oder ist das nicht vielmehr der höchste Ausdruck von Sozialismus?

Ich gebe zu, diejenigen, die frührer gewohnt waren, Butter zu essen, die haben etwas weniger bekommen. Die früher aber niemals Butter zu sehen bekamen, die sie nur dem Namen nach kannten, die bekommen nun das, was ihnen auch zusteht. Da müssen wir uns eben einschränken. Das müssen wir verstehen! Da müssen wir als Sozialisten handeln, und genau so wird es mit den Eiern sein, genau so wird es mit allen Lebensgütern sein, die hin und wieder einmal knapp werden. Der Meckerer versteht das selbstverständlich nicht. Ich sage das auch nicht für den Meckerer, denn den zu überzeugen, dazu reicht selbst meine rednerische Kraft nicht aus!

Zitiert nach: Paul Meier-Benneckenstein (Hrsg.), Dokument der Deutschen Politik, Bd. 4. Berlin 1939, S. 7, 14/15.

Arbeitslosigkeit – Arbeitsdienst, 1934

Arbeitsamt Aschaffenburg, 1934:

Die Fälle, in denen jugendliche Arbeitslose vor den Dienststellen des Arbeitsamtes ein ungehöriges Verhalten an den Tag legen, häufen sich immer mehr. Zum Teil ist dies bedingt durch den Widerstand der Jugendlichen gegen den Eintritt in die Landhilfe und den Arbeitsdienst wie auch gegen die Teilnahme an amtlichen Schulungsmaßnahmen ... Die Herabminderung der Zahlen der Notstandsarbeiter und die Eindämmung der Notstandsarbeiten überhaupt hat unter den älteren Arbeitslosen eine beträchtliche Erregung hervorgerufen, die immer noch im Steigen ist. Es ist dies um so beachtlicher, als der Spessart Notstandsgebiet ist und früher mit ausgesprochenen Kommunistennestern durchsetzt war.

Es wird mit der Zeit immer schwerer, die wahre Stimmung der einzelnen Volksschichten kennenzulernen. Die Furcht, ein offenes ehrliches Wort zu sagen, ist groß. Wenn man überhaupt etwas hören kann, so nur andeutungsweise ...

Arbeitsamt Nürnberg, 1934:

Trotz intensiver Belehrungen gehen freiwillige Meldungen zum Arbeitsdienst nur spärlich ein. Es erweist sich deshalb als notwendig, gemeinsam mit den Fürsorgestellen bei Weigerung mit Unterstützungsentzug vorzugehen. Bedauerlicherweise fehlt noch jede gesetzliche Handhabe, um die nichtunterstützten jugendlichen Arbeitslosen zwangsweise dem Arbeitsdienst zuzuführen ...

Witze abträglichen und verächtlichen Inhalts werden verstärkt verbreitet.

Zitiert nach: Broszat, Fröhlich, Wiesemann, a. a. O., S. 221/222.

Klagen über Arbeitslöhne, 1937/1939

Bericht des Regierungspräsidiums Schwaben, 1937:

Die Textilindustrie insgesamt führt Beschwerde darüber, daß nicht nur die Reparaturarbeiter, sondern auch die weiblichen Arbeitskräfte, sobald sie ausgebildet sind, in die Rüstungsindustrie abwandern. Weibliche Arbeitskräfte sind in verschiedenen Betrieben der Maschinenindustrie wieder beschäftigt ...

Die Klagen der Arbeiter, insbesondere in der Textilindustrie, betreffen die im Verhältnis zu den notwendigen Lebenshaltungskosten niedrigen Löhne, ferner die hohen Abzüge, insbesondere bei Überstunden- und Akkordarbeit ...

Bericht des Reichstreuhänders der Arbeit für das Wirtschaftsgebiet Bayern, 1937:

Auf einer Baustelle der Reichsautobahnstrecke Nürnberg-München haben die Maschinisten und Heizer, obgleich sie als Stammarbeiter sehr gut entlohnt wurden, die Arbeit niedergelegt, um höhere Löhne zu erzwingen. Sie wurden in Schutzhaft genommen und durch andere Arbeiter ersetzt. Auf einer Baustelle der Strecke Nürnberg–Stuttgart haben 50 Gefolgschaftsangehörige die Arbeit verweigert, weil die Firma Zahlung eines Vorschusses abgelehnt hat mit der Begründung, daß am Vortage Lohn gezahlt sei. Fünf Unruhestifter in Schutzhaft. Bei Kabelverlegungsarbeiten an einer Baustelle in der Nähe von Gunzenhausen (Mittelfranken) hat die Gefolgschaft ohne Grund die Arbeit niedergelegt. Nach Verhaftung der drei Rädelsführer Wiederaufnahme der Arbeit ...!

Bericht der NSDAP-Kreisleitung Augsburg, 1939:

Der Mangel an Facharbeitern in der Metallindustrie und im Baugewerbe hat zu starken Eingriffen in die persönliche Freiheit geführt. In der Textilindustrie sucht man die Abwanderung nun zu unterbinden. Man sucht die Volksgenossen zu zwingen, dort zu arbeiten, wo sie weniger verdienen. Denn meist ist die Frage des Stellungswechsels nur ein Lohnproblem. Das Streben nach besseren Verdienstmöglichkeiten liegt aber in der Natur des Menschen, zumal, wenn er daran denkt, eine Familie zu gründen. Von einem Zellenleiter, der in der Kammgarnspinnerei beschäftigt ist, wird folgendes berichtet: „Als kürzlich einige Lohnaufbesserungen in unserem Betrieb gewährt wurden, kam der hiesige Vertreter des Treuhänders der Arbeit und beanstandete dieselben. Es dürfen keine Lohnerhöhungen stattfinden! Im Betrieb ist nun bekannt geworden, daß die Partei eine Lohnaufbesserung verbietet. Um diese Stimmung noch zu verschärfen, wurde ein weiterer Fall bekannt. Bei einem Spinnerappell sagte der Betriebsführer zu den versammelten Arbeitern: ‚Sie wissen ja, daß eine Lohnerhöhung verboten ist. Ja, selbst wegen der an Weihnachten ausgezahlten Sondergabe, welche die Firma ihren Arbeitern gewährte, sei vom hiesigen Vertreter des Treuhänders der Arbeit bei dem Betriebsführer angefragt worden, ob dieses Geschenk nicht eine versteckte Lohnerhöhung sei.‘ Welche Wirkung diese Lohnpolitik bei der Arbeiterschaft auslöst, kann man sich leicht vorstellen ...“

In Augsburg herrscht neben der großen Wohnungsnot auch noch ein gleiches Wohnungselend. Die Wohnungen im Lechviertel sind schon vom gesundheitlichen Standpunkt aus als völlig untragbar anzusehen. Viele Klagen kommen von seiten der in den Messerschmidt-Werken Beschäftigten. Ein Großteil der Belegschaft ist gezwungen, in den entlegensten Vierteln zu wohnen. Dazu reichen, besonders bei schlechtem Wetter, die vorhandenen Verkehrsmittel nicht aus, die Belegschaft schnell und rechtzeitig an ihre Arbeitsstätte zu bringen. Diese Klagen können beliebig vermehrt werden. Es wäre an der Zeit, daß die Stadtverwaltung die Neuerrichtung von Wohnungen in großzügiger und vordringlicher Weise in Angriff nimmt. Die große Masse der Bevölkerung bringt für die Großbauten des Reiches solange nicht das richtige Verständnis auf, als es an Wohnungen mangelt. Augsburg hat heute noch 8000 Wohnungen zu wenig. Hier muß schnellste Abhilfe geschaffen werden ...

Zitiert nach: Broszat, Fröhlich, Wiesemann, a.a.O., S. 262/263; 279/280.

9. Europa und die Welt zwischen den Kriegen

Paul Schmidt, Erstmals eine deutsche Delegation in einer Sitzung des Völkerbundes, 1926

Paul Schmidt erlebte als Dolmetscher die Aufnahme der deutschen Delegation in den Völkerbund. Er schildert den Beifall der Delegierten für den deutschen Außenminister Stresemann und seinen französischem Kollegen Briand.

Schon der Empfang am Bahnhof in Genf war für Stresemann ein persönlicher Triumph. Eine riesige Menschenmenge erwartete die Ankunft unseres Zuges. Nur mit Mühe konnten wir uns einen Weg durch das Gewühl der offiziellen Vertreter, der Journalisten und des internationalen Publikums bahnen.

...

Nur langsam kamen wir vorwärts, denn nun streckten sich Stresemann immer mehr Hände entgegen, er wurde allmählich von allen Seiten angesprochen. Zurufe auf deutsch und französisch flogen ihm entgegen, die Spannung begann sich zu lösen. Als er schließlich die Bahnsteigtreppe erreicht hatte, brach der Beifall los, und die kühle Genfer Atmosphäre verwandelte sich in diesem Augenblick mit einem Mal in das strahlende Wetter von Locarno[1].

...

So ging ich denn kurz nach 10 Uhr mit Stresemann und den beiden anderen Hauptdelegierten Deutschlands, Staatssekretär von Schubert und Ministerialdirektor Gaus, zu Fuß in den nur einige hundert Meter neben dem Métropole gelegenen provisorischen Sitzungssaal des Völkerbundes, den sogenannten Reformationssaal. Als wir aus dem kühlen Hotel auf die sommerliche Straße kamen, erwartete uns schon eine Menschenmenge, die das Hotel seit den frühen Morgenstunden belagert hatte, um den deut-

1) Gemeint ist der Abschluß des Vertragswerkes von Locarno 1926

schen Außenminister zu sehen. Sie gab uns bis zum Völkerbundshaus das Geleit, etwa so wie die Zuschauer in breiter Front neben der aufziehenden Wache Unter den Linden in Berlin mitzulaufen pflegten. Sogar einige unentwegte Autogrammjäger winkten aus der Nähe mit bereitgehaltenem Block und Füllhalter Stresemann zu. Er selbst strahlte, als er sich, umringt von vielen Journalisten und Konferenzbummlern aus aller Herren Länder im angeregten Gespräch mit den beiden anderen Delegierten unter dem strahlenden Genfer Himmel auf das Ziel zubewegte, das er nach der langen Wanderung von London über Locarno und die Hindernisse, die sich noch im Frühjahr so unerwartet vor ihm aufgetürmt hatten, nunmehr in wenigen Minuten erreicht haben würde.

An der Tür des Reformationssaales empfing uns Sir Eric Drummond, der Generalsekretär, und geleitete uns durch ein paar enge, dunkle, überfüllte Räume, die wohl dem entsprechen sollten, was man in den Parlamenten die Wandelgänge nennt. Die Vollversammlung tagte bereits seit einer halben Stunde. Als erster Punkt stand die Aufnahme Deutschlands auf der Tagesordnung. Soeben, genau um 10.35 Uhr, war von dem Präsidenten, dem jugoslawischen Außenminister Nintschitsch, der formelle Beschluß dieses Weltparlamentes verkündet worden, daß Deutschland aufgenommen sei.

„Ich bitte die deutschen Delegierten, nunmehr ihre Plätze einzunehmen", tönte seine Stimme aus dem Lautsprecher in der engen „Wandelhalle", die eigentlich der Teesalon des mit dem Tagungssaal zusammenhängenden Hotels Victoria war. Der große Augenblick war gekommen.

Eine kleine Tür öffnete sich, die den Blick in einen großen, dunkelgetönten Saal mit mehreren übereinanderliegenden Rängen freigab. Durch das Glasdach drang das helle Sonnenlicht hinein. Die Eingangstür lag etwas erhöht hinter dem Präsidentensitz und der Rednertribüne, so daß man die Delegationen im Saal, dicht gedrängt und erwartungsvoll auf die kleine Tür blickend, erkennen konnte. Die Tribünen waren überfüllt. Die hellen Sommerkleider der Frauen und einige weiße Turbane von Delegierten oder Zuschauern aus Indien oder Arabien leuchteten als bunte Flecken in der Menge auf, die fast regungslos und schweigend dasaß.

Ich sah noch, wie Stresemann sich plötzlich aufrichtete und dann als erster Deutscher im wahrsten Sinne des Wortes über die Schwelle der kleinen Tür hinweg in den Völkerbund eintrat. Bei seinem Erscheinen setzte im ganzen Saal ein wahrer Beifallssturm nach der vorher herrschenden erwartungsvollen Stille ein. Schnell folgten ihm Schubert, Gaus und ein Mitglied des Ministerbüros, der damalige Legationssekretär Feine. Ich selbst bildete das „Schlußlicht“ dieser kleinen Delegation und war somit der fünfte Deutsche, der richtiggehend in den Völkerbund eintrat.

Der Beifall hatte eine wahre Orkanstärke erreicht. Von allen Seiten wurde geklatscht und Bravo gerufen. Nur mit Mühe konnten sich die drei deutschen Delegierten durch die herandrängende Masse der ausländischen Völkerbundsvertreter den Weg zu ihren Plätzen bahnen. Alle wollten ihnen die Hände schütteln und ihnen persönlich zu diesem großen Ereignis Glück wünschen. Inzwischen tobte das Publikum auf den Tribünen, Tücherwinken, Hüteschwenken, „bravo Stresemann“ Zurufe mit fremdländischen Akzentuierungen. Eine Szene, wie sie sich im Völkerbund noch nie abgespielt hatte, und wie ich sie selbst in einem so internationalen Kreise auch nie wieder erleben sollte. Dieser Empfang Deutschlands durch die Völker der Welt war wirklich etwas Einmaliges, um ein später so oft mißbrauchtes Wort hier zu verwenden.

Recht schwer hatte es der Präsident inmitten dieser Begeisterungsstürme, sich für seine Begrüßungsworte Gehör zu verschaffen. Aber es wurde ganz still, als er Stresemann das Wort erteilte und dieser sich unter atemloser Spannung langsam auf die Rednertribüne begab. Feine hatte ihm noch schnell vorher das Manuskript seiner Rede übergeben, das er nun aufschlug und zu verlesen begann.

Zunächst fand sich Stresemann in der ungewohnten Umgebung nicht ganz zurecht . . .

Aber Stresemann fing sich sehr schnell und paßte seine Stimme den technischen Vorrichtungen [den ungewöhnlichen Lautsprechern], je länger er sprach, immer besser an. Nur einige Male zuckte er noch etwas nervös wegen der Blitzlichter der Photographen oder blickte unwillig auf, wenn ein Filmoperateur mit seiner surrenden Kamera ihm allzu nahe kam. Nach einigen Minuten aber fühlte er sich völlig zu Hause und verlas seine Rede, ohne sich auch nur ein einziges Mal zu versprechen.

„Es kann nicht der Sinn einer göttlichen Weltordnung sein, daß die Menschen ihre nationalen Höchstleistungen gegeneinander kehren und damit die allgemeine Kulturentwicklung immer wieder zurückwerfen“, mit diesen wenigen Worten umriß Stresemann sein gesamtes politisches Wollen und wies an anderer Stelle auf die Gründe hin, die ihn zu dieser Politik geführt hatten.

. . .

Er schloß mit der „Freiheit, um die jedes Volk ringt wie jedes Menschenwesen“. „Möge die Arbeit des Völkerbundes sich auf der Grundlage der großen Begriffe Freiheit, Friede und Einigkeit vollziehen.“

Beifall tönte beim Schluß seiner Worte auf. Gelegentlich hatten auch während seiner Ausführungen einige Delegierte, die Deutsch verstanden, ihre Zustimmung zu erkennen gegeben. Aber der Applaus am Schluß war nur mäßig, wenn man ihn mit dem verglich, was sich bei Stresemanns Eintritt in den Saal ereignet hatte, und was sich nachher im Anschluß an die große Briand-Rede noch abspielen sollte.

...

Dann betrat Briand die Tribüne, leicht gebeugt, mit etwas struppigem Haar und herabhängendem Schnurrbart. Ein kleiner, unscheinbarer Mann. Aber schon nach den ersten Worten wurde er ein anderer. Als Redner war Briand ein vollendeter Meister. Er sprach völlig ungekünstelt, er kannte keine Rednerpose, jeder im Saal hatte zunächst das Gefühl, als wenn sich Briand mit ihm persönlich unterhielte ...

Allmählich verließ Briand seinen Konversationston, er erwärmte sich, seine Stimme nahm immer mehr jenen volltönenden, dunklen Klang an, der seine Zuhörer oft veranlaßte, sie mit einem Cello zu vergleichen.

„Was bedeutet nun dieser heutige Tag für Deutschland und für Frankreich? Das will ich Ihnen sagen: Es ist jetzt Schluß mit jener langen Reihe schmerzlicher und blutiger Auseinandersetzungen, die die Seiten unserer Geschichte beflecken, es ist Schluß mit dem Krieg zwischen uns, Schluß mit den langen Trauerschleiern. Keine Kriege, keine brutalen Gewaltlösungen soll es von jetzt ab mehr geben. Ich weiß, daß Meinungsverschiedenheiten zwischen unseren Ländern auch heute noch bestehen, aber in Zukunft werden wir sie genau so wie die Einzelpersonen vor dem Richterstuhl in Ordnung bringen. Deshalb sage ich: fort mit den Gewehren, den Maschinengewehren, den Kanonen! Freie Bahn für die Versöhnung, die Schiedsgerichtsbarkeit und den Frieden!"

Mit erhobener Stimme hatte der alte Mann auf der Tribüne diese Worte fast in beschwörendem Tone ausgerufen. Donnernder Beifall antwortete ihm. Minutenlang konnte er nicht weitersprechen. Ruhig und zufrieden gingen seine Augen über die aufgewühlte Versammlung.

Dann blickte er zu Stresemann hin und hob etwas die Hand, um sich Ruhe zu verschaffen. In die lautlose Stille, die darauf eintrat, fielen die nun folgenden Worte wie die Schläge einer tiefen Glocke. „Ihnen aber, meine Herren Vertreter Deutschlands, möchte ich nur noch eines sagen: was Heldentum und Kraft anbetrifft, brauchen sich unsere Völker keine Beweise mehr zu liefern. Auf den Schlachtfeldern der Geschichte haben beide eine reiche und ruhmvolle Ernte gehalten. Sie können sich von jetzt ab um andere Erfolge auf anderen Gebieten bemühen." Jetzt war kein Halten mehr. Viele der Delegierten erhoben sich von ihren Sitzen, schrien, ihre Begeisterung in irgendeiner Sprache hinaus und brachten ... eine lang andauernde, überwältigende Ovation dar.

Paul Schmidt, Statist auf diplomatischer Bühne, Wiesbaden [11]1968, S. 113–119.

Arbeitslosigkeit und Armut in den USA, 1930–1932

Die amerikanische Zeitschrift „Fortune" berichtet:

Eine Stichprobe [1932] in zwölf Wohnungen der Stadt Benton zeigt: kein Geld, abgetragene Kleidung, von „unnötigem" Mobilar entblößte Häuser, aus Mehl bereitete Gerichte, abgezehrte Eltern, unterernährte Kinder, unbezahlte Mieten und eine durchschnittliche Verschuldung der Familien von $ 300 für Lebensmittel und Arztrechnungen. 250000 Personen waren im letzten Frühjahr in den beiden Counties in Not oder näherten sich dem rasch ...

So geht es von einer Stadt zur anderen und hinaus in die Fabrikstädte und Bergwerksdörfer und weiter zu den Farmern, wo die Häute einer Wagenladung Vieh kaum ein Paar Schuhe erbringen und Alfalfa[1] $ 12 pro Tonne kostet, womit man eine Verkaufsernte von $ 2,50 anbaut, und die Traktoren auf den Feldern verrosten. Die Schwierigkeit bei solchen Tatsachen ist, daß sie in der Masse aufhören, etwas zu besagen. Und die wiederholte Feststellung, daß Hunderttausende von Menschen sich mit zum Unterhalt ungenügender Arbeitslosenunterstützung vor dem Verhungern sahen oder sehen, erzeugt lediglich Ungläubigkeit. „Sie sind noch nicht verhungert", bemerkt der Leser. „Sie werden schon irgendwie zurechtkommen."

Es stimmt, sie kommen irgendwie zurecht. Aber wie sie eben zurechtkommen, ist etwas anderes. Elf Tage lang waren letzten April in Philadelphia die privaten Hilfsfonds erschöpft und öffentliche Fonds noch nicht greifbar. Während dieser Periode studierten die Fürsorgeorganisationen 91 Familien, um zu sehen, wie wohl die Leute unter solchen Umständen zurechtkommen. Sie haben es herausgefunden. Eine Frau lieh sich 50 Cents, kaufte altbackenes Brot zu 3½ Cents den Laib, und die Familie lebte elf Tage lang davon. Eine andere legte die letzte Lebensmittelbestellung in Fleischbrühe und Gemüse an und machte Suppe. Wenn jemand von der Familie hungrig war, aß er so wenig wie möglich. Eine andere sammelte

---

1) Alfalfa = Schneckenklee, ein wichtiges Viehfutter.

an den Docks entlang verdorbenes Gemüse, und die Familie aß es, außer an drei Tagen, die ganz ohne Essen blieben. Eine andere kochte ein Eintopfgericht von ihrem letzten Essenseinkauf, das sie täglich immer wieder aufkochte, um es nicht schlecht werden zu lassen. Eine andere Familie lebte von Löwenzahn. Eine andere von Kartoffeln. Eine andere hatte 2½ Tage lang kein Essen. Und je eine unter zehn dieser Frauen war schwanger und je eines von den drei Kindern im Stillalter. Und sie „kamen zurecht".

Zitiert und übersetzt von: Erich Angermann, Die Vereinigten Staaten von Amerika seit 1917. Stuttgart [3]1970, S. 22/23.

Arbeitslosigkeit und Armut in Deutschland, 1930/1931

„Deutsche Allgemeine Zeitung" (Januar/August 1930):

Vor den städtischen Wärmehallen in der Ackerstraße 2 [in Berlin] entstanden am Montag nachmittag Arbeitslosentumulte, bei denen die Polizei vom Gummiknüppel Gebrauch machen mußte.

Da die Wärmehallen überfüllt waren, konnte ein großer Teil der Arbeitslosen nicht eingelassen werden. Es sammelten sich über 200 Personen an, die auf der Straße allerlei Unfug verübten und die Polizei zu provozieren versuchten.

...

Mittagessen auf Teilzahlung.

Grundsätzlich werden hierbei zwei Arten unterschieden werden.

Im ersten Falle soll allen Leuten, die sich in einer nur vorübergehenden Geldverlegenheit befinden, Gelegenheit gegeben werden, ohne großen Kostenaufwand gut und billig zu Mittag essen zu können. Voraussetzung ist nur, daß der Gast sich verpflichtet, mindestens sieben Mahlzeiten innerhalb von zwei Wochen hier einzunehmen, wofür er jedesmal nur ein Viertel des Preises zu bezahlen braucht. Die restlichen drei Viertel werden in drei Monatsraten abbezahlt. Bedingung ist natürlich, daß der Gast sich genügend ausweisen kann und zumindest nachweist, daß er in Berlin polizeilich gemeldet ist.

Die zweite Art ist für die Genießer gedacht, die auch in diesen schweren Zeiten einmal Appetit auf eine opulente Feinschmeckermahlzeit mit allen Finessen der edlen Kochkunst verspüren. Sie erhalten dieselbe Teilzahlungsvergünstigungen, das heißt, sie brauchen nur ein Viertel sogleich zu bezahlen und können den Rest in drei Monatsraten „abstottern". Jedoch wird in diesem Falle die Vergünstigung nur bei einem Mindestrechnungsbetrag von 20 RM für die einmalige Mahlzeit gewährt.

„Vossische Zeitung" (September 1931):

Wer jetzt durch die Wohnstraßen des Berliner Westens schlendert, durch diese sauberen, ruhigen, gepflegten Straßen, erlebt auf Schritt und Tritt, daß ein, meist alter, Mensch auf ihn zukommt, Mann oder Frau, vielmehr Herr oder Dame – denn sie sind nicht anders gekleidet als wir selbst –, und um Geld bittet. Manche kommen lächelnd auf einen zu, so als wollten sie einen guten Bekannten begrüßen; andere betteln stumpf und ausdruckslos; noch keiner hat, vorläufig, den weinerlichen Jammerton des berufsmäßigen Bettlers ...

Am schlimmsten sind die, die gar nichts reden. Solange es hell ist, sitzen sie verloren auf den Bänken der breiten Straße; später streichen sie die Zäune der Restaurants entlang, bleiben stehen, stieren den Essenden an, ohne zu reden, ohne zu betteln, ohne sich zu regen.

Zitiert nach: Wilhelm Treue (Hrsg.), Deutschland in der Weltwirtschaftskrise in Augenzeugenberichten. München 1976, S. 139, 140/41, 249/50.

Adolf Galland – Alfred Kantorowicz, Im Spanischen Bürgerkrieg, 1936–1939

Im Spanischen Bürgerkrieg kämpften Deutsche auf beiden Seiten. Adolf Galland war Schlachtflieger in der Legion „Condor" (von September 1937 bis Juli 1938), die Hitler zur Unterstützung des spanischen Faschisten Franco nach Spanien gesandt hatte. Galland „probte" die Wirkung einer modernen Luftwaffe im Kriegseinsatz. Alfred Kantorowicz kämpfte auf der Seite der Volksfront gegen Franco. Er schildert einen Bombenangriff.

Adolf Galland

Ständig waren wir auf Verbesserungen der Technik und Taktik bedacht, um die Wirkung unserer Waffe zu erhöhen. So entsinne ich mich, daß wir bei den Angriffen gegen die Bergstellungen vor Oviedo zum erstenmal eine Art „Bombenteppich" ausprobierten. Freilich war er gegenüber dem, was die Alliierten später bei ihren Angriffen[1] so bezeichneten, geradezu harmlos. Die „dinamiteros", wie die asturischen Bergarbeiter genannt wurden, aus denen sich die Verteidiger der Stellungen um Oviedo hauptsächlich zusammensetzten, waren Meister im Schanzen. Mit den gleichen Werkzeugen, mit denen sie früher ihrer friedlichen Arbeit nachgegangen waren, hatten sie in dem wildzerklüfteten Gelände wahre Kunstwerke von Befesti-

1) Im Zweiten Weltkrieg

gungen, Schützengräben, Bunkern, Sappen und MG-Bastionen geschaffen. Eine mit einem solchen Netzwerk von Stellungen ausgebaute Bergkuppe konnte, von entschlossenen Kämpfern verteidigt, bei den damaligen Mitteln fast als uneinnehmbar gelten. Von oben nahmen sich diese Stellungen wie kunstvolle Ornamente auf einem Sarg aus. Wir nannten sie daher „Sargdeckel-Stellungen". Gegen sie konnten selbst wir Schlachtflieger wenig ausrichten. Griffen wir an, so machten sich die Rojos flach, und unsere einzeln gekleckerten Bomben zerspritzten ziemlich wirkungslos.

Das brachte uns auf die Idee, es mal mit Massenabwürfen zu versuchen. Wir brausten im geschlossenen Verband an, ganz tief durch die Bergschluchten von hinten an die Stellung heran und flogen im Tiefstflug die Bergkuppe an. Auf ein Zeichen wurden die Bomben gleichzeitig ausgelöst, und rauschend ging der ganze Segen in dichten Bombenreihen nieder. Den „Bombenteppich des kleinen Mannes" nannten wir das.

Auch eine Art Vorläufer der heutigen Napalm-Bombe erfanden meine Mechaniker. Sie montierten an einen abwerfbaren Benzinbehälter, der mit Kraftstoff oder einem Gemisch von Benzin und verbrauchtem Motorenöl gefüllt war, je eine Brand- und Splitterbombe, die den Brennstoff nach Abwurf und Aufschlag verbreiteten und in Brand setzten. Das alles war sehr primitiv, aber keineswegs ohne Wirkung. Schritt für Schritt sammelten wir unsere Erfahrungen, trafen aus eigener Initiative allerlei Verbesserungen und schickten seitenlange Berichte nach Berlin.

Adolf Galland, Die Ersten und die Letzten. München 1953, S. 48.

Alfred Kantorowicz

Bald darauf wurde ich durch eine in den Baum über mir einschlagende Sprengbombe halb verschüttet. Die Zeitspanne zwischen der letzten Eintragung und dem Einschlag der Bombe, die mir die Besinnung raubte, Juan tötete, Kindlers Gedärme aufriß, Hermann Teichmanns Knie zerschlug, Quaeck Stirnwunden beibrachte, einige andere leicht verwundete, bleibt meinem Gedächtnis überdeutlich als Schrecksekunde verhaftet ...

Die anderen saßen in einer Gruppe ein paar Schritt von mir entfernt in einem Gebüsch. Vielleicht war es mir unbehaglich, sie so zusammenhocken zu sehen, vielleicht auch nicht, man kann nicht ständig wachsam und vorsichtig sein, die unablässige Gefahr stumpft ab. Die faschistischen Flieger waren schon wieder über uns, und ihre Kettenbomben fielen in einiger Entfernung.

Dann fielen die Bomben näher.

In der Sekunde, in der es zwischen uns einhieb, wußte ich, daß die nächsten Bomben zwischen uns einhauen würden. Mein Gehör war überfein geworden, hatte sich beinahe zu einem sechsten Sinn entwickelt, ich konnte aus dem Heulen ankommender Granaten, aber auch Bomben (die die Schallgeschwindigkeit nicht erreicht hatten) ganz instinktiv vorausberechnen, wenn man will vorausfühlen, beinahe auf den Meter genau, wo sie hinhauen würden.

Die Kettenbomben, die ich kommen hörte, würden genau da einhauen, wo ich lag. Ich hörte das, ich wußte es. Ich wußte einen unendlichen Bruchteil einer Sekunde lang, daß die Bombe direkt auf mich herunterfallen würde. Die Zeit reichte noch zu einem beinahe widersinnigen Schrei „sie kommt ...", dann erstickte der Einschlag den unformulierten Satz.

...

Dann sah ich die Gruppe meiner Kameraden, Teichmann lag am Boden und schrie vor Schmerz. Jemand bemühte sich um ihn. Daneben lag Juan und röchelte, und ein Stückchen weiter lag Kindler und schrie furchtbar. Die ersten artikulierenden Laute, die ich verstand, waren: „Der Bauch ist ihm aufgerissen." Der das sagte, hatte ein vollkommen blutüberströmtes Gesicht. Es war der Zeichner Hans Quaeck. Er sah furchterregend aus; später stellte sich heraus, daß seine Verwundungen an Stirn und Kopf nicht lebensgefährlicher Natur waren. Ich stand hilflos herum.

Alfred Kantorowicz, Spanisches Kriegstagebuch. Hamburg 1979, S. 436.

Alberto de Onaindia, Zerstörung von Guernica, 1937

Das kleine Städtchen Guernica wurde im April 1937 durch einen Fliegerangriff der „Legion Condor" zerstört. Das Bombardement sollte der militärischen Führung Aufschluß über die Wirkung von Bombenangriffen auf die Zivilbevölkerung geben. Der spanische Pater Alberto de Onaindia war Augenzeuge:

Es war ein wunderbarer klarer Tag [26. April], der Himmel war weich und klar. Wir kamen in den Vororten von Guernica gegen 5 Uhr an. In den Straßen war viel Betrieb, denn es war Markttag. Plötzlich hörten wir die Sirene, und wir bekamen Angst. Die Leute liefen in alle Richtungen davon und ließen alles stehen und liegen, um Schutz zu suchen, manche rannten auch in die Berge.

Bald erschien ein feindliches Flugzeug über Guernica. Ein Bauer, der vorbeiging, sagte: „Nicht schlimm. Das ist nur einer von den Weißen [Aufständischen]. Er wird ein paar Bomben abwerfen und dann wieder abfliegen." Das „weiße" Flugzeug machte offenbar einen Erkundungsflug über die Stadt hin. Direkt über dem Zentrum warf es drei Bomben ab. Kurz darauf sah ich sieben Flugzeuge, auf die sechs weitere folgten, dann kamen noch einmal fünf. Alle waren Junkers-Maschinen. Unterdessen war ganz Guernica von einer Panik ergriffen.

Ich stieg aus und ließ den Wagen am Straßenrand stehen und warf mich mit fünf Milizmännern in den Straßengraben. Das Wasser reichte uns bis zu den Knöcheln. Von unserem Versteck konnten wir sehen, was geschah, ohne selbst gesehen zu werden. Die Flugzeuge kamen ganz tief angeflogen, sie waren höchstens zweihundert Meter hoch. Sobald sie über uns hingeflogen waren, verließen wir unser Versteck und rannten in den Wald. Aber die Flieger sahen uns und setzten zu unserer Verfolgung an. Die Blätter verbargen uns zwar, aber da sie nicht genau sahen, wo wir liefen, schossen sie ungefähr in unsere Richtung. Wir hörten, wie die Kugeln durch die Blätter brachen und dazu den dunklen Ton von splitterndem Holz. Die Milizmänner und ich verfolgten die Flugbahnen der Maschinen, sie machten die verrücktesten Kapriolen, um sich nicht in den Baumspitzen zu verfangen. Unterdessen stürzten Frauen und Kinder und alte Männer getroffen nieder, wie Fliegen, überall sahen wir große Pfützen von Blut.

Ich sah einen alten Bauern, der allein auf dem Feld stand: eine Maschinengewehrgarbe tötete ihn. Mehr als eine Stunde blieben die achtzehn Maschinen in einer Höhe von wenigen hundert Metern über Guernica, und sie warfen Bombe auf Bombe.

Von dem Lärm der Explosionen und dem Geräusch der einstürzenden Häuser macht man sich keinen Begriff. Sie flogen über die Straßenzüge hin. Sehr viel Bomben fielen. Scheinbar überall. Später sahen wir die Krater. Sie hatten einen Durchmesser von sechzehn Meter und waren acht Meter tief.

Gegen 7 Uhr flogen die Maschinen ab, und nun kam eine neue Welle, die diesmal in sehr großer Höhe flog. Die zweite Welle warf Brandbomben auf unsere gemarterte Stadt. Das zweite Bombardement dauerte fünfunddreißig Minuten, aber es reichte hin, um den ganzen Ort in einen gewaltigen Feuerofen zu verwandeln. Mir war gleich klar, was dieser Angriff mit Brandbomben bezwecken sollte. Sie wollten die Welt damit glauben machen, die Basken hätten die Stadt selbst in Brand gesteckt.

Die Angriffe und die Zerstörung der Stadt hielten noch weitere zwei Stunden und fünfundvierzig Minuten an. Als das Bombardement vorbei war, kamen die Leute aus ihren Schutzräumen. Keiner weinte. Verwunderung stand auf ihren Gesichtern. Jeder von uns konnte einfach nicht begreifen, was er da sah.

Bei Sonnenuntergang konnte man immer noch nicht weiter als fünfhundert Meter sehen. Überall wüteten die Flammen, und dicker schwarzer Rauch stieg auf. Um mich herum beteten die Leute und streckten die Arme in Kreuzform gegen den Himmel, um Gnade zu erbitten. Bald kamen Feuerwehrleute aus Bilbao an, und sie begannen, die Gebäude zu sichern, die nicht zerbombt worden waren. Wir hörten, daß man den Flammenschein noch in Lequeitio, zweiundzwanzig Kilometer von Guernica entfernt, gesehen hatte. Nicht einmal die Leute, die in die Schutzräume gegangen waren, konnten gerettet werden, auch nicht die Kranken und Verwundete im Hospital. Guernica hatte keine Flak, überhaupt gab es keine Geschütze in der Stadt, nicht einmal ein Maschinengewehr wäre zu finden gewesen.

In den ersten Nachtstunden sah ich fürchterliche Szenen: Männer, Frauen und Kinder liefen durch den Wald und suchten ihre Angehörigen. In den meisten Fällen fanden sie nur die Leichen, durchsiebt von den Kugeln der Bordwaffen.

Zitiert nach: Hans-Christian Kirsch (Hrsg.), Der Spanische Bürgerkrieg in Augenzeugenberichten. Düsseldorf 1967, S. 268–270.

Paul Schmidt, Hitler und Mussolini – Festprogramme bei Besuchen, 1936

Bei den Begegnungen Hitlers und Mussolinis, 1936, nahmen „Schauveranstaltungen" die größte Zeit des Besuches in Anspruch. Paul Schmidt berichtet:

„Bei dem kleinen Grenzort Kiefersfelden stand ich zusammen mit dem deutschen Ehrendienst zum Empfang Mussolinis und Cianos bereit, die mit einem Sonderzug zu einem Staatsbesuch am 25. September morgens auf deutschem Boden eintrafen. Es war das erstemal, daß ich einen jener vielbeschriebenen Sonderzüge betrat, wie ihn Mussolini und Hitler vorzugsweise zu benutzen pflegten, wenn sie sich auf politische Reisen begaben. Mehr als zehn große Salon-, Speise- und Schlafwagen hatte dieser italienische Zug. Für die deutsche Begleitung waren zwei Mitropa-Schlafwagen angehängt worden. Mussolini und Ciano begrüßten mich sehr freundlich, denn ich war einer der wenigen in der deutschen Gruppe, den sie schon kannten. Außerdem fiel ich äußerlich dadurch auf, daß ich der einzige Zivilist in dem ganzen Zuge war. Sowohl die Deutschen als auch die Italiener steckten sämtlich in prunkvollen gold- und silberbestickten Uniformen. Sehr angeregt war das Gespräch zwischen den italienischen Gästen und der deutschen Empfangsgruppe, der zwei Reichsminister – Heß und Frank – angehörten, gerade nicht. In dem schaukelnden Salonwagen Mussolinis begnügten sich die Deutschen und die Italiener damit, sich gegenseitig etwas verlegen anzulächeln, während der deutsche Ehrendienst sich bemüh-

standen habe. 42 Delegationen stimmten dem Bericht zu. Nur Matsuoka ließ ein dumpfes, verärgertes Nein hören.

„Die japanische Regierung bedauert die soeben erfolgte Annahme des Lytton-Berichtes aufs tiefste", erklärte Matsuoka in einem kurzen Schlußwort nach der Abstimmung. „Japan muß daraus die Schlußfolgerung ziehen, daß eine Zusammenarbeit mit dem Völkerbund in dieser Angelegenheit nun nicht mehr möglich ist."

Mit diesen Worten erhob er sich und mit ihm die ganze japanische Delegation, und die Japaner verließen im Gänsemarsch unter dem betretenen Schweigen der anderen Delegierten die Sitzung. Erst als sich die Tür hinter dem letzten Japaner geschlossen hatte, verfiel der Präsident Hymans auf den Ausweg, die Sitzung aufzuheben, um dem Vorgang seinen dramatischen Charakter zu nehmen. In jenem Augenblick war man sich noch nicht darüber klar, ob Japan nun wirklich und endgültig den Völkerbund verlassen habe. Die Bestätigung kam erst einen Monat später in einer Proklamation der japanischen Regierung vom 27. März. Trotz ihres Austritts aus dem Völkerbund blieben aber die Japaner in der Abrüstungskonferenz.

P. Schmidt, a. a. O., S. 252.

10. Der Zweite Weltkrieg

Kurt von Schuschnigg, Das Ende Österreichs, 1938

Kurt von Schuschnigg war österreichischer Bundeskanzler; er mußte im Februar 1938 zu Hitler auf den Berghof bei Berchtesgaden reisen und eine Vereinbarung unterzeichnen, die das Ende der Souveränität Österreichs bedeutete. Trotz dieser Abmachung ließ Hitler am 12. März 1938 die deutsche Wehrmacht in Österreich einmarschieren. Schuschnigg mußte mit seiner Regierung demissionieren. Österreich wurde an das Deutsche Reich angegliedert. Über die Umstände der Reise nach Berchtesgaden berichtet Schuschnigg:

Alles, was der Geheimhaltung dienlich sein konnte, war sorgsam vorgekehrt. Auf einem abseitigen Geleise des Salzburger Bahnhofs stand der Sonderwagen abgekoppelt, der mit dem fahrplanmäßigen Nachtzug in den ersten Morgenstunden die Festspielstadt an der Salzach erreicht hatte.

...

Wir waren avisiert, daß unser Eintreffen am Ziel nicht vor 11 Uhr erwünscht sei.

Die Fahrt ging um die Stadt herum, am Flughafen vorüber und dann die breite Bundesstraße entlang in einen trüben, feuchtkalten Spätwintertag – der Grenze entgegen.

Vor dem Schlagbaum erwartete uns Botschafter von Papen. Die deutsche Zollwache grüßte freundlich mit erhobener Hand und ließ den Wagen passieren. Herr von Papen schien aufgeräumt und bester Dinge. „Der Führer erwarte uns wie vorgesehen und sei ausgezeichneter Stimmung; ich würde wohl nichts dagegen haben, daß zufällig auch mehrere Generäle am Berghof eingetroffen wären.

...

Nein; – natürlich konnte ich nichts dagegen haben ...

Vor dem Ortseingang von Berchtesgaden biegt die Straße ab zum Berghof. Am Fuße der vereisten Zufahrtsbahn stiegen wir um in einen bereitgestellten Raupenschlepper. Unseren Wagen bestimmte ich für die ersten Nachmittagsstunden zur Stelle ...

Adolf Hitler kam uns mit seiner Begleitung, darunter die drei Generäle [an der Eingangspforte zum Berghof], in Richtung der Aufgangsstufen entgegen; er trug den braunen SA-Rock mit Hakenkreuzbinde und lange, schwarze Hosen. Die Begrüßung war freundlich, korrekt, und nach kurzer, formaler Vorstellung der beiderseitigen Begleitung geleitete mich Hitler in seinen Arbeitsraum im ersten Stock des geräumigen Berghofs ...

Kritische Wochen nach der Reise:

Von Salzburg aus traten wir um zwei Uhr morgens mit Sonderzug die Rückreise nach Wien an ... Der Kreis derer war klein, die die volle Wahrheit ertrugen; das Risiko groß, durch unzureichende Information die Nervosität noch zu steigern.

Ich referierte zunächst dem Bundespräsidenten unter vier Augen an Hand eines noch während der Nacht in Salzburg niedergelegten schriftlichen Promemoria, das ich meinem langjährigen getreuen Sekretär, Ministerialrat Viktor Baron Froelichsthal, eindiktiert hatte; dann in Gegenwart des Bundespräsidenten einem engsten Kreis von politischen Mitarbeitern und Führern.

Die Amnestie[1] fand die sofortige Zustimmung des Staatsoberhauptes; hingegen stieß die Berufung Seyss-Inquarts[2] als Sicherheitsminister auf energischen und wohlbegründeten Widerstand; „jedes andere Ressort, aber nicht die staatliche Exekutive!" Bundespräsident Miklas und andere waren sich über die Tragweite von Hitlers Forderungen durchaus und zur Gänze im klaren ...

11. März 1938 im Bundeskanzleramt:

Um halb sechs Uhr morgens klingelt im Schlafzimmer meiner Wohnung das Telephon. Die direkte Leitung zum Polizeipräsidium meldete sich, Staatssekretär Dr. Skubl am Apparat: – „Die deutsche Grenze in Salzburg seit einer Stunde hermetisch abgesperrt. Die deutschen Zollbeamten werden abgezogen. Zugsverkehr unterbrochen!"

...

Gegen 11 Uhr 30 empfange ich Seyss-Inquart und Glaise. Ersuche sie, Hermann Göring mitzuteilen, daß die gestellte Forderung[3] im Hinblick auf die Lage akzeptiert ist.

Die beiden Herren begeben sich zum Telephon.

---

[1]) der inhaftierten Nationalsozialisten

[2]) Nationalsozialistischer Politiker in Österreich

[3]) Eine Volksbefragung sollte auf Druck der deutschen Regierung abgesagt werden.

Nach etwa einer Viertelstunde kehren sie wieder. Seyss verliest von einem Zettel die soeben telephonisch aufgenommene Antwort (sinngemäß zitiert):

„Die Lage ist nur zu retten, wenn der Bundeskanzler sofort zurücktritt und binnen zwei Stunden Dr. Seyss-Inquart zum Bundeskanzler ernannt ist. Bei fruchtlosem Fristablauf erfolgt der deutsche Einmarsch in Oesterreich!"

Einen Augenblick lang Schweigen.

Dann greife ich zum Telephon und verlange Verbindung mit Rom, Palazzo Venezia.

Wir treten zu dritt an eines der hohen Fenster; worauf die beiden Herren blickten, weiß ich nicht. Ich starrte einen Moment lang ins Leere: „Und was sagen Sie persönlich dazu?"

Seyss kann vor Erregung nicht sprechen. Tränen stehen ihm in den Augen; Glaise scheint nicht minder erschüttert; schließlich sagt er: „Man weiß nicht, ob man als anständiger Mensch unter diesen Umständen überhaupt noch mitmachen kann." Der andere widerspricht nicht. Ich bestätige ihnen die Richtigkeit ihrer Meinung. Dann verweise ich darauf, daß eine Frist von zwei Stunden auf keinen Fall genügen wird und melde mich beim Bundespräsidenten.

Kurt von Schuschnigg, Ein Requiem in Rot-Weiß-Rot, Zürich 1946, S. 37/38; 52/53; 66–72.

Paul Schmidt, Chamberlain in Bad Godesberg, 1938

Der Chefdolmetscher Hitlers ist der Meinung, daß die entscheidenden Verhandlungen in der sogenannten Sudetenkrise schon vor dem Abkommen von München stattgefunden haben, u.a. auch in Bad Godesberg am 23. September 1938.

Die Besprechung mit Chamberlain, die eine der dramatischsten während der ganzen Sudetenkrise war, begann kurz vor 11 Uhr abends, diesmal in einem kleinen Festsaal des Hotels, denn der Teilnehmerkreis hatte sich inzwischen sehr erweitert. „Alles was gut und teuer ist, wird eingeladen", hatte ein Kollege gesagt, als er hörte, daß nun auch Ribbentrop seine Teilnahme durchgesetzt hatte. Damit kamen auch Wilson, Henderson[1], Weizsäkker und der Leiter der Rechtsabteilung des Auswärtigen Amtes mit in den Kreis hinein.

---

[1]) Englischer Botschafter in Berlin

Zu Beginn dieser Besprechung, bei der die Teilnehmer zwanglos im Halbkreis um Hitler und Chamberlain herum in der Mitte des Raumes saßen, übersetzte ich das Memorandum.

„Die von Stunde zu Stunde sich mehrenden Nachrichten über Zwischenfälle im Sudetenland beweisen", hieß es darin, „daß die Lage für das Sudetendeutschtum völlig unerträglich und damit zu einer Gefahr für den europäischen Frieden geworden ist." Zurückziehung der gesamten tschechischen Wehrmacht aus dem auf einer Karte bezeichneten Gebiet, „dessen Räumung am 26. September beginnt und das am 28. September an Deutschland übergeben wird", so lautete die Hauptbedingung. „Das geräumte Gebiet ist in dem derzeitigen Zustand zu übergeben", „die Tschechische Regierung entläßt alle wegen politischer Vergehen inhaftierten deutschstämmigen Gefangenen", „Abstimmung (in gewissen Gebieten) unter Kontrolle einer internationalen Kommission", lauteten einige der übrigen Punkte dieses nur wenige Schreibmaschinenseiten umfassenden Schriftstückes.

Die Wirkung auf Chamberlain und die übrigen Engländer war verheerend. „Das ist ja ein Ultimatum", rief Chamberlain und hob beschwörend die Hände hoch. „Ein Diktat", warf Henderson ein, der immer gern deutsche Worte in die Unterhaltung einstreute. Chamberlain erklärte es in erregten Worten für völlig ausgeschlossen, daß er ein derartiges Ultimatum an die tschechische Regierung weiterleite. Nicht nur der Inhalt, auch der Ton des Schriftstückes würde bei seinem Bekanntwerden von der öffentlichen Meinung in den neutralen Ländern aufs schärfste abgelehnt werden. „Mit großer Enttäuschung und tiefem Bedauern muß ich feststellen, Herr Reichskanzler", schloß Chamberlain seine Erwiderung, „daß Sie mich in meinen Bemühungen um die Erhaltung des Friedens auch nicht im geringsten unterstützt haben."

Hitler war von der Heftigkeit der englischen Reaktion anscheinend überrascht. Er wurde in die Defensive gedrängt. Reichlich unbeholfen erwiderte er auf den Vorwurf, daß er ein Ultimatum überreicht habe: „Es steht ja Memorandum darüber und nicht Ultimatum", und versuchte sich wie ein ertappter Schuljunge herauszureden. Aber es half ihm nichts. Chamberlain, Wilson und Henderson gingen erneut zum Angriff vor. Sie wiesen ihm nach, daß sein Vorschlag schon allein an der Kürze der Räumungsfristen scheitern müsse. Kaum 48 Stunden blieben der tschechoslowakischen Regierung zur Erteilung der notwendigen Befehle, und das gesamte Gebiet müsse innerhalb von vier Tagen geräumt werden. Die Gefahr, daß es unter diesen Umständen zu Schießereien komme, sei riesengroß.

Und die Folgen von kriegerischen Verwicklungen zwischen Deutschland und der Tschechoslowakei seien unabsehbar. Mit Sicherheit würde sich ein europäischer Krieg daraus ergeben.

Damit waren die Verhandlungen vollständig auf dem toten Punkt angelangt. In diesem Augenblick tat sich die Tür auf. Einer der Adjutanten Hitlers kam herein und überreichte ihm einen Zettel. Hitler las ihn und reichte ihn mir mit den Worten: „Lesen Sie Herrn Chamberlain diese Meldung vor." Ich übersetzte: „Soeben hat Benesch über den Rundfunk die allgemeine Mobilmachung der tschechoslowakischen Wehrmacht verkünden lassen."

Es herrschte Totenstille im Raum. Man hätte bestimmt eine Stecknadel fallen hören. „Jetzt ist der Krieg unvermeidlich", ging es mir durch den Kopf, und ähnliche Gedanken hatten wohl auch alle anderen Anwesenden. Denn Hitler hatte Chamberlain zwar zugesagt, er werde gegen die Tschechoslowakei nichts unternehmen, hatte aber stets hinzugefügt, „wenn nicht irgendwelche außergewöhnlichen Maßnahmen der Tschechen mich zum Handeln zwingen". War dieser Fall nun eingetreten?

Ich habe später, wenn ich Freunden von dieser dramatischen Szene in Godesberg erzählte, oft den Vergleich mit der Sinfonie mit dem Paukenschlag gebraucht. Nach dem Paukenschlag der tschechischen Mobilisierung herrschte auch in dem Hotelsaal in Godesberg ein paar Takte lang völliges Schweigen. Dann aber setzte auch hier die Melodie der Geigen leise wieder ein. Hitler sagte mit kaum hörbarer Stimme zu dem wie versteinert dasitzenden Chamberlain: „Meine Zusage, daß ich während der Verhandlungen nicht gegen die Tschechoslowakei vorgehen werde, halte ich trotz dieser unerhörten Provokation selbstverständlich aufrecht, zum mindesten solange Sie, Herr Chamberlain, sich noch auf deutschem Boden befinden." Die Spannung begann sich zu lösen. Die Unterhaltung wurde wieder aufgenommen. Sie war nach dem Schock des „Paukenschlages" erheblich gedämpfter als vorher. Irgendwie schienen alle erleichtert über den weiteren Aufschub der Katastrophe aufzuatmen. Es wurde weiter verhandelt, das war die Hauptsache.

Hitler war persönlich bereit, in der Frage der Räumungsfristen, die von Chamberlain als die Hauptschwierigkeit bezeichnet worden war, mit sich reden zu lassen. „Ihnen zuliebe, Herr Chamberlain", sagte er, „will ich in der Zeitfrage eine Konzession machen. Sie sind einer der wenigen Männer, denen gegenüber ich das jemals getan habe", fügte er hinzu, „der 1. Oktober soll mir als Räumungstermin recht sein." Und dann änderte er eigenhändig den entsprechenden Passus in seinem Memorandum. Das Gebiet,

„das am 1. Oktober an Deutschland übergeben wird", übersetzte ich Chamberlain. Hitler nahm noch einige weitere, mildernde Korrekturen in dem Text vor, die meiner Erinnerung nach aber mehr die Form als die Sache betrafen. Dann wurde das Dokument zur Herstellung einer neuen Reinschrift hinausgebracht.

P. Schmidt, a. a. O., S. 404–406.

Adolf Hitler, Erfolg durch Pressepropaganda, 1938

Nach der Besetzung des Sudetengebietes durch deutsche Truppen hielt Hitler folgende Rede vor der deutschen Presse (10. 11. 1938):

Die Umstände haben mich gezwungen, jahrzehntelang fast nur vom Frieden zu reden. Nur unter der fortgesetzten Betonung des deutschen Friedenswillens und der Friedensabsichten war es mir möglich, dem deutschen Volk Stück für Stück die Freiheit zu erringen und ihm die Rüstung zu geben, die immer wieder für den nächsten Schritt als Voraussetzung notwendig war. Es ist selbstverständlich, daß eine solche jahrzehntelang betriebene Friedenspropaganda auch ihre bedenklichen Seiten hat; denn es kann nur zu leicht dahin führen, daß sich in den Gehirnen vieler Menschen die Auffassung festsetzt, daß das heutige Regime an sich identisch sei mit dem Entschluß und dem Willen, den Frieden unter allen Umständen zu bewahren. Das würde aber nicht nur zu einer falschen Beurteilung der Zielsetzung dieses Systems führen, sondern es würde vor allem auch dahin führen, daß die deutsche Nation, statt den Ereignissen gegenüber gewappnet zu sein, mit einem Geist erfüllt wird, der auf die Dauer als Defaitismus gerade die Erfolge des heutigen Regimes nehmen würde und nehmen müßte. Der Zwang war die Ursache, warum ich jahrelang nur vom Frieden redete. Es war nunmehr notwendig, das deutsche Volk psychologisch allmählich umzustellen und ihm langsam klarzumachen, daß es Dinge gibt, die, wenn sie nicht mit friedlichen Mitteln durchgesetzt werden können, mit Mitteln der Gewalt durchgesetzt werden müssen. Dazu war es aber notwendig, nicht etwa nun die Gewalt als solche zu propagieren, sondern es war notwendig, dem deutschen Volk bestimmte außenpolitische Vorgänge so zu beleuchten, daß die innere Stimme des Volkes selbst langsam nach der Gewalt zu schreien begann. Das heißt also, bestimmte Vorgänge so zu beleuchten, daß im Hirn der breiten Masse des Volkes ganz automatisch allmählich die Überzeugung ausgelöst wurde: wenn man das eben nicht im Guten abstellen kann, dann muß man es mit Gewalt abstellen; so kann es aber auf keinen Fall weitergehen. Diese Arbeit hat Monate erfordert, sie wurde planmäßig begonnen, planmäßig fortgeführt, verstärkt ...

Ich habe ja fast jeden Tag feststellen können, wie nun tatsächlich die Wirkung unserer Propaganda, besonders aber unserer Propagandapresse ist. Der Erfolg, wie gesagt, aber ist entscheidend, und er ist, meine Herren, ein ungeheurer! Es ist ein traumhafter Erfolg, so groß, daß die Gegenwart ihn eigentlich heute überhaupt noch kaum ermessen kann. Die Größe dieses Erfolges wurde mir selber in dem Augenblick am meisten bewußt, als ich zum ersten Mal inmitten der tschechischen Bunkerlinien stand. Da wurde mir bewußt, was es heißt, eine Front von fast 2000 Kilometern Befestigungen zu bekommen, ohne einen scharfen Schuß abgefeuert zu haben. Meine Herren, wir haben tatsächlich dieses Mal mit der Propaganda im Dienste einer Idee 10 Millionen Menschen mit über 100000 Quadratkilometern Land bekommen. Das ist etwas Gewaltiges.

Zitiert nach: Geschichte in Quellen, Bd. V, a. a. O., S. 407–409.

Paul Schmidt, Der Staatspräsident der Tschechoslowakei in Berlin, 14. März 1938

Vor dem Einmarsch der deutschen Wehrmacht in die durch das Sudetengebiet verkleinerte Tschechoslowakei am 15. März 1938 wurde Staatspräsident Hacha in Berlin „empfangen“:

[Die Regierungsdelegation war] am Anhalter Bahnhof mit allen Ehren empfangen worden, die einem Staatsoberhaupt zustehen. Auch bei ihrem Erscheinen in der Reichskanzlei war im Ehrenhof die Wachkompanie der Leibstandarte, deren Musikzug den Präsentiermarsch intonierte, angetreten, und Hacha hatte – groteskerweise – die Ehrenfront abgeschritten.

Nach der trügerischen äußeren Form trat in Hitlers düsterem Arbeitszimmer dann die politische Wirklichkeit um so unverhüllter in Erscheinung. Es war keine intime Besprechung von Mann zu Mann, sondern der Kreis der Anwesenden war verhältnismäßig groß. Aber außer Hitler waren einschließlich Göring und Ribbentrop alle anderen nur Statisten. Das galt auch für Hacha und Chvalkovsky[1].

Ich hatte schon längere Sitzungen mit Hitler erlebt als diese kaum eine dreiviertel Stunde währende Besprechung. Ich hatte Hitler auch schon erheblich erregter gesehen als bei dieser Auseinandersetzung mit den Tschechen. Aber ich habe nie eine folgenschwerere Aussprache aufgezeichnet.

---

1) tschechoslowakischer Außenminister

Eine Aussprache im eigentlichen Sinne war es nicht. Es handelte sich mehr um eine einzige, große Anklage gegen die Tschechen von seiten Hitlers, der das ganze „Sündenregister", das er während der Sudetenkrise in den Besprechungen mit den Engländern und Franzosen bereits ausgiebig dargelegt hatte, hier wiederholte, ohne irgendwelche neuen Gesichtspunkte anzuführen. Gegenüber dem Regime Benesch, so behauptete Hitler, habe sich nichts geändert. Der Benesch-Geist lebe auch in der neuen Tschechoslowakei unter der Oberfläche weiter. Das solle kein Ausdruck des Mißtrauens gegenüber Hacha sein, denn von seiner Loyalität sei man in Deutschland überzeugt. Es sei jedoch zum Schutze des Reiches notwendig, daß es das Protektorat über die Rest-Tschechoslowakei übernehme, um selbst nach dem Rechten sehen zu können.

. . .

Hacha und Chvalkovsky saßen wie versteinert in ihren Sesseln, während Hitler sprach. Nur an ihren Augen konnte man erkennen, daß es sich um lebende Menschen handelte. Es muß für beide ein außerordentlich schwerer Schlag gewesen sein, aus dem Munde Hitlers zu erfahren, daß das Ende ihres Landes gekommen war. Sie waren von Prag noch in der Hoffnung abgefahren, sie würden mit Hitler verhandeln können. Noch auf dem Bahnsteig, kurz bevor Hacha in einem plötzlich einsetzenden Schneegestöber die Front der vor dem Anhalter Bahnhof aufgestellten „Ehren"-Formation abschritt, hatte ihm der tschechoslowakische Gesandte in Berlin, Mastny, mitgeteilt, daß deutsche Truppen bereits die tschechische Grenze bei Ostrau überschritten hätten. Dann hatte Hacha stundenlang im Adlon auf den Anruf aus der Reichskanzlei warten müssen, bis er schließlich um 1 Uhr nachts von Hitler empfangen wurde.

Es war erstaunlich, wie sich der alte Herr trotz all dieser Aufregungen in der Besprechung mit Hitler noch aufrecht hielt. „Der Einmarsch der deutschen Truppen ist unabwendbar", sagte Hitler. „Wenn Sie Blutvergießen verhindern wollen, dann telefonieren Sie am besten sofort mit Prag und geben Weisung an Ihren Kriegsminister, daß kein Widerstand von den tschechischen Truppen geleistet wird." Mit diesen Worten beendete Hitler die sensationelle Unterredung.

Aber die Telefonverbindung mit Prag war unterbrochen. Ich wurde von dem sehr nervösen Ribbentrop während der Verhandlungspause beauftragt, „festzustellen, wer da wieder einmal versagt hat". Ich setzte telefonisch Himmel und Hölle (im Postministerium) in Bewegung, erhielt jedoch immer nur die Antwort, daß die deutsche Leitung in Ordnung sei, Prag sich aber nicht mehr melde. „Rufen Sie sofort in meinem Auftrag den Reichspostminister persönlich an", schrie Ribbentrop hochrot vor Zorn, und ich setzte meine Bemühungen in dem Bewußtsein fort, daß das Nichtzustandekommen der Verbindung mit Prag vielen Menschen das Leben kosten könnte, wenn es etwa zu Kampfhandlungen zwischen deutschen und tschechischen Truppen käme.

In der Zwischenzeit sprach Göring in einem anderen Zimmer der neuen Reichskanzlei mit Hacha. Einmal meldete sich plötzlich Prag und ich stürzte in das Zimmer, in dem Göring und Hacha miteinander verhandelten, um von dort aus die Verbindung herzustellen. Beide saßen ruhig am Tisch und unterhielten sich ohne irgendwelche Zeichen von Erregung. Als Hacha hörte, daß er mit Prag sprechen könne, ging er sofort ans Telefon. Ich blieb noch einen Augenblick im Zimmer, um festzustellen, ob das Gespräch auch wirklich zustande kam. Das war sehr gut, denn nach kaum einer Minute war die Verbindung schon wieder abgebrochen. Ich verließ das Zimmer, um „den Postminister sofort aus dem Bett zu holen", wie mir Ribbentrop mit einer bösen Bemerkung über die „Herren Minister, die in einer solchen Situation schlafen, während wir hier schwer arbeiten", aufgetragen hatte. Kaum war ich wieder am „kurbeln", als ich durch die offene Tür auf dem Gang Görings Stimme laut nach Professor Morell, dem Leibarzt Hitlers, rufen hörte. „Hacha hat einen Schwächeanfall bekommen", sagte Göring erregt, „hoffentlich passiert ihm nichts", und fügte dann etwas nachdenklich hinzu: „Es war für so einen alten Mann wohl ein recht anstrengender Tag."

„Wenn Hacha jetzt wirklich etwas zugestoßen ist", dachte ich bei mir in den Pausen zwischen den Telefongesprächen wegen der Verbindung mit Prag, „dann sagt morgen die ganze Welt, er sei hier in der Nacht in der Reichskanzlei umgebracht worden." Aus diesen düsteren Gedanken wurde ich sehr schnell herausgerissen, als mir unsere Telefonzentrale vom Auswärtigen Amt, „die samt ihrem Leiter sofort entlassen wird, wenn sie die Verbindung nicht binnen einer Stunde zustandebringt", wie Ribbentrop getobt hatte, mitteilte, daß Prag nunmehr endgültig sprechbereit sei.

Ich ging nun wieder in das Zimmer, in welchem Hacha und Göring gessen hatten. Sie waren immer noch dort, unterhielten sich aber bei meinem Hereinkommen nur ganz leise miteinander. Hacha war von seinem Schwächeanfall kaum noch etwas anzumerken, jedenfalls nicht äußerlich. Die Spritze von Morell schien ihn wieder hergestellt zu haben.

Hacha und Chvalkovsky sprachen dann mit Prag. Ich blieb noch eine Minute bei ihnen und verließ mit Göring das Zimmer, als ich sie auf tschechisch weitersprechen hörte. Sehr gut schien mir die Verständigung nicht zu sein, denn Chvalkovsky, der zuerst telefonierte, mußte ganz laut und langsam sprechen.

In der Zwischenzeit kümmerte ich mich im Sekretariat um die Reinschrift der nur wenige Zeilen umfassenden Erklärung, in der es hieß: „Bei der Zusammenkunft (zwischen Hitler und Hacha) ist die durch die Vorgänge der letzten Wochen auf dem bisherigen tschechoslowakischen Staatsgebiet entstandene ernste Lage in voller Offenheit einer Prüfung unterzogen worden. Auf beiden Seiten ist übereinstimmend die Überzeugung zum Ausdruck gebracht worden, daß das Ziel aller Bemühungen die Sicherung von Ruhe, Ordnung und Frieden in diesem Teile Mitteleuropas sein müsse. Der tschechoslowakische Staatspräsident hat erklärt, daß er, um diesem Ziel zu dienen und um eine endgültige Befriedigung zu erreichen, das Schicksal des tschechischen Volkes und Landes vertrauensvoll in die Hände des Führers des Deutschen Reiches legt. Der Führer hat diese Erklärung angenommen und seinem Entschluß Ausdruck gegeben, daß er das tschechische Volk unter den Schutz des Deutschen Reiches nehmen und ihm eine seiner Eigenart gemäße autonome Entwicklung seines völkischen Lebens gewährleisten wird."

Um 3 Uhr 55 am Morgen des 15. März wurde dieser Text, der von Hitler vorher bereitgehalten worden war, von ihm und Hacha sowie von Ribbentrop und Chvalkovsky unterzeichnet. Daß dieses Ende der Tschechoslowakei gleichzeitig die Einleitung des Finis Germaniae [Deutschlands Ende] sein würde, war wohl nur wenigen der Beteiligten klar, die kurz danach erschöpft und übermüdet das große, graue Gebäude am Wilhelmsplatz verließen.

P. Schmidt, a. a. O., S. 429–432.

Walter Stucki, Leben in Vichy, 1940

Walter Stucki war schweizerischer Gesandter bei der französischen Regierung in Vichy. Sie war eine Regierung „von Hitlers Gnaden". Marschall Pétain war Staatspräsident.

Bis zum 11. November 1942 trennte die sogenannte Demarkationslinie Frankreich in zwei Teile, die juristisch und politisch sowohl als faktisch sehr erheblich und spürbare Unterschiede aufwiesen. Die Nordzone war in der vollen Bedeutung des Wortes von den Deutschen militärisch „besetzt." Die ganze Verwaltung, inklusive Polizeigewalt, wurde entweder direkt ausgeübt oder doch vollkommen beeinflußt durch die deutschen Militär- und Zivilbehörden. Diese konnten insbesondere direkt Verhaftungen vornehmen und Verhaftete durch ihre eigenen Gerichte verurteilen lassen. Zahllose deutsche Uniformen und Aufschriften aller Art gaben namentlich den großen Städten das Gepräge. Sie waren in Paris, selbst für uns neutrale Besucher, fast unerträglich. Was Deutschland an Menschen und Waren beanspruchte, wurde einfach genommen.

In der Südzone dagegen wirkte sich die militärische Niederlage und der Waffenstillstandsvertrag äußerlich zunächst wenig aus. Die Trikolore und die Uniformen der Waffenstillstandsarmee beherrschten das Straßenbild. Die Verwaltung wurde wie früher über die französischen Präfekten, Unterpräfekten und Bürgermeister besorgt. Die Polizeigewalt lag ausschließlich in französischen Händen. Das „Journal Officiel" war wie früher das Blatt der Gesetzgebung und Verwaltung. Daß sein Inhalt weitgehend durch deutschen Einfluß bestimmt war, sprang meist nicht ohne weiteres in die Augen. In Vichy fand jeden Sonntag in Gegenwart des Staatschefs der Wachtaufzug statt. Auch sonst ließen viel militärische Paraden mit Musik die Niederlage vergessen. Der alte Marschall, von dem man sagte, er sei „le plus attentiste des collaborationistes"[1], repräsentierte mit Würde immer noch eine gewisse französische Souveränität. Ein amerikanischer und ein russischer Botschafter waren neu bei ihm akkreditiert worden.

Der große Unterschied zwischen den beiden Zonen machte sich jeweils besonders geltend, wenn Franzosen von Paris nach Vichy kamen und erklärten, die Überschreitung der Demarkationslinie sei für ihre Gefühle etwa gleich gewesen wie die Befreiung aus unerträglicher Gefangenschaft. . . .

Die weltberühmte Bäderstadt am Flusse Allier führte früher ein Leben wie etwa Interlaken oder Luzern vor dem ersten Weltkrieg: große und glänzende Saison während einiger Sommermonate und Versinken in den Winterschlaf während des Restes des Jahres. Die ständige Wohnbevölkerung betrug kaum etwa 25 000 Einwohner. Während der Saison kamen 40 000–50 000 Kurgäste dazu. Seit Vichy provisorisch Hauptstadt Frankreichs geworden war, beherbergte die Stadt ständig gegen 100 000 Menschen, deren Unterbringung ein fast unlösbares Problem bildete. Die großen Hotels beherbergten die verschiedenen Teile der französischen Verwaltung, der Armee und das diplomatische Korps.

Das „Hôtel du Parc" gab im zweiten Stock dem Regierungschef Laval, im dritten Stock dem Staatschef Pétain Unterkunft. Die ohnehin immer

[1]) der Zurückhaltendste unter denjenigen, die mit den Deutschen zusammenarbeiten

drückender gewordene Atmosphäre von Vichy erhielt ihr besonderes Gepräge dadurch, daß, auf engstem Raum zusammengepreßt, die beiden ersten Persönlichkeiten Frankreichs sich in tödlichem Hasse gegenüberstanden und doch auf Gedeih und Verderb auf einander angewiesen waren. Äußerlich kam dies in fast symbolischer Weise dadurch zum Ausdruck, daß mitten auf der Treppe zwischen dem zweiten und dritten Stock ein schweres Eisengitter angebracht wurde. Die beiden Männer verkehrten außerdienstlich kaum jemals miteinander.

Walter Stucki, Von Pétain zur Vierten Republik. Bern 1947, S. 15–17.

Gustav Hilger, Übergabe der deutschen Kriegserklärung an die UdSSR, 1941

Hilger war Botschaftsrat an der deutschen Botschaft in Moskau.

In der Nacht zum 22. Juni traf ein Telegramm aus Berlin ein mit der Weisung, der Botschafter sollte sich sofort zu Molotow begeben und ihm erklären, daß die sowjetischen Truppenzusammenziehungen an der deutschen Grenze einen Umfang angenommen hätten, den die Reichsregierung als unerträglich empfinde. Sie habe sich daher entschlossen, geeignete Gegenmaßnahmen zu ergreifen. Das Telegramm wies den Botschafter an, er solle sich auf keine weiteren Diskussionen mit Molotow einlassen.

Kurz nach vier Uhr morgens betraten wir zum letzten Mal den Kreml. Molotow empfing uns sofort. Er sah müde und abgearbeitet aus. Nachdem der Botschafter seine Mitteilung gemacht hatte, herrschte einen Augenblick tiefes Schweigen. Molotow kämpfte sichtlich mit einer starken inneren Erregung. Dann fragte er: „Ist dies eine Kriegserklärung?“ Der Botschafter reagierte schweigend mit einer für ihn charakteristischen Geste, indem er mit dem Ausdruck besorgter Hilflosigkeit seine Arme hob. Darauf sagte Molotow mit leicht erhobener Stimme, daß die Mitteilung des Botschafters natürlich nichts anderes als eine Kriegserklärung bedeuten könne, da deutsche Truppen die sowjetische Grenze überschritten hätten und Städte wie Odessa, Kiew und Minsk bereits seit anderthalb Stunden von deutschen Flugzeugen bombardiert würden. Dann ließ er seiner Entrüstung freien Lauf. Er sagte, Deutschland habe ein Land angegriffen, mit dem es einen Nichtangriffs- und Freundschaftsvertrag abgeschlossen habe. Hierfür gebe es keinen Präzedenzfall in der Geschichte. Der von deutscher Seite angegebene Grund sei ein leerer Vorwand. Von sowjetischen Truppenzusammenziehungen an der deutschen Grenze könne keine Rede sein.

Der Aufenthalt sowjetischer Truppen im Grenzgebiet sei lediglich durch die Sommermanöver bedingt, die in der dortigen Gegend stattfänden.

Gustav Hilger, Wir und der Kreml. Deutsch-sowjetische Beziehungen 1918–1941. Frankfurt a.M. – Berlin 1955, S. 312f.

Soldatenbriefe aus Polen und Rußland, 1939/1943

Die Soldaten, die diese Briefe an der Front verfaßt haben, sind alle gefallen.

Harald Henry:

22. August 1941

Gestern war ein Tag, so überschwemmt mit Blut, so voll von Verwundeten und Toten, so durchbraust vom Knattern der Salven, Splittern der Granaten, dem Stöhnen und Schreien der Verwundeten, daß ich noch nichts darüber schreiben kann. Erst muß ich das Ende dieses furchtbaren Kampfes abwarten, um nur zu sehen, was noch bleibt. Mich aber hat mein Glaube bisher nicht betrogen. Wie durch ein Wunder wurde ich am Nachmittag dem heftigsten Kampf entzogen und blieb so bisher unverletzt. Wer alles gefallen und verwundet ist, weiß ich noch nicht, da die Kompanie seit 24 Stunden abgeschnitten in einer von ihr eroberten Stadt sich hält. Jedenfalls ist mein alter Unteroffizier Grabke und viele andere Kameraden tot. Ich breche jetzt vom Gefechtstroß aus, zu dem ich Gefangene und Verwundete zurückschaffte, wieder auf und versuche zur Kompanie durchzustoßen, in der festen Zuversicht, auch diesmal ungekrümmten Haares hindurchzugehen. Vielleicht nur noch wenige Tage und wir sind am Ziel, alles ist überwunden! – –

Günter von Scheven:

4. März 1942

Es ist schwer, nach überstandenem Inferno den Weg zurückzufinden. Man lebt weiter mit den gefallenen Kameraden und geht den Weg zurück zum Licht, nachdem man eine Strecke weit im Dunkel dem Ruf der Bestimmung gefolgt war, und die Seele eine Wandlung durchmessen hat. – –

Du wirst Dir keine Vorstellung machen können von dieser Landschaft, die vom Tode gezeichnet ist, Punkt für Punkt verwachsen mit dem eigenen Geschick. Zwischen Erstarrung und Blut, Feuer und Eis bewegt sich das Bild im Nebelgrau der Tage und der eisigen Sternenklarheit unendlich langer Nächte, mit Aufschrei und Stöhnen, jauchzendem Ruf der Stürmenden und wildem, gellendem Gebrüll feindlicher Infanterie. Von leise surrenden

Flugzeugen rauschten Bomben hernieder; dazu das Dröhnen der Artillerie. Wir hausten in Unterständen in zitternder Erde.

9. März 1942

Die Bilder gefallener Kameraden ziehen vor meinem Auge vorüber mit den furchtbaren Wunden. Vom grauen Mantel zugedeckt, in der Kälte frühzeitig erstarrt, stumm und leblos liegen sie da, mit den vom Frost zerfallenen Gesichtern und lichtlosen Augen. Selten konnte sich das Lächeln der Erlösung noch um die Mundwinkel legen; ein erbarmungsloser, harter Tod. Nach manchen Kampftagen lagen lange Reihen nebeneinander. Jede Stunde war erfüllt vom Zwielicht des Todes. Vergessen wir nie die Gesichter dieser Toten und Lebendigen. Was wir hier sehen, ist das Antlitz des russischen Krieges, und vielleicht der letzte, unerreichbare Ausdruck unserer Zeit.

Zitiert nach: Walter Bähr (Hrsg.) Kriegsbriefe gefallener Studenten (1939–1945). Tübingen 1952, S. 75/76, 114f.

Ein letzter Brief aus Stalingrad (1943):

Du warst mein bester Freund, Monika. Du hast Dich nicht verlesen. Du warst es. Die Zeit ist zu ernst, um Scherze zu machen. Dieser Brief wird 14 Tage gebrauchen, um zu Dir zu kommen. Bis dahin wirst Du es schon in der Zeitung gelesen haben, was sich hier abgespielt hat . . .

Ringsherum bricht alles zusammen, eine ganze Armee stirbt, der Tag und die Nacht brennen, und vier Menschen sind damit beschäftigt, Temperatur und Wolkenhöhe täglich weiterzugeben. Ich verstehe nicht viel vom Krieg. Von meiner Hand ist kein Mensch gefallen. Ich habe noch nicht einmal mit meiner Pistole scharf geschossen. Aber so viel weiß ich, daß die Gegenseite eine solche Verständnislosigkeit nicht aufbringt. Ich hätte gern noch ein paar Jahrzehnte Sterne gezählt, aber damit wird es wohl nun nichts mehr werden.

„Das Parlament“ vom 28. 12. 1955, S. 793.

Sicherheitsdienst der SS, Die Stimmung in der Bevölkerung, Mai 1943

Der Sicherheitsdienst der SS hatte die Aufgabe, Partei und Regierung über die Reaktionen in der deutschen Bevölkerung auf die politische Entwicklung möglichst ungeschminkt zu informieren.

Nach Meldungen aus allen Reichsteilen glauben die Volksgenossen, daß sich augenblicklich an den Fronten nichts Entscheidendes ereigne, daß hierin aber „über Nacht“ eine Änderung eintreten könne. Obwohl viel über eine deutsche Großoffensive an der Ostfront, einen möglichen Zusammenbruch der Front in Tunesien, über die zu erwartende Invasion der Engländer und Amerikaner auf den Kontinent und über die feindlichen Luftangriffe gesprochen werde, seien die Volksgenossen nicht nervös, sondern ruhig. Indessen komme diese Ruhe bei größeren Teilen der Bevölkerung nicht so sehr aus einer zuversichtlichen Beurteilung der Zukunftsaussichten, sondern wurzele in einer gewissen Ausweglosigkeit und Überdrüssigkeit. Die sehr starke Beanspruchung der Bevölkerung in den letzten Jahren habe viele abgestumpft, so daß sie nicht mehr so recht „mitzugehen“ vermöchten. Manche Volksgenossen wagten es auch nicht mehr, die militärisch-politische Lage eingehend durchzudenken, weil sie glaubten, bei solchen Erörterungen könne man den Mut verlieren. Tatsächlich sei bei einem nicht geringen Teil der Bevölkerung trotz äußerlicher Gelassenheit und tadellosem Verhalten, insbesondere rastloser und opferbereiter Pflichterfüllung in der Arbeit, eine pessimistische Grundtendenz unverkennbar.

Die Stimmung der Volksgenossen ist z.Z. ruhig. Es fehlt jedoch an der nötigen Überzeugung und dem Glauben an den Endsieg, heißt es in einer Meldung. In gewissen Schichten (Industrielle, Intelligenz, Teile des Bürgertums, Offizierskreise in Heimatdienststellen) rechne man vielfach nur noch mit einem Kompromißfrieden. Jedenfalls könne man nur selten einen Vertreter dieser Schichten hören, der sich mit Überzeugung für die Gewißheit eines hundertprozentigen Sieges einsetze. Allerdings sei auch festzustellen, daß mangels genauer Kenntnis der politischen und wirtschaftlichen Kriegsziele keine klare Vorstellung darüber bestehe, was unter einem „Kompromißfrieden“ oder einem „hundertprozentigen Frieden“ zu verstehen sei. Trotz oder gerade wegen dieser Unklarkeit würden aber Redensarten, wie: „Wir können froh sein, wenn wir mit einem blauen Auge davonkommen!“, die man heute so oft hören könne, eine negative Wirkung ausüben, zumal, wenn sie von Volksgenossen geäußert würden, die irgendeine leitende Funktion versehen. Auf nicht immer feststellbaren Wegen, vielfach über Büroangestellte und sonstige Untergebene, Telefonistinnen, Ehefrauen und andere nahestehende Personen, würden solche Äußerungen in breitere Volksschichten kolportiert. Als Argumente für eine derartig vorsichtige oder negative Beurteilung der Kriegsaussichten würden regelmäßig folgende vorgebracht: Die „unbekannte Größe“ der russischen Reserven an Menschen und Material, die angeblich erst zu einem Bruchteil erschlossen bzw. eingesetzten „unbegrenzten Möglichkeiten“ der USA einerseits, sowie Rohstoff- und Menschenmangel auf deutscher Seite andererseits. Besonders die angeblichen Versorgungsschwierigkeiten der Rüstungsindustrie, welche durch Hinweis auf gelegentliche Unterbrechungen der Produktion in einzelnen Betrieben wegen vorübergehenden Materialmangels teilweise als bedenklich hingestellt würden, spielten hierbei eine große Rolle. Es sei bezeichnend, daß anläßlich der propagandistischen Herausstellung neuer Waffen, z. B. des „Tiger", in der Bevölkerung fast allgemein die Frage erörtert worden ist, ob wohl die materialmäßigen Voraussetzungen für eine Serienproduktion dieser Waffen gegeben seien.

Bei alledem sei sich aber die Bevölkerung völlig darüber im klaren, daß durchgehalten werden müsse und ein November 1918 sich nicht wiederholen dürfe.

Zitiert nach: Heinz Boberach (Hrsg.), Meldungen aus dem Reich. Auswahl aus den geheimen Lageberichten des Sicherheitsdienstes der SS 1939–1944. Neuwied, 1965, S. 388 f.

Bericht über die Deportation der Juden aus Stettin, 1940

Vor der „Endlösung" (d. h. der Ermordung in den Vernichtungslagern von Auschwitz, Treblinka, Sobibor) wurden 1940 die jüdischen Bürger aus Deutschland deportiert, zum großen Teil nach Polen, wo sie in Gettos in größter Armut und in primitivsten Verhältnissen leben mußten. Eine Ehefrau nicht-jüdischer Herkunft, die ihren Mann freiwillig in die Deportation begleitete, berichtet von Verhaftung und Deportation von etwa 1000 Juden aus Stettin (12. Februar 1940):

Am 12. Februar 1940 abends acht Uhr klingelten zwei SA-Leute und verlangten, eingelassen zu werden. Sie eröffneten uns, daß wir in der Nacht Stettin zu verlassen hätten. Dann durchräumten sie die ganze Wohnung und machten ein Verzeichnis aller Wertsachen (die für uns sichergestellt werden sollten!!). Alle Sparkassenbücher, Safeschlüssel, alles Silber, Schmucksachen, sogar das Wirtschaftsgeld in der Kasse nahmen sie auf und steckten es in Beutel. Dann beauftragten sie uns, jeder einen kleinen Koffer mit guten Kleidungsstücken zu packen, sogar ein silbernes Eßbesteck erlaubten sie uns. (Auf dem Bahnhof wurde uns dieser Koffer abgenommen und nie haben wir ihn wiedergesehen.) Der ältere SA-Mann sagte zu mir: „Ziehen Sie sich warm an, wo Sie hinkommen, ist es kalt." Als ich ihn, hierdurch ermutigt, fragte, wohin wir kämen, drehte sich der jüngere, vielleicht zwanzig Jahre alte, um und schrie mich an: „Sie kommen zu Ihren Kindern nach ... (Wir hatten damals unsere fünf Kinder, um sie vor den Brutalitäten in der Schule zu schützen, schon in das Ausland gebracht.) Da kein Auto, das uns holen sollte, zur Hand war, warteten wir angezogen die ganze Nacht, bewacht von den zwei, sogar auf die Toilette begleiteten sie uns. Zwei- bis dreimal während der Nacht kam ein Beamter in Zivil und ließ die beiden Meldung machen. Gegen acht Uhr morgens kam das Auto, und wir und noch acht andere Bewohner, jeder mit seinem SA-Mann, wurden zum Güterbahnhof gebracht. Hier haben wir stundenlang gestanden und viele Frauen fielen ohnmächtig um. Als wir an der Reihe waren, wurde ich von meinem Mann getrennt, weil ich keinen jüdischen Ausweis hatte. Ich wurde zu einem höheren Offizier gebracht, und nachdem er mich vergeblich gefragt hatte, ob ich mich scheiden lassen wollte, belegte er mich mit schrecklichen Schimpfworten, nachdem man ihm gesagt hatte, daß ich fünf Kinder im Ausland hätte. Ich wurde dann in ein Büro gebracht, wo ich viermal unterschreiben mußte:

„Ich fühle mich dem Transport angeschlossen und gehe freiwillig mit." Zwei standen mit Revolvern hinter mir. Dann wurde ich einer Leibesvisitation unterzogen, bekam ein Billett: Gesellschaftsfahrt nach G... (der Name ist mir entfallen) und 20 Zloty in die Hand gedrückt und eine Tüte mit einigen Broten und Wurst. Im Zug traf ich dann meinen Mann wieder. Er hatte helfen müssen, die Koffer in die anhängenden Güterwagen zu schleppen, und ich habe gesehen, daß ältere Leute als er, die nicht so tragen konnten, mit Kolbenstößen und, als sie liegen blieben, mit Fußtritten traktiert wurden. – Als alle im Zug waren, wurde abgeschlossen, mittags gab es eine ganz versalzene Graupensuppe und gegen zwei ging der Zug ab. Wir fuhren für drei Tage, ohne einen Tropfen zu trinken, im eiskalten Zug. Da kein Platz für alle war, abwechselnd stehend oder sitzend. Meine Schwiegereltern, die mit uns kamen, waren im 78., ein anderer Verwandter im 83. Lebensjahr. Zeitweise hielt der Zug für Stunden. Wir hörten Schreie und Schüsse, konnten aber durch die dickverfrorenen Scheiben nichts sehen. In unserem Abteil war u.a. ein alter Herr mit einem Blasenleiden, er mußte immer katheterisiert werden. Als er vor wahnsinnigen Schmerzen schrie und tobte und der Zug gerade hielt, versuchte einer der Männer das Fenster zu öffnen und nach einem Arzt zu rufen. Die Wache schoß an das Fenster, schrie als sie gehört hatte, um was es sich handele, Fenster zu, laß ihn verrecken, den Hund! Einer hatte zufällig ein paar Tabletten und gab, als er später wieder erwachte, noch einige. Mein alter Verwandter wurde darüber wahnsinnig und wollte aus dem Fenster, vier Männer mußte ihn halten. Dann, in der Nacht um ein Uhr, hielt der Zug plötzlich in Lublin. Soldaten in schwarzen Uniformen rissen die Türen auf und zogen alte Leute, die nicht schnell genug waren, an den Beinen aus dem Wagen. Als wir gesammelt waren, ging der Marsch ins SS-Lager los. Im Laufschritt, unter fortwährendem Schießen; alles, was wir in der Hand hatten, warfen wir fort. Vor mir brach eine Mutter zusammen. Ihre zwei Töchter wurden mit Kolbenstößen weitergetrieben. Diese Leiche und andere wurden mit Füßen an die Seite der Straße gestoßen. Im Lager sanken wir teilnahmslos auf das Stroh am Boden, mußten aber von Zeit zu Zeit aufstehen und Haltung annehmen, wenn die SS erschien. Am Mittag, ohne zu essen oder zu trinken, wurden die Frauen auf offene Schlitten geladen zur Fahrt nach Belzyce oder Piaski. Die Männer hatten die 25 km zu gehen. Es war eine furchtbare Fahrt auf den offenen Schlitten durch Polens weite Schneefelder bei 40 Grad Kälte. Am nächsten Tag im Krankenhaus in Lublin wurden 130 Amputationen verfrorener Glieder vorgenommen, darunter an einem siebenjährigen Mädchen, dem beide Füße, alle Finger der einen Hand und einige der anderen Hand abgenommen wurden. Das Kind kam im Sommer wieder nach Belzyce, ich hatte es zu betreuen. Die Wunden des Fußes waren noch nicht geheilt. (Sie sind nun alle tot, mancher hätte an den furchtbaren Wunden sein Leben zu tragen gehabt.) Ich will nichts schreiben von dem furchtbaren Schmerz, der eisigen Kälte, Läusen, Flecktyphus usw. Ganz schlimm wurde es erst, als Amerika in den Krieg eintrat und die SS sich durch die sogenannten „Aktionen“ rächte . . .

Nach Amerika[1] wurden die Aktionen schärfer. Oft erschoß die SS zahlreiche Menschen auf der Straße. Die meisten Männer der Stettiner Gruppe (auch mein Mann) kamen am 11. Mai 1942 ins Lager Majdanek. Am 12. Mai kam der Transport Leipzig von über 1000 Menschen in das kleine ausgehungerte Städtchen, und damit war das Schicksal aller besiegelt. Ich weiß nicht, wie wir uns gehalten haben bis zum 2. Oktober, an dem die meisten jungen Menschen nach Majdanek kamen, und bis zum 13. 10. 1942, an dem (nachdem an zwei Tagen alle Juden der Umgebung zusammengezogen waren) 5300 Menschen über die Landstraßen in die Gaskammern gingen. Der Ort bot ein entsetzliches Bild, die Wohnungen zerstört und überall war Blut auf der Straße. Das ganze Spital war ausgeschossen.

Ich wurde wie durch ein Wunder gerettet, kam in das Lager Belzyce, in dem die Überlebenden gesammelt wurden, im Dezember 1942 nach Majdanek und November 1943 nach Ravensbrück, nachdem ich am letzten Tag in Belzyce noch mitansehen mußte, wie die SS die Männer nach Majdanek schickte, die Frauen in Reihen aufstellte und an ihnen vorbei Ukrainer-Soldaten ihre Kinder forttrugen, auf Lastwagen warfen und auf dem jüdischen Friedhof erschossen. Das herzzerreißende Schreien der Mütter

---

1) Kriegseintritt der USA

werde ich niemals vergessen. – Die Zustände in Majdanek und Ravensbrück sind zu bekannt, als daß ich sie beschreiben müßte.

Mein Mann ist in Majdanek geblieben, ich weiß nicht wie. Es hieß damals: Contingent 400. G. M.

Zitiert nach: Else Behrend-Rosenfeld und Gertrud Luckner (Hrsg.), Lebenszeichen aus Piaski. München 1970, S. 23–26.

Bericht eines Obergefreiten über das „Umlegen" von Juden, 1941

Als freiwilliges Mitglied eines Erschießungskommandos schreibt der Obergefreite am 7. Juli und 5. Oktober 1941 in sein Kriegstagebuch:

7. Juli

1941 – Wir kamen in Minsk an. Unser Bataillon kriegte die Aufgabe, sechstausend Gefangene zu bewachen und alle Juden der Stadt zu erschießen. Viele Gefangene flüchteten in der Nacht, und wir mußten von der Waffe Gebrauch machen. Wir haben allein fünfhundert Juden umgelegt.

5. Okt. 1941 – Gestern abend suchte unser Leutnant fünfzehn Mann mit starken Nerven. Habe mich selbstverständlich freiwillig gemeldet. Wir haben nicht gewußt, was es sollte. Heute früh um fünf sollten wir vor der Kompanie-Schreibstube antreten, mit Helm, und pro Mann dreihundert Patronen bekommen. Wir warteten mit großer Spannung auf den Morgen. Punkt fünf traten wir an, und der Leutnant erklärte uns, was wir zu tun hatten. Es gab ungefähr tausend Juden im Dorf Krupka, und die sollten heute alle erschossen werden. Ein Zug wurde uns als Wachmannschaft zugeteilt. Die hatten aufzupassen, daß niemand entwischte. Um punkt sieben hatten alle Juden auf dem Rapportplatz anzutreten – Männer, Frauen und Kinder. Die Liste wurde verlesen – und dann marschierte die ganze Formation ab, Richtung der nächste Sumpf. Das Hinrichtungskommando, zu dem ich gehörte, marschierte voran, und die Wachmannschaft marschierte rechts und links. Es war ein regnerischer Tag und der Himmel eine einzige schwere Wolke wie aus Blei. Man hatte den Juden gesagt, daß sie alle nach Deutschland geschickt werden sollten, damit sie dort arbeiten. Aber als es quer über das Geleise von der Schmalspurbahn und weiter in Richtung auf den Sumpf zuging, ging den meisten ein Licht auf. Eine Panik brach aus, und die Wachmannschaft hatte alle Hände voll zu tun gehabt, daß sie den Haufen zusammenhielt. Wie wir bei dem Sumpf angekommen sind, haben sie sich alle hinsetzen müssen mit dem Gesicht in der Richtung, aus der wir gekommen sind. Fünfzig Meter davon war ein tiefer Graben voll Wasser. Die ersten zehn mußten sich neben diesen Graben stellen und sich bis zum

Gürtel ausziehen, dann mußten sie ins Wasser hinuntergehen, und das Abschußkommando, also wir, sind über ihnen am Ufer gestanden. Einen Leutnant und einen Unteroffizier, die hatten wir bei uns. Zehn Schüsse, zehn Juden umgelegt. Das ist so weigergegangen, bis wir sie alle erledigt hatten. Nur wenige haben dabei ihre Haltung bewahrt. Frauen haben sich an ihre Männer geklammert und Kinder an ihre Mütter. Es war ein Schauspiel, das man nicht schnell vergißt ... Etwa ebensoviel in Kholoponichi erschossen.

Zitiert nach: Glaser, a.a.O., S. 154/155.

Rudolf Höß, „Technik“ des Vernichtens, 1943/1944

Rudolf Höß glaubte als Kommandant von Auschwitz, mit der Vernichtung von Juden seine „Pflicht“ zu erfüllen. Gaskammern wurden gebaut, weil die „herangeführten Massen“ für Erschießungskommandos zu groß waren und die mobilen Lastwagen-Gaskammern, in denen Menschen durch Motoren-Abgase ermordet wurden, für die Massenvernichtung nicht ausreichten. An der Bahnrampe von Auschwitz wurden die Juden „ausgeladen“:

An der Bahnrampe wurden die Juden von einer Bereitschaft des Lagers von der Stapo übernommen und in zwei Abteilungen durch den Schutzhaftlagerführer nach dem Bunker, wie die Vernichtungsanlage bezeichnet wurde, gebracht. Das Gepäck blieb an der Rampe und wurde dann nach der Sortierstelle ... gebracht. Die Juden mußten sich bei dem Bunker ausziehen, es wurde ihnen gesagt, daß sie zur Entlausung in die auch so bezeichneten Räume gehen müßten. Alle Räume, es handelte sich um fünf, wurden gleichzeitig gefüllt, die gasdicht gemachten Türen zugeschraubt und der Inhalt der Gasbüchsen durch besondere Luken in die Räume geschüttet.

Nach Verlauf einer halben Stunde wurden die Türen wieder geöffnet, in jedem Raum waren 2 Türen, die Toten herausgezogen und auf kleinen Feldbahnwagen auf einem Feldbahngeleis nach den Gruben gefahren. Die Kleidungsstücke wurden mit Lastwagen nach der Sortierstelle gebracht. Die ganze Arbeit, Behilflichsein beim Ausziehen, Füllen des Bunkers, Räumung des Bunkers, Beseitigung der Leichen sowie das Ausschachten und Zuschütten der Massengräber wurde durch ein besonderes Kommando von Juden durchgeführt, die gesondert untergebracht waren und laut Anordnung Eichmanns nach jeder größeren Aktion ebenfalls vernichtet werden sollten. Während der ersten Transporte schon brachte Eichmann einen Befehl des RFSS [Reichsführer-SS], wonach den Leichen die Goldzähne auszuziehen und bei den Frauen die Haare abzuschneiden seien.

Diese Arbeit wurde ebenfalls von dem Sonderkommando durchgeführt. Die Aufsicht bei der Vernichtung hatte zu der Zeit jeweils der Schutzhaftlagerführer bzw. der Rapportführer. Kranke Personen, die man nicht in die Gasräume bringen konnte, wurden durch Genickschuß mit dem Kleinkalibergewehr getötet. Ein SS-Arzt mußte ebenfalls zugegen sein. Das Einwerfen des Gases erfolgte durch die ausgebildeten Desinfektoren – SDGs.

Während es sich im Frühjahr 1942 noch um kleinere Aktionen handelte, verdichteten sich die Transporte während des Sommers, und wir waren gezwungen, noch eine weitere Vernichtungsanlage zu schaffen. Es wurde das Bauerngehöft westlich der späteren Krematorien III und IV ausgewählt und hergerichtet. Zur Entkleidung waren beim Bunker I zwei und beim Bunker II drei Baracken entstanden. Der Bunker II war größer, er faßte ca. 1200 Personen.

Noch im Sommer 1942 wurden die Leichen in die Massengräber gebracht. Erst gegen Ende des Sommers fingen wir an mit der Verbrennung; zuerst auf einem Holzstoß mit ca. 2000 Leichen, nachher in den Gruben mit den wieder freigelegten Leichen aus der früheren Zeit. Die Leichen wurden zuerst mit Ölrückständen, später mit Methanol übergossen. In den Gruben wurde fortgesetzt verbrannt, also Tag und Nacht. Ende November 1942 waren sämtliche Massengräber geräumt. Die Zahl der in den Massengräbern vergrabenen Leichen betrug 107 000. In dieser Zahl sind nicht nur die vergasten Judentransporte vom Anfang bis zu Beginn der Verbrennungen enthalten, sondern auch die Leichen der im Lager Auschwitz verstorbenen Häftlinge des Winters 1941/42, als das Krematorium beim Revier längere Zeit ausgefallen war. Ebenso sind darin enthalten sämtliche verstorbenen Häftlinge des Lagers Birkenau.

...

Ursprünglich waren laut RFSS-Befehl alle durch die Dienststelle Eichmann nach Auschwitz transportierten Juden ausnahmslos zu vernichten. Dies geschah auch bei den Juden aus dem Gebiet Oberschlesien, aber schon bei den ersten Transporten deutscher Juden kam der Befehl, alle arbeitsfähigen Juden, Männer und Frauen, auszusuchen und im Lager für Rüstungszwecke einzusetzen. Dies geschah noch vor der Einrichtung des Frauenlagers, denn die Notwendigkeit, ein Frauenlager in Auschwitz zu errichten, entstand erst durch diesen Befehl.

Durch die umfangreichen Rüstungsbetriebe, die in den KL erstanden waren und weitergetrieben wurden und den nun beginnenden Einsatz der Häftlinge in Rüstungswerken außerhalb der Lager, war plötzlich ein erheblicher Mangel an Häftlingen entstanden, während früher oft die Lagerkommandanten in den alten Lagern im Reich nach Arbeitsmöglichkeiten suchen mußten, um alle Häftlinge beschäftigen zu können. Die Juden sollten aber nur im Lager Auschwitz eingesetzt werden. Auschwitz-Birkenau sollte ein reines Judenlager werden, alle anderen Nationalitäten sollten nach anderen Lagern abtransportiert werden. Restlos ist dieser Befehl nie durchgeführt worden, auch wurden späterhin die Juden auch in den Rüstungsbetrieben außerhalb des Lagers eingesetzt, aus Mangel an anderen Arbeitskräften.

Die Aussuchung der arbeitsfähigen Juden hatte durch SS-Ärzte zu erfolgen. Es ist aber wiederholt vorgekommen, daß auch Führer des Schutzhaftlagers bzw. Arbeitseinsatzes dies durchführten, ohne mein Wissen oder gar meine Billigung. Dadurch entstanden stets Reibereien zwischen den SS-Ärzten und den Arbeits-Einsatzführern. Der Gegensatz der Anschauungen bei den Führern in Auschwitz war entstanden und wurde stets weitergenährt durch die gegensätzliche Auffassung des RFSS-Befehls bei den höchsten Dienststellen in Berlin. Das RSHA [Reichssicherheitshauptamt] hatte aus sicherheitspolizeilichen Gründen das größte Interesse daran, möglichst viele Juden zu vernichten. Der Reichsarzt SS, der ja den SS-Ärzten die Richtlinien über die Aussortierung gab, war der Anschauung, daß nur wirklich voll arbeitsfähige Juden für den Arbeitseinsatz in Frage kämen, da schwächliche, ältere und nur bedingt taugliche in kurzer Zeit arbeitsunfähig würden, den ohnehin schon überlasteten allgemeinen Gesundheitszustand weiter verschlechterten, die Reviere unnötig vermehrten, dadurch weiteres ärztliches Personal und Medikamente erforderlich machten und schließlich doch getötet werden müßten. Das WVHA [Wirtschafts- und Verwaltungshauptamt] hatte Interesse daran, möglichst viele Arbeitskräfte, auch wenn sie später arbeitsunfähig wurden, für den Rüstungs-Einsatz zu erhalten. Weiter verschärft wurden diese Interessengegensätze durch die sich ins Unermeßliche steigernden Anforderungen von Häftlings-Arbeitskräften durch das Rüstungsministerium ...

Die Aussortierung ging so vor sich. Die Waggons wurden nacheinander entladen. Nach Ablegung des Gepäcks mußten die Juden einzeln an einem SS-Arzt vorbeigehen, der im Vorbeimarschieren die Tauglichkeit entschied. Die Arbeitseinsatzfähigen wurden in kleineren Abteilungen sofort ins Lager abgeführt. Der Tauglichkeitsprozentsatz war 25–30 Prozent im Gesamtdurchschnitt aller Transporte, schwankte aber sehr. So war z.B. der Durchschnittsprozentsatz der arbeitsfähigen griechischen Juden nur 15 Prozent, und es gab Transporte aus der Slowakei, die 100% arbeitsfähig waren. Juden-Ärzte und Pflegepersonal wurden ausnahmslos dem Lager zugeführt.

Schon bei den ersten Verbrennungen im Freien zeigte es sich, daß auf die Dauer dies nicht durchzuführen sei. Bei schlechtem Wetter oder starkem Wind trieb der Verbrennungsgeruch viele Kilometer weit und führte dazu, daß die ganze umwohnende Bevölkerung von den Juden-Verbrennungen sprach, trotz der Gegenpropaganda von seiten der Partei und den Verwaltungsdienststellen. Es waren zwar alle an der Vernichtungsaktion beteiligten SS-Angehörigen besonders streng verpflichtet, über die gesamten Vorgänge zu schweigen. Spätere SS-Gerichtsverhandlungen aber zeigten, daß von seiten der Beteiligten doch nicht geschwiegen wurde. Auch erhebliche Strafen konnten die Schwatzhaftigkeit nicht verhindern.

Weiterhin erhob die Luftabwehr Einspruch gegen die weithin in der Luft sichtbaren nächtlichen Feuer. Es mußte aber auch nachts weiter verbrannt werden, um die eintreffenden Transporte nicht abstoppen zu müssen. Das Fahrplanprogramm der einzelnen Aktionen, das in einer Fahrplankonferenz durch das Reichsverkehrsministerium genau festgelegt war, mußte unbedingt eingehalten werden, um eine Verstopfung und Verwirrung der betr. Bahnlinien zu vermeiden, insbesondere aus militärischen Gründen. Obige Gründe führten nun zu der mit allen Mitteln vorwärtsgetriebenen Planung und dem schließlichen Bau der beiden großen Krematorien, und 1943 zum Bau der zwei weiteren kleineren Anlagen. Eine später noch beabsichtigte, die im Bau befindlichen bei weitem übertreffende Anlage kam nicht mehr zur Durchführung, da im Herbst 1944 der RFSS die sofortige Einstellung der Juden-Vernichtung befahl.

Die beiden großen Krematorien I und II wurden im Winter 1942/43 gebaut und im Frühjahr 1943 in Betrieb genommen. Sie hatten je fünf 3-Kammer-Öfen und konnten innerhalb 24 Stunden je ca. 2000 Leichen verbrennen. Die Verbrennungskapazität zu steigern, war feuerungstechnisch nicht möglich. Versuche führten zu schweren Schäden, die mehrere Male zum gänzlichen Außerbetriebsetzen führten. Die beiden Krematorien I und II hatten unterirdisch gelegene Auskleide- und Vergasungsräume, die be- und entlüftet werden konnten. Die Leichen wurden durch einen Aufzug nach den oben befindlichen Öfen gebracht. Die Vergasungsräume faßten je 3000 Menschen, diese Zahlen wurden aber nie erreicht, da die einzelnen Transporte ja nie so stark waren.

Die erreichte höchste Zahl innerhalb 24 Stunden an Vergasungen und Verbrennungen war etwas über 9000 an allen Stellen außer III im Sommer 1944 während der Ungarn-Aktion, als durch Zugverspätungen anstatt der vorgesehenen drei Züge fünf Züge innerhalb 24 Stunden einliefen und diese außerdem noch stärker belegt waren.

Die Wertsachen wurden durch eine besondere Abteilung der Standortverwaltung erfaßt und durch Fachleute nach Werten sortiert, ebenso die gefundenen Geldsorten.

Bei den gefundenen Wertsachen handelte es sich meist – besonders bei den Judentransporten aus dem Westen – um wertvollste Dinge. Edelsteine von Millionenwert, brillantenbesetzte Uhren, Gold- und Platinuhren von unermeßlichem Wert, ebenso Ringe, Ohrringe, Halsschmuck von erheblichen Seltenheitswerten. Geldsorten aller Herren Länder in Millionen. Es fand sich oft bei einer Person Geld in Hunderttausenden, meist in 1000 Dollar-Scheinen. Es gab keine Versteckmöglichkeit in den Kleidern, im Gepäck, im menschlichen Körper, die nicht benutzt worden war.

Nach Sortierung nach Abschluß größerer Aktionen wurden die Wertsachen und das Geld in Koffern verpackt, mit Lastwagen nach Berlin zum WVHA gebracht, von da zur Reichsbank. Eine besondere Abteilung der Reichsbank befaßte sich nur mit diesen Sachen aus den Juden-Aktionen. Wie ich einmal von Eichmann hörte, wurden die Pretiosen und Devisen in der Schweiz verhandelt, ja man beherrschte damit den gesamten Schweizer Pretiosen-Markt. Die gewöhnlichen Uhren wurden ebenfalls zu Tausenden nach Sachsenhausen gebracht. Dort war eine große Uhrmacherwerkstatt mit Hunderten von Häftlingen unter der direkten Regie von D II (Maurer) errichtet, die diese Uhren sortierten bzw. reparierten. Der größte Teil davon wurde der Front, Waffen-SS und Heer, zu dienstlichen Zwekken zur Verfügung gestellt.

Das Zahngold wurde im SS-Revier von den Zahnärzten zu Barren eingeschmolzen und monatlich dem Sanitätshauptmann zugeführt. Auch in den plombierten Zähnen fand man Edelsteine von ungeheurem Wert.

Die abgeschnittenen Frauenhaare wurden einer Firma in Bayern für Rüstungszwecke zugeführt.

Alle nicht mehr brauchbaren Kleidungsstücke wurden der Textilverwertung zur Verfügung gestellt, unbrauchbares Schuhwerk zerlegt, soweit wie möglich verwertet, der Rest als Ledermehl verarbeitet.

Es bestanden nach meiner Kenntnis – außer Auschwitz folgende Juden-Vernichtungsstellen.

Culmhof bei Litzmannstadt	–	Motorenabgase
Treblinka a. Bug	–	Motorenabgase
Sobibor bei Lublin	–	Motorenabgase

Belzec bei Lemberg	– Motorenabgase
Lublin (Majdanek)	– Cyclon B.

Die Asche fiel während des ohne Unterbrechung fortgesetzten Verbrennens durch die Roste und wurde laufend entfernt und zerstampft. Das Aschenmehl wurde mittels Lastwagen nach der Weichsel gefahren und dort schaufelweise in die Strömung geworfen, wo es sofort *abtrieb* und sich auflöste.

Rudolf Höß, Kommandant in Auschwitz. Hrsg. von Martin Broszat. München 1978, S. 90ff.

Friedrich Gräbe, Massaker bei Dubno, 1942

Friedrich Gräbe war leitender Ingenieur einer deutschen Firma. Er besichtigte Baustellen in der Ukraine und wurde dabei Augenzeuge von Massakern an Juden:

[5. Oktober 1942]. Die von den Lastwagen abgestiegenen Menschen, Männer, Frauen und Kinder jeden Alters, mußten sich auf Aufforderung eines SS-Mannes, der in der Hand eine Reit- oder Hundepeitsche hielt, ausziehen und ihre Kleider nach Schuhen, Ober- und Unterkleidern getrennt an bestimmten Stellen ablegen. Ich sah einen Schuhhaufen von schätzungsweise 800 bis 1000 Paar Schuhen, große Stapel mit Wäsche und Kleidern. Ohne Geschrei oder Weinen zogen sich diese Menschen aus, standen in Familiengruppen beisammen, küßten und verabschiedeten sich und warteten auf den Wink eines anderen SS-Mannes, der an der Grube stand und ebenfalls eine Peitsche in der Hand hielt. Ich habe während einer Viertelstunde, als ich bei den Gruben stand, keine Klagen oder Bitten um Schonung gehört. Ich beobachtete eine Familie von etwa acht Personen, einen Mann und eine Frau, beide von ungefähr 50 Jahren, mit deren Kindern, so ungefähr 1-, 8- und 10jährig, sowie zwei erwachsene Töchter von 20 bis 24 Jahren. Eine alte Frau mit schneeweißem Haar hielt das einjährige Kind auf dem Arm und sang ihm etwas vor und kitzelte es. Das Kind quietschte vor Vergnügen. Das Ehepaar schaute mit Tränen in den Augen zu. Der Vater hielt an der Hand einen Jungen von etwa 10 Jahren, sprach leise auf ihn ein. Der Junge kämpfte mit den Tränen. Der Vater zeigte mit dem Finger zum Himmel, streichelte ihn über den Kopf und schien ihm etwas zu erklären. Da rief schon der SS-Mann an der Grube seinem Kameraden etwas zu. Dieser teilte ungefähr 20 Personen ab und wies sie an, hinter den Erdhügel zu gehen. Die Familie, von der ich hier sprach, war dabei. Ich entsinne mich noch genau, wie ein Mädchen, schwarzhaarig und schlank, als sie nahe an mir vorbeiging, mit der Hand an sich herunterzeigte und sagte: „23 Jahre!" Ich ging um den Erdhügel herum und stand vor dem riesigen Grab. Dicht aneinandergepreßt lagen die Menschen so aufeinander, daß nur die Köpfe zu sehen waren. Von fast allen Köpfen rann Blut über die Schultern. Ein Teil der Erschossenen bewegte sich noch. Einige hoben ihre Arme und drehten den Kopf, um zu zeigen, daß sie noch lebten. Die Grube war bereits dreiviertel voll. Nach meiner Schätzung lagen darin bereits ungefähr 1000 Menschen. Ich schaute mich nach dem Schützen um. Dieser, ein SS-Mann, saß am Rand der Schmalseite der Grube auf dem Erdboden, ließ die Beine in die Grube hinabhängen, hatte auf seinen Knien eine Maschinenpistole liegen und rauchte eine Zigarette. Die vollständig nackten Menschen gingen an einer Treppe, die in die Lehmwand der Grube gegraben war, hinab, rutschten über die Köpfe der Liegenden hinweg bis zu der Stelle, die der SS-Mann anwies. Sie legten sich vor die toten oder angeschossenen Menschen, einige streichelten die noch Lebenden und sprachen leise auf sie ein. Dann hörte ich eine Reihe Schüsse. Ich schaute in die Grube und sah, wie die Körper zuckten oder die Köpfe schon still auf den vor ihnen liegenden Körpern lagen. Von den Nackten rann Blut. Ich wunderte mich, daß ich nicht fortgewiesen wurde, aber ich sah, wie auch zwei oder drei Postbeamte in Uniform in der Nähe standen. Schon kam die nächste Gruppe heran, stieg in die Grube hinab, reihte sich an die vorherigen Opfer an und wurde erschossen. Als ich um den Erdhügel zurückging, bemerkte ich wieder einen soeben angekommenen Transport von Menschen. Diesmal waren Kranke und Gebrechliche dabei. Eine alte, sehr magere Frau mit fürchterlich dünnen Beinen wurde von einigen anderen, schon nackten Menschen ausgezogen, während zwei Personen sie stützten. Die Frau war anscheinend gelähmt. Die nackten Menschen trugen die Frau um den Erdhügel herum. Ich entfernte mich mit Moennikes und fuhr mit dem Auto nach Dubno zurück.

Am Morgen des nächsten Tages, als ich wiederum die Baustelle besuchte, sah ich etwa 30 nackte Menschen in der Nähe der Grube, 30 bis 50 Meter von dieser entfernt, liegen. Einige lebten noch, sahen mit stierem Blick vor sich hin und schienen weder die Morgenkälte noch die darumstehenden Arbeiter meiner Firma zu beachten. Ein Mädchen von etwa 20 Jahren sprach mich an und bat um Kleider und um Hilfe zur Flucht. – Da vernahmen wir auch schon das Herannahen eines schnellfahrenden Autos, und ich bemerkte, daß es ein SS-Kommando war. Ich entfernte mich zu meiner Baustelle. Zehn Minuten später hörten wir einige Schüsse aus der Nähe der Grube. Man hatte die Leichen durch die noch lebenden Juden in die Grube werfen lassen, sie selbst mußten sich daraufhin in diese legen, um den Genickschuß zu erhalten.

Zitiert nach: Walther Hofer, Der Nationalsozialismus. Frankfurt a.M. 1957, S. 301–303.

Heinrich Himmler, Trotz Judenmord „anständig" bleiben, 1943

Der Reichsführer der SS Heinrich Himmler war in hohem Maße für die Ermordungsaktionen verantwortlich. Er sagte bei einer SS-Gruppenführer-Tagung in Posen (3. Oktober 1943):

Ich will hier vor ihnen in aller Offenheit auch ein schweres Kapitel erwähnen. Unter uns soll es einmal ganz offen ausgesprochen sein, und trotzdem werden wir in der Öffentlichkeit nie darüber reden ... Ich meine jetzt die Judenevakuierung, die Ausrottung des jüdischen Volkes. Es gehört zu den Dingen, die man leicht ausspricht: „Das jüdische Volk wird ausgerottet", sagt ein jeder Parteigenosse, „ganz klar, steht in unserem Programm. Ausschaltung der Juden, Ausrottung, machen wir." Und dann kommen sie alle an, die braven 80 Millionen Deutschen, und jeder hat einen anständigen Juden. Es ist ja klar, die anderen sind Schweine, aber dieser eine ist ein prima Jude. Von allen, die so reden, hat keiner zugesehen, keiner hat es durchgestanden. Von Euch werden die meisten wissen, was es heißt, wenn 100 Leichen beisammen liegen, wenn 500 daliegen oder wenn 1000 daliegen. Dies durchgehalten zu haben und dabei – abgesehen von Ausnahmen menschlicher Schwächen – anständig geblieben zu sein, das hat uns hart gemacht. Dies ist ein niemals geschriebenes und niemals zu schreibendes Ruhmesblatt unserer Geschichte.

Zitiert nach: Glaser, a. a. O., S. 139.

Internationaler Sozialistischer Kampfbund, Anweisungen für Widerstandsarbeit

Die Schwierigkeiten einer illegalen Arbeit in einem totalitären System werden aus folgenden Anweisungen für „Gewerkschaftler im Widerstand" deutlich:

Deutsche Arbeiter und Angestellte, Kollegen!

Heute geben wir euch eine Sammlung von Richtlinien zum Aufbau einer neuen Arbeit. Wem sie allzu nüchtern und zu wenig schwungvoll erscheinen, dem sagen wir im voraus: Das Werk, zu dem Leidenschaft uns treibt, kann nur gelingen, wenn wir das Äußerste an Besonnenheit aufbieten ...

1. *Sei nicht schwatzhaft,* auch nicht gegenüber Verwandten, auch nicht gegenüber dem Gatten oder Verlobten ...

2. *Vorsicht vor Spitzeln!* Wände haben Ohren. In Treppenhäusern schweige grundsätzlich. Wenn nicht ungewöhnliche Fälle vorliegen, sollte nur die persönliche Einführung durch einen Bekannten als Ausweis genügen. Wer nur mit einem schriftlichen Ausweis zu dir kommt, den behandele zunächst ziemlich fremd, stelle ihm Kontrollfragen. Wer ein altes oder gar ein neues Mitglied einer sozialistischen Organisation vorzeigt, den behandele als einen Spitzel.

3. *Benimm dich unauffällig:* Mache es allen Fremden schwer, dich als Gegner des Faschismus zu erkennen. Passe die Kleidung der Umwelt an, in der du dich bewegst ... Schreibe nicht stundenlang auf der Maschine, vor allem nicht bei Nacht. Sorge dafür, daß an keine Adresse mehr Briefe gehen, als für ihren Inhaber normal erscheinen kann ...

4. *Vermindere von vornherein die Gefahr von Haussuchungen und Durchsuchungen:* Behalte Adressen möglichst im Kopf ... Lege keine Reliquiensammlung an. Weg mit alten Briefen, Bildern, Zeitungen und Broschüren! In einer westdeutschen Stadt hat eine liebevoll verpackte Reichsbannertrommel ihren Besitzer ins Konzentrationslager gebracht! ...

5. *Vorsicht beim Literaturvertrieb* ... Trage verfängliches Material möglichst lose in der Tasche, damit du es im Gefahrfall unauffällig wegwerfen kannst. Flugblätter kannst du auch verschlucken, wenn du nicht zuviel bei dir hast. (Üben!) ...

6. *Vorsicht bei Zusammenkünften:* Die Teilnehmerzahl sollte im allgemeinen 5–10 nicht übersteigen. Nicht regelmäßig am selben Wochentag zur selben Stunde am selben Orte zusammenkommen. Keine Fahrradanhäufung! Nicht gleichzeitig, sondern in vorher verabredeten Abständen kommen und gehen. Zu Beginn über einen der Polizei plausiblen Zweck verständigen ...

7. *Wie ist der Wiederaufbau einer sozialistischen Arbeit möglich?* – Erörtere bei jeder Gelegenheit im Betrieb alles, was mit dem Betrieb zusammenhängt, auch mit anscheinend politisch Indifferenten, auch mit Nazis, stets unter dem Gesichtspunkt: Haben die Nazis in der Regierung gehalten, was sie versprochen haben? Erörtere die Richtigkeit von Zeitungsmeldungen, besonders wenn deine Kollegen sie aus eigener Erfahrung nachprüfen können. – So kannst du Kreise von Interessierten schaffen. Mache selber im Betrieb keine unnötigen Konzessionen. Im Fall von „freiwilligen" Spenden berufe dich auf die Freiwilligkeit. Weiche wirklich nur der Gewalt! Frage wie eine mutige Kollegin in einer mitteldeutschen Großstadt den Meister und dann den Betriebsleiter: „Werde ich entlassen, wenn ich nicht zeichne?" Beide antworteten ihr mit Nein, und sie zeichnete nicht ...

8. *Die mündliche Zeitung.* Gibt verbürgte Nachrichten weiter, aber nur solche. Verbreite unter keinen Umständen unkontrollierte Gerüchte: denn das vermindert das Vertrauen zu dir. Es kann übrigens auch unmittelbar unserer Arbeit schaden: Die Verbreitung des Gerüchts, daß der Kollege X ins Konzentrationslager gebracht wurde, kann hinreichen, um ihn wirklich dorthin zu befördern.

9. *Zirkel.* Schaffe kleine Zirkel, die sich intensiv über die Lage und die einzelnen Möglichkeiten der neuen sozialistischen Arbeit aussprechen ... Um die Gefahr des Verrats und der Unvorsichtigkeit zu vermindern, bringe neue Mitstreiter zunächst nicht in alte Zirkel ...

10. *Der Sozialismus lebt auch in Deutschland noch. Hilf auch du, an seiner Erstarkung zu arbeiten, und zwar in der Form, die den Umständen und den bisherigen Erfahrungen entspricht.* Darauf kommt alles an. Für Mitarbeiter in den Zirkeln ist die strengste Auslese erforderlich. Es kann sich heute nur um die Schaffung eines zuverlässigen Kerns handeln. Das Beispiel der bisherigen von Spitzeln und Verrätern durchsetzten Arbeiterbewegung steht warnend vor uns.

Zitiert nach: H. Esters/H. Pelger, Gewerkschaften im Widerstand, Hannover 1967, Dok. 20. Das zitierte Flugblatt wurde von dem Internationalen Sozialistischen Kampfbund (ISK) und der Internationalen Transportarbeiter-Föderation (ITF) herausgegeben. Der ITF unterstützte die Widerstandskämpfer, die denjenigen deutschen Gewerkschaften angehört hatten, die dem ITF angeschlossen waren.

Noëmi Szac-Wajnkranc, Widerstand im Getto von Warschau, 1943

N. Szac-Wajnkranc berichtet in seinem Tagebuch über den Widerstandskampf, den die Juden aufnahmen, als das Getto geräumt werden sollte.

Warschau, 1943

Montags fing es an. Wir kannten es alle. SS, SA und Litauer. Man belagerte das Haus. Dreifache Wache. Alarm. Wieder Aussiedlung. Das sollte nunmehr die endgültige sein.

Wir werden Trotz bieten! Zum Kampf! Wozu wurden die dreimonatigen Vorbereitungen gemacht? Um zu kämpfen! Wir haben Handgranaten in den Taschen, wir haben Gewehre, Revolver. Nein, wir alle lassen uns nicht unterkriegen! –

Es war eine Schlacht. Unsere Mädchen und Jungen liefen den Panzerwagen entgegen und warfen Handgranaten gegen sie. Ein kleiner, zwölfjähriger Junge vernichtete zwei Panzerwagen, und als er dann fiel, hatte er nicht einmal einen Angehörigen, der ihn hätte begraben können; niemand wird ihm ein Denkmal setzen, wir kannten nicht einmal seinen Namen, dafür blieb er für immer in unserem Herzen.

Es begannen furchtbare Tage. Es war ein blutiger Kampf, von vornherein entschieden, aber ein Kampf. Wir standen zwar mit dem arischen Stadtteil in Verbindung, aber wie sollte man es bewerkstelligen, daß es uns nicht an Waffen fehlte? Wir kämpften nach den Kriegsregeln – Du tötest mich, aber ich auch Dich. Es war Krieg! Vielleicht kam uns jemand zu Hilfe? Wie schön wäre es, wenn sich die Partisanen aus den Wäldern uns anschließen würden! Oder die Linksparteien oder unsere Tat riefe einen allgemeinen Aufruhr, eine allgemeine Revolution hervor! Was mochten sich die Menschen auf der arischen Seite gedacht haben, als sie sahen, daß Panzer ins Getto rollten, als sie sahen, daß die deutschen Soldaten in Gefechtsordnung zu uns fuhren?

In der zweiten Kampfwoche nahmen wir die Lesznostraße ganz ein, verdrängten die Deutschen von der anderen Straßenseite und eroberten Waffen und Uniformen. Es brannte. Wir hatten alle Lager im Getto in der Gewalt, samt Kleidung, Maschinen und Zubehörteilen. Immer mehr deutsche Abteilungen wurden an unsere Front geschickt, aber wir waren befestigt, wir hatten Kraft, wir waren verbissen und hatten nur den einen Gedanken: Wir müssen uns rächen! Es hatte zwar ausgesehen, als bewege sich alles chaotisch hin und her, aber das war nur zum Schein. Alles ging planmäßig vor sich, genauso wie man es an den traurigen Abenden, am Tisch sitzend, besprochen hatte. Sollten sich unsere Pläne über die Zerstörung der Mauern tatsächlich verwirklichen? ...

Zwei Monate währte der Kampf gegen einen starken Feind, gegen immer neue Abteilungen. Wir waren ohne Wasser und ohne Licht, denn die Deutschen hatten die Leitungen durchgeschnitten; die Waffenlieferung war sehr unzureichend; man hatte einen der Laufgräben im Bezirk Przebieg entdeckt. Das war ein großes Unglück, aber wir ließen nicht einen Augenblick im Kampf nach. Durch die ganze Welt ging das Echo: Das Warschauer Getto kämpft schon zwei Monate, und die Deutschen verlieren, ohne Erfolg zu haben, Waffen, Panzer und Menschen; eine Schande ... und da entschlossen sich die Deutschen, mit uns auf eine andere Weise Schluß zu machen, denn ein ehrlicher Kampf, ein Kampf Mann gegen Mann, selbst ein Kampf mit einem Schwächeren, war für sie allzu heldenhaft. Warum sollten sie kämpfen, da sie uns verbrennen konnten! Ein schrecklicher, schrecklicher Gedanke, aber eine noch schrecklichere Verwirklichung. Hölle und Teufel. Schon einmal hatte es das gegeben. Eine brennende Stadt und einen auf der Harfe spielenden Kaiser. Es hatte uns mit Grauen erfüllt, aber damals hatten die Menschen fliehen können. Wir hatten kein Wasser und keine Möglichkeit, das brennende Getto zu verlassen. Ich spreche nicht von Einzelnen. Haus um Haus, Straße um Straße wurden von Flammen ergriffen. Feuer!!! Die Menschen erstickten, aber sie kämpften noch, die Menschen brannten, aber sie verteidigten sich noch. Mauern stürzten ein. Mochte einen die Mauer begraben, wenn man nur nicht gefangen wurde!

Es gab auch einige Glückliche, die sich mit Zyankali, Morphium oder Luminal versehen hatten, sie nahmen im allerletzten Moment schnell das Gift ein. Auf den Straßen lagen Leichen, verkohlte Leichen hingen aus den Fenstern und von den Balkonen herunter. Es war wohl schlimmer als die Hölle, schlimmer als alles, was die menschliche Phantasie sich vorzustellen vermag. Das war noch eine Großtat Hitlers, noch eine seiner Heldentaten, noch ein Blatt in der Geschichte der ausgeheckten, blutigen faschistischen Morde. Die Ausbeute an Lebenden war kläglich – aber trotz allem gelang es den Deutschen, einen Teil der Menschen abzutransportieren und die leergewordenen Plätze in Treblinka, Majdanek, Poniatów und Trawniki zu füllen.

Ihr habt euch Gaskammern und Krematorien insgeheim vor der Welt gebaut, ihr habt die Menschen hinter Mauern gemartert, wo kein Fremder Zutritt hatte, ihr wolltet, daß niemand von euren Grausamkeiten etwas wisse. Aber jetzt sieht man den Lichtschein der Feuersbrunst tausend Kilometer weit im Umkreis. Rauch und Feuer – das läßt sich nicht mehr verheimlichen, ein Stadtteil brennt, es brennt Warschau. –

Ihr werdet fragen, auf welche Weise dennoch ein gewisser Prozentsatz von Juden dem Tode entrann? Man floh aus den in voller Fahrt dahineilenden Zügen, obwohl sie unter Bewachung fuhren und die bei jedem Wagen stehenden Litauer ohne Unterbrechung schossen. Man floh durch unterirdische Gänge und über Mauern, die immer von SS-Männern bewacht waren, durch Kanäle voll übelriechender Abwässer, die schwarz waren wie die Nacht, durch Kanalisationen, in denen man womöglich drei Tage lang umherirrte und dann halb tot, halb erstickt wieder dorthin geriet, wo man eingestiegen war oder in der Stadt herauskam und sich Auge in Auge mit dem Feinde sah. Dies waren die Fluchtmöglichkeiten für Wenige. Ich würde sagen, daß sich auf diese Weise etwa ein Prozent Juden retten konnten.

Nun war alles aus. Die letzten Flammen waren erloschen. Der Wind hatte die letzten Rauchschwaden verweht. Die Ruinen zeigten, wo das Warschauer Getto gestanden hatte . . .

Jetzt dachte ich nur an die letzten Gettotage, an die letzten Erlebnisse.

Ich sah immerzu dantische Bilder[1], die geliebten Gesichter meiner Eltern und des Onkels vor mir. Ich konnte sie mir nicht tot vorstellen. Ich konnte nicht. Für mich lebten sie noch immer, obwohl ich doch ganz genau wußte, daß man den Onkel in Gerlachs shop verbrannt gefunden hatte, und meine Eltern ... Ich wollte nur daran denken, daß mein geliebtes Mütterchen, das Furcht gehabt hatte vor einem Eierschalensplitter im Omelette, vor Hunden, vor dem Anblick einer Waffe, das mich einst immer zehnmal ermahnt hatte, bevor ich das Haus verließ, paß auf die Autos und auf die Straßenbahn auf, das jede Verspätung, ob es sich um den Vater oder um mich handelte, wie eine Katastrophe durchlebt hatte, daß diese Mutter als erste die Hand nach einer Handgranate ausstreckte, daß diese Mutter sagte: Arbeite für die Sache, stirb lieber durch eine Kugel, aber um keinen Preis in der Kammer! Ich wußte auch, daß mein Vater genauso heldenhaft gefallen war, wie er rechtschaffen und edel gelebt hatte. Ich wußte, daß er nicht im Bunker stillgesessen, sondern auf seinen geschwollenen Beinen gestanden und bis zu seinem Ende gekämpft hatte, ich wußte ebenso auch, daß mein Onkel, den ich wie einen Vater geliebt habe, einer der Anführer der Bewegung gewesen war.

Zitiert nach: Fritz Bauer (Hrsg.), Widerstand gegen die Staatsgewalt. Frankfurt a.M. 1965, S. 246–248.

Brief eines unbekannten Deutschen, Widerstand gegen den Beitritt zur SS, 1944

Neben Gruppen, die Widerstand gegen das NS-Regime organisierten, gab es auch immer wieder Einzelpersonen, die den Anordnungen und Pressionen der NS-Organe nicht folgten und sich widersetzten. Oft sind diese Menschen nicht bekannt; ein Beispiel:

3. Februar 1944

Liebe Eltern!

Ich muß Euch eine traurige Nachricht mitteilen, daß ich zum Tode verurteilt wurde, ich und Gustav G. Wir haben es nicht unterschrieben zur SS, da haben sie uns zum Tode verurteilt. Ihr habt mir doch geschrieben, ich soll nicht zur SS gehen, mein Kamerad Gustav G. hat es auch nicht unterschrieben. Wir beide wollen lieber sterben als unser Gewissen mit so Greueltaten beflecken. Ich weiß, was die SS ausführen muß. Ach, liebe Eltern, so schwer es für mich ist und für Euch ist, verzeiht mir alles, wenn ich Euch

[1] Bilder aus dem „Inferno" in Dantes „Göttlicher Komödie"

beleidigt habe, bitte, verzeiht mir und betet für mich. Wenn ich im Kriege fallen würde und hätte ein böses Gewissen, das wäre auch traurig für Euch. Es werden noch viele Eltern ihre Kinder verlieren. Es fallen SS-Männer auch viel. Ich danke Euch für alles, was Ihr mir seit meiner Kindheit getan habt, verzeiht mir, betet für mich.

Zitiert nach: Bauer, a.a.O., S. 239

Fabian von Schlabrendorff, 20. Juli 1944

Fabian von Schlabrendorff war an der Planung und Durchführung des Attentats auf Hitler am 20. Juli 1944 beteiligt. Er war einer der wenigen, die wegen der Beteiligung am Attentat nicht hingerichtet wurden, da das sogenannte Gerichtsverfahren gegen ihn vor dem Volksgerichtshof wegen der Bombenangriffe am Kriegsende nicht mehr abgeschlossen werden konnte. Über Planung und Durchführung des Attentats schreibt er:

Um die Vorfrage nach den Möglichkeiten [eines Attentats] im Hauptquartier Hitlers zu klären, flog ich zweimal dorthin und besprach das Erforderliche mit dem ortskundigen Oberstleutnant Dietrich von Bose.

Durch diesen bekam ich einen genauen Abriß über den Tageslauf Hitlers. Erst um 10 Uhr morgens ließ sich Hitler durch einen Diener wecken. Gleichzeitig wurde mittels eines Aufzuges das Frühstück in sein Schlafzimmer befördert. Außerdem wurden ihm die durch Ribbentrop ausgewählten Auszüge aus den ausländischen Zeitungen vorgelegt. Da Hitler keine fremde Sprache sprach, wurden die Auszüge ins Deutsche übersetzt. Alle Schriftstücke, die ihm unterbreitet wurden, waren auf einer besonderen Schreibmaschine geschrieben, die unnatürlich große Buchstaben hatte. Hitler war kurzsichtig. Es mußte alles so groß geschrieben sein, daß er es ohne Brille lesen konnte. Niemand sollte an der Art, wie er das Schriftstück hielt, erkennen, daß er einen Augenfehler hatte. Zur Betrachtung einer Landkarte benützte er eine Lupe oder eine Brille. Es war streng verboten, ihn mit Brille zu photographieren. Hitler meinte, ein Diktator mit Brille müsse an Autorität verlieren.

Um 11 Uhr empfing er seinen Chefadjutanten. Dieser hatte ihm im wesentlichen Personalien vorzutragen. Mittags um 12 Uhr begann die Lagebesprechung, in der die Chefs der Generalstäbe der Wehrmacht und des Heeres über die Lage berichteten. Andere Offiziere wurden je nach Bedarf zugezogen. Hier entschied Hitler die militärischen Fragen persönlich. Um 2 Uhr nachmittags begann das Mittagessen, das sich infolge seiner an die Tischgesellschaft gerichteten Monologe bis 4 Uhr hinzog. Dann legte sich Hitler zum Nachmittagsschlaf nieder, von dem er sich zwischen 6 und

7 Uhr erhob. Im Anschluß daran erteilte er Audienzen repräsentativen Charakters. Das Abendessen begann um 8 Uhr und dauerte bis 10 Uhr. Danach versammelte er einen bestimmten, von ihm selbst ausgewählten Kreis von Menschen um sich, um mit diesen bis 4 Uhr morgens zu sprechen, wobei er meistens das Gespräch allein führte. In diesen Nachtstunden entwickelte er im Kreise seiner Getreuen seine „völkerbeglückenden" Ideen. Um 4 Uhr morgens legte er sich dann schlafen. An den Nachtgesprächen nahmen seine beiden Sekretärinnen teil, während er sonst ihm nahestehende Frauen nicht mit ins Hauptquartier nahm. Diese hatten dagegen auf dem Obersalzberg Zutritt. An dem Tageslauf wurde nur in ganz dringenden Fällen etwas geändert. Während seiner Schlafzeiten durfte er unter keinen Umständen geweckt werden ...

Oberst von Stauffenberg bot sich für die Durchführung des Attentats an.

Als die nächste für Stauffenberg zugängliche Lagebesprechung auf den 20. Juli 1944 angesetzt worden war, wiederholte Stauffenberg seine Vorbereitungen zum drittenmal. Beck hatte inzwischen eingegriffen und angeordnet, die nächste Gelegenheit zu einem Attentat unter allen Umständen wahrzunehmen, ohne Rücksicht darauf, ob neben Hitler noch andere wichtige Männer seiner Umgebung anwesend oder abwesend waren. Hierzu rieten auch Alarmmeldungen über die unhaltbare Lage im Westen, die Oberstleutnant von Hofacker am 16. Juli überbracht hatte.

Das Hauptquartier Hitlers in Ostpreußen war von drei Sperrzonen umgeben, die nur schwer durchschritten werden konnten, weil für jeden Sperrkreis ein besonderer Ausweis erforderlich war. Die gleiche Schwierigkeit bestand beim Verlassen des Hauptquartiers. Als Stauffenberg am 20. Juli 1944, kurz vor 12 Uhr mittags, bis in den innersten Sperrkreis gelangt war, mußte er zu seiner Überraschung feststellen, daß die Lagebesprechung nicht in dem üblichen Betonbunker, sondern in dem sogenannten Teehaus stattfand, dessen Erdboden und Decke ohne festen Steinbelag waren. Der Besprechungsraum lag an einem langen Gang. In dem Raum selbst befand sich ein großer Tisch, an dessen Längsseite für fünf Personen Platz war.

Hitler war anwesend. Außer Himmler und Göring, die fehlten, war der übliche Personenkreis versammelt. Stauffenbergs Platz war unmittelbar rechts neben Hitler an der Längsseite des Tisches. Nachdem der Vortrag über die Ersatzlage bei der Truppe beendet war, konnte sich Stauffenberg durch einen vorgetäuschten Telephonanruf herausrufen lassen. Er betätigte die Zündung der Zeitbombe, die sich in seiner Aktentasche befand, stellte sie an das Tischbein, das seinen Platz und den Stuhl Hitlers trennte, und verließ das Zimmer. Die Explosion ereignete sich, als Hitler an seinem Platz stehend sich über eine Karte auf den Tisch beugte.

Die Tatsache des fehlenden Steinbelages hatte zur Folge, daß der Luftdruck der Explosion seinen Ausweg durch die Wand nahm. Die meisten Beteiligten wurden durch die nachgebende Wand ins Freie geschleudert und kamen so mit dem Leben davon. Vier Beteiligte fanden den Tod; der Stenograph Hitlers, Berger, der Chefadjutant Hitlers, General Schmundt, der erste Generalstabsoffizier der Operationsabteilung im Oberkommando des Heeres, Oberst Brandt, und der Chef des Generalstabes der Luftwaffe, Generaloberst Korten.

Hitler selbst wurde aus dem Raum herausgeschleudert, erlitt außer Prellungen und Brandwunden nur eine Verletzung an der rechten Hand. Die Szene bot nach der Explosion ein furchtbares Bild. Es hatte den Anschein, als ob die Insassen des Raumes tot oder sterbend in ihrem Blute lägen. Stauffenberg hatte sich in der Nähe aufgehalten. Er wartete, bis die Explosion die sonst im Hauptquartier herrschende Stille mit ohrenbetäubendem Krachen unterbrach. Er sah, wie die Teilnehmer der Besprechung – Hitler unter ihnen – aus dem Raum herausgeschleudert wurden und in zerfetzten Kleidern blutüberströmt dalagen. In dem festen Glauben, daß die Bombe das ihr zugedachte Werk verrichtet habe, begab sich Stauffenberg auf den Rückweg. Aber schon war überall Alarm gegeben. Die Sperrkreise wurden geschlossen. Mit Glück und List gelang es Stauffenberg dennoch, aus dem Hauptquartier hinauszukommen. Er fuhr zum Flugplatz, flog nach Berlin und übernahm die Leitung in Berlin.

Berlin, am Abend des 20. Juli 1944, als das Mißlingen des Attentats bekannt wurde:
Nach seiner Befreiung setzte Fromm[1] ein aus drei Generalen bestehendes Standgericht ein, das die Aufrührer des Staatsstreiches zum Tode verurteilte. Mit dem Urteil ging Fromm in sein Dienstzimmer, wo Beck, Olbricht, Stauffenberg, Mertz von Quirnheim, Haeften, Hoeppner und andere beisammen waren. Fromm erklärte alle für verhaftet und verlas ihnen das Todesurteil.

Hoeppner bat daraufhin Fromm, mit der Exekution bei ihm abzuwarten, er hoffe sich noch rechtfertigen zu können. Fromm willfahrte und ließ Hoeppner abführen. Olbricht bat Fromm nur um die Gelegenheit, noch ein paar Zeilen an seine Frau schreiben zu dürfen. Auch dieser Bitte gab Fromm statt.

---

[1]) Generaloberst Fromm war Befehlshaber des Ersatzheeres; er war am Nachmittag des 20. Juli durch Stauffenberg in Haft genommen, am Abend aber durch die SS wieder befreit worden.

Als dann Fromm von den übrigen Herren die Waffen forderte, erhob sich Beck und sagte: „An mich, Ihren alten Vorgesetzten, werden Sie diese Forderung nicht stellen wollen. Denn ich werde aus dieser verfahrenen Situation die Konsequenzen selbst ziehen." Fromm gab sein Einverständnis zu erkennen. Hierauf setzte sich Beck in einen Sessel, zog seine Pistole und versuchte, sich durch einen Schuß in den Kopf zu töten. Das Geschoß streifte aber nur die Schädeldecke. Daraufhin setzte Beck zum zweitenmal an, wobei Graf Stauffenberg den im Sessel sitzenden Beck stützte. Der zweite Schuß traf Beck zwar tödlich, so daß ihm die Pistole entfiel, setzte aber seinem Leben noch kein unmittelbares Ende.

Fromm ließ hierauf Olbricht, Stauffenberg, Mertz und Haeften einzeln durch ein Kommando der Truppe standrechtlich erschießen. Bevor die Salve abgefeuert wurde, rief Graf Stauffenberg: „Es lebe unser heiliges Deutschland."

Als nachher Fromms Frage an einen Offizier, ob Beck inzwischen gestorben sei, verneint wurde, gab Fromm den Auftrag, ihn von seinen Leiden zu erlösen.

Generaloberst Fromm wurde im Februar 1945 vom Volksgerichtshof wegen Feigheit zum Tode verurteilt. Das Urteil traf ihn tief. Er hatte es nicht erwartet, Fromm wurde am 19. März 1945 im Zuchthaus in Brandenburg durch Beamte des Zuchthauses erschossen. Er starb mit dem Ruf: Heil Hitler!

Fabian von Schlabrendorff, Offiziere gegen Hitler. Frankfurt a. M. 1959, S. 130–132, 146–148, 152–153.

Paul Schmidt, Im Führerhauptquartier am Nachmittag des 20. Juli 1944

Paul Schmidt sollte beim Besuch von Mussolini im Führerhauptquartier am Nachmittag des 20. Juli 1944 Übersetzungsdienste leisten.

Auf dem kleinen Bahnsteig von „Görlitz"[1] erfuhr ich dann durch Hitlers Leibarzt, Professor Morell, von dem Attentat, das sich wenige Stunden vorher bei der Lagebesprechung ereignet hatte. Er war noch völlig fassungslos und erzählte in abgerissenen Sätzen, daß Hitler fast unverletzt davongekommen war. „Anscheinend hat er sich auch gar nicht aufgeregt", versicherte er mir, „denn sein Puls ging, als ich ihn auf etwaige innere Verletzungen untersuchte, völlig ruhig und normal wie an jedem anderen Tage." Als der Arzt gerade im Begriff war, mir weitere Einzelheiten zu

1) Görlitz = Tarnname für den Bahnhof bei Hitlers Hauptquartier.

schildern, erschien Hitler selbst auf dem Bahnhof. Äußerlich war ihm überhaupt nichts anzumerken. Erst als ein paar Minuten später der Zug mit Mussolini eintraf, sah ich, wie Hitler seinem Gast bei der Begrüßung die linke Hand reichte. Außerdem fiel mir auf, daß er sich recht langsam bewegte und Mühe zu haben schien, den rechten Arm zu heben.

Auf dem kurzen Wege von einigen hundert Metern, die den Bahnhof von den Bunkern und Baracken des Waldlagers trennten, erzählte Hitler Mussolini kurz was vorgefallen war. Er tat es mit einer auffallend ruhigen, fast monotonen Stimme, während sich auf Mussolinis Gesicht deutlich das Entsetzen darüber abzeichnete, daß mitten im Hauptquartier auf den deutschen Diktator ein Attentat verübt werden konnte.

Von diesem Entsetzen hatte sich Mussolini, der mit weit aufgerissenen Augen Hitler anstarrte, offensichtlich noch nicht erholt, als wir zu dritt die Baracke betraten, in der die Explosion während der Lagebesprechung stattgefunden hatte. Die Tür zum Kartenzimmer war geborsten und lehnte zerbrochen an der gegenüberliegenden Barackenwand. Der Raum selbst bot ein Bild toller Verwüstung, so wie ich es in Berlin nach Luftangriffen oft gesehen hatte, wenn eine schwere englische Mine neben einem Hause niedergegangen war und alle Räume „durchgepustet" hatte.

Tische und Stühle lagen in wüstem Durcheinander zersplittert am Boden. Die Deckenbalken waren herabgestürzt und die Fenster mitsamt den Rahmen nach außen geflogen. Der große Kartentisch, vor dem ich so manche „Schaulage" für Antonescú[2] übersetzt hatte, war nur noch ein Haufen geborstener Bretter und geknickter Tischbeine.

„Hier ist es geschehen", sagte Hitler ruhig, während Mussolini vor Bestürzung fast die Augen aus dem Kopf zu fallen schienen. Er war leichenblaß geworden, denn er hatte die Nachricht von dem Attentat völlig unvorbereitet empfangen, als er den Zug verließ. „Hier an diesem Tisch habe ich gestanden", erklärte dann Hitler weiter, auffallend teilnahmslos und wie geistesabwesend. „So habe ich mich mit dem rechten Arm auf den Tisch gelehnt, um auf der Karte etwas nachzusehen, als mir plötzlich die Tischplatte entgegenflog und meinen Arm nach oben riß." Er machte eine Pause. „Hier, unmittelbar vor meinen Füßen, ist die Bombe explodiert." Voll ungläubigen Entsetzens schüttelte Mussolini nur den Kopf. Dann zeigte ihm Hitler die bei der Explosion anscheinend durch den Luftdruck völlig zerrissene Uniform, die er getragen hatte und die noch über einem demolierten

---

2) Ion Antonescú (1882–1946), rumänischer General; stürzte 1940 König Carol und wurde Regierungschef; schloß 1941 ein Bündnis mit Deutschland.

Stuhl hing. Er drehte Mussolini seinen Hinterkopf zu, um ihm seine angesengten Haare zu zeigen.

Eine Weile lang wurde unter dem überwältigenden Eindruck der Zerstörungen und der Gefahr, der Hitler entronnen war, kein Wort zwischen beiden Männern gewechselt. Dann setzte sich Hitler auf eine umgestürzte Kiste, und ich mußte für Mussolini einen der wenigen noch benutzbaren Stühle herbeiholen. So saßen sich beide inmitten dieser Trümmer gegenüber.

„Wenn ich mir alles noch einmal vergegenwärtige", sagte dann Hitler, wieder mit einer auffallend leisen Stimme, „so ergibt sich für mich aus meiner wunderbaren Errettung, während andere im Raum Anwesende schwere Verletzungen davongetragen haben und einer sogar durch den Luftdruck zum Fenster hinausgeschleudert wurde, daß mir eben nichts passieren soll, besonders da es ja nicht das erste Mal ist, daß ich auf wunderbare Weise dem Tode entronnen bin."

P. Schmidt, a. a. O., S. 580–582.

Kostenrechnung für ein Todesurteil, 1944

In der Strafsache gegen .... wegen Wehrkraftzersetzung:

Lfd. Nr.	Gegenstand des Kostenansatzes und Hinweis auf die angewandte Vorschrift	Wert des Gegenstandes RM	Es sind zu zahlen RM	Rpf
1	2	3	4	5
	Gebühr für Todesstrafe		300	–
	Postgebühren gem. § 72 GKG		2	70
	Geb. für den Rechtsanwalt..............		81	60
	Haftkosten gem § 72 GKG f. d. Unters.-Haft v. 24. 12. 43 bis 28. 3. 44 = 96 Tg. à 1,50 ...		144	–
	f. d. Strafhaft v. 29. 3. 44 bis 8. 5. 44 = 40 Tg. à 1,50		60	–
	Kosten der Strafvollstreckung a) Vollstreckung des Urteils		158	18
	Hinzu Porto für Übersendung der Kostenrechnung		–	12
			746	60

Zitiert nach: Hofer, a. a. O., S. 323.

Graf Heinrich von Lehndorff-Steinort, 3. 9. 1944:

Du wirst immer davon überzeugt sein, daß ich nicht leichtfertig Eure Zukunft zerstört habe, sondern einer Idee diente, von der ich geglaubt habe, daß sie eine Rücksicht auf Familie und Privates nicht rechtfertige ...

Um eins bitte ich Dich. Du wirst die nächste Zeit sehr traurig sein, das weiß ich, und kann es Dir doch nicht ersparen. Ich weiß, daß du mich bestimmt nicht vergessen wirst. Aber wenn Ihr von mir sprecht, tut es mit frohem Sinn und nicht so gewiß traurig verhalten, wie man das meistens erlebt, wenn von Toten gesprochen wird. Ich habe mein kurzes Leben fröhlich (vielleicht zu fröhlich) durchlebt und möchte, daß man mich auch so in Gedanken behält. Du wirst verstehen, wie ich das meine! – ...

Ich habe Dir ja schon gesagt: ich habe keine Furcht, ich bin innerlich mit mir fertig, ich werde stolz und aufrecht allem entgegensehen, Gott bitten, daß Er mir Seine Kraft nicht entzieht und mein letzter Gedanke wirst Du und meine Kinder sein ...

Hans-Bernd von Haeften, 17. 8. 1944:

Meine liebe, liebste Frau, meine gute Barbara, wohl in wenigen Stunden werde ich in Gottes Hände fallen. So will ich Abschied von Dir nehmen ...

Barbara, in diesen Haftwochen habe ich Gottes Gericht stillgehalten und meine „unerkannte Missetat“ erkannt und vor Ihm bekannt ... Ich habe das fünfte Gebot nicht heilig gehalten ... und das Gebot der Demut, des „Stilleseins und Harrens“ habe ich nicht ernst genug genommen. Vor allem habe ich nicht Liebe geübt gegen Euch, die mir anvertraut waren. Um Euretwillen, um Muttis und der Eltern willen hätte ich von Allem Abstand nehmen müssen. Bitte sage ihnen, zugleich mit meinem tiefsten Dank für alle ihre Hilfe und Liebe, daß ich sie herzlich bitte, sie möchten mir verzeihen. Barbel, ich habe all dieses getan in der Meinung und in dem Willen recht zu tun vor Gott ... Liebste Frau, ich sterbe in der Gewißheit göttlicher Vergebung, Gnade und ewigen Heils; und in der gläubigen Zuversicht, daß Gott all das Unheil, Schmerz, Kummer, Not und Verlassenheit, das ich über Euch gebracht habe und das mir das Herz abpreßt, aus Seinem unermeßlichen Erbarmen in Segen wandeln kann, daß Er Euch alle an Seinen Vaterhänden auf Euren Erdenwegen geleiten und endlich zu Sich ziehen wird. Der Herr, unser Erbarmer, wird auch Deinen Schmerz allmählich lindern, Deinen Kummer sänftigen, Dein Leid stillen, Deine Liebe wird die gleiche bleiben, denn „sie höret nimmer auf“.

Meine gute Barbara, ich danke Dir aus tiefstem Herzen für alle Liebe und allen Segen, die Du mir in den vierzehn Jahren unserer Ehe geschenkt hast. Bitte vergib mir allen Mangel an Liebe. Ich habe Dich sehr viel mehr lieb als ich Dir gezeigt habe. Aber wir haben eine Ewigkeit vor uns, um uns Liebe zu erweisen. Dieser Gedanke sei Dir ein Trost in der Trübsal Deiner Witwenjahre. Ich bin gewiß – sei Du es auch –, daß wir beide mit allen unseren Lieben wieder vereinigt werden in Gottes unaussprechlichem Frieden ...

Mein letzter Gedanke, liebste Frau, wird sein, daß ich Euch, meine Lieben, des Heilands Gnade und meinen Geist in Seine Hände befehle. So will ich glaubensfroh sterben.

Zitiert nach: H. Gollwitzer, K. Kuhn u. R. Schneider (Hrsg.), Du hast mich heimgesucht bei Nacht. Abschiedsbriefe und Aufzeichnungen des Widerstandes 1933–1945. München[4] 1956.

Oberbürgermeister Karl Strölin, Bilanz der Luftangriffe auf Stuttgart, 1944

Meine Ratsherren und meine Beigeordneten!

Ein hartes, schweres Schicksal hat unsere schöne Stadt Stuttgart betroffen. Unsagbares Leid, unendliches Unglück ist über viele Tausende von Stuttgarter Familien hereingebrochen. Ihre Wohnstätte, ihr Hab und Gut sind zerstört. Unersetzliche kulturelle Werte sind in Schutt und Asche gesunken. Auch unser Rathaus mit all den ehrwürdigen, schönen Geschäftsräumen rund um den Marktplatz, dem Stolz unserer Bürgerschaft, ist ausgebrannt.

So teuer uns all diese verlorenen Werte sein mögen, schmerzlicher ist uns doch der Verlust an Menschenleben. Unsere erste Pflicht in dieser feierlichen Sitzung der Ratsherren ist es daher, der Gefallenen zu gedenken. Bis zu dieser Stunde sind nach den vorliegenden polizeilichen Meldungen 950 Tote geborgen worden. Verschüttet oder vermißt sind noch etwa 50 Personen. Es muß also damit gerechnet werden, daß die Luftangriffe vom 25., 26., 28. und 29. Juli 1944 in unserer Stadt etwa gerade 1000 Todesopfer gefordert haben. Unter den Gefallenen sind 84 Angehörige der Wehrmacht, vor allem des Fluko und der Flak, ferner 7 Angehörige der Polizei, 831 Zivilpersonen und 23 Ausländer. Wir nehmen aufrichtigen Anteil an dem Schmerz und dem Leid der Hinterbliebenen all der vielen Toten. Sie sind gefallen wie die Soldaten an der Front in dem Kampf um Bestand und Zukunft von Volk und Reich.

...

Ich möchte nun des Näheren auf die verschiedenen Luftangriffe und ihre Auswirkungen eingehen.

Die Angriffe vom 25., 26., 28. und 29. Juli 1944 begannen jeweils etwa um ½ 2 Uhr nachts und dauerten rund ¾ Stunden. Neben dem Angriff vom 25. Juli war am schwersten der Angriff vom 26. Juli 1944, der vor allem die Innenstadt und sonstige Teile des Stuttgarter Talkessels betraf. Nachdem die feindliche Luftwaffe in den ersten Morgenstunden des 28. Juli 1944 einen Störangriff mit etwa 50 Maschinen auf Stuttgart durchgeführt hatte, der nur geringe Schäden verursachte, erfolgte am 29. Juli 1944 ein weiterer schwerer Terrorangriff, der vorzugsweise das Wohngebiet von Feuerbach und Botnang, daneben aber auch andere Stadtteile betraf. Die 3 schweren Angriffe wurden nach den vorliegenden Meldungen je von mehr als 500 Maschinen geflogen. Auffallend war, daß diesem Angriff keine Täuschungsmanöver vorausgingen. Die feindlichen Flugzeuge flogen direkt Stuttgart an. Nach dem Setzen der Markierungsmittel folgte bei allen Angriffen sofort der Bombenabwurf. Infolgedessen war die Zeit zum Aufsuchen der Luftschutzräume jeweils recht knapp. Über die von der feindlichen Luftwaffe verwendeten Abwurfmittel liegt eine Zusammenstellung vor, die aber wohl nur Mindestzahlen darstellt. Danach sind folgende Abwurfmittel auf das bebaute Gebiet abgeworfen worden – nicht gerechnet die sehr vielen Bomben, die in die Wälder und ins freie Feld gingen –:

wenigstens 5 000 Sprengbomben,
240 Minenbomben,
20 000 Stabbrandbomben und
– das war das Entscheidende
mindestens 50 000 Flammstrahl- und Phosphorbrandbomben.

Von den Sprengbomben waren ein auffallend großer Teil, nämlich etwa 1100 Langzeitzünder. Von diesen sind etwa 280 nachträglich selbst detoniert. Der Rest wurde inzwischen zu einem großen Teil unschädlich gemacht. Gerade durch die Langzeitzünder wurde in den ersten Tagen nach dem Angriff der Straßenverkehr und damit auch die Schadensbeseitigung außerordentlich erschwert.

...

Die Zahl der Gefallenen und der Vermißten beträgt, wie ich bereits erwähnt habe, rd. 1000 Personen. So hoch diese Zahl im ganzen erscheinen mag, so hält sie sich doch in erträglichen Grenzen, wenn man sie zu der Schwere der Angriffe ins Verhältnis setzt. Die von mir angegebene Zahl kann sich nicht mehr wesentlich erhöhen. Die Gerüchte, die von sehr viel höheren Gefallenenzahlen reden – es wird von 10000 gesprochen –, sind völlig unbegründet. Bei den früheren Luftangriffen auf Stuttgart sind, abgesehen von den Kriegsgefangenen, 1470 Personen gefallen. Insgesamt haben wir nunmehr in Stuttgart bei 24 Luftangriffen etwa 2470 Tote zu beklagen.

Verwundet wurden bei den neuesten Angriffen nach Mitteilung des Polizeipräsidiums rund 1400 Personen. Die Zahl der Obdachlosen wird von der Stadtverwaltung auf rund 100000 geschätzt. Davon sind etwa 60000 – vorwiegend Frauen und Kinder und alte Leute – in den letzten Tagen aus Stuttgart abgewandert.

Für den Umfang der Gebäudeschäden ist kennzeichnend, daß nach den vorliegenden Meldungen bei allen vier Angriffen zusammen etwa 2300 Gebäude total beschädigt wurden, etwa 2500 schwer und etwa 5500 mittelschwer.

Zitiert nach: Heinz Bardua, Stuttgart im Luftkrieg. Stuttgart 1967, S. 192, 198–200.

Schwedische Pressemeldungen, Großangriff auf Dresden, 14. Februar 1945

London, Mittwoch (TT von Reuter). Amtlich wird mitgeteilt, daß das britische Bomberkommando in der Nacht zum Mittwoch 1400 Maschinen gegen Deutschland einsetzte. Das Hauptziel war Dresden, das als große Industriestadt und Zentrum des deutschen Eisenbahnnetzes von größter Bedeutung für die Verteidigungsmaßnahmen der Deutschen gegen die Armeen des Marschalls Konjew war.

Ein anderes Ziel war das Werk zur Herstellung synthetischen Treibstoffes in Bohlen, südlich von Leipzig. Auch Magdeburg wurde bombardiert ...

Dresden steht nach dem gewaltigen britischen Fliegerangriff in der vergangenen Nacht in Flammen. Besonders schwer wurde die Stadtmitte mit dem Hauptbahnhof getroffen, über den in den letzten Tagen ein ununterbrochener Strom von Truppen- und Materialtransporten an die Ostfront geschleust worden war.

Der größere Teil des deutschen Nachschubs für die gesamte südliche Oderfront wurde jetzt durch Dresden geleitet, und der Angriff auf den Hauptbahnhof bedeutet deshalb für die Deutschen einen schweren Schlag, meldet Atlantic.

Hinzu kommt, daß der gesamte Flüchtlingsstrom von Schlesien über Dresden geleitet wurde, das gegenwärtig von Flüchtlingen überfüllt ist.

Dresden kann man deshalb als einen der weitaus empfindlichsten Punkte des deutschen Verkehrsnetzes betrachten.

Im Gebiet von Dresden wandern die Flüchtlinge zu Hunderttausenden auf den Landstraßen nach Westen. Die meisten konnten nur die allernötigsten Kleider mitnehmen, da der russische Vormarsch in Schlesien so rasch vor sich ging, daß viele ihre Wohnungen Hals über Kopf verlassen mußten.

Wie ein Augenzeuge in Radio Atlantic berichtet, kann man überall die beklemmendsten Szenen beobachten. Alte Männer und Frauen liegen, von den schweren Strapazen erschöpft, an den Landstraßen, und niemand hat Zeit oder Möglichkeit, sich um sie zu kümmern.

800 Bomber steckten Dresden in Brand.

London, Mittwoch (TT von Reuter). Das Luftfahrtministerium gibt bekannt: Von den 1400 britischen Bombern, die in der vergangenen Nacht im Einsatz waren, nahmen fast 800 am ersten Großangriff auf Dresden teil. Der Angriff erfolgte in zwei Wellen in einem Abstand von 3¼ Stunden. Es handelte sich um eine sehr konzentrierte Bombardierung, und kurz nachdem die erste Welle über der Stadt erschienen war, leuchtete die Wolkendecke rot vom Widerschein der großen Brände auf der Erde.

Fast gleichzeitig mit dem ersten Angriff auf Dresden unternahm ein großer Bomberverband einen heftigen Angriff auf die Fabrik für synthetisches Benzin in Bohlen, südlich von Leipzig, ein Werk von ebenso großer Kapazität wie einige der größten Fabriken im Ruhrgebiet. Die Fabrik war im vorigen Jahr öfter von amerikanischen Bombern angegriffen, aber seither repariert worden. Jetzt handelte es sich um den ersten britischen Fliegerangriff auf das Werk.

Zitiert nach: Der Luftkrieg über Deutschland 1939–1945. Deutsche Berichte und Pressestimmen des neutralen Auslandes. München 1963, S. 257 ff.

Riesengrab Dresden, 11./18. Februar 1945

Der Korrespondent des „Svenska Dagbladet“ schreibt:

Malmö, Sonnabend. Berlin ist zwar schrecklich zugerichtet, aber dort stehen doch noch viele Gebäude. Dresden dagegen – ja, wie es jetzt dort aussieht, ist ganz einfach unbeschreiblich, und wer die Schrecken während der furchtbaren Bombenangriffe erlebt hat, kann wohl kaum mehr eine frohe Stunde in seinem Leben haben, erzählt ein Deutscher, der direkt von der verwüsteten Stadt nach Malmö kam.

Als ich in der schlimmsten Bombennacht auf einem Feld nahe der Stadt lag und das Wüten der Flammen, das ständige Krachen der Bombeneinschläge und einstürzender Häuser hörte, sagte ich mir immer wieder, Dantes Inferno hätte keine schrecklichere Illustration erhalten können. Aber kann es etwas Schlimmeres geben als Tausende von Häusern auf einmal in Flammen zu sehen und die Schreie sterbender, halb wahnsinniger Menschen zu hören!

Dresden war bekanntlich jene Großstadt in Deutschland, die in allen Kriegsjahren vielleicht am meisten verschont geblieben war. Zwar waren ein paar Bombenangriffe vorgekommen, aber die Schäden erwiesen sich als ganz unbedeutend. Die Bevölkerung hatte sich deshalb in eine gewisse Sicherheit gewiegt. Offensichtlich, meinte man, hätten die Alliierten die Absicht, diese Stadt für einen besonderen Zweck aufzusparen. Die Umstände hatten auch zur Folge, daß ein großer Teil der Reichsverwaltung von Berlin dorthin ausgesiedelt wurde. Auch hatten Massen von Flüchtlingen aus Berlin und dem Rheinland in den letzten Monaten dort Zuflucht gesucht und in Schulen und bei Familien, die ein Zimmer abgeben konnten, Unterkunft gefunden. Am Stadtrand waren außerdem Baracken aufgeführt worden, und es ist gewiß nicht übertrieben, wenn man sagt, daß sich in den letzten Wochen an die 200000 Flüchtlinge in Dresden aufhielten, dessen eigene Bevölkerung etwa 700000 zählte.

Immer mehr Menschen sammelten sich draußen auf den Feldern, wohin man auch Massen von Verwundeten trug. Trotz den heldenhaften Anstrengungen der Rotkreuztruppen, der Feuerwehren und anderer Hilfszüge starben die meisten Schwerverwundeten. Es gab keine Krankenhäuser mehr, und es war ganz einfach unmöglich, den Menschen Hilfe zu bringen, die eingeschlossen in Kellern und unter Trümmerhaufen lagen. In der Innenstadt waren die Straßen völlig unwegsam; hier war jedes Haus eingestürzt oder abgebrannt. Viele Häuser waren auf andere gestürzt und hatten diese im Fall mitgerissen. Eines der ersten Bauwerke, die von Bomben getroffen wurden, war die stattliche Hofkirche; es folgte das nahegelegene Schloß, und dann wurde alles vernichtet. Die Häuser, die nicht völlig zerstört wurden, erhielten mehr oder weniger ernste Schäden. Die Mauern fielen oft vom bloßen Druck, da alle Arten von Bomben geworfen wurden. Fabrikanlagen in den Außenbezirken teilten dasselbe Schicksal.

Wieviele Menschen ihr Leben lassen mußten, weiß niemand mit Sicherheit, da immer noch Tausende von Leichen unter den Trümmern begraben sind und dort lange liegen bleiben; aber nach Angaben, die einige Tage nach der Zerstörung gemacht wurden, liegt die Zahl näher bei 200000 als 100000. Das erklärt sich daraus, daß unerhört viele keine Gelegenheit hatten, einen ordentlichen Schutz zu suchen, oder sich nicht darum kümmerten. Unzählige wurden in Kellern und unter einstürzenden Hausgiebeln begraben. Tausende erlitten den Tod durch Hitze oder Gase, andere wiederum ertranken.

Aus: Der Luftkrieg über Deutschland 1939–1945, a. a. O., S. 264 f.

Der letzte Wehrmachtsbericht, 9. Mai 1945

In Ostpreußen verteidigten die deutschen Divisionen am Dienstag noch bis zum äußersten die Weichselmündung und den westlichen Teil der Frischen Nehrung. Vor allem zeichnete sich die 7. Infanteriedivision aus. Für seine vorbildliche Haltung wurde der Kommandeur, General von Gauchen, mit dem Eichenlaub mit Schwertern und Brillanten zum Ritterkreuz des Eisernen Kreuzes ausgezeichnet. Das Gros unserer Heeresgruppe in Kurland, die unter dem Kommando von Generaloberst Günther monatelang stark überlegenen sowjetischen Panzer- und Infanterieformationen Widerstand geleistet hat und in sechs großen Schlachten tapfer standhielt, hat sich unsterblichen Ruhm errungen. Sie hat jede vorzeitige Kapitulation abgelehnt. In tadelloser Ordnung haben die weiter nach Westen fliegenden Flugzeuge Verwundete und Familienväter weggeschafft. Die Offiziere und Stäbe sind bei ihren Truppen geblieben. Um Mitternacht wurden, entsprechend den von uns angenommenen Bedingungen, die Feindseligkeiten und jede Bewegung eingestellt. Die Verteidiger von Breslau, die während zweier Monate alle sowjetischen Angriffe aufgehalten hatten, sind nach heroischem Widerstand im letzten Augenblick der feindlichen Übermacht erlegen. Auch an der Südost- und Ostfront haben alle Stäbe der Haupteinheiten bis nach Dresden Befehl erhalten, das Feuer einzustellen. Der Aufstand der Tschechen in fast ganz Böhmen und Mähren konnte die Durchführung der Kapitulationsbedingungen und die Verbindungen in diesen Gebieten behindern. Das Oberkommando hat bis jetzt keinen Bericht über die Heeresgruppen Löhr (Balkan), Rendulić (Ostfront Südteil) und Schörner (Ostfront Böhmen, Mähren) erhalten. Weitab vom Vaterland haben die Verteidiger der Atlantikstützpunkte, die Truppen in Norwegen und die Garnisonen der Inseln in der Ägäis, in Gehorsam und Disziplin die Ehre des deutschen Soldaten gewahrt. Seit Mitternacht wurden die Waffen an allen Fronten niedergelegt. Auf Weisung des Großadmirals haben die deutschen Streitkräfte einen Kampf eingestellt, der aussichtslos geworden war. Damit hat dieser beinahe sechs Jahre dauernde Kampf ein Ende genommen. Er hat uns große Siege, doch auch schwere Niederlagen gebracht. Die deutschen Streitkräfte sind schließlich ehrenhaft der erdrückenden Überlegenheit erlegen. Der deutsche Soldat ist seinem Eide treu geblieben und hat, alles für sein Volk opfernd, Siege davongetragen, die für ewig in die Geschichte eingehen werden. Das Vaterland hat ihn unterstützt, solange seine Kräfte ausreichten. Es hat ebenfalls schwerste Opfer gebracht. Die Geschichte wird später einmal die hervorragende Zusammenarbeit zwischen Front und Hinterland gerecht zu würdigen wissen. Auch unsere Feinde konnten ihren Respekt für die Leistungen der deutschen Soldaten zu Lande, zur See und in der Luft nicht verhehlen. Jeder Soldat kann nun die Waffen niederlegen und in diesen schwersten Stunden unserer Geschichte stolz zu seiner Arbeit zurückkehren für das ewige Leben des deutschen Volkes. Wir verneigen uns heute ehrfürchtig vor den gefallenen Kameraden. Die Toten verpflichten uns zu stummem Gehorsam und zur Disziplin gegenüber dem Vaterlande, das aus unzähligen Wunden blutet.

Zitiert nach: Die Welt seit 1945. München 1980, S. 18–19.

Harry S. Truman, Erprobung der ersten Atombombe in Hiroshima, 1945

Der Präsident der Vereinigten Staaten von Amerika Truman (1945–1953) schreibt über die Vorbereitungen und den ersten Abwurf einer Atombombe in Japan:

[Kriegsminister und Angehörige des wissenschaftlichen Ausschusses zur Entwicklung der Atombombe] empfahlen, die Bombe so bald als technisch möglich gegen den Feind einzusetzen. Weiter empfahlen sie, keine Sonderwarnung vorhergehen zu lassen und ein Abwurfsziel zu wählen, an dem die vernichtende Kraft eindeutig demonstriert werden könne. Mir war natürlich klar, daß eine Atombombenexplosion eine jede Vorstellung übertreffende Zerstörung und gewaltige Verluste an Menschenleben zur Folge haben mußte. Andererseits führten die wissenschaftlichen Berater des Ausschusses aus: „Wir sind nicht in der Lage, eine Demonstration vorzuschlagen, die den Krieg beenden würde, und sehen daher keine andere Möglichkeit als den direkten militärischen Einsatz."

Die letzte Entscheidung, wo und wann die Atombombe einzusetzen war, lag bei mir, und ich möchte jedem Irrtum über diesen Punkt vorbeugen. Ich hielt die Atombombe für ein Kampfmittel und zweifelte nie daran, daß es eingesetzt werden müsse. Meine höchsten militärischen Berater empfahlen den Einsatz, und auch Churchill befürwortete ohne jedes Zögern die Verwendung der Bombe, sofern dies zur Abkürzung des Krieges beitrage.

Als ich meine diesbezüglichen Weisungen erteilte, machte ich es zur Bedingung, daß die Bombe als ein Kriegsmittel im Rahmen der Landkriegsordnung einzusetzen ist. Mit anderen Worten, sie mußte auf ein militärisches Ziel abgeworfen werden.

...

Schließlich standen vier Städte in der engeren Wahl: Hiroshima, Kokura, Nagasaki und Niigata. Sie waren in der Reihenfolge ihrer militärischen Bedeutung angeführt; doch mußte man auch die Wetterverhältnisse im Moment des Abwurfs in Rechnung stellen. Ich ging vor der endgültigen Beschlußfassung die Liste mit Stimson, Marshall und Arnold persönlich durch und besprach mit ihnen die Zeit und den Ort des ersten Abwurfs ...

Der Abwurf der Atombombe über Hiroshima wird gemeldet:

Am vierten Tag meiner Heimreise, am 6. August, traf die Nachricht ein, die die Welt erschütterte. Ich saß gerade mit einigen Schiffsoffizieren beim Lunch, als mir der diensttuende Offizier der Nachrichtenzentrale, Hauptmann Frank Graham, nachstehende Botschaft aushändigte:

„*An den Präsidenten vom Kriegsminister* 5. August 1945

Um 19.15 Uhr Washingtoner Zeit schwere Bombe auf Hiroshima abgeworfen. Erste Meldungen sprechen von einem vollständigen Erfolg, der den des Experiments übertroffen hat."

Ich war tief bewegt. Nachdem ich Byrnes die Neuigkeit telephonisch mitgeteilt hatte, wandte ich mich zu den mich umgebenden Seeleuten:

„Das ist das größte Ereignis der Weltgeschichte. Es ist höchste Zeit für uns, nach Hause zu kommen." ...

Erklärung für die „amerikanische Öffentlichkeit":

Aber das größte Wunder liegt nicht in dem Umfang, in den Kosten und in der Geheimhaltung dieses Unternehmens, sondern in der Leistung des wissenschaftlichen Denkens, dem es gelang, das unendlich komplizierte Wissen von vielen Menschen auf verschiedenen wissenschaftlichen Spezialgebieten zu einem praktischen Ergebnis zu führen. Und als kaum weniger wunderbar hat sich die Fähigkeit der Fabrikanten und Arbeiter erwiesen, Maschinen zu konstruieren und Methoden auszuarbeiten, um Leistungen zu vollbringen, wie sie noch nie vollbracht worden sind, so daß das Phantasieprodukt vieler Köpfe Gestalt gewann und sich so verhielt, wie es sich erwartungsgemäß verhalten sollte. Sowohl die Wissenschaft als auch die Industrie arbeiteten unter der Oberleitung der amerikanischen Armee, die mit der Lösung dieses so überaus komplizierten Problems auf dem Gebiet des Wissens in einer so unvorstellbar kurzen Zeit einen einzigartigen Erfolg erzielte. Es ist zweifelhaft, ob es je wieder gelingen wird, dieser Gemeinschaftsarbeit etwas Gleichwertiges zur Seite zu stellen. Was hier geschaffen wurde, das stellt die größte Leistung der angewandten Wissenschaft in der Geschichte der Menschheit dar – und überdies wurde sie unter stärkstem Zeitdruck und ohne Fehlschlag erreicht.

Wir sind jetzt in der Lage, jede japanische Produktionsstätte über dem Erdboden, wo immer sie sei, schneller und vollständiger auszulöschen. Wir werden alle Hafenanlagen, alle Fabriken, alle Eisenbahnen zerstören. Wir werden, und darüber besteht kein Zweifel, Japan die Fortsetzung des Krieges unmöglich machen.

Um das japanische Volk vor dem vollkommenen Ruin zu bewahren, haben wir in Potsdam unser Ultimatum vom 26. Juli erlassen. Die Führer Japans haben es unverzüglich abgelehnt. Wenn sie unsere Bedingungen weiterhin ablehnen, erwartet sie ein Vernichtungsregen aus der Luft, wie ihn die Welt noch nie erlebt hat. Und nach diesem Angriff aus der Luft werden

Land- und Seestreitkräfte, deren Kampfkraft sie bereits zu spüren bekommen haben, in solcher Zahl gegen sie vorgehen, daß alles Bisherige daneben verblaßt.

Die Tatsache, daß wir in der Lage sind, die Atomenergie zu entfesseln, bildet den Auftakt zu einem neuen Verständnis der Naturkräfte. Eines Tages wird die Atomenergie neben die bisherigen Energiespender Kohle, Erdöl und Wasserkraft treten, wenn auch vorläufig ihre Produktion für kommerzielle Auswertung noch zu kostspielig ist. Dazu werden wir noch eine lange Zeit intensiver Forschung benötigen.

Harry S. Truman, Memoiren, Bd. I. Stuttgart 1955, S. 430–435.

Yoshie Tanabe, 6. August 1945 in Hiroshima

Yoshie Tanabe erlebte als Schülerin die Wirkungen der ersten Atombombe:

Dieser 6. August, den ich nicht vergessen kann. Damals ging ich noch in die erste Klasse. Wir liefen zu dritt zur Schule, ein älterer Bruder von mir, mein Freund Kiyoshi aus der ersten Klasse und ich. Damals hatten alle, die nicht evakuiert waren, in der Kirche, gegenüber der jetzigen Senda-Oberschule, Unterricht. Unterwegs blitzte es hell.

Als ich wieder zu mir kam, war alles voller Qualm. Ich war ganz allein, und ich befand mich in der Gewerbeschule. Ich lief umher und rief bestürzt: „Bruder, Bruder! Kiyoshi!" Da rannte ein Mann vorbei, der etwas zu suchen schien. Als ich umherblickte, sah ich, daß das Schulgebäude eingestürzt und in tausend Stücke gegangen war. Ich bekam Angst und rief weinend: „Mutter, Mutter!" Da kam der Mann von vorhin zurück und sagte: „Deine Mutter und dein Vater kommen ja gleich." Er schaute mich an und meinte: „Das ist aber schlimm. Das ist aber schlimm." Dann nahm er mich auf den Rücken. Ich erinnere mich heute noch, wie er mit mir auf dem Rücken überall umhergelaufen ist und immer wieder gesagt hat: „Hoffentlich finden wir deine Mutter und deinen Vater." Ich weiß nicht mehr genau, was danach geschah. Plötzlich hörte ich eine Frauenstimme sagen: „Na, das tut mir aber leid." Als ich hinsah, war der Mann nicht mehr da. Dann schaute ich mich selbst an. Meine Hände und mein Rücken waren verbrannt. Auch mein Ranzen, den ich auf dem Rücken trug, war verbrannt, es waren nur noch Leinwandfetzen von ihm übrig. Aber die Bücher waren alle noch da. Meine Kleider waren zerrissen, ich war fast nackt. Hier und da schrien Leute: „Hilfe, Hilfe!" Alle, die ich sah, waren verbrannt oder verwundet. Eine Frau mit Brandwunden, die stöhnend auf der Erde lag, bat mich: „Kannst du mir nicht deinen Ranzen als Kopfkissen leihen?" Ich sagte weinend: „Nein, das mache ich nicht ... Das mache ich nicht ..." Ich habe ihr den Ranzen nicht gegeben. Es waren doch meine Bücher. Ich weinte weiter, aber da kam auf einmal meine Mutter. Mutter hatte gedacht, ich wäre von der Schule, der Kirche, verschüttet worden. Sie hatte mich dort gesucht, und weil sie mich dort nicht fand, ist sie immerzu vor der Gewerbeschule auf und ab gelaufen. Sie erzählte mir weinend, wie verzweifelt sie mich gesucht hatte.

Als ich mit Mutter zu Hause ankam, war unser Haus eingestürzt, und niemand war da. Mutter blutete an der Stirn, weil sie dort verletzt war. Wir gingen meinen Vater und meinen älteren Bruder suchen. Wir trafen sie schließlich auf der Straße.

Vater war krank gewesen, er wollte gerade zum Arzt gehen und wurde unterwegs von einem Haus verschüttet. Aber die Leute retteten ihn aus den Trümmern. Mein Bruder, der mit mir auf dem Weg zur Schule war, sprang in die Wasserrinne vor unserer Schule, weil ihm plötzlich so heiß wurde, als es blitzte. Und dann hat er sich unter der Betonbrücke aufgehalten. Mein anderer Bruder, der die Mittelschule besuchte, war zum Rathaus gegangen, um beim Abreißen von Häusern zu helfen. Weil wir nicht wußten, wo er ist, beschlossen wir vier, zu meiner Tante nach Tanna zu gehen, und machten uns auf den Weg zur Miyuki-Brücke.

An beiden Seiten der Straße lagen haufenweise Verbrannte und Verwundete. Als ich zurückschaute, erblickte ich ein rotes Flammenmeer. Jemand rief, daß wir schnell über die Brücke laufen sollten, es werde gefährlich. In der Nähe des jetzigen Bezirkskrankenhauses trafen wir meinen Onkel aus Tanna; er war mit dem Auto gekommen, um uns abzuholen. Wir stiegen ein und fuhren nach Tanna. Dort mußte ich drei Monate liegen und konnte nicht aufstehen. Mein ältester Bruder, der im Gesicht und an Händen und Füßen verbrannt war, mußte auch zwei Monate liegen. Auch mein drittältester Bruder konnte wie ich drei Monate lang nicht aufstehen. In dieser Zeit wäre ich zwei- oder dreimal fast gestorben. Aber durch die aufopfernde Pflege meiner Mutter wurde ich nach drei Monaten wieder gesund. Mutter war auch schwer verletzt, sie sorgte aber trotzdem für uns drei Kinder und fand nicht einmal nachts Ruhe. Anfangs flohen wir bei jedem Luftangriff in die Berge, aber zum Schluß flohen wir nicht mehr, weil wir uns nicht mehr rühren konnten.

Am 15. August ging der Krieg zu Ende. Mein zweitältester Bruder blieb vermißt, er ist nicht zurückgekommen. Mein lieber Bruder ist der Atombombe zum Opfer gefallen. Ich bin voller Trauer, wenn ich daran denke, daß ich das lächelnde Gesicht meines Bruders nicht mehr wiedersehen kann.

Ich will nicht, daß es noch einmal Krieg gibt. Ich hasse den Krieg über alles.

Zitiert nach: Arata Osada (Hrsg.), Kinder von Hiroshima. Frankfurt a. M. 1966.

11. Deutschland in der Nachkriegszeit

Zwangsumsiedlung aus dem Oder-Neiße-Gebiet, 1945

Der Bericht einer Frau aus Sorau in Brandenburg:

Am 23. Juni 1945 wurden wir nun vollkommen überraschend binnen zehn Minuten vom Polen ausgewiesen. Ich lebte damals wieder in meinem Haus, das ging immer hin und her, mal wurde man herausgeschmissen, dann wagte man sich wieder hinein, schaffte den schlimmsten Schmutz heraus, um dann doch bald wieder herausgeworfen zu werden. Niemand von uns hatte mit einer Ausweisung gerechnet. Wohl kamen eine Woche vorher die Zivilpolen, und uns wurde gesagt, daß wir nun polnisch verwaltet würden. Die Zivilpolen benahmen sich anständig, sie plünderten wohl auch noch, aber viel hatte der Russe ja nicht übriggelassen. Aber Vergewaltigungen kamen da kaum vor. Bis dann am Morgen des 23. Juni 1945 die polnische Soldateska erschien, die sogenannten Lubliner Polen, und die gesamte Bevölkerung Soraus, gegen 29000 Menschen, an diesem Tag auswies. Nur ganz wenige, die in den Fabriken für den Russen arbeiteten, durften bleiben.

Mir ließen sie wie allen genau zehn Minuten Zeit. Ich konnte nun bloß mein einjähriges Enkelkind die drei Treppen herunterschleppen, danach den Kinderwagen, den sie mir auch schon teilweise ausgeplündert hatten, dann für den Kleinen heimlich einige Lebensmittel aus den Verstecken holen, und als ich dann noch für mich aus meiner Wohnung meinen Mantel holen wollte, ließ mich der Pole nicht mehr herein mit dem Vermerk, die zehn Minuten wären herum. Ein Polenmädel zog mir noch mein letztes Paar Schuhe von den Beinen, mit denen ich wochenlang geschlafen hatte, damit sie mir der Russe nicht wegnahm, und warf mir ein paar alte Tennisschuhe meines Sohnes, vier Nummern zu groß, hin. Offene Haare, denn der Russe hatte mir schon längst meine Haarklemmen und Kämmchen weggenommen, Haarnadeln gab es auch in ganz Sorau nicht mehr; genauso wie die Männer alle mit Vollbärten herumliefen, weil Rasierapparate beim Russen ein sehr begehrter Artikel waren. Dann eine alte Strickjacke von meinem Manne und ein uralter Rock, den hatte mir der Russe noch gelassen, und an den Beinen die Tennisschuhe, so trat ich meinen Marsch auf die Landstraße an.

Es war ein Elendszug, denn Züge gingen ja nicht, und so zogen, man kann wohl sagen, drei Monate lang die Ausgewiesenen Schlesiens und Ost-Brandenburgs auf diesen Landstraßen entlang; Kinderwagen, Leiterwagen, Schiebkarren, Sportwagen, man sah die unmöglichsten Gefährte. Von morgens 4.00 Uhr bis abends 7.00 Uhr durfte man auf den Landstraßen bleiben, dann schlief man entweder im Walde, in schmutzigen Scheunen und leeren Wohnungen, dort ließ uns der Pole nicht immer herein. Bettelarm zogen wir da lang, denn schon längst hatte uns der Russe Geld, Papiere und Sparkassenbücher und natürlich Schmuck, Uhren, Trauring usw. abgenommen.

Ich bin hier oft im Westen gefragt worden, warum ich denn meinen Schmuck nicht besser versteckt hätte, so z.B. in Rocksäumen, Haar usw. Wenn ich dann den Leuten hier berichte, daß ich wohl sechsmal in der Scheide nach Schmuck untersucht worden bin, dann fangen sie an, so etwas wie zu staunen.

Als wir dann über die Neiße waren, wo wir noch einmal ganz gründlich von Polen nach Schmuck und Wertsachen untersucht wurden – meiner Freundin, Frau Amtsgerichtsrat Müller aus Sorau, wurden bei dieser Gelegenheit die Goldkronen aus dem Mund geschlagen – und nach Cottbus kamen, hofften wir, daß sich nun irgendeine Behörde unserer annehmen würde. Aber Fehlanzeige. Man gab uns keine Lebensmittelkarten, und das große Hungern begann. Es war ja damals auch technisch unmöglich, die Masse der Vertriebenen zu ernähren, denn täglich kamen mindestens drei Monate lang 2000 Vertriebene durch Cottbus, und hier fing sich alles an zu stauen ...

Dokumentation der Vertreibung, Bd. I, 2. Bonn 1954ff., S. 688ff.

Harry S. Truman, Konferenz von Potsdam, 1945

Der amerikanische Präsident berichtet über die Schwierigkeiten bei der Definition von „Deutschland“:

Churchill warf ein, da das Wort „Deutschland“ schon wiederholt gefallen sei, wünsche er zu wissen, wie es definiert werde. Wenn damit Vorkriegsdeutschland gemeint sei, stimme er zu.

Stalin antwortete: „Deutschland ist, was es durch den Krieg geworden ist. Ein anderes Deutschland gibt es nicht. Österreich gehört nicht zu Deutschland."

Ich schlug vor, das Deutschland von 1937 ins Auge zu fassen.

Darauf Stalin: „Abzüglich dessen, was Deutschland 1945 verloren hat."

Deutschland, entgegnete ich, habe 1945 alles verloren.

Der Marschall wies auf das Sudetenland hin, das Deutschland der Tschechoslowakei entrissen habe, und fragte, ob dieses Gebiet als ein Teil Deutschlands zu betrachten sei.

Ich wiederholte, ich hätte das Deutschland von 1937 im Auge.

Stalin meinte, unter einem formalen Gesichtspunkt könnte man von einem solchen Deutschland sprechen. Er rege jedoch an, gleich jetzt die polnische Westgrenze festzulegen, denn das würde diesen Punkt klären.

Ich erwiderte, darüber ließe sich am besten reden, wenn wir wüßten, was mit Deutschland geschehen solle.

Stalin, der offensichtlich Ausflüchte suchte, sagte, Deutschland sei ein Land ohne Regierung und ohne definierte Grenzen. Es hätte weder eine Armee noch eine Grenzpolizei. Das Land sei in vier Besatzungszonen zerschlagen.

Als ich dabei blieb, das Deutschland von 1937 zum Ausgangspunkt unserer Diskussion zu machen, schlossen sich Stalin und Churchill schließlich diesem Vorschlag an, und als Vorsitzender gab ich bekannt, daß das Deutschland des Versailler Vertrags, wie es 1937 bestanden hatte, als Diskussionsgrundlage zu betrachten sei.

Truman, a.a.O., S. 335–336.

Nahrungs-und Bekleidungsnot in Deutschland, 1945

Nahrungsmittelnot

Hamburger Nachrichtenblatt, 10. Dezember 1945:

In einer amtlichen Bekanntmachung für die britische Zone heißt es:

Zur Durchführung einer Verteilung von einem Ei und 25 g Eisparpulver müssen alle Verbraucher den Abschnitt 19 der Registrierungskarte in der Zeit vom 5. bis 12. Dezember 1945 bei den für den Verkauf von Eiern zugelassenen Eierhändlern als Vorbestellungsschein abgeben. Die Einzelhändler haben die Abschnitte abzutrennen, als Zeichen der erfolgten Anmeldung mit ihrem Firmenstempel zu versehen, die vereinnahmten Abschnitte zu je 10 Stück auf weißes Papier zu kleben und sofort bei ihrem Großhändler zwecks Belieferung einzureichen. Die Abgabe erfolgt sofort nach Belieferung der Einzelhändler.

Süddeutsche Zeitung, 26. Oktober 1945:

Zur Sicherstellung der Brotversorgung innerhalb Bayerns wird dem Brot 30% Gerstenmehl beigemischt. Diese Maßnahme erfordert, daß die ersten Erträge der neuen Ernte für diesen Zweck herangezogen werden. Aus diesem Grunde ist eine weitere Zuteilung von Gerste zur Herstellung von Bier zur Zeit nicht möglich. Die amerikanische Militärregierung hat deshalb verfügt, daß mit dem 15.10.1945 die Brauereien die Bierherstellung vorläufig einstellen.

Bekleidungsnot

Die der Wirtschaftsabteilung zugeteilten Kontingente an Spinnstoffen reichten bei weitem nicht aus, um auch nur die dringendsten Notstände zu beheben ... Einer Bevölkerung von über 23000 Einwohnern wurden für die Zeit vom 10.11. bis 10.12.1946, also die Dauer eines Monats, zugeteilt:

2	Männer-Wintermäntel	88,84 m	Taghemdenstoff
2	Männer-Regenmäntel	26	Nachthemden
30	Männer-Anzüge	20	Unterhemden
10,90 m	Wintermantelstoff	183	Unterhosen
102,50 m	Männeranzugsstoff	6	Taschentücher
32	Pullover	13	Frauen-Wintermäntel
10	Strickwesten	3	Frauen-Wollkleider
2	Winterjoppen	10	Frauen-Röcke
11	Sommerjoppen	50	Frauen-Blusen
48	Hüte	7	Frauen-Unterkleider
117	Mützen	6	Knaben-Wintermäntel
158	Paar Strümpfe	12	Knaben-Unterhosen
21	Paar Hosenträger	2	Burschen-Anzüge
139	Taghemden	1	Mädchen-Wintermantel

Diese Zuteilung stand natürlich in keinem Verhältnis zum Bedarf. Sie reichte nicht einmal für die dringendsten Bedürfnisse von Kriegsversehrten, Fliegergeschädigten und Heimatvertriebenen aus. Einem Normalverbraucher, dem es nach den langen Jahren der Zwangsbewirtschaftung ebenfalls an Bekleidung und Wäsche fehlte, war es nicht einmal möglich, überhaupt einen Antrag zu stellen.

Das Mißverhältnis zwischen Bedarf und Zuteilung zeigt sich am eindringlichsten in der Tatsache, daß zum Zeitpunkt der obengenannten Zuteilung, Anfang Dezember 1946, nicht weniger als 12566 Anträge auf Bekleidungsstücke vorlagen, darunter u.a.:

5651 Anträge auf Männerbekleidungsstücke
2562 Anträge auf Frauenbekleidungsstücke
844 Anträge auf Knabenbekleidungsstücke
329 Anträge auf Mädchenbekleidungsstücke
1341 Anträge auf Haushaltswäsche
776 Anträge auf Berufskleidung ...

Dokumente deutscher Kriegsschäden, hg. vom Bundesministerium für Vertriebene, Flüchtlinge und Kriegsgeschädigte. Bonn 1960 ff., Bd. II, 2, S. 32 f.

Schwarzmarkt in Deutschland, 1947

Aus Zeitungsberichten:

Selbsthilfe, 15. Oktober 1947:

Frankfurter Preisnotierungen: Lebens- und Genußmittel: Kaffee (Pfund) 350–380 M, Kaffee grün (Pfund) 320–350 M, Tee (Pfund) 360–400 M, Kakao (Pfund) rund 400 M, Butter (Pfund) rund 250 M, Öl ¾ l 250–300 M, Zucker (Pfund) rund 80 M, Mehl, amerikanisch (Pfund) rund 25 M, Brot 1500 g rund 30 M, Eier 1 Stück rund 10 M, Zigaretten, 20 amerikanische 100–120 M, Schokolade, 1 Täfelchen 20–30 M, Seife, 1 Stück amerikanische 30 M. Bekleidung und Schuhe: Anzugsstoff (1. Qualität) 3500 bis 4000 M, Kleiderstoff (Seide, Coupon ca. 4 m) 1000 M, Kleiderstoff (Druck, Coupon ca. 4 m) 600–800 M, Seidenstrümpfe, gute Qualität, 200–250 M, Herren- und Damenschuhe (modisch, Ganzleder) 1000–1500 M.

Sonstiges: Schwergoldene Uhr, 18 Karat (Schweizer Werk, modernste Ausführung), 6000–8000 M, Brillanten, 1 Karat, rein, rund 30000 M, Gold, 1 g rund 180 M.

Telegraf, 24. Juni 1947:

Einem hungrigen Freunde wurde ein Pfund Butter für 320 RM angeboten. Er nahm sie auf Kredit, weil er soviel Geld nicht hatte. Er wollte sie morgen bezahlen. Ein halbes Pfund bekam seine Frau. Mit dem Rest gingen wir „kompensieren“: In einem Tabakladen gab es für das halbe Pfund 50 Zigaretten. Zehn Stück behielten wir für uns. Mit dem Rest gingen wir in eine Kneipe. Wir rauchten eine Zigarette, und das Geschäft war perfekt: Für die 40 Zigaretten erhielten wir eine Flasche Wein und eine Flasche Schnaps. Den Wein brachten wir nach Hause. Mit dem Schnaps fuhren wir aufs Land. Bald fand sich ein Bauer, der uns für den Schnaps zwei Pfund Butter eintauschte.

Am nächsten Morgen brachte mein Freund dem ersten Butterlieferanten sein Pfund zurück, weil es zu teuer war. Unsere Kompensation hatte 1½ Pfund Butter, eine Flasche Wein, zehn Zigaretten und das Vergnügen eines steuerfreien Gewerbes eingebracht.

Zitiert nach: Geschichte in Quellen, hg. von Wolfgang Lautemann und Manfred Schlenke: Die Welt seit 1945. Bearbeitet von Helmut Krause und Karlheinz Reif. München 1980, S. 40.

James Francis Byrnes, Wiederaufbau Deutschlands, 1946

Der amerikanische Außenminister Byrnes führte in einer Rede am 6. September 1946 in Stuttgart aus:

Ich bin nach Deutschland gekommen, um mich an Ort und Stelle über die mit dem Wiederaufbau Deutschlands verbundenen Probleme und die Ansichten der Regierung der Vereinigten Staaten über einige der vor uns liegenden Probleme mit unseren Vertretern in Deutschland zu besprechen. Wir Amerikaner haben diesen Problemen beträchtliche Zeit und Aufmerksamkeit gewidmet, weil von ihrer erfolgreichen Lösung nicht nur das künftige Wohlergehen Deutschlands, sondern auch das Europas abhängt.

Wir haben wohl oder übel lernen müssen, daß wir alle in einer Welt leben, von der wir uns nicht isolieren können. Wir haben gelernt, daß Frieden und Wohlergehen unteilbar sind und daß Frieden und Wohlergehen in unserem Land nicht auf Kosten des Friedens und Wohlergehens eines anderen Volkes erkauft werden können.

Ich hoffe, daß das deutsche Volk nie wieder den Fehler machen wird, zu glauben, daß das amerikanische Volk, gerade weil es den Frieden liebt, in der Hoffnung auf Frieden abseits stehen wird, wenn irgendeine Nation Gewalt anwendet oder mit Gewalt droht, um die Herrschaft über andere Völker oder Regierungen zu erlangen.

...

Deutschland benötigt die ganzen Nahrungsmittel, die es erzeugen kann. Vor dem Kriege konnte es nicht genug Nahrungsmittel für seine Bevölkerung erzeugen. Das Gebiet Deutschlands ist verkleinert worden. Die Bevölkerung Schlesiens zum Beispiel ist in ein verkleinertes Deutschland zurückgedrängt worden. Besetzungsarmeen und Zwangsverschleppte erhöhen den Bedarf, während der Mangel an landwirtschaftlichen Maschinen und Düngemitteln die Versorgungsmöglichkeit herabsetzt. Um die größtmögliche Erzeugung und die zweckmäßigste Verwendung und Verteilung der Nahrungsmittel, die erzeugt werden können, sicherzustellen, müßte eine zentrale Verwaltungsstelle für Landwirtschaft geschaffen werden und unverzüglich mit der Arbeit beginnen.

Ebenso ist die Schaffung einer zentralen deutschen Verwaltungsstelle für Industrie und Außenhandel dringend notwendig. Deutschland muß bereit sein, seine Kohle und seinen Stahl mit den befreiten Ländern Europas zu teilen, die von diesen Lieferungen abhängig sind. Deutschland muß andererseits in die Lage versetzt werden, seine Fähigkeiten und Kräfte der Steigerung seiner industriellen Produktion dienstbar zu machen und für die zweckmäßigste Verwendung seiner Rohstoffe Sorge tragen zu können.

Deutschland muß die Möglichkeit haben, Waren auszuführen, um dadurch so viel einführen zu können, daß es sich wirtschaftlich selbst erhalten kann. Deutschland ist ein Teil Europas. Die Gesundung in Europa und besonders in den Nachbarstaaten Deutschlands wird nur langsam voranschreiten, wenn Deutschland mit seinen großen Bodenschätzen an Eisen und Kohle in ein Armenhaus verwandelt wird.

...

Das amerikanische Volk, das für die Freiheit gekämpft hat, hat nicht den Wunsch, das deutsche Volk zu versklaven. Die Freiheit, an welche die Amerikaner glauben und für die sie kämpfen, ist eine Freiheit, an der alle teilhaben sollen, die gewillt sind, die Freiheit anderer zu achten.

Die Vereinigten Staaten haben fast alle in ihrem Lande befindlichen Kriegsgefangenen nach Deutschland zurückgeschickt. Wir unternehmen unverzüglich Schritte, um die in anderen Teilen der Welt in unserer Hand befindlichen deutschen Kriegsgefangenen baldigst zurückzusenden.

Die Vereinigten Staaten können Deutschland die Leiden nicht abnehmen, die ihm der von seinen Führern angefangene Krieg zugefügt hat. Aber die Vereinigten Staaten haben nicht den Wunsch, diese Leiden zu vermehren oder dem deutschen Volk die Gelegenheit zu verweigern, sich aus diesen Nöten herauszuarbeiten, solange es menschliche Freiheit achtet und vom Wege des Friedens nicht abweicht.

Das amerikanische Volk wünscht, dem deutschen Volk die Regierung Deutschlands zurückzugeben. Das amerikanische Volk will dem deutschen Volk helfen, seinen Weg zurückzufinden, zu einem ehrenvollen Platz unter den freien und friedliebenden Nationen der Welt.

Zitiert nach: Dokumente der Deutschen Politik und Geschichte von 1848 bis zur Gegenwart. Bd. VI, hg. von J. Hohlfeld. Berlin 1952 ff., S. 130 ff.

Meine Auffassung, daß Professor Heuss die geeignete Persönlichkeit für das Amt des Bundespräsidenten sei, setzte sich durch, und er wurde am 12. September 1949 mit den Stimmen der CDU/CSU, FDP und DP zum Bundespräsidenten gewählt.

Am 15. September 1949 erfolgte die Wahl des Bundeskanzlers. Ich wurde im ersten Wahlgang von der absoluten Mehrheit aller Mitglieder des Bundestages, und zwar mit einer Stimme Mehrheit gewählt. Später fragte man mich, ob ich mich selbst gewählt hätte. Ich antwortete: „Selbstverständlich, etwas anderes wäre mir doch als Heuchelei vorgekommen."

Meine Wahl zum Bundeskanzler und die Regierungskoalition, die sich aus den Fraktionen der CDU/CSU, FDP und der DP zusammensetzte, waren eine logische Konsequenz der politischen Verhältnisse. Ich begrüßte aus allgemeinen staatspolitischen Erwägungen heraus die eingetretene Entwicklung. Ich war nicht der Auffassung, daß es den Interessen der gesamten Bevölkerung, den Interessen Deutschlands besser gedient hätte, wenn man etwa eine Koalition zwischen der CDU/CSU und der Sozialdemokratischen Partei eingegangen wäre. Ich war und bin der Auffassung, daß die Opposition eine Staatsnotwendigkeit ist, daß sie eine staatspolitische Aufgabe zu erfüllen hat, daß nur dadurch, daß Regierungsmehrheit und Opposition einander gegenüberstehen, ein wirklicher Fortschritt und eine Gewöhnung an demokratisches Denken zu erzielen sind. Ich war weiter der Auffassung, daß es bei den labilen Verhältnissen, wie sie in Deutschland herrschen, viel richtiger war, wenn die stets vorhandene Opposition sich klar im Parlament zeigte.

Den Gründen, die für die Bildung einer Koalition CDU/CSU, FDP und DP sprachen und die in der Rhöndorfer Besprechung ausgiebig erörtert worden waren, schlossen sich die Vertreter der genannten Parteien an.

Am 7. September 1949 hatten sich der Bundestag und der Bundesrat konstituiert. Am gleichen Tag wurde der Bundestagspräsident gewählt, am 12. September der Bundespräsident und am 15. September der Bundeskanzler. Am 20. September wurden auf meinen Vorschlag die Bundesminister ernannt ...

Damit war die Konstituierung der Bundesregierung erfolgt. Am nächsten Tag trat das Besatzungsstatut in Kraft.

Es begann ein neuer Abschnitt in der Geschichte der Nachkriegsjahre.

In den vier Jahren, die der Katastrophe des Jahres 1945 folgten, hatten im großen und ganzen Legislative und Exekutive in den Händen der Besatzungsmächte gelegen. Nur schrittweise war auf den verschiedenen Ebenen der Verwaltung und Gesetzgebung deutschen Stellen eine partielle Entscheidungsbefugnis wieder gewährt worden.

Mit dem Aufbau der Organe in der Bundesrepublik Deutschland ging nunmehr ein großer Teil von Verantwortung und Entscheidungsbefugnis in deutsche Hände über. Noch waren wir allerdings nicht frei, denn das Besatzungsstatut enthielt wesentliche Beschränkungen. Wir mußten das Unsere dazu tun, die Voraussetzungen dafür zu schaffen, die es den alliierten Mächten ermöglichen würden, das Statut in einer großzügigen und maßvollen Weise anzuwenden. Nur auf diesem Wege konnte das deutsche Volk wieder zur völligen Freiheit gelangen. Ich hoffte, daß die alliierten Mächte durch eine entsprechende Handhabung der im Besatzungsstatut gegebenen Revisionsklausel helfen würden, die weitere staatliche Entwicklung unseres Landes zu beschleunigen.

Vorstellung bei den hohen Kommissaren – Inkrafttreten des Besatzungsstatut: Die Hohen Kommissare hatten durch Blankenhorn mir ihre Absicht mitteilen lassen, das Besatzungsstatut in einer feierlichen Zeremonie zu überreichen. Bei derselben Gelegenheit könnte ich dann das Kabinett vorstellen.

Dieses Vorhaben gefiel mir nicht. Für einen Besiegten bleibt ein Besatzungsstatut eine unangenehme Sache, seine Übergabe an den Vertreter eines besetzten Landes ist für dieses kein Grund zu einer Feierlichkeit. Ich ließ durch Blankenhorn die Hohen Kommissare bitten, unter meinem Gesichtspunkt den Vorgang zu betrachten und von einer zeremoniellen Überreichung Abstand zu nehmen. Daraufhin beschlossen die Hohen Kommissare, das Inkrafttreten des Besatzungsstatuts lediglich durch eine Ansprache ihres Vorsitzenden mitzuteilen. Es sollte dem Akt aber dadurch ein zeremonieller Charakter gegeben werden, daß die Hohen Kommissare mich empfangen würden, indem sie auf einem Teppich stünden, während ich vor diesem stehen sollte. Ihr Vorsitzender sollte eine Ansprache halten und das Inkrafttreten des Besatzungsstatuts verkünden. Alsdann sollte ich den Teppich betreten. Ich erklärte mich einverstanden.

An dem vereinbarten Termin, am 21. September 1949, begab ich mich in Begleitung einiger Bundesminister – ich hatte nicht das gesamte Kabinett zur Vorstellung mitgenommen – auf den Petersberg. Wir wurden in einen Raum geführt, in dem uns die drei Hohen Kommissare auf einem Teppich stehend empfingen. François-Poncet hatte an dem betreffenden Tage den Vorsitz inne. Er trat, während ich vor dem Teppich haltmachte, einen Schritt nach vorn, um mich zu begrüßen. Ich machte mir diese Gelegenheit zunutze, ging ihm entgegen und stand somit gleichfalls auf dem Teppich.

Keiner der Hohen Kommissare wendete sich dagegen. François-Poncet hielt seine Ansprache.

Nach der Vorstellung der mich begleitenden Kabinettsmitglieder erklärte ich den Hohen Kommissaren in einer Rede, daß es der eindeutige Wille der Bundesregierung sei, in erster Linie die großen sozialen Probleme in Angriff zu nehmen. Ich sei überzeugt, daß ein gesunder Staat sich nur dann entwickeln könne, wenn dem einzelnen ein Minimum wirtschaftlicher Existenzfähigkeit garantiert werde. Ehe es nicht gelinge, für die Millionen von Ausgebombten und Flüchtlingen in ausreichender Anzahl Wohnungen und entsprechende Arbeitsmöglichkeiten zu schaffen, sei eine stabile innere Ordnung in Deutschland nicht möglich.

...

Es wurde ein Glas Sekt gereicht, und nach kurzer Zeit verabschiedete ich mich. Als Blankenhorn, der mich begleitete, und ich in der Garderobe unsere Mäntel anzogen, trat ein Beamter der Hohen Kommission an Blankenhorn heran und übergab ihm ein in Packpapier eingehülltes Buch.

Als wir im Auto saßen, sagte ich Blankenhorn, er möge nachsehen, was man ihm überreicht habe. Er entnahm dem Paket ein in Pergament gebundenes und somit besonders kunstvoll gedrucktes Besatzungsstatut, das nicht unterzeichnet war.

Diese Urkunde hatte ein eigenartiges Schicksal. Als ich mich im Jahre 1962 im Auswärtigen Amt nach ihr erkundigte, stellte sich heraus, daß sie sich immer noch bei Herrn Blankenhorn befand. Ich bat, sie zu den Akten zu geben, was auch geschah.

Konrad Adenauer, Erinnerungen 1945–1953. Frankfurt 1967, S. 222–225.

12. Die Bundesrepublik Deutschland zwischen Restauration und Reform

Felix von Eckardt, Kabinettsitzung im Palais Schaumburg, 1952

Wie ging nun so eine Kabinettsitzung vor sich? Natürlich gab es eine Tagesordnung der zu beratenden Fragen. Die Tagesordnung ist geheim wie die Beratungen selbst auch. Leider pflegten aber die Journalisten auf irgendeinem Wege stets zur Kenntnis wenigstens der wichtigeren Punkte zu kommen. Das brachte mir [dem Pressechef der Bundesregierung] häufig sehr ungelegene Fragen ein, denn entweder war der Punkt gar nicht beraten oder keine Entscheidung gefällt worden. Nicht selten kam es vor, daß der Kanzler die Sitzung mit einer Darstellung der Lage, vorwiegend der außenpolitischen, eröffnete, woran sich eine lange Debatte schloß. Es kam vor, daß es überhaupt nicht zu einer Beratung der Tagesordnungspunkte kam. Dann saß ich in der Pressekonferenz am Nachmittag ganz fest. Ich mußte verkünden: „Keine Beschlüsse!" Nun wollten die Journalisten wissen, was man denn sonst den ganzen Vormittag im Kabinett getan habe. Antwort: „Vortrag des Bundeskanzlers, allgemeine politische Aussprache." ... Wie die Sitzung aber auch verlief, immer hatte Adenauer die Debatte in der Hand. Seine Autorität als Kanzler und Vorsitzender des Kabinetts stand niemals in Frage. Nun wäre es allerdings völlig falsch, zu glauben, daß Adenauer die Ausführungen der Ressortminister und die Aussprache kurz abzuschneiden versucht hätte. Auch das kam vor, aber selten. Obwohl er sich bemühte, die Debatte zu straffen, ließ er sich doch oft sehr viel Zeit, das Hin und Her der Meinungen anzuhören. Oft, sehr oft habe ich seine Geduld bewundert, denn nicht allen Menschen ist es gegeben, sich kurz und präzise auszudrücken. Dabei ließ seine Aufmerksamkeit niemals nach, auch nach Stunden nicht ...

Der Leser vermißt vielleicht die allgemeine Schilderung einer durchschnittlichen Kabinettsitzung, doch diese Durchschnittssitzung gab es kaum. Obwohl dem Kanzler beim Betreten des Raumes seine Grundstimmung schon im Gesicht geschrieben stand, entstanden doch zu häufig Überraschungen, als daß man von einem festen Typ „Kabinettsitzung" sprechen kann. Ganz ähnlich wie Adenauer während seiner ganzen Regierungszeit die Öffentlichkeit beschäftigte, Anhänger sowohl wie Gegner, weil er keine Schablone kannte und immer das Unerwartete bei ihm möglich war, so konnte man auch nie wissen, wie eine Kabinettsitzung verlaufen würde. Eigentlich war jede wieder anders, wenigstens gab es unzählige Variationsmöglichkeiten.

Felix von Eckardt, Ein unordentliches Leben. Düsseldorf 1967, S. 247–249.

Felix von Eckardt. Verhandlungen mit der Regierung der UdSSR, 1955

Ankunft in Moskau:

Als Adenauer die Gangway herunterkam und die üblichen Händedrücke gewechselt worden waren, rollte ein wirklich eindrucksvolles militärisches Schauspiel ab. Eine Ehrenkompanie hatte Aufstellung genommen. Sie war völlig neu – und zwar in starker Anlehnung an alte zaristische Uniformen – eingekleidet worden. Die Röcke leuchteten in Hellblau, besetzt mit roten Bruststücken, die im Schnitt den alten deutschen Ulanen-Uniformen ähnelten, blaue Breecheshosen steckten in Lackstiefeln, dazu blitzte viel Goldlitze und Paspelierung. Die Hände an den Gewehren waren weiß behandschuht. Kommandos schallten über den Platz, die Ehrenkompanie präsentierte das Gewehr, und der Kommandeur, den Säbel vor sich hertragend, näherte sich im Paradeschritt dem Bundeskanzler. Der Kanzler schritt nach der vorschriftsmäßigen Meldung, daß die Ehrenkompanie zu Ehren „Seiner Exzellenz" angetreten sei, mit Bulganin die Front ab. Mühsam hatte er sich das russische „Sdrastwuitje", was soviel wie „Guten Tag" heißt, einstudiert. Die Soldaten schrien ihm – es klang wie ein einziger Gewehrschuß – ihr „Immerwährende Gesundheit" entgegen. Und dann folgte der Vorbeimarsch der Kompanie im Paradeschritt. Selbst der älteste preußische General hätte zugeben müssen, daß keine deutsche Truppe es jemals besser gemacht hätte. Nicht einmal wir Kadetten, und das will etwas heißen!

Gesellschaftsessen:

Anschließend gab Bulganin dem Kanzler und seiner Begleitung ein großes Frühstück im Speisesaal des Palais. Hier trat zum erstenmal Chruschtschow in der ihm eigenen Art in Aktion. Am Vormittag hatte er kein Wort gesprochen. Die Russen gaben sich sehr liebenswürdig, das heißt, man täte ihnen wohl unrecht, wenn man diese fröhliche Gastlichkeit als gespielt oder berechnend bezeichnen würde. Die Russen unterscheiden sehr scharf zwischen den geschäftsmäßigen Verhandlungen und der Geselligkeit. Sie sind wirklich äußerst gastfreundliche Menschen, nicht nur die großen Männer, sondern auch das Volk. Im allgemeinen will man bei Tisch fröhlich sein und es dem Gast so angenehm wie möglich machen, auch dann, wenn man sich wenige Minuten vorher bei der Sitzung die schrecklichsten Dinge gesagt hat. Schon vor dem Frühstück, als man sich versammelte und die gegenseitige Vorstellung begann, war Chruschtschow ganz Aktion. Er lief hin und her, lachte und machte vergnügte Bemerkungen. Als er Carlo Schmid dem ebenfalls eingeladenen Malenkow vorstellte, piekte er seinem Parteifreund, oder wohl besser gesagt Parteigegner, mit dem Finger in den Bauch und sagte etwa: „Sieh dir den an! Genauso dick wie du, aber doppelt so groß! Ein richtiger Teutone!" Die ganze sowjetische Prominenz war erschienen, nur die gegen Deutschland siegreichen Marschälle hatte man nicht eingeladen. Bei Tisch ging es recht munter zu. Der Kanzler saß zwischen Bulganin und Chruschtschow, und der Dolmetscher hatte es schwer, der Unterhaltung zu folgen. Ich saß den Herren schräg gegenüber und konnte Teile der Unterhaltung mit anhören, wenn ich nicht gerade mit Semjonow sprach, der bei fast allen festlichen Gelegenheiten mein Tischnachbar war. Der Kanzler paßte sich der Atmosphäre mit dem ihm eigenen Talent sofort an. Es wurde gescherzt und gelacht und eben geplaudert. Nur einmal verloren die Russen den Humor. Adenauer erkundigte sich nach der Vergangenheit des Palais. Bulganin erzählte ihm, daß es von irgendeinem Großfürsten erbaut, später dann aber an einen reichen Zuckerindustriellen verkauft worden sei, der dort seine Geliebte untergebracht habe. Scherzhaft fragte der Kanzler: „Und von wem haben Sie es gekauft?" Bulganins Gesicht versteinerte sich, als er erwiderte: „Es wurde vom Volk enteignet!" Chruschtschow fügte noch bestätigend hinzu: „Natürlich alles ganz legal!" Hier konnte man spüren, wo die Grenze des Humors bei den Russen lag.

...

Am [nächsten] Tage fand im Sankt-Georg-Saal des Kremls ein riesiges Bankett zu Ehren des Kanzlers und der deutschen Delegation statt. Da auch die deutschen Journalisten dazu eingeladen waren, ist dieses in seinen Ausmaßen wahrhaft einmalige Festbakett vielfach beschrieben worden. Völlig ungewöhnlich für uns war, daß nur die deutsche und die sowjetische Delegation an einem Tisch saßen, während die vielen hundert anderen Gäste – unter ihnen die Botschafter der Großmächte – im Stehen speisen mußten. Ich habe in den zehn Jahren meiner Bonner Pressechefzeit auf offiziellen Auslandsreisen manches gesehen. Was hier aber an Speisen und Getränken in Überfülle geboten wurde, hatte die Ausmaße einer asiatischen Gasterei des XVI. oder XVII. Jahrhunderts. Sicher hatten die Zaren mit den Bojarenfürsten in diesem Saal manches gewaltige Gelage gefeiert. An den Säulen und Wänden des Saales konnte man noch die Namen der einstigen St.-Georgs-Ritter lesen, deren Nachkommen wohl nur vereinzelt die kommunistische Revolution überlebt hatten. Aber die Sowjetrussen haben ein lebendiges Geschichtsbewußtsein. Man hatte die Namen nicht entfernt. Peter der Große ist auch heute noch das leuchtende Vorbild eines großen Alleinherrschers. Gleiches gilt von Iwan dem Großen.

Verhandlungen während des Banketts:

Bulganin hatte von sich aus das politische Gespräch begonnen und nach einigem Hin und Her den Kanzler direkt gefragt, was nun der eigentliche Grund dafür sei, daß er sich sträube, die diplomatischen Beziehungen aufzunehmen. Sei der Kanzler etwa besondere Bindungen für diese Haltung eingegangen, oder denke er an die DDR? Der Kanzler, so berichtete er nun im Konferenzwagen, habe ganz klar und offen gesagt, daß diplomatische Beziehungen nicht möglich seien, ohne daß die Kriegsgefangenen und Verschleppten in ihre Heimat zurückkehrten. Er würde für eine andere Haltung in der Bundesrepublik kein Verständnis finden. Außer den 10000 Kriegsgefangenen besäßen wir die Namen von etwa 130000 nach Rußland verschleppten Personen. Er könne sich für diese Zahl nicht verbürgen, aber er habe die Liste mitgebracht. Nur um die Situation nicht noch zu verschärfen, habe er dieses umfangreiche Aktenmaterial nicht auf den Konferenztisch gelegt. Plötzlich, so erzählte Adenauer, habe Bulganin gesagt: „Lassen Sie uns zu einer Einigung kommen. Schreiben Sie mir einen Brief über die Aufnahme der diplomatischen Beziehungen und Sie bekommen die Kriegsgefangenen alle! In einer Woche! Wir geben Ihnen unser Ehrenwort!" Adenauer fragte, ob damit auch die anderen, also die Verschleppten gemeint seien. Bulganin wiederholte noch einmal: „Jawohl alle, alle!" Dann zog Bulganin noch Chruschtschow dazu. Er bestätigte das Angebot: „Wir können keine schriftlichen Garantien geben, aber wir geben Ihnen unser Ehrenwort!" Der Kanzler zögerte nicht, den Herren zu sagen, daß ihn diese Worte wieder hoffnungsvoll stimmten.

F. v. Eckardt, a. a. O., S. 385–86; 390/391; 397/98.

Konrad Adenauer, Rede an die sowjetische Regierung, 1955

Herr Ministerpräsident, bevor ich das Wort dem Außenminister gebe, möchte ich mir erlauben, wenige Punkte aus Ihrer Erklärung herauszugreifen und darauf zu antworten. Ich begrüße Ihre Erklärung, daß auch Sie auf dem Standpunkt stehen, daß man die Dinge in vollster Freimütigkeit besprechen muß. Es ist ja in der Tat so: wenn man nach all dem, was geschehen ist, nun wieder eine Normalisierung der Beziehungen herstellen will, so muß man sich erst einmal offen aussprechen, um seinem Herzen Luft zu machen.

Sie haben, Herr Ministerpräsident, am Anfang Ihrer Ausführungen, die Leiden des Sowjetvolkes während des letzten Krieges beschrieben. Ich gestehe Ihnen aufrichtig zu, daß durch diesen Krieg das Sowjetvolk außerordentlich gelitten hat. Aber wenn Sie sagen, das deutsche Volk sei in einer anderen Lage gewesen, so darf ich doch darauf aufmerksam machen, daß man nicht Hitler und seine Anhänger gleichsetzen darf mit dem deutschen Volk. Es gibt einen sehr großen Prozentsatz des deutschen Volkes, der aus innerster Überzeugung den Hitlerismus verurteilt hat, der diesen ganzen Krieg verurteilt hat und der alle vom Hitlerismus begangenen Grausamkeiten verurteilt hat. Man wird hier vielleicht sagen: man könne nur vom deutschen Volk als Ganzem sprechen. Aber unsere Aufgabe ist es doch, Herr Ministerpräsident, nunmehr zu einem Übereinkommen zwischen dem Teil des deutschen Volkes zu kommen, der sich immer und auch jetzt noch von allen diesen Dingen mit Abscheu abgewendet hat.

Sie haben davon gesprochen, daß in Deutschland von der „Position der Stärke" geredet werde. Ich glaube, daß da ein sehr großes Mißverständnis vorliegt. Kein Mensch in Deutschland bildet sich etwa ein, mit der Sowjetunion aus der Position der Stärke heraus verhandeln zu können. Ich glaube, man muß bei allen diesen Dingen die gesamte Weltlage und die gesamte Lage in Europa betrachten und nicht nur das Verhältnis zwischen der Sowjetunion und der Bundesrepublik. Man muß auch die wehrlose und ungesicherte Lage unseres Staates bedenken. Die Bundesrepublik war völlig entwaffnet und besetzt, inmitten von Unsicherheit und drohenden Konflikten. Auch kleine Länder wie die Bundesrepublik haben ein Bedürfnis nach der Möglichkeit, sich zur Wehr zu setzen, genau wie auch die DDR diesem Bedürfnis nachgegeben hat.

Sie haben sodann, Herr Ministerpräsident, über Kriegsgefangene gesprochen. Ich darf darauf aufmerksam machen, daß in meinen gestrigen Ausführungen das Wort „Kriegsgefangene" überhaupt nicht vorkam. Dieses Wort ist von mir absichtlich vermieden worden. Bei näherer Prüfung dessen, was ich gesagt habe, werden Sie feststellen, daß ich vielmehr von allen „zurückgehaltenen" Personen gesprochen habe. Sie haben von „Kriegsverbrechern" gesprochen und von Urteilen der sowjetischen Gerichte. Wir haben ähnliche Fakten auch im Verhältnis zu den Vereinigten Staaten, Großbritannien und Frankreich; aber dort hat man eingesehen, daß die Urteile, die von den Gerichten dieser Länder in der ersten Periode der Nachkriegszeit gefällt worden sind, nicht frei waren von emotionalen Empfindungen, von der Atmosphäre dieser Zeit, daß auch die Zeugenaussagen unter demselben Einfluß standen; daß die ganze Atmosphäre damals nicht geeignet war, um Urteile so zu sprechen, wie sie nach ruhiger Prüfung des gesamten Tatbestandes gefällt worden wären. Man hat daraus die Konsequenz gezogen und im Wege von Gnadenakten bei fast allen Verurteilten die weiteren Strafen erlassen ...

Es ist wahr: deutsche Truppen sind in Rußland eingefallen. Es ist wahr: es ist viel Schlechtes geschehen. Es ist aber auch wahr, daß die russischen Armeen dann – in der Gegenwehr, das gebe ich ohne weiteres zu –, in Deutschland eingedrungen sind und daß dann auch in Deutschland viele entsetzliche Dinge im Krieg vorgekommen sind. Ich meine, wenn wir in eine neue Periode unserer Beziehungen eintreten – und das ist unser ernstlicher Wille – daß wir dann nicht zu tief in die Vergangenheit hineinsehen sollten, weil wir dann nur Hindernisse vor uns aufbauen. Der Beginn einer Periode setzt auch eine psychologische Bereinigung voraus.

Zitiert nach: Dokumente zur Deutschlandpolitik III/1. Berlin 1961, S. 313/314.

Carlo Schmid, Rede an die sowjetische Regierung, 1955

Carlo Schmid war als Mitglied der SPD-Bundestagsfraktion mit der Regierungsdelegation nach Moskau gereist; er gehörte nicht direkt zu den Verhandlungsführern der Regierung.

Herr Ministerpräsident, ich bin nicht nach Moskau gekommen, um vielleicht in die Verhandlungen einzugreifen. Ich bin kein Mitglied der Regierung, sondern ich bin hier in meiner Eigenschaft als Parlamentarier. Sie wissen, daß ich mit wichtigen Grundfragen der Außenpolitik des Herrn Bundeskanzlers nicht einverstanden bin, und Sie wissen auch, daß ich im Parlament und außerhalb des Parlaments mit Entschiedenheit meinen Standpunkt vertreten habe. Ich spreche hier als Mitglied des deutschen Parlaments, das einer Partei angehört, der acht Millionen der Bevölkerung bei der letzten Wahl ihre Stimme gegeben haben. Ich möchte vorausschik-

militärische Begrüßungszeremonie litt ein wenig unter dem durcheinandergeratenen Zeitplan. Ich empfand das nicht als ein großes Unglück. Ein Kommentator sprach in seinem Bericht von der Atmosphäre eines Musicals und meinte damit wohl vor allem den Unterschied zu den martialischen Schauspielen in Ostberlin: Die bunten Uniformen der Garde und die eher fröhliche Marschmusik hatten ihn beeindruckt ...

Als wir auf der Fahrt die Universität hinter uns gelassen hatten und die Straße erreichten, an der die „Residenz" liegt, ließ Kossygin anhalten. Wir stiegen aus. Der Ministerpräsident zeigte mir die Hauptstadt von der Stelle, von der Napoleon einen letzten Blick auf das brennende Moskau gerichtet hatte. Die historischen Reminiszenzen, zumal jüngeren Datums, wirkten auf mich stärker als die Stadt selbst. Den Kreml fand ich beeindruckend. In Moskau ist man gewiß stolz auf die Planung der neuen Viertel; mit Leningrad, der alten Hauptstadt, kann es sich in der schönen architektonischen Geschlossenheit nicht messen.

Willy Brandt, Begegnungen und Einsichten. Hamburg 1976, S. 428/429.

Willy Brandt, Interview mit dem Nachrichtenmagazin „Der Spiegel", 1970

Frage:
Herr Bundeskanzler, in Ihrer Tischrede beim Staatsbankett im Kreml bezeichneten Sie den deutsch-sowjetischen Vertrag als „einen neuen Anfang, der unseren beiden Staaten gestattet, den Blick nach vorn zu richten in eine bessere Zukunft." Wie sehen Sie jetzt diese deutsch-sowjetische Zukunft?

Antwort:
Zunächst einmal dürfen wir jetzt nicht den Fehler machen, in eine Art von Euphorie zu verfallen. Seit dem Überfall Hitlers auf die Sowjetunion im Jahre 1941 sind auf beiden Seiten viele Dinge geschehen, die nur in einem langen Zeitraum überwunden werden können. Entscheidend ist, daß wir endlich über das Gerede hinauskommen und entschlossen einen neuen Anfang setzen. Ich hoffe sehr, daß die weitere Entwicklung zuerst einmal zu einer Normalisierung der politischen, wirtschaftlichen und sonstigen Beziehungen zwischen der Bundesrepublik Deutschland und der Sowjetunion führt. Daß ein Klima des Vertrauens geschaffen wird. Und daß die Einsicht an Boden gewinnt, daß die beiden Staaten von einer engeren Zusammenarbeit nur profitieren können.

Frage:
Welche Konsequenzen würden sich aus einer solchen engeren Koopera-

tion zwischen der Sowjetunion und der Bundesrepublik für Europa ergeben?

Antwort:

Im Rahmen dieser Zusammenarbeit wird es möglich sein, auf die gesamteuropäische Entwicklung einzuwirken und die Fragen, die uns auf Grund der deutschen Teilung bedrücken, zu beeinflussen. Jetzt kommt es erst einmal darauf an, den Vertrag, den wir in Moskau unterzeichnet haben, mit Leben zu erfüllen. Ministerpräsident Kossygin hat in seiner Tischrede gesagt, dieser Vertrag sei vom Leben diktiert. Ich stimme ihm zu. Das Leben diktiert uns die Aufgabe, diesen Vertrag als ein Instrument zur Verbesserung der Beziehungen zu benutzen. Er darf und er soll kein Stück Papier bleiben.

Frage:

Ist der neue Frühling in den deutsch-russischen Beziehungen nicht etwas zu plötzlich und zu heftig ausgebrochen? Das sowjetische Protokoll behandelte den deutschen Gast beinahe wie einen alten Freund, die Russen sprachen nicht mehr von den Wunden der Vergangenheit, Parteichef Breshnew unterbrach eigens seinen Urlaub. Muß das nicht im Westen wieder den Verdacht eines neuen Rapallo[1] wecken?

Antwort:

Meinem Besuch in Moskau sind lange, gründliche und zähe Verhandlungen vorausgegangen. Von Plötzlichkeit kann niemand sprechen, der sich in der deutschen Nachkriegsgeschichte auskennt. Ich halte es nicht für überraschend, daß auch die protokollarische Seite der Bedeutung des deutsch-sowjetischen Vertrags entsprechend behandelt wurde. Und ich habe es begrüßt, daß ich die Gelegenheit hatte, in einem vierstündigen Gespräch mit dem Generalsekretär des Zentralkomitees der Kommunistischen Partei der Sowjetunion, Herrn Breshnew – also dem ersten Mann der dortigen Führung –, die Meinungen über viele Aspekte der aktuellen Politik auszutauschen. Ein ähnliches Gespräch haben bisher nur wenige Politiker des Westens führen können. Es war für mich sehr lehrreich, und ich hoffe, daß es mir gelungen ist, das Verständnis von Herrn Breshnew für einige unserer Auffassungen zu wecken.

Zitiert nach: W. Brandt, Reden und Interviews. Hamburg 1971, S. 208/209.

---

[1]) Vertrag von Rapallo zwischen der deutschen und der sowjetrussischen Regierung, 1922. Die Westmächte standen diesem Vertrag skeptisch gegenüber.

Richard Stücklen, Ablehnung des Vertrages mit der UdSSR, 1972

Der Abgeordnete Stücklen (CSU) vor dem Deutschen Bundestag:

Eine Politik dient nur dann der Versöhnung, wenn sie es den Menschen ermöglicht, zueinander zu finden, denn es sind die Menschen und nicht die Staaten, die die Versöhnung auf Dauer begründen.

Ich kenne die Behauptung des Herrn Bundeskanzlers – ich kenne den Grund, warum er im Augenblick nicht anwesend sein kann, ich richte aber trotzdem meine Worte an ihn –, daß diese Verträge den Frieden sicherer machen. Das ist eine Behauptung, die durch nichts und schon gar nicht durch die geschichtliche Entwicklung erwiesen ist.

Ich habe die ernsthafte Befürchtung, daß diese Verträge nicht den Frieden sicherer machen, sondern daß unsere Sicherheit in Freiheit mit diesen Verträgen gefährdet wird.

Diese Politik führt auch nicht zur Entspannung, denn sie schreibt die Ursachen der Spannungen fest. Diese Ostverträge sind auch kein Beitrag zur Versöhnung, denn sie zementieren die Trennung der Menschen durch Mauer und Stacheldraht. Die Ostpolitik dieser Regierung ist illusionär, weil sie versucht, das Unvereinbare zu vereinen: Eine gesamteuropäische Friedensordnung mit Moskau als Hegemonialmacht, mehr Rechte für den Menschen ohne Achtung der Menschenrechte, mehr Freizügigkeit ohne Durchlässigkeit der Grenzen.

Heute, wo sich uns die Frage stellt, wohin diese Politik führt, wo wir mit tiefer Sorge in die Zukunft blicken müssen, ist nicht der Tag, um die Vergangenheit zu beschwören. Dennoch ist es notwendig, eines hier festzuhalten: Es war die geschichtliche Leistung von Adenauer, der die Friedenspolitik in der Bundesrepublik Deutschland und in Europa mitbegründet hat, es war die Leistung von 20 Jahren Politik der CDU/CSU, den Frieden für Deutschland zu sichern und die Freiheit für uns zu bewahren.

Ihre Haltung, Herr Bundeskanzler, die Haltung ihrer Regierung und Ihrer Partei zu dieser von Konrad Adenauer begründeten Friedenspolitik der CDU/CSU ist genauso zwiespältig wie Ihre heutige Politik. Einerseits behaupten Sie, Sie führten die Kontinuität jener Politik fort, also die Politik von Adenauer, Erhard und Kiesinger; auf der anderen Seite verketzern Sie diese Politik als Politik der Erstarrung, der Unbeweglichkeit und behaupten, Sie seien es, die Deutschland jetzt aus einer Sackgasse der Stagnation herausführen müßten. Beides ist falsch, meine Damen und Herren!

Weder wahren Sie die Kontinuität unserer Friedenspolitik, noch hat diese Friedenspolitik der CDU/CSU je in eine Sackgasse der Stagnation geführt.

Geduld, meine sehr verehrten Damen und Herren und besonders Herr Bundeskanzler und jetzt stellvertretend Herr Außenminister, ist keine Stagnation! Eine Politik ist noch lange nicht schon deswegen gut, weil sie überhastet durchgeführt wird.

Nur wenn auf beiden Seiten – das ist eine der grundlegenden Fragen, die das gesamte Vertragswerk so schwierig machen, die auch die Verhandlungen so schwierig gestalten mußten – die gleichen Wertvorstellungen über die unverzichtbaren Grundrechte des Menschen und über das Zusammenleben der Völker bestehen, ist eine dauerhafte – ich betone: dauerhafte! – Ordnung in Frieden und Freiheit zu begründen. Ungeachtet der nicht vorhandenen Übereinstimmung in diesen Grundwerten sind wir von der CDU/CSU bereit, im Interesse der Menschen nach Mitteln und Wegen zu suchen, um wenigstens vorläufige Regelungen zu finden.

Solange aber die andere Seite ihre ideologisch untermauerte Machtpolitik beibehält, ist äußerste Vorsicht am Platze. Sicherheit ist nach wie vor das vordringliche Gebot der Stunde. Wer diese Notwendigkeit in den Hintergrund treten oder gar außer acht läßt, kann plötzlich vor einer verhängnisvollen Entwicklung stehen. Ich weiß, wer heute auf die bolschewistische Gefahr in Deutschland aufmerksam macht, kommt leicht in den Verdacht, ein kalter Krieger zu sein und wird von bestimmter Seite verketzert und verdammt.

Dies wird mich aber nicht abhalten, den Kommunismus so zu sehen und so zu urteilen, wie er sich verhält und wie er sich programmatisch offenbart. Die Weltrevolution ist nach wie vor das Ziel des Kommunismus. Die Nachkriegspolitik der Sowjetunion liefert dafür eine Reihe unwiderlegbarer Beweise. In all den heute kommunistischen Staaten im Bereich des Warschauer Paktes war die kommunistische Partei jeweils in der Minderheit, und heute ist sie mit sowjetrussischer Unterstützung die allein beherrschende Staatspartei geworden.

Ich erinnere an die tragischen Schicksalstage, die wir in Europa erlebten. Ich denke an den 17. Juni 1953, an die Niederwerfung des Ungarnaufstandes 1956, den Mauerbau am 13. August 1961 und zuletzt an den 21. August 1968, den völkerrechtswidrigen Überfall auf die Tschechoslowakei. Der Überfall auf einen Verbündeten des Warschauer Paktes erfolgte, obwohl es im Art. 8 dieses Paktvertrages heißt: Die vertragschließenden Seiten erklären, daß sie im Geiste der Freundschaft, Zusammenarbeit für die Weiterentwicklung und Festigung der wirtschaftlichen und kulturellen Beziehungen untereinander in Befolgung der Grundsätze der gegenseitigen Achtung ihrer Unabhängigkeit und Souveränität und der Nichteinmischung in ihre inneren Angelegenheiten handeln werden.

Herr Breschnew hat noch im Juni 1968 einer tschechoslowakischen Parlamentsdelegation unter Führung des tschechoslowakischen Parlamentspräsidenten Josef Smirkowski angeboten, ein internationaler Gerichtshof möge die Interventionsgelüste, die der Sowjetunion unterstellt werden, überprüfen. Niemals, so erklärte Herr Breschnew damals, habe die Sowjetunion auf die innere Politik ihrer Nachbarn Einfluß nehmen wollen. Sie habe das 1956 in Polen nicht getan. Warum sollte sie es jetzt gegenüber der Tschechoslowakei tun?

Zwei Monate später standen die sowjetischen Panzer in Prag.

...

Meine sehr verehrten Damen und Herren, nicht der deutsch-sowjetische Vertrag sichert uns den Frieden, sondern Frieden, Freiheit und Sicherheit garantiert jenes Bündnis, das trotz des erbitterten Widerstandes der SPD von Adenauer mit der CDU/CSU geschaffen wurde. Ich wiederhole, nicht dieser Vertrag gibt uns die Sicherheit, gibt uns mehr Frieden und sichert unsere Freiheit, sondern das ist das Bündnis mit der freien Welt in der NATO.

Zitiert nach: Ratifizieren oder nicht? Hamburg 1972, S. 76–78.

Walter Scheel, Vertrag über die Grundlagen der Beziehungen zwischen der Bundesrepublik Deutschland und der DDR, 1973

In einer Rede vor dem Bundestag sagte der Außenminister:

Diese Vertragspolitik, die wir seit 1969 betrieben haben und die hoffentlich bald auch durch einen Vertrag mit der Tschechoslowakei vervollständigt sein wird, hat uns in den Stand gesetzt, in einer sich rasch wandelnden Welt den Anschluß zu behalten und unsere Verantwortung zu tragen ...

Was haben wir, meine Damen und Herren, allein im verflossenen Jahr an dramatischen Veränderungen auf der weltpolitischen Bühne erlebt! Die Unterzeichnung des Berlin-Abkommens durch die Vier Mächte, das Pekinger Treffen von Präsident Nixon mit Mao Tse-tung, die Moskauer Gipfelkonferenz und die dort getroffenen amerikanisch-sowjetischen Abmachungen sowie die ersten Vereinbarungen nuklearer Rüstungsbegrenzungen zwischen den Supermächten – das sind einschneidende Ereignisse, die uns alle mittelbar oder unmittelbar berühren.

Wollte hier im Ernst jemand behaupten, daß ein Land vom Gewicht und der Bedeutung der Bundesrepublik Deutschland in einem Gefühl stolzer Isolierung diese Ereignisse nicht zur Kenntnis zu nehmen braucht?

Wenn wir im Nordatlantischen Bündnis und in der Europäischen Gemeinschaft unsere Rollen spielen und unseren Verpflichtungen nachkommen wollen, so müssen wir mit der Welt rechnen, wie sie ist, und nicht, wie wir sie uns erträumen. Nostalgie ist hier nicht am Platze. Zur Welt, wie sie ist, gehört leider auch die Tatsache, daß die Teilung Deutschlands fortdauert. Das deutsche Problem konnte in der Vergangenheit nicht gelöst werden und wird durch den Grundvertrag nicht gelöst.

Herr Professor Carstens [damals Bundestagsmitglied] hat uns an dieser Stelle den Vorwurf gemacht, daß der Grundvertrag nicht von der deutschen Nation und der deutschen Einheit spricht. Er sieht darin ein schweres historisches Versäumnis. Er hat in der gleichen Rede hervorgehoben, daß sich frühere Bundesregierungen die Möglichkeit gesamtdeutscher Politik auch im Rahmen der europäischen Integration offengehalten haben. Sicher, Sie sind auf den Kern der Frage gekommen, Herr Professor Carstens. Sie haben ihn nur nicht ganz sichtbar gemacht. Sie hätten ja auch noch hinzufügen können, daß sich auch die Sowjetunion und die DDR in ihren Verträgen von 1955 und 1964 zum Ziel der Verwirklichung der Einheit Deutschlands bekannten.

Aber wäre die Verwirklichung der Wiedervereinigung, von der in diesen Verträgen die Rede ist, denn eine Wiedervereinigung, wie wir sie wollen? Die Antwort ist doch offenkundig, und gerade die Kollegen der CDU haben sie in jenen Jahren mit aller Deutlichkeit ausgesprochen. Es ist eben ein Trugschluß, aus der Übereinstimmung in den Worten auf eine Übereinstimmung in der Sache zu schließen. Das ist ja der Grund, warum die Wiedervereinigung, wie wir sie verstehen, von uns bisher nur in den Westverträgen stipuliert werden konnte . . .

Der Grundvertrag dient einem dreifachen Ziel:

Erstens: Er soll die Verbindung und das Gespräch zwischen den Menschen in Deutschland erleichtern. Er soll damit die Härte der Teilung mildern und das Bewußtsein der nationalen Zusammengehörigkeit aller Deutschen lebendig erhalten.

Zweitens: Er soll die Voraussetzung einer Zusammenarbeit zwischen den beiden deutschen Staaten auf vielen Gebieten schaffen. Kontakte, die in den vergangenen Jahren immer schwieriger und spärlicher wurden oder ganz abgerissen sind, sollen neu geknüpft werden.

Drittens: Er soll den gegenwärtigen Zustand der Teilung als Konfliktherd in der Mitte Europas entschärfen, ohne daß wir auf das Ziel der Überwindung der Teilung verzichten.

Die Schwierigkeiten bei der Verwirklichung dieses Programms unterschätzen wir nicht. Trotz aller unserer Bemühungen wird es noch lange dauern, bis wir gute und offene innerdeutsche Verbindungen haben. Wir bedauern das. Aber wir hoffen auch, daß sich die DDR auf die Dauer dem allgemeinen Niveau des Austausches und der Verbindungen anpassen wird, das zwischen Ost- und Westeuropa erreicht ist und weiter zu erreichen sein wird.

Der Grundvertrag leistet zu dieser Entwicklung einen wichtigen und notwendigen Beitrag. Er nimmt der DDR die Möglichkeit, die menschenunwürdige Abgrenzung, die sie bis jetzt praktiziert, damit zu rechtfertigen, daß wir sie isolierten ...

Ich bitte Sie, meine Damen und Herren, bei der Abstimmung über diesen Gesetzentwurf dieser Bereitschaft einen überzeugenden Ausdruck zu geben. In diesen zwei Entscheidungen wird nicht isoliert deutsches politisches Schicksal gestaltet. Diese Entscheidungen sind fest mit dem Streben Europas nach Stabilisierung des Friedens verknüpft.

Das Datum dieser Entscheidung wird denkwürdig sein in der Geschichte unseres Landes, und als Europäer und Liberaler bin ich gewiß: nicht nur in der deutschen Geschichte.

Walter Scheel, Reden und Interviews. Bonn o. J., S. 222–229.

13. Die DDR – der „reale Sozialismus" marxistisch-leninistischer Prägung

Werbung für Landwirtschaftliche Produktionsgenossenschaften (LPG), 1961

Eine Bäuerin aus einem Dorf in Mecklenburg schreibt an eine Bekannte in der Bundesrepublik Deutschland (2. 4. 60):

Nun will ich Dir den Vorgang von der LPG schildern. Vor 2 Jahren war es schon mal schlimm mit der Werbung. Gegen jetzt aber kein Vergleich. Nicht mal, wenn mal Erntefest oder Fastnacht war, konnten sie schweigen. Zu uns ins Haus trauten sie sich nicht. Die hatten auch den Auftrag, vorher tüchtig zu werben und vorzuarbeiten. Dann hörten wir, daß eine Kolonne im Nachbardorf ist. Dann sollten bei uns die Gemeindevertreter zusammenkommen.Fritz ist aber nicht hingegangen. Wir sind in die Stadt gefahren. Allerhand gekauft, was man sonst nicht hätte. Wir haben Angst, daß eines Tages auch das Geld verloren geht. Das sind Zustände. Dann kommen wir aber zu nichts mehr. Wenn es bleiben würde, hätten wir noch einige Zeit was zuzusetzen. Wie wir durch das Dorf fuhren, haben sie schon auf uns gewartet. Ich stieg bei uns ab, Fritz fuhr weiter. Dann ist er aber zurückgekommen, ließ das Motorrad stehen und kam mal sehen, was los ist. Er hatte keine Ruhe und kam zurück, weil ich alleine war. Dann kamen auch gleich drei Mann. Ein ganz Scharfer für uns. Wie brutal, kann ich gar nicht schildern. Ich verbot ihm dann den lauten Ton. Kriminal auch mit dabei und Polizei. Nur die Frage: Für den Frieden, also LPG – oder wir gehören zu Adenauers Reserve. Fritz war ja nicht still. Dann sollt er nur eine halbe Stunde runterkommen zur Gemeinde. Ging aber nicht, weil wir nächsten Tag schlachten wollten.

Abends war dann Versammlung. Mit 1 000 Mark wollten sie Fritz bestrafen, weil er morgens nicht zur Versammlung gekommen war. Abends waren vier Mann da. Fritz hat kein Wort gesagt, obwohl sie darauf gewartet haben. Hinrichs saß neben ihm und sagte, er hätte Sender Luxemburg gehört. Die hätten gesagt, der Westen muß aufrüsten, damit sie die 17 Millionen aus der Ostzone befreien können. Noch einige solche Sachen erzählte er. Dann verbot man ihm den Mund. Der Scharfe, von der Kreisleitung soll er sein, sagte: „Nicht der hat die Schuld, sondern der Schweiger, für den spricht er." Also in Fritzens Auftrag! Fritz ließ sich das nicht gefallen. Dann legten sie die Liste vor, alle richteten sich nach Fritz. Außer dem Vorsitzenden und noch einem.

Beim Schlachten kamen sie dann wieder. Aber ganz leise und still, weil der Fleischer da war. Da sollte er mitkommen. Da war sogar ein Oberleutnant bei mit drei Mann. Fritz hat ihn aber gleich fertiggemacht von wegen Hinrichs und der Versammlung. Auch gleich gesagt, daß er zu keiner Versammlung mehr kommt, weil er nicht weiß, wo er sich hinsetzen soll. Dann haben sie Hinrichs abgeholt. Kam aber am nächsten Tag wieder. Wenn er schlecht gewesen wäre und hätte gesagt, Fritz hat ihn beeinflußt, dann wäre Fritz drangewesen. Am Abend, wo wir geschlachtet haben, kam dann erst der Vorsitzende und dann der Oberförster. Sonnabend früh sollte Fritz mit der Liste im Dorf rumgehen und unterschreiben lassen. Hat er auch nicht gemacht. Sollen man die Förster und die Bürgermeisterin tun. Dann kamen Sonnabendnachmittag wieder drei Mann. Fritz hat mit Fritzchen am Wald Dünger kleingemacht und geladen. Immer dabei gearbeitet. Fritzchen sollte weg. „Der bleibt hier", sagte Fritz, „was wir zu reden haben, kann der hören." Man mußte ihn nur bewundern. Jetzt kamen sie nur noch im Guten. Dann ließen sie mich holen, aber wir ließen uns nicht fangen oder irgend etwas zuschulden kommen. Dann fing er wieder von Adenauer an. Ich war aber nicht so dumm und redete *für* ihn, sondern sagte: „Den setzen wir ab und wählen uns einen andern." Das gefiel ihm. Ist zum Lachen. Wir haben nicht die Regierung angegriffen. Fritz ging los, ließ sie stehn. Ich auch, denn ich war beim Einwecken. Nun dachten wir, wir sind uns sicher.

Dann war abends die Versammlung. Wir schlafen, da klopft es ans Fenster, Ernst Wenning und Hans Langewisch – Fritz soll kommen, die haben alle unterschrieben. Wir dachten doch, uns rührt der Schlag. Fritz stand nicht auf. Wir fanden Tag und Nacht keine Ruhe mehr. Sonntag hat uns dann Ernst berichtet. Wir kriegen einen neuen Ablieferungsbescheid, den wir nie erfüllen können. Das Land, das wir in Pacht haben, abgenommen, kein Kunstdünger, nicht schlachten und gleich Strafe, wenn wir unser Soll nicht terminmäßig erfüllen.

Zitiert nach: Hildegard Baumgard (Hrsg.), Briefe aus einem anderen Land. Hamburg 1971, S. 82–84.

Zeitungsbericht, Maßnahmen gegen das „Westfernsehen", 1961

Antenne auf dem Dach und im Kopf muß richtig stehen

Bürger Kluckow aus Falkensee ist durch die Feindpropaganda angekränkelt / Dem Feind keinen Durchschlupf / Geräte im eigenen Interesse sichergestellt

Falkensee (MV). Wer gegen den Frieden intrigiert, bekommt gehörig etwas auf die Finger. Daß die Arbeiter und Bauern gut zu treffen verstehen, beweisen die Maßnahmen zum Schutze des Friedens vom 13. August ...[1]

Mit dem materiellen Grenzgehen ist es ein für alle Mal aus. Doch wir lassen es im Interesse des Friedens auch nicht länger zu, daß es weiterhin ideologische Grenzgänger gibt. Darunter verstehen wir all jene, deren Rundfunk- und Fernsehgeräte auf RIAS, SFB[2] und Westfernsehen gerichtet sind, denen das Geseiere dieser Propagandagiftküchen Wonneschauer über den Rücken jagt und die damit systematisch verdummt und verhetzt werden.

Weil der Frieden in größter Gefahr durch die Kriegsvorbereitungen der Bonner Atomgangster ist, haben wir unsere Grenzen gesichert. Das heißt nicht mehr und nicht weniger, als dem Feind des Volkes jede Durchschlüpfmöglickeit – auch die der Propaganda und Hetze – zu nehmen.

Wer sich heute noch durch westliche Sendestationen orientiert, begibt sich, ob er will oder nicht, in Gefahr und schadet dem Frieden. Die Erfahrungen lehren, daß es bei den „Schlagern der Woche" beginnt und dann, wie im Prozeß gegen den Viehhof-Brandstifter bewiesen, bei Sabotage und Diversion endet ...

Wir lassen unsere Menschen nicht vergiften. Hitlers „Großdeutscher Rundfunk" hämmerte pausenlos auf die Menschen ein, um sie zu verdummen, zu verwirren und für die Aggression reif zu machen. Die Wahrheit aber wurde totgeschwiegen. Bei Adenauer, Strauß und Brandt werden diese Praktiken fortgesetzt.

Wir aber antworten auf die psychologische Kriegführungspropaganda der Strauß und Brandt damit, daß die Antennen auf dem Dach und in den Köpfen in Richtung Sozialismus und Frieden eingestellt werden.

Aus „Märkische Volksstimme", 6.9.1961. Zitiert nach: Zur Situation in der Sowjetzone nach dem 13. August 1961. Bonn und Berlin 1961, S. 59.

---

1) 13. August 1961: Mauerbau in Berlin.

2) RIAS = Rundfunk im amerikanischen Sektor (Berlins), SFB = Sender Freies Berlin.

Robert Havemann. Über die Wirtschaft in der DDR, 1976

Prof. Havemann (1910–1982) lebte seit ihrer Gründung in der DDR. Nach seiner öffentlichen Kritik am Regierungs- und Wirtschaftssystem der DDR wurde er aller seiner Aufgaben und Ämter enthoben.

Da die Löhne die Kaufkraft der Bevölkerung ausmachen, bewirken zu hohe Löhne einen Kaufkraftüberhang, der in einer Wirtschaft ohne freien Markt zur Bildung eines Schwarzmarktes für Waren führt, die in ungenügender Menge am weißen Markt angeboten werden. Um die Bildung eines schwarzen Marktes zu verhindern, versucht man also, die Löhne und damit den Kaufkraftüberhang so niedrig wie möglich zu halten. Auf diese Weise erhöht man zugleich durch niedrige Lohnkosten die Gewinne, die man braucht, um Grundnahrungsmittel, Mieten, Verkehrstarife, Energiepreise, Post- und Fernmeldegebühren u. a. zu subventionieren.

In der DDR werden auf diese Weise die Kosten für die Sicherung des Existenzminimums niedrig gehalten. Für alle Waren und Leistungen außerhalb dieses Bereichs müssen entsprechend erhöhte Preise gezahlt werden. Um den oberen Schichten der Gesellschaft den Zugang zu diesen „Luxus"-Waren zu ermöglichen, sind die Gehälter der „Privilegierten" sehr hoch. Zur Abschöpfung der Kaufkraft dieser Großverdiener des Sozialismus dienen die sogenannten Exquisitläden, wo hochwertige „West"-Waren zu Überpreisen verkauft werden.

...

Daß es eine ganze Menge Möglichkeiten gibt, sich Geld „auf andere Weise" als durch (behördlich) geregelte Arbeit zu beschaffen – von den kriminellen Möglichkeiten ganz abgesehen –, hängt auch mit den Eigenheiten des „Niedrigpreissystems" zusammen. Dies System ist nämlich die Grundlage der sogenannten „Feierabend-Brigaden". Da in allen handwerklichen Berufen die Arbeitskräfte sehr knapp sind – die Handwerker und Produktionsgenossenschaften des Handwerks werden gezwungen, niedrigere Löhne zu zahlen als die Industrie –, werden Handwerksarbeiten, die am Feierabend und am Wochenende geleistet werden, sehr hoch bezahlt.

Wenn vom Freitag nachmittag bis Sonntag abend gearbeitet wird, kann ein Maurer an einem Wochenende soviel verdienen wie regulär in zehn bis 14 Tagen. Er kann auf diese Weise sein Einkommen bequem verdoppeln. Macht er mal ein paar Tage blau, so kann er schnell zu viel Geld kommen. Da er auf diese Weise das ökonomische Prinzip des Niedrigpreissystems durchbricht, handelt er „asozial". In Wirklichkeit aber verdient er mit seiner Feierabend-Arbeit genau das, was diese Arbeit tatsächlich wert ist ...

Sehr drastisch wirkt sich das Wert-Gesetz in der Landwirtschaft aus. Durch Milliarden-Investitionen ist zwar die landwirtschaftliche Produktion kräftig angestiegen, aber wegen der zu niedrigen Preise – sowohl der Erzeuger- wie auch der Ladenpreise für landwirtschaftliche Produkte – ist dieser Abschnitt der Volkswirtschaft ein Faß ohne Boden. Wegen der Subventionierungspolitik sind die von den staatlichen Aufkäufern gezahlten Preise oft höher als die Ladenpreise. So ist eine bestimmte Sorte Brot im Laden billiger als das Getreide, aus dem es gebacken wurde. Es ist also das billigste Hühner- und Kleinvieh-Futter und wird dementsprechend verwendet ...

Die kapitalistische Wirtschaft optimiert sich mit Hilfe des freien Marktes, der zwar auch nicht so frei ist, wie ihn sich liberalistische Wirtschaftstheoretiker wünschten. Aber soweit bei gleichzeitigem Wachstum und dauerndem technischen Fortschritt eine Optimierung überhaupt möglich ist, wird sie vom Markt geleistet. Dadurch erklärt sich der andauernde große Vorsprung der kapitalistischen Wirtschaft. Sie stellt ein elastisches, sich selbst regulierendes kybernetisches System dar, mit dem verglichen die sozialistische Planwirtschaft eher den Charakter eines starren „Klapperatismus" mit Hebeln und mit Schrauben hat.

Der Spiegel, Nr. 42/1976

Über die Arbeiter in der DDR

Journalisten aus der Bundesrepublik Deutschland berichten über ihre Eindrücke:

Das Selbstbewußtsein der Arbeiter gibt uns zu denken. Sie bewegen sich anders als bei uns, treten dem Meister, dem Brigadier gegenüber entschiedener auf. Die Arbeiter sprechen in der DDR noch die offenste Sprache, sie wissen, sie werden gebraucht. In den Betrieben wird der individuelle Konkurrenzkampf durch den sozialistischen Wettbewerb der Kollektive ersetzt, die für Erfüllung und Übererfüllung des Plans nach einem komplizierten System durch Prämien belohnt werden, aber auch durch Orden, Ehrentitel, Reisen in die Sowjetunion und Wandzeitungslob für die Besten. Höchste Ehre bedeutet der Staatstitel „Kollektiv der sozialistischen Arbeit", um den die Mitglieder einer Brigade – zwischen einem Dutzend und 40 Mann – ein Jahr lang kämpfen. Außer der Arbeit muß ein strammes Programm „gesellschaftlicher Aktivitäten" bewältigt werden. Es umfaßt politische und fachliche Schulungen und Lehrgänge, Besuch von Englisch- und Russischkursen, Mitgliedschaft im FDGB [Freier Deutscher Gewerkschaftsbund] und in der Gesellschaft für Deutsch-Sowjetische Freundschaft, regelmäßige sportliche Betätigung, Einsatz beim Deutschen Roten Kreuz und in den Betriebskampfgruppen, gemeinsame Theaterbesuche. Obwohl die Teilnahme an solchen Wettbewerben meist nur unter Druck von Betriebsparteileitung und Gewerkschaft zustande kommt, das Kollektiv spielt im Leben des DDR-Arbeiters eine große Rolle. Man feiert zusammen, man lernt die Ehepartner kennen, lahme Brüder werden ins Kreuz getreten, mitzuziehen, Streitigkeiten und strafwürdige Handlungen geringerer Größenordnung kommen vor die Konfliktkommission. Das Kollektiv kann Familienersatz sein. Eine Dreherin sagte uns: „Ohne die Brigade hätte ich meine Scheidung nicht durchgestanden." DDR-Flüchtlinge, die in westdeutschen Betrieben anfangen, vermissen als erstes den Zusammenhalt am Arbeitsplatz.

Eva Windmöller, Thomas Höpker, Leben in der DDR. Hamburg o.J., S.63.

Friedrich Ebert, Volksherrschaft in der DDR – Unterdrückung in der Bundesrepublik Deutschland, 1965

Friedrich Ebert (ein Sohn des Reichspräsidenten der Weimarer Republik) war Oberbürgermeister von Ost-Berlin.

In der Deutschen Demokratischen Republik ist dank der Beseitigung der Ausbeutung des Menschen durch den Menschen und der Entfaltung der sozialistischen Demokratie das Volk selbst der souveräne Herrscher. Um diese Herrschaft des Volkes noch wirksamer zum Wohle der Gesellschaft und jedes Bürgers zu nutzen, sind wir ständig bemüht, die staatliche Leistungstätigkeit zu vervollkommnen und sie den neuen Bedingungen der gesellschaftlichen Entwicklung anzupassen. Der Genosse Keindorf hat hier eben als letzter Diskussionsredner lebendig und anschaulich geschildert, wie er und seine Kollegen die Losung „Plane mit, arbeite mit, regiere mit!" verstehen und in die Tat umsetzen.

In Westdeutschland regieren nicht die Arbeiter, obwohl sie die große Mehrheit der Bevölkerung bilden. Sie regieren nicht einmal mit! In Westdeutschland regieren einige hundert Millionäre, Militaristen und Revanchisten. Ihnen gehören die Reichtümer, die von dem werktätigen Volk geschaffen werden. Der Chef des Flick-Konzerns, Friedrich Flick, beutet 190000 Arbeiter und Angestellte aus. Der Großindustrielle Hermann Röchling verfügt über ein Nominalkapital von 400 Millionen Mark; für ihn arbeiten 45000 Werktätige. Obwohl der IG-Farben-Konzern auf der Liste des Nürnberger Kriegsverbrecherprozesses stand, verfügen seine drei Nachfolgegesellschaften heute über ein Kapital von 3,3 Milliarden Mark; in den Betrieben dieses Konzerns arbeiten rund 300000 Arbeiter und Angestellte.

Der Kanonenkönig Krupp, der einstmals Herr über dieses Werk hier war, verdiente an jeder der 123 Millionen englischen Granaten, die auf deutsche Soldaten abgeschossen wurden, weil diese Granaten mit Krupp-Zündern ausgestattet waren. Im zweiten Weltkrieg hat sich Krupp durch die Sklavenarbeit 93000 ausländischer Arbeiter und Kriegsgefangener unermeßlich bereichert. 10000 Männer, Frauen und Kinder starben während des zweiten Weltkrieges in den Fabriken der Firma Krupp.

Die Macht der Konzerne in Westdeutschland ist aber heute größer als in der Zeit des Hitlerfaschismus. Die Monopolkapitalisten sind die wahren Herren Westdeutschlands! Sie beherrschen das Parlament und den Staatsapparat! Sie bestimmen die von der Regierung Adenauer und Erhard gegen die Lebensinteressen der Nation betriebene Politik der Spaltung, des Revanchismus und der Vorbereitung eines neuen Krieges! Das westdeutsche Industrie-Institut nannte 1964 eine Zahl von 743 Ministern und höheren Beamten, die insgesamt über 2051 Aufsichtsrats- sowie 106 Vorstands- beziehungsweise Geschäftsführungsmandate verfügen.

In diesem Zusammenhang möchte ich eine Frage beantworten, die ein Angehöriger hier aus dem Werk gestellt hat. Die Frage lautet: Worin besteht eigentlich der Unterschied zwischen Notstandsgesetzen in Westdeutschland und dem Verteidigungsgesetz bei uns sowie zwischen dem Zivilkorps, das in Westdeutschland aufgestellt wird, und den Kampfgruppen bei uns? In Westdeutschland herrsche doch ein ruhiges und friedliches Leben, von Kriegsvorbereitungen sei gar nichts zu merken, so meint der betreffende Kollege. Das ist natürlich ein gefährlicher Irrtum. Die Wahrheit ist doch folgende: Noch nie haben die Generäle und die anderen Leute, die dafür verantwortlich sind, den Krieg auf offenem Markt vorbereitet. Aber wir haben das Geheimnis des Krieges enthüllt. Wenn solch eine Frage gestellt wird, Genossen, dann heißt das doch, daß jemand – ich will seine Gutmütigkeit unterstellen – hier einfach ein Ding an sich mit einem anderen Ding an sich vergleicht. Aber es gibt bestimmt einen Unterschied, einen Unterschied zwischen der Bundeswehr und der Nationalen Volksarmee und den anderen Einrichtungen. Dieser Unterschied läßt sich durch die einfache Frage beantworten: Wem dienen sie? Wem? Der Arbeiter muß doch vom Standpunkt seiner Klasse an diese Fragen herangehen und sie beantworten. In Westdeutschland bestimmen die Monopole. In Westdeutschland dient die Bundeswehr den Interessen der Klasse der Imperialisten. In Westdeutschland werden die Notstandsgesetze gemacht gegen die Gewerkschaften und die Freiheiten der Bürger.

In der Deutschen Demokratischen Republik – im Staate der Arbeiter und Bauern, in dem die Arbeiterklasse mit ihren Verbündeten die Macht ausübt – dienen alle diese Machtmittel des Staates eben dem werktätigen Volke und seinen Lebensinteressen. Das ist der kleine Unterschied, der besteht, der erkennbar wird, sobald man die Frage nach der Macht stellt. In unserem Staat gibt es keine Bank- und Monopolherren, keine Militaristen und Hitlergenerale, bei uns herrscht die Arbeiterklasse mit ihren Verbündeten, und wo die Arbeiterklasse die Macht ausübt, dort ist auch der Frieden in guten Händen. Aber seine Sicherung ist nicht nur von uns abhängig. Die Sicherung des Friedens muß erzwungen werden! Darum beraten die Kandidaten der Nationalen Front gemeinsam mit ihren Wählern und Wählerinnen, was in jedem Ort, in jedem Betrieb, in jedem Wohngebiet, in jeder Genossenschaft getan werden kann, um zu verhindern, daß jemals wieder von deutschem Boden ein Krieg ausgeht.

Friedrich Ebert, Der Sozialismus als Glück und Wohl des Volkes. Berlin (Ost) 1969, S. 174–176.

Ernst Bloch, Keine Rückkehr in die DDR, 1961

Ernst Bloch, ein bekannter Philosoph, der in Leipzig lebte, begründete seine Übersiedlung in die Bundesrepublik Deutschland in einem Brief an den Präsidenten der Akademie der Wissenschaften in Berlin (Ost) (August 1961):

Sehr verehrter Herr Präsident,

seit Mai 1949, nach meiner Rückkehr aus der Emigration in Amerika, lebte ich, nachdem ich eine Berufung auf den Leipziger Lehrstuhl für Philosophie angenommen hatte, in dem Staat, der sich nachher als Deutsche Demokratische Republik bezeichnete.

In den ersten Jahren meiner Universitätstätigkeit erfreute ich mich ungehindert der Freiheit des Wortes, der Schrift und der Lehre. In den letzten Jahren hat sich diese Situation zunehmend geändert. Ich wurde in Isolierung getrieben, hatte keine Möglichkeit zu lehren, der Kontakt mit Studenten wurde unterbrochen, meine besten Schüler wurden verfolgt, bestraft, die Möglichkeit für publizistisches Wirken wurde unterbunden, ich konnte in keiner Zeitschrift veröffentlichen, und der Aufbau-Verlag in Berlin kam seinen vertraglichen Verpflichtungen meinen Werken gegenüber nicht nach. So entstand die Tendenz, mich in Schweigen zu begraben.

Demgegenüber gaben mir seit geraumer Zeit Universitäten, Zeitschriften und mein Verlag in Westdeutschland Gelegenheit zu lehren, zu publizieren und meine bisherigen Arbeiten ungestört fortzusetzen.

Nach den Ereignissen vom 13. August, die erwarten lassen, daß für selbständig Denkende überhaupt kein Lebens- und Wirkungsraum mehr bleibt, bin ich nicht mehr gewillt, meine Arbeit und mich selber unwürdigen Verhältnissen und der Bedrohung, die sie allein aufrechterhalten, auszusetzen. Mit meinen 76 Jahren habe ich mich entschieden, nicht nach Leipzig zurückzukehren. [Bloch machte gerade im Westen Urlaub.]

Ich muß Ihnen deshalb, sehr verehrter Herr Präsident, mitteilen, daß ich bei künftigen Sitzungen der Deutschen Akademie der Wissenschaften, deren ordentliches Mitglied ich bin, zu meinem wahren Bedauern nicht mehr anwesend sein kann.

In besonderer Wertschätzung sehr ergebener

Ernst Bloch

Zitiert nach: R. Wildermuth, Heute und die 30 Jahre davor. München 1979, S. 102.

Briefe aus der DDR, 1962–1969

Marianne an Clemens

Lieber Clemens! Berlin, 10. 2. 62

Ich denke gern an die Tage zurück, als Du hier warst. Seitdem beginne ich die Mauer vor unserer Nase zu hassen, obwohl ich ihre Notwendigkeit nach wie vor einsehe.

Bitte schreibe weiter so lieb, es tut mir richtig gut, wenn ich weiß, daß irgend jemand (Du bist für mich aber auch nicht irgend jemand) in der Welt manchmal an mich denkt. Du brauchst keine Angst zu haben, ich werde nichts, was an die Tage, die Du hier warst, erinnert, vergessen. Ich glaube fest daran, daß wir uns eines Tages wiedersehen. Wenn ich Deinen Brief lese, dann sind es nicht nur Buchstaben, Wörter, die ich lese; ich sehe Dich vor mir, wie Du das alles sagst. Ich glaube, wir haben für die lange Zeit, die wir uns nicht gesehen haben und die wir uns nicht sehen werden, viel zu wenig besprochen. Die Zeit von Deiner Rückkehr nach Westdeutschland bis zur Ankunft Deines Briefes war mir länger als die Jahre, die wir schon miteinander korrespondieren. Glaubst Du mir das? Ich bin nun einmal so komisch, das weißt Du doch. Zu lügen und Dir irgend etwas aufzutischen habe ich doch gar keinen Grund.

Heute vormittag haben wir eine Klausur in Statik geschrieben. Hinterher fiel mir ein Stein vom Herzen. Die quetschen uns nämlich immer ganz schön aus. – Beinahe hätte ich vergessen, Dir zu Deiner bestandenen Prüfung zu gratulieren. Eigentlich hätte ich auch nichts anderes erwartet. Mach weiter so! Dann schlagen wir noch eines Tages die Mauer kaputt, aber erst, wenn es wirklich ungefährlich ist.

25.9.62

In vier bis sechs Wochen bin ich ganz allein. Meine Eltern fahren für zwei bis drei Jahre nach Nowosibirsk. Mein Vater wird dort an einem großen Atomkraftwerk bauen helfen.

Oft denke ich an Dich. Warum könntest Du nicht hier sein! Du brauchst nichts zu sagen, ich kenne ja alle Gründe, ich weiß ja, aber trotzdem, trotzdem ... Ich habe gedacht, wenn ich Dir nicht mehr schreibe, hätte alles ein Ende und ich würde Dich vergessen, aber immer wieder kamen Deine Briefe, und dann habe ich mich geschämt, daß ich Dir so lange nicht geschrieben habe. Wenn ich Dir nicht mehr schreiben würde, müßte ich noch öfters an Dich denken, und alles wäre nur Ungewißheit darüber, was Du tust und treibst. Ich will es aber wissen, ich möchte teilhaben an Deinem Leben. Sei mir nicht böse. Habe Geduld mit mir.

Wirst Du mich nächstes Jahr besuchen? Du bist recht herzlich eingeladen.

In Gedanken bin ich bei Dir.

Brandenburg, 15.1.63

Seit vier Tagen bin ich nun wieder allein in dieser scheußlichen Bude. Ich komme mir verlassener vor als je zuvor. Die letzten vierzehn Tage ließ ich im Geiste noch einmal von früh bis abends Revue passieren. Es war schön, schlicht und einfach schön. Das Wort ist so abgenutzt und wird für alles Mögliche und Unmögliche verwendet, so daß man sich des wahren Inhalts nur selten bewußt wird. Ich hoffe, daß Du ebenso daran denken wirst wie ich. Die ersten Tage habe ich geweint, viel geweint. Jetzt habe ich mich wieder gefangen. Zeitweise hatte ich alles vergessen, aber immer und überall treffe ich auf Dinge, die an Dich erinnern – wenn ich mein kleines Armband sehe, mich wasche und da steht das Parfümfläschchen, wenn ich eine Apfelsine esse. Immer denke ich, Du bist weggegangen und kommst gleich wieder.

Sei lieb und denke oft an Deine kleine Marianne, wenn Du schläfst und träumst.

Meinem Besuch auf der Messe steht nichts im Wege. Hast Du es Dir noch einmal überlegt? Wirklich überlegt? Hast Du auch an *alles* gedacht? Bitte laß mich Deine Entscheidung wissen, damit ich mich freuen oder mich damit abfinden kann. Ich habe so viel Hoffnung, daß wir uns wiedersehen.

Deine Marianne

Die Freundschaft zwischen Marianne und Clemens bricht nach jahrelangem Briefwechsel auseinander; die beiden haben sich kaum treffen können, auch in ihren politischen Anschauungen sind sie sich nicht einig geworden.

Studenten

Merseburg, den 21. 11. 1962

Ich krieche nun schon fast 3 Monate als stud. med. in Leipzig rum und habe tüchtig gestaunt über den Betrieb an einer Universität. Wie schön es doch an der Oberschule war, und wie sorgenfrei lebte man doch als lumpiger Polizist! Es wird eine Menge verlangt, und das bißchen Oberschulweisheit habe ich in den letzten 4 Jahren fast ganz vergessen. Wir haben in der Woche 22 Stunden Vorlesungen und dazu noch Latein, Russisch, Englisch, Gewi[1] Sport, Physik, Praktikum und andere liebe Beschäftigungen, die nicht dazu angetan sind, einem das Leben zu versüßen.

Den armen Klaus-Peter aus Leipzig hat's ja auch erwischt. Sicher wißt Ihr schon, daß er vom Urlaub in Bulgarien gerade das Flugzeug nach Österreich betreten wollte und trotz gefälschten Passes usw. gerade noch geschnappt wurde. Nun sitzt er irgendwo hinter gesiebter Luft und wartet auf seinen Prozeß. Tante Erna hat jede Verbindung mit ihm verloren und weiß selbst nichts mehr. Hoffentlich wird's nicht zu ernst.

5. 12. 1962

Zu Deinen Fragen:

Vor dem Studium müssen alle stud. med. in spe erst ein Jahr in der Klinik als Hilfskräfte arbeiten. Direkt von der Oberschule kommt niemand mehr zum Studium, ausgenommen ABF und Abendoberschule. Auch wir haben welche von der ABF dabei. Von der Abendschule bin ich der einzige.

Von Klaus-Peter weiß ich nichts. Nein, so abgestumpft sind wir noch nicht. Auch uns hat das alles sehr erschüttert, 14 Tage vorher war ich noch bei ihm und hatte Bücher von ihm geholt. Aber was nutzt das Jammern,

---

1) Gesellschaftswissenschaften

hoffentlich bekommen wir bald gute Nachricht! Auch Tante Erna tut mir sehr leid, sie macht sich große Sorgen.

Zur Zeit ruht unser Studium. Wegen der Ruhr-Seuche im Bezirk Merseburg müssen wir alle Geschäfte auf Hygiene im Kreis Merseburg kontrollieren. Ich komme deshalb jeden Tag nach Hause. Da sehe ich jedenfalls mal, was man im Laden nicht sieht und was alles im Lager ist (Speck, Kaffee, Sahne, Weißwein, Eier, Zwiebeln – zur Zeit alles Mangelware bei uns). Du kannst Dir vorstellen, daß ich da einkaufe, denn bei den Lagerkontrollen sehe ich ja alles, was da ist. Klappt prima vor Weihnachten!

Teenager

16.9.69

Heute hat unsere Direktorin (bei der wir Deutsch haben) uns was über Schulen in der Bundesrepublik erzählt. Da habe ich ja ganz schön gestaunt und habe mir extra Stichpunkte gemacht, um Dir das zu schreiben. Sie sagte, das hat ihr ein Bekannter erzählt, der in Westdeutschland Lehrer ist. Die Lehrer würden demnach in den Pausen im Lehrerzimmer nur ein Thema kennen: Autos, welches Fabrikat sie haben, wieviel PS usw. Weiterhin findet ein Lehrer bei Euch es unter seiner Würde, vielleicht zu Fuß oder per Fahrrad zur Schule zu kommen. Private Gespräche zwischen Lehrer und Schülern finden fast nie statt. Der Lehrer ist eine Person, vor der man Angst hat, weil die Disziplin in den Schulen so schlecht ist, daß man sich nur mit Schlägen Respekt verschaffen kann. Im Unterricht beschäftigen sich die Schüler mit allem anderen, wie z.B. Nägellackieren, Skaatspielen, nur nicht mit dem, was der Lehrer vorträgt. Des weiteren müssen die Schüler Angst haben, eine zu gute Zensur zu schreiben, weil sie dann von den anderen gehänselt und als Streber bezeichnet werden. Das kann ich mir eigentlich nicht vorstellen, sie hat bestimmt übertrieben, oder stimmt etwa sogar gar nichts davon? Ich bin gespannt, was Du mir dazu schreibst. Aber lach nicht, wenn es Dir vielleicht unmöglich erscheint, daß uns sowas erzählt wird. Es stimmt wirklich . . .

Unsere Politdiskussion vom letzten Dienstag war sehr interessant. Nicht so im Thema, sondern in den Reden unseres Physiklehrers. Der ist ganz schön progressiv... So sagte er, daß er nicht alles glaubt, was in den Zeitungen steht, der Mondflug würde bei uns zu wenig gewürdigt usw. Ich hab ganz schön gestaunt. Daß er nicht ganz hundertprozentig ist, habe ich mir schon gedacht, als er sich mal verplappert hat. Er sprach von einem Fernsehquiz und sagte, wie heißt es doch: „Hätten Sie's „Hätten Sie's gewußt' oder so." (Eine Sendung vom Westfernsehen, was hier streng verboten ist!)

Wir sprangen dann hilfreich ein und sagten „Sind Sie sicher“ (eine Sendung vom Ostfernsehen). Lachen mußte ich doch etwas über seine Verlegenheit. Er ist mir dadurch noch sympathischer geworden. Es gibt bestimmt noch mehrere Lehrer, die gar nicht so überzeugt sind, wie es immer heißt.

Na gib schon Pfötchen? Bye, bye sagt Dir aus weiter Ferne

Deine Fritzi

9.5.70

Ich warte schon ganz ungeduldig auf die Ferien. Wir wollen in Berlin ganz gammelig (nicht etwa schmutzig und kaputt) rumrennen. Mit riesengroßem Hut und barfuß, wenns warm ist. Jedenfalls ganz auffällig. Hier in Magdeburg würden wir uns das nicht trauen, da gucken uns die Leute so schon blöd an, wenn wir sonntags mit Hosen ankommen oder so. Aber dort kennt uns ja keiner weiter, da kann man sich das erlauben. Außerdem laufen sie in Berlin sowieso anders rum als hier.

Jetzt weiß ich nichts mehr. Also sei lieb gegrüßt, mein Schätzchen.

Deine Fritzi

Zitiert nach: Baumgard, a.a.O., S. 103–106; 128–132; 292/93, 296/97.

Unterrichtsziele in der DDR, 1972

Kampfplan der Klasse 11/5, Schuljahr 1972/73

Unser Kampfplan steht unter der Losung:

„Lernt und arbeitet für unsere Republik – vorwärts zu den X. WFS“ [Weltfestspielen]

1. Wir studieren den Marxismus-Leninismus

Wir machen uns mit dem rev. Kampf der Arbeiterklasse und ihrer Partei und der von der SED gewiesenen Perspektiven unserer DDR vertraut.

1.1. Wir nehmen alle regelmäßig am Zirkel junger Sozialisten teil und studieren den Marxismus-Leninismus.

1.2. Wir informieren uns gründlich über die politischen Ereignisse unserer Zeit und diskutieren diese Probleme regelmäßig in Mitgliederversammlungen und Zirkeln junger Sozialisten.

1.3. Wir führen in Verbindung mit dem Zirkel junger Sozialisten ein Forum mit einem Arbeiterveteran durch.

1.4. Die besten Schüler erwerben das „Abzeichen für gutes Wissen“ in Gold.

2. Wir halten feste Freundschaft zur SU und den anderen Ländern der

soz. Staatengemeinschaft und handeln getreu dem prolet. Internationalismus.

2.1. Alle Schüler unserer Klasse bekennen sich offen zur Freundschaft mit der SU und sind Mitglieder der DSF [Deutsch-sowjetische Freundschaft]

2.2. Wir veranstalten einen Lichtbildervortrag über die SU, um dieses soz. Land noch besser kennenzulernen.

2.3. Wir bemühen uns um bessere Lernaktivität im Fach Russisch.

2.4. Wir beteiligen uns an Aktionen gegen imp. [imperialistische] Aggressionen und für Frieden, Freundschaft und Solidarität.

2.5. Jeder Schüler erarbeitet den Betrag von 10.- M und unsere Klasse überweist ihn auf das Solidaritätskonto für das heldenhaft kämpfende vietnamesische Volk.

3. Wir nehmen aktiv an der Gestaltung der soz. Gegenwart und Zukunft unserer Republik teil.

Wir beteiligen uns an der Finanzierung der X. Weltfestspiele.

3.1. Wir bemühen uns um Höchstleistungen in allen Fächern.

3.2. Die FDJ-Leitung [Freie Deutsche Jugend] führt Leistungsanalysen gemeinsam mit den betreffenden Schülern durch. Diese Analysen werden vor der Klasse ausgewertet. Wir unterstützen Klassenkameraden, die Schwierigkeiten im Lernen haben und ringen gemeinsam um eine soz. Lern- und Arbeitsmoral.

3.3. Wir schreiben keine Hausaufgaben ab und lernen mit dem Ziel, nur noch gute und sehr gute Leistungen zu erreichen.

3.4. Wir leisten gesellschaftlich nützliche Arbeit, um unsere Schule zu verschönern. Jeder Schüler leistet mindestens 10 VMI-Stunden.

3.5. Wir nehmen zur Verschönerung unserer Stadt am internat. Subbotnik teil.

3.6. Wir erarbeiten in Kartoffeleinsätzen den Betrag von 5.- M, den wir auf das Festivalkonto überweisen.

4. Wir kämpfen um die weitere Festigung unserer FDJ-Organisation und sorgen dafür, daß sich in unserer Klasse kameradschaftliche Beziehungen zwischen allen FDJ-Mitgliedern entwickeln.

4.1. Wir sorgen dafür, daß alle Mitglieder konkrete Aufgaben erhalten und regelmäßig über deren Erfüllung berichten.

4.2. Wir führen regelmäßig unsere Mitgliederversammlungen durch und nutzen sie zur politisch-ideologischen Erziehung aller Mitglieder. Wir überprüfen die Erfüllung des Kampfplanes und stellen uns neue Ziele zur Verwirklichung des FDJ-Auftrages.

4.3. Unsere Kulturgruppe setzt sich zum Ziel, Veranstaltungen der demokratischen Öffentlichkeit auszugestalten, ihr Niveau ständig zu heben, um so unter den besten 3 Kulturgruppen der Schule zu bleiben.

4.4. Wir beteiligen uns alle an der Vollendung unseres Jugendobjektes – des Russischkabinetts der Schule.

4.5. Wir kämpfen im Rahmen des Schulwettbewerbs um die Verteidigung des Titels „soz. Schülerkollektiv".

4.6. Wir gestalten einen Pioniernachmittag mit der Klasse...

4.7. Wir wollen unsere Freizeit sinnvoll und im Kollektiv gestalten. Deshalb organisieren wir:

- Filmbesuch
- gemeinsamer Besuch eines Flutlicht-Fußballspieles
- niveauvolle Klassenfeiern
- Teilnahme an Schulturnieren (Hand-, Fuß-, Volleyball)
- Lichtbildervortrag über die SU
- Teilnahme am touristischen Waldlauf
- Teilnahme am Staffellauf

Zitiert nach: Geschichte in Quellen: Die Welt seit 1945, a.a.O., S. 314/315.

Erich Honecker, Status von Berlin, 1972

Interview des Ersten Sekretärs des Zentralkommitees der SED mit der amtlichen Nachrichtenagentur ADN, 6. Juni 1972:

Frage:

Worin sehen Sie, Genosse Honecker, die wichtigsten Ergebnisse des Vierseitigen Abkommens über Westberlin?

Antwort:

Zunächst: Es war völlig klar – und diese Wahrheit gewann immer mehr an Boden –, daß Sicherheit und Entspannung in Europa nicht zu gewährleisten sind, wenn dem Mißbrauch Westberlins als Pfahl im Fleisch der DDR, als Frontstadt, als Brückenkopf revanchistischer Politik gegen die sozialistischen Staaten nicht Einhalt geboten wird. Jeder weiß, daß Westberlin entgegen den Interessen der Westberliner künstlich zu einem permanenten Krisenherd gemacht worden war, von dem immer wieder ernste internationale Spannungen und große Gefahren für alle Völker ausgingen. Ich will hier nicht im einzelnen auf die Geschichte der vergangenen zwei Jahre eingehen. Aber soviel ist klar: Wir waren trotz aller Störungen stets bestrebt, Spannungen abzubauen und dafür solide vertragliche Festlegungen zu treffen. Das ist nun geschehen.

Frage:

Welche Auswirkungen hat das Vierseitige Abkommen für die völkerrechtliche Position der DDR?

Antwort:

In dieser Hinsicht gibt es eine Reihe sehr bedeutsamer Aspekte. So geht aus dem Text des Abkommens eindeutig hervor, daß die drei Westmächte das Bestehen der Deutschen Demokratischen Republik zum erstenmal in völkerrechtlich gültiger Form anerkennen. Die USA, Großbritannien und Frankreich erkennen durch ihre Unterschrift unter einen völkerrechtlich gültigen Vertrag die Deutsche Demokratische Republik als einen souveränen Staat in den bestehenden Grenzen an.

Es gibt einen weiteren wichtigen Gesichtspunkt. Mit dem Abkommen haben die drei Westmächte ihrerseits bestätigt, daß Berlin mit Ausnahme seiner Westsektoren die Hauptstadt der Deutschen Demokratischen Republik ist. Von den Bestimmungen der Viermächte-Vereinbarung wird ausschließlich Westberlin berührt. Übrigens deckt sich das auch mit der Feststellung im gemeinsamen sowjetisch-amerikanischen Kommuniqué, das nach den Verhandlungen zwischen der Partei- und Staatsführung der Sowjetunion und dem USA-Präsidenten Nixon veröffentlicht wurde. Dort wird auch festgestellt, daß es sich beim Vierseitigen Abkommen um die Regelung von Fragen handelt, „die die Westsektoren Berlins betreffen".

Frage:

Der Status von Westberlin ist also klar umrissen?

Antwort:

Ja, so ist es. Westberlin ist kein Bestandteil der Bundesrepublik Deutschland und darf nicht von der BRD regiert werden. Diese Bestimmung im Vierseitigen Abkommen wird bekanntlich durch eine Vielzahl konkreter Festlagerungen untermauert. Das betrifft – wie es im Text heißt – unter anderem die Unzulässigkeit konstitutioneller oder Amtshandlungen seitens der Bundesrepublik in Westberlin, die zu dieser grundsätzlichen Bestimmung im Widerspruch stehen. Hiermit wird bekräftigt, daß Westberlin einen besonderen politischen Status besitzt.

Alle diese völkerrechtlichen Festlegungen sind von großer Tragweite. Sie räumen Spannungsursachen beiseite und schaffen durch die Anerkennung der realen Lage die Möglichkeit, weitere Schritte auf dem Weg der Entspannung zu tun. Es bewahrheitet sich auch in diesem Falle: Wenn von allen beteiligten Seiten guter Wille aufgebracht und an die Dinge konstruktiv herangegangen wird, dann sind positive Resultate möglich. Das ist auch für die Zukunft eine gute Lehre.

Erich Honecker, Reden und Aufsätze, Berlin (Ost) 1975, S. 539–542.

Reiner Kunze, Hier (Alltag in der DDR), 1974

Reiner Kunze, geb. 1933, verließ 1977 die DDR und lebt seitdem in der Bundesrepublik Deutschland.

Freitagvormittag ist Vorlesungsschluß, der kommende Montag Staatsfeiertag, und da der Staat ein Vierteljahrhundert besteht, wird am Freitag, fünfzehn Uhr, vom Flußbahnhof ein Sonderzug mit eintausend Jugendlichen nach der Hauptstadt abfahren, mit eintausend Auserwählten, zu denen sie, die beiden Studenten, nicht gehören, zu denen keiner ihres Studienfachs gehört, nur zieht's auch sie in die Metropole, hinaus aus der kleinen Universitätsstadt, auch sie hungert's nach Erlebnissen – Theologie hin, Theologie her. Sie fragen nach den Büros, ob nicht doch noch eine Teilnehmerkarte ... aber nein, Kopfschütteln, Bedauern, und da sie genötigt sind, mit der Mark zu rechnen, rechnen sie mit der Wahrscheinlichkeit: Von eintausend Menschen werden mindestens zwei erkranken, für die sie einspringen werden. Und um recht unauffällig einspringen zu können, zieht der eine sein Blauhemd an, der andere schnürt den Anorak bis obenhin zu, was auf dem Bahnhofsplatz gut ins Bild paßt, denn viele tragen den Anorak über dem Blauhemd, und als eine Fünfzigergruppe abgezählt hat, zählen sie sich beim Abmarsch dazu und dürfen den polizeilich abgesperrten Bahnsteig durch den polizeilich abgesperrten Bahnhofszugang betreten. Der Doppelstockwagen bietet Sitzplätze genug, und nur, als der Gruppenleiter die Name aufzurufen und auf einer Liste abzuhaken beginnt, ziehen sie es vor, auf die Plattform zu gehen und eine Zigarette zu rauchen. Auch die zweite Kontrolle, bei der nicht der Name aufgerufen, sondern jeder nach seinem Namen gefragt wird, überstehen sie auf der Plattform, und sie suchen sie auch zum dritten und vierten Mal auf, als die Teilnehmerkarten vorgezeigt werden müssen und die Quartiere vergeben werden. Inzwischen fährt der Zug, Plätze werden getauscht, man geht von unten nach oben und von hüben nach drüben, und auf den Knien liegen die ersten Taschen, um den Skatkarten als Unterlage zu dienen. Da tritt ein Herr in Mantel auf die beiden Studenten zu, fordert sie auf, ihre Teilnehmerkarten vorzuzeigen, bittet um ihre Personalausweise, behält sie ein und sagt: „Kommen Sie mit!" Das Verhör in einem der Sonderabteile an der Spitze des Zugs währt nicht lange, denn die Wahrheit ist kurz. Ihnen wird befohlen, auf dem Gang zu warten, und als sie dort eine gute Stunde gestanden haben, hält der Zug, der nirgends halten sollte, sie sind in H., der Bahnsteig ist von Polizisten besetzt, und über Lautsprecher sagt eine Stimme, die Worte pausenlos wiederholend: Bitte, nicht aussteigen! Türen nicht öffnen!" was selbstverständlich nicht für den Transportpolizisten aus dem Sonderabteil gilt. Als hätte ihnen der Lokführer das Trittbrett genau vor die Stiefel gefahren, stehen vor der Tür vier Polizisten und blicken nach den Studenten.

Die beiden haben einen Zug benutzt, den zu benutzen sie nicht berechtigt waren. Da kann man nicht beide Augen zudrücken und sagen: Wenn ihr einmal da seid, wird sich auch ein Quartier für euch finden. Da kann man auch nicht nur ein Auge zudrücken und sagen: Um Quartier müßt ihr euch aber selbst kümmern. Man kann auch nicht einfach den Zugführer rufen, damit er ihnen den Fahrpreis abverlangt, selbstverständlich mit Zuschlag, oder den doppelten Fahrpreis – zur Strafe. Jugend hin, Jugend her. Da wird abgeführt.

Reiner Kunze, Die wunderbaren Jahre. Frankfurt a. M. 1978, S. 47 ff.

14. Die Entwicklung in Europa

Walter Hallstein, EWG – ein Schritt zur europäischen Einheit, 1959

Walter Hallstein war einige Jahre Präsident der Kommission der Europäischen Wirtschaftsgemeinschaft (EWG)[1]. In zahlreichen Reden begründete er Aufgaben und Zielsetzung der Gemeinschaft:

Es ist wahr, daß die erste Beobachtung und Erfahrung, die am Ausgang der Schaffung unserer Gemeinschaft steht, die Feststellung der wirtschaftlichen Schwäche Europas gewesen ist. Ich will ein paar bekannte und oft zitierte Zahlen in die Erinnerung zurückrufen, an denen sich die Richtigkeit dieser Feststellung zeigt.

Der Anteil der westeuropäischen Erzeugung an der Welterzeugung, der im Jahre 1913 noch 54 v.H. betrug, war im Jahre 1956 auf 27 v.H., das heißt genau auf die Hälfte gesunken. Und die gleiche relativ zurückfallende Tendenz wird deutlich, wenn wir die Zunahmequote der westeuropäischen Erzeugung mit der in den Vereinigten Staaten von Amerika und der Sowjetunion vergleichen.

60 Millionen erwerbstätige Amerikaner haben im Jahre 1955 ein Brutto-Sozialprodukt von 380 Milliarden Dollar erarbeitet, 71 Millionen erwerbstätige Europäer in den sechs Staaten unserer Gemeinschaft ein solches von 140 Milliarden Dollar. Das heißt, jeder erwerbstätige Europäer hat nur ein Drittel des Sozialprodukts erarbeitet von dem seines amerikanischen Arbeitskollegen.

Im Jahre 1880 konnten sich ein französischer und ein amerikanischer Arbeiter für den Lohn einer Arbeitsstunde 3,3 kg Brot kaufen. Im Jahre 1954 war der französische Arbeiter immer noch in der gleichen Lage, während sich sein amerikanischer Kollege 18 kg Brot kaufen konnte, also mehr als das Fünffache. Nehmen wir hinzu, daß noch heute in Kontinentaleuropa bei der Herstellung von Kraftfahrzeugen keine einzige Fabrik Fabrika-

---

[1] Nach dem Zusammenschluß der drei Gemeinschaften EWG, Euratom und Montanunion nennt sich die Gemeinschaft EG (Europäische Gemeinschaft).

tionsmaschinen von der Art der amerikanischen einsetzen kann, daß es in Kontinentaleuropa keine Produktion von Verkehrsflugzeugen gibt, ganz zu schweigen von dem Rückstand in der Atomwirtschaft, so wird das Bild jener Schwäche vollständig.

Kein Wunder, daß die Europäer sich gefragt haben, woran das liegt. Sind wir weniger intelligent, weniger arbeitsam, weniger phantasiebegabt, weniger mutig als die andern? Die Antwort lautet: Der entscheidende Grund für die Überlegenheit anderer Wirtschaftsräume, die nach Menschenzahl und Produktionskapazität mit Kontinentaleuropa vergleichbar sind, zeigt, daß das, was uns mangelt, ein großer einheitlicher Binnenmarkt ist, wie er bei den Amerikanern und den Sowjetrussen vorhanden ist. Ein Binnenmarkt, der groß genug ist, um die Ausschöpfung der Produktionskräfte zu gestatten, die die moderne Technik dem wirtschaftenden Menschen anbietet: die Herstellung einer hochmechanisierten Großindustrie, die mit erheblichen Kapitalinvestitionen rechnen kann, und die Möglichkeit, einen hohen Grad von Spezialisierung zu erreichen. Die Größe eines solchen Markttraumes tut es freilich nicht allein. Das Wirtschaften der Menschen in ihm muß so organisiert sein, daß die Produktivkräfte darin mächtig angeregt werden. In einem System der Freiheit wie dem unsrigen gibt es dafür ein einziges Mittel, das ist die Anregung der individuellen Kräfte der wirtschaftenden Menschen; und um diese Anregung zu bewirken ein einziges Stimulans, wenn man auf die Gewalt verzichtet, das ist der Wettbewerb. So allein läßt sich Freiheit verbinden mit dem Zwang zu größter Anspannung der intellektuellen und der körperlichen Kräfte, der Phantasie und des Wagemuts.

Schließlich muß eine solche Wirtschaftsordnung sicher sein. Wer in ihr und unter ihr lebt, muß die Gewißheit haben, daß der Fortbestand einer solchen Ordnung nicht von der Willkür unberechenbarer und von ihr nicht beeinflußbarer Kräfte abhängig ist. Das ist der Grund, weshalb man bei der Ausarbeitung der Europäischen Wirtschaftsgemeinschaft nicht dabei stehengeblieben ist, ein System einer guten Außenhandelsordnung, also ein System guten internationalen Handels ins Auge zu fassen, sondern weshalb man den kühnen Gedanken gefaßt hat, den Markt, den man zu erbauen sich anschickte, nach Art eines Binnenmarktes zu konstruieren. Nur ein solcher Binnenmarkt nämlich verbürgt Dauerhaftigkeit und Unwiderruflichkeit in den Grenzen, in denen Menschen eine solche Sicherheit vergönnt ist.

Walter Hallstein, Europäische Reden. Stuttgart, 1979, S. 104/05, 239–242.

Konrad Adenauer, Charles de Gaulle, Erklärung zum Vertrag über die deutsch-französische Zusammenarbeit, 1963

Bundeskanzler Adenauer und der Präsident der Französischen Republik De Gaulle schlossen 1963 einen „Freundschaftsvertrag"; die Regierungen beider Länder sollten fortan eng und freundschaftlich zusammenarbeiten.

Der Bundeskanzler der Bundesrepublik Deutschland, Dr. Konrad Adenauer, und der Präsident der Französischen Republik, General de Gaulle, haben sich zum Abschluß der Konferenz vom 21. und 22. Januar 1963 in Paris ... in der Überzeugung, daß die Versöhnung zwischen dem deutschen und dem französischen Volk, die eine jahrhundertealte Rivalität beendet, ein geschichtliches Ereignis darstellt, das das Verhältnis der beiden Völker von Grund auf neu gestaltet, in dem Bewußtsein, daß eine enge Solidarität die beiden Völker sowohl hinsichtlich ihrer Sicherheit als auch hinsichtlich ihrer wirtschaftlichen und kulturellen Entwicklung miteinander verbindet – angesichts der Tatsache, daß insbesondere die Jugend sich dieser Solidarität bewußt geworden ist und daß ihr eine entscheidende Rolle bei der Festigung der deutsch-französischen Freundschaft zukommt – in der Erkenntnis, daß die Verstärkung der Zusammenarbeit zwischen den beiden Ländern einen unerläßlichen Schritt auf dem Wege zu dem vereinigten Europa bedeutet, welches Ziel beider Völker ist, mit der Organisation und den Grundsätzen der Zusammenarbeit zwischen den beiden Staaten, wie sie in dem heute unterzeichneten Vertrag niedergelegt sind, einverstanden erklärt.

Geschehen zu Paris, am 22. Januar 1963 in zwei Urschriften in deutscher und französischer Sprache.

Der Bundeskanzler der Bundesrepublik Deutschland,
Der Präsident der Französischen Republik.

Zitiert nach: Geschichte in Quellen: Die Welt seit 1945, a. a. O., S. 368.

Lasko Beke, Ungarische Bevölkerung im Aufstand, 1956

Der Aufstand in Ungarn (1956) führte nur zu einem vorübergehenden Erfolg. Anfang November wurde Budapest durch sowjetische Truppen besetzt, die Reformregierung unter Imre Nagy verhaftet. Über die Tage vor dem Eingreifen der sowjetischen Truppen berichtet ein Student:

30. Oktober 1956

Die ungarische Luftwaffe warf Tausende von Flugblättern über Budapest ab, in denen sie die Bombardierung der russischen Panzer ankündigte, falls diese nicht unverzüglich abzögen. Die zwölfstündige Frist war beinahe um, und wir entwarfen neue Kampfpläne. Vor allem benötigten wir Benzin zur Herstellung von Antipanzerflaschen. Mit unseren zwei Jeeps und vier Motorrädern fuhren wir zu mehreren Tankstellen, um es zu bekommen.

Schließlich waren alle Angriffsvorbereitungen getroffen, und wir verabschiedeten uns von unseren Lieben, unseren Müttern und Frauen. Obwohl hinter den Barrikaden am Ende der Straße der Tod auf uns wartete, zögerte keiner. Ungarn mußte den Krieg weiterführen.

Da aber geschah das Wunder der Wunder. Die Sowjetungeheuer setzten sich wieder in Fahrt. Mit rasselnden Raupenbändern begannen sich die Panzer von den beherrschenden Punkten der Hauptstadt zu entfernen. Der Lärm der abziehenden Panzer und der Marschschritt der Kolonnen klang in unseren Ohren wie eine himmlische Symphonie.

Unser gewagtes Spiel schien Erfolg gehabt zu haben. Die Sowjetbefehlshaber sahen offenbar ein, daß ihr weiteres Verbleiben in der Stadt einen neuen Großkampf heraufbeschworen hätte. Als die letzten Sowjetpanzer dem Stadtrand zurollten, begannen in ganz Budapest die Kirchenglocken zu läuten. Sie feierten aber nicht nur den Abzug der Russen, sondern verkündigten auch allem Volk die Befreiung des Kardinals Jozsef Mindszenty, des Primas' von Ungarn.

Die Nachricht verbreitete sich wie ein Lauffeuer, und überall erkundigte man sich nach der Stunde seines Einzugs. Jedermann wollte dabei sein, wenn die Stadt dieses leuchtende Symbol des nationalen Kampfes gegen den Kommunismus willkommen hieß.

...

Die Russen waren abgezogen, und wir besaßen immer noch unsere Waffen. Wir fühlten uns deshalb verpflichtet, über der Zukunft der Nation zu wachen, welches auch die momentanen politischen Obertöne sein mochten. Wir wollten unseren Teil zum Wiederaufbau der Nation beitragen. Wir waren alle keine Politiker; die politischen Machinationen der neuen Regierung verstanden wir nicht.

Mittlerweile füllten die hungrigen und frierenden Budapester die Straßen und durchsuchten die Wracks der russischen Panzer nach irgend etwas Brauchbarem. Kleine Buben flitzten hin und her, um bei den westlichen Gästen in den Ausländerhotels – zumeist Zeitungsleuten – bestimmte Patronentypen gegen Schokolade oder amerikanische Zigaretten einzutauschen.

Aber der Rückzug der Sowjets war unvollständig. Die Panzer blieben am Stadtrand stehen, und Gerüchte gingen um, daß sich neue Sowjetstreitkräfte auf dem Marsch nach Ungarn befänden.

Bahnbeamte, die zwischen der Ostgrenze und Budapest Dienst taten, berichteten, sie hätten bei Satoraljaujhely neue Panzerkolonnen in Ungarn einrücken sehen, und zwei weitere Divisionen stünden östlich der Stadt jenseits der Grenze in Bereitschaft.

Angesichts des Fehlens bestimmter Nachrichten herrschte in der Stadt große Verwirrung, und jedermann fühlte die Spannung. Reguläre ungarische Einheiten kämmten die Stadt durch und räucherten russische Nachzügler aus, die plündernd zurückgeblieben waren ...

Wir fingen russische Radiomeldungen auf, wonach die Sowjets bereit seien, über den Abzug ihrer Truppen aus Ungarn zu verhandeln; gleichzeitig aber beobachteten wir, daß sich sowjetische Panzerabteilungen rund um die Hauptstadt eingruben.

Wir begannen die entsetzliche Wahrheit zu ahnen. Die Russen zogen nicht ab. Als russische Düsenjäger die Stadt mehrmals überflogen, wurde die Wahrheit noch offensichtlicher.

Die ganze Nacht saßen wir an unserem Radio und hörten die letzten Meldungen der freien Sender und des offiziellen Rundfunks. Aus einem unserer Stützpunkte im Norden, Miskolc, kam die Meldung, daß siebenhundertfünfzig schwerste Sowjetpanzer vom Typ Josef Stalin in Diosgyör, einem Zentrum der Schwerindustrie, gesichtet worden seien. Auf Grund meiner militärischen Ausbildung mußte ich mir sagen, daß das nichts anderes bedeuten konnte als einen Angriff. Diese Ungetüme werden nur bei Großangriffen eingesetzt, während man die kleineren Panzer zur Unterdrückung von Unruhen und zur Wiederherstellung der Ordnung verwendet.

Josef-Stalin-Panzer, sagte ich mir immer wieder. Etwas Schreckliches ist im Anzug! Ich konnte das Bild dieser schwerfälligen Giganten nicht aus meinem Geist verbannen.

Zitiert nach: Schmid, Pleticha, Zeitgeschichte aus erster Hand, Würzburg, S. 404–407.

Radioberichte aus der ČSSR, 1968

Der Sender der Truppen des Warschauer Paktes aus Dresden, 21. August 1968, 6 Uhr:

TASS ist bevollmächtigt, folgendes zu erklären: Partei-und Staatsfunktionäre der ČSSR haben sich an die Sowjetunion und andere Bündnisstaaten mit der Bitte gewandt, dem tschechoslowakischen Brudervolk dringend Hilfe zu erweisen, einschließlich der Hilfe mit Streitkräften. Diese Bitte ist auf die Gefahr zurückzuführen, die der in der ČSSR bestehenden sozialistischen Ordnung und der auf der Verfassung basierenden Staatlichkeit von seiten der konterrevolutionären Kräfte droht, die mit den dem Sozialismus feindlichen Kräften ein Komplott eingegangen sind. Die Ereignisse in der ČSSR und außerhalb ihrer Grenzen waren wiederholt Gegenstand des Meinungsaustausches von führenden Repräsentanten der sozialistischen Bruderländer, einschließlich der Leiter der ČSSR. Diese Länder sind sich darin einig, daß die Unterstützung, die Festigung und die Verteidigung der sozialistischen Errungenschaften der Völker gemeinsame internationale Pflicht aller sozialistischen Staaten ist. Diese ihre gemeinsame Position wurde auch in der Erklärung von Bratislava feierlich verkündet. Die weitere Verschärfung der Lage in der ČSSR berührt die Lebensinteressen der Sowjetunion und anderer sozialistischer Länder, die Interessen der Sicherheit der Staaten der sozialistischen Gemeinschaft. Die Bedrohung der sozialistischen Ordnung in der Tschechoslowakei ist zugleich eine Bedrohung des europäischen Friedens. Die Sowjetregierung und die Regierungen der Bündnisstaaten: der VR Bulgarien, der Ungarischen VR, der DDR, der Polnischen VR haben, ausgehend von den Prinzipien der unverbrüchlichen Freundschaft und Zusammenarbeit und auf Grund der bestehenden vertraglichen Verpflichtungen beschlossen, der erwähnten Bitte um die erforderliche Hilfe für das tschechoslowakische Brudervolk nachzukommen. Dieser Beschluß entspricht voll und ganz dem Recht der Staaten auf individuelle und kollektive Selbstverteidigung, das in Bündnisverträgen, die zwischen den sozialistischen Brüderländern bestehen, verankert ist. Dieser Beschluß entspricht auch den ureigensten Interessen unserer Länder bei der Verteidigung des europäischen Friedens gegen die Kräfte des Militarismus, der Aggression und der Revanche, die die europäischen Völker wiederholt in Kriege stürzten. Sowjetische Truppeneinheiten sind zusammen mit Truppeneinheiten der genannten Bündnisländer am 21. August in die Tschechoslowakei einmarschiert. Sie werden unverzüglich aus der ČSSR weggeführt, sobald die entstandene Gefahr für die Errungenschaften des Sozialismus in der Tschechoslowakei und die Gefahr für die Sicherheit der Länder der sozialistischen Gemeinschaft behoben ist und die legitime Regierung die weitere Stationierung dieser Truppeneinheiten für nicht mehr erforderlich hält. Diese Maßnahmen sind gegen keinen einzelnen Staat gerichtet und beeinträchtigen in keiner Weise die staatlichen Interessen von irgend jemand. Sie dienen dem Frieden und sind von der Sorge um seine Festigung diktiert. Die Bundesländer stellen fest und entschlossen jeder Gefahr von außen her ihre unverbrüchliche Solidarität entgegen. Es wird nie und niemanden gestattet sein, auch nur ein Glied aus der Gemeinschaft der sozialistischen Staaten herauszubrechen.

Weltgeschehen, Dokumentarische Berichte und Chronik in Vierteljahresbänden. München 1968ff., S. 317f.

Radio Prag, 21. August 1968, 4.30 Uhr:

An das gesamte Volk der ČSSR!

Gestern, am 20. August 1968, etwa 23 Uhr, überschritten Truppen der Sowjetunion, der Polnischen Volksrepublik, der DDR, der Ungarischen Volksrepublik und der Bulgarischen Volksrepublik die Staatsgrenze der ČSSR. Dies geschah ohne Wissen des Präsidenten der Republik, des Präsidiums der Nationalversammlung, des Präsidiums der Regierung und des Ersten Sekretärs des ZK der KPČ und dieser Organe.

In diesen Stunden tagte das Präsidium des ZK der KPČ und befaßte sich mit der Vorbereitung des 14. Parteitages. Das Präsidium des ZK der KPČ ruft alle Bürger unserer Republik auf, Ruhe zu bewahren und den einrükkenden Truppen keinen Widerstand zu leisten, weil die Verteidigung unserer Staatsgrenzen nunmehr unmöglich ist. Deshalb erhielten weder unsere Armee noch die Sicherheitsorgane, noch die Volksmiliz den Befehl zur Verteidigung des Landes.

Das Präsidium des ZK der KPČ erachtet diesen Akt als widersprechend nicht nur den Grundprinzipien der Beziehungen zwischen den sozialistischen Staaten, sondern auch als eine Bestreitung der Grundnormen des internationalen Rechtes. Alle führenden Funktionäre der Partei, alle führenden Funktionäre der Nationalen Front bleiben in ihren Funktionen, in die sie als Vertreter des Volkes und Mitglieder ihrer Organe nach den in der ČSSR gültigen Gesetzen gewählt wurden.

Durch die institutionellen Persönlichkeiten ist augenblicklich eine Sitzung der Nationalversammlung der Regierung der Republik und des Präsidiums des ZK der KPČ zur Erörterung der entstandenen Situation einberufen worden.

Unterzeichnet: Präsidium des ZK der KPČ.

Radio Prag Lagebericht. 4.45 Uhr

Wir werden informieren, solange wir technische Voraussetzungen besitzen.

Man hat unser Land also besetzt, liebe Freunde, und was dazu noch hinzugefügt werden kann, ist nicht viel und verhältnismäßig traurig. Der tschechoslowakische Rundfunk versuchte, den Bericht des Präsidiums des

ZK der KPČ vor 2 Uhr früh auszustrahlen. Alle Sender, über die wir verfügen, wurden allerdings allmählich außer Betrieb gesetzt, und wir wissen bisher nicht, wie viele von ihnen diese Informationen hören werden. Wir wissen auch nicht, ob Sie als Hörer unseres Rundfunks uns in diesem Augenblick hören können.

Wir wollen jedoch Ruhe bewahren und erwarten Hinweise unserer Regierung und des Präsidiums unseres Parlaments, obwohl einige Telefonleitungen mit unserem Gebäude unterbrochen sind und obwohl wir über dem Gebäude des Rundfunks Flugzeuge kreisen hören. Wir sind überzeugt, daß auch Sie sich ebenso verhalten werden, und anstelle von Manifestationen werden Sie nach einer Weile ihrer normalen Beschäftigung nachgehen und auf ihren Arbeitsstellen bemüht sein, das zu tun, was nötig ist. Das ist in diesem Augenblick tatsächlich die einzige Lösung.

Verehrte Freunde, in den Stunden, die die schwerste Prüfung für unser Land und jeden Bürger dieser Republik ist, müssen wir sagen, daß wir, die Mitarbeiter des tschechoslowakischen Rundfunks, die wir hier auf der Vinohradská in Prag versammelt sind, voll und ganz hinter dem Präsidenten der Republik, der legalen Regierung und dem Präsidium des ZK der KPČ mit Alexander Dubček an der Spitze stehen. Das Präsidium der Partei tagt unaufhörlich, und vielleicht hörten Sie bereits die Mitteilung, die es herausgab. Solange wir die technischen Voraussetzungen haben werden, werden wir unsere Pflicht erfüllen und Sie informieren über alles, was sich nach der Besetzung unserer Republik durch die Einheiten des Warschauer Paktes ereignet, und die Entscheidungen der einzigen legalen Regierung und der Führung Dubček-Partei übermitteln, zu denen wir volles Vertrauen haben.

Zitiert nach: Schmid, Pleticha, Zeitgeschichte, a. a. O., S. 495/96.

15. Die großen Weltmächte

Pierre Salinger, Leben im Weißen Haus, 1962

Stellen Sie sich vor, Sie wohnen in einem alten, aber recht gut eingerichteten Haus mitten in einer Großstadt. Es hat drei Stockwerke, aber zwei davon können Sie meistens nicht betreten, weil sie voller Touristen sind, die Ihre Möbel anstarren und Unrat auf den Boden werfen.

Sie haben viele Gäste, gesellschaftliche Verpflichtungen. Mindestens zehnmal im Jahr müssen Sie Partys für rund 2000 Personen geben, dazu ungezählte „kleine" Einladungen, zu denen dann „nur" rund 150 Gäste erscheinen. Ihr Arbeitgeber trägt den größten Teil der Kosten dieser Partys, aber wenn Sie sich nicht blamieren wollen, dann müssen Sie trotzdem noch tief in die eigene Tasche greifen.

Rings um das Haus erstreckt sich ein ausgedehntes Grundstück, umgeben von hohen, undurchdringlichen Zäunen und Mauern. Streng bewachte Zugänge führen zu dem Grundstück; wer es betritt oder verläßt, wird genau kontrolliert. Wenn Sie frische Luft schnappen und sich ein wenig auf Ihrem Grundstück bewegen wollen, dann hängen an den Zäunen buchstäblich Hunderte von Menschen und beobachten jeden Ihrer Schritte. Hinter dem Haus befindet sich ein hübscher Spielplatz für Ihre beiden Kinder, aber jedesmal, wenn sie dort spielen, werden sie von Wildfremden mit Teleobjektiven durch den Zaun hindurch fotografiert, jede ihrer Bewegungen wird festgehalten. Wenn Sie das Haus verlassen und jemanden besuchen wollen, dann werden Sie auf Schritt und Tritt von Fremden begleitet. Einige dieser Männer fahren in Ihrem Wagen mit, ein paar andere folgen Ihnen in einem zweiten, seltsam aussehenden Wagen.

Wenn Ihre Frau oder Ihre Kinder spazierengehen oder sich an der nächsten Ecke ein Eis kaufen wollen, werden auch sie von Fremden begleitet. Viele werden meinen, es läßt sich da ganz gut leben. Sie haben ein eigenes Schwimmbecken und ein eigenes Privatkino, in dem Sie sich jeden Film vorführen lassen können, der jemals produziert wurde – auch solche, die der Öffentlichkeit vorenthalten wurden. Sie verfügen über ein ausgezeichnetes Telefonsystem. Sie brauchen nur den Hörer aufzuheben und können mit der ganzen Welt sprechen. Unglücklicherweise will aber auch die ganze Welt mit Ihnen reden. Es wird Ihnen kaum gelingen, einmal ungestört zu essen oder eine Nacht hindurch ohne Unterbrechung zu schlafen. Der Weg zur Arbeit ist einfach – Sie brauchen sich um den Stoßverkehr keine Sorgen zu machen. Von Ihrer Wohnung zum Büro haben Sie nur fünfzig Schritte zu gehen. Aber wenn Sie sich erst an Ihren Schreibtisch gesetzt haben, dann richten ein paar hundert wachsame Zeitungsleute ihre Augen auf Sie; wenn Ihnen ein Fehler unterläuft, dann posaunen sie ihn sofort in die ganze Welt hinaus.

Wenn Sie verreisen wollen, dann landet ein Hubschrauber auf dem Rasen hinter Ihrem Haus und bringt Sie zum Flugplatz. Auch wenn Sie nur zu einem kurzen Urlaub, zu einem Wochenende aufs Land, wollen, steht Ihnen jedes Transportmittel bis zum Düsenjäger zur Verfügung. Sie müssen aber auch mehrere wichtige Mitarbeiter mitnehmen, dazu mindestens fünfzig Reporter. Und die Telefone verfolgen Sie überallhin. Auch wenn Sie mietfrei wohnen, kann Ihnen vom Hauseigentümer doch alle vier Jahre gekündigt werden; dann müssen Sie sich eine andere Wohnung suchen.

Wenn Sie sich das alles vorstellen können, dann haben Sie eine ungefähre Idee, wie das Leben im Weißen Haus verläuft.

...

Der eigentliche Wohnraum im Weißen Haus ist auch nicht viel größer als in irgendeiner Vorstadtwohnung. Die Privaträume im ersten Stock kann man entweder von der Haupthalle aus oder über einen kleinen Lift erreichen. In der südwestlichen Ecke lagen Mrs. Kennedys Räume. Eine Tür führte nach Norden hin ins Schlafzimmer des Präsidenten, eine andere zu einem gemütlichen, großen Wohnraum, von dem aus man den ganzen Westflügel und das Verwaltungsgebäude daneben überblickte. Er war mit hellen Polstermöbeln ausgestattet. In der Mitte des Raumes stand ein großer Tisch, auf dem Zeitschriften und Kunstbände lagen. Die Wände bedeckten Bücherschränke, von denen einer nur mit Bildbänden gefüllt war. In der Mitte der Nordwand war eine Tür zum Speisesaal des Präsidenten, den man nicht mit dem Speisesaal der Familie im Erdgeschoß verwechseln darf. Dieses Speisezimmer des Präsidenten diente der Familie eigentlich als privates Speisezimmer. Hier wurden auch kleine Essen gegeben. Dahinter lag eine kleine Küche. Speisesaal und Küche waren von den Kennedys eingebaut worden.

...

Die Bemühungen um die Wahrung seines Privatlebens verwickelten uns in einen ständigen Kampf mit Reportern und Fotografen.

Es ging um das Recht der Pressefotografen, Mrs. Kennedy und die Kinder jederzeit fotografieren zu dürfen, um ungestellte Schnappschüsse zu bekommen. Da das Weiße Haus mitten in Washington liegt und von allen Seiten her eingesehen werden kann, ist es kein Problem, durch den Zaun hindurch mit einem Teleobjektiv zu fotografieren. Rings um das Grundstück verliefen öffentliche Straßen – ich hatte keine rechtliche Handhabe, einen Fotografen daran zu hindern, von einem öffentlichen Weg aus durch einen Zaun hindurch zu fotografieren. Das einzige Mittel blieb die Überredung – eine sehr schwache Waffe. Ich weiß nicht mehr, wie oft ich die Kameraleute zu mir bat, um ihnen heimliche Schnappschüsse auszureden. Manchmal gaben sie nach, aber immer unter der Bedingung, daß die Konkurrenz ebenfalls auf derartige Fotos verzichten müßte.

P. Salinger, Mit J. F. Kennedy. Düsseldorf 1967, S. 112/113; 115, 118, 121.

Pierre Salinger, Henry Kissinger, Vorbereitungen für Auslandsreisen der Präsidenten Kennedy und Nixon, 1961/1969

Für eine Auslandsreise eines Präsidenten der Vereinigten Staaten sind umfangreiche Vorbereitungen notwendig. Pierre Salinger und Henry Kissinger berichten.

Pierre Salinger

Die Präsidentenmaschine durfte auf keinem Flughafen landen, wenn nicht vorher der Luftraum im Umkreis vieler Meilen freigemacht worden war. Der Wagen, der am Eingang auf ihn wartete, wurde noch in letzter Minute bis auf die kleinste Schraube untersucht. Die Fahrtroute wurde nicht mehr nur nach dem Gesichtspunkt der Zuschauer, sondern nach Sicherheitspunkten ausgewählt. Bei Banketts wurde die Küche, in der die Speisen vorbereitet wurden, ständig überwacht, und jeder Kellner mußte sich eine vorherige Überprüfung gefallen lassen. Selbst die Tonverstärker unter dem Rednerpult wurden zerlegt, um sicherzugehen, daß nicht eine Bombe darin versteckt lag.

Bei einem Auslandsbesuch des Präsidenten waren die Vorbereitungen und Sicherheitsmaßnahmen natürlich noch viel komplizierter . . .

Wir flogen stets[1] mit der Boeing 707 des Präsidenten, die die Bezeichnung „Air Force One“ trägt. Es war Vorschrift, daß der Pilot, Colonel Ja-

[1]) Bei der Vorbereitung der Reise des Präsidenten.

mes Swindal, den gewaltigen Vogel mindestens einmal auf jedem Flugplatz der gesamten Route probelandete. Seine Mannschaft hatte die vielsprachige Verständigung mit den Kontrolltürmen zu proben. Während die Besatzung das Landen und Starten probte, begaben wir anderen uns in die US-Botschaft, um die auf uns wartenden Stapel von Arbeit in Angriff zu nehmen.

Von außen sah Air Force One wie eine reguläre Boeing 707 aus, in Wirklichkeit handelte es sich jedoch um ein fliegendes Chefbüro und Nachrichtenzentrum. Sie verfügte über die modernsten Nachrichtenmittel, unter anderem auch Radiotelefone, über die der Präsident jederzeit mit dem Weißen Haus, mit den amerikanischen Botschaften oder auch mit dem kommandierenden General in Vietnam sprechen konnte. Wie erstaunlich die Möglichkeiten dieser Nachrichtenzentrale waren, kam mir erst bei unserer ersten Vorbereitungsreise nach Europa zu Bewußtsein, als wir die Reise des Präsidenten nach Frankreich, Rußland und England planten. Die Maschine kreiste noch über dem Flughafen Orly, als mein Telefon klingelte. Ted Sorensen rief mich aus dem Weißen Haus an.

„Pierre, ich hab' da eine Frage. Könnten Sie auf einen Sprung bei mir hereinschauen?"

„Haben Sie denn eine Ahnung, wo ich im Augenblick bin, Ted?"

„Nein", antwortete er. „Ich habe meiner Sekretärin aufgetragen, mich mit Ihnen zu verbinden."

„Na ja, erreicht hat sie mich jedenfalls. Ich sitze in der ‚Air Force One' und schaue auf die Dächer von Paris hinunter."

Die Nachrichtenzentrale der Maschine befand sich unmittelbar hinter der Pilotenkanzel. Dann folgte die Suite des Präsidenten, zu der ein kleines Schlafzimmer und ein Waschraum gehörten. Dahinter lag ein größerer Arbeitsraum mit zwei gewaltigen Konferenztischen, an denen JFK [J. F. Kennedy] seine Stabsbesprechungen abzuhalten pflegte. Hier gab es Fernsehen und eine Hi-Fi-Anlage. Auch in zehntausend Metern Höhe war der Fernsehempfang ausgezeichnet, nur mußten wir oft auf einen anderen Kanal umschalten. Bei einer Geschwindigkeit von über neunhundert Stundenkilometern verläßt man sehr rasch die Reichweite der Sender. Anschließend an den Konferenzraum befand sich das Büro der Mitarbeiter. Im Schwanz der Maschine waren die Unterkünfte des Geheimdienstes und die Küche untergebracht. Ein paar Stewards der Luftwaffe versorgten uns von dort aus mit hervorragenden Menüs.

Auf Transozeanflügen wurden ungewöhnliche Vorkehrungen zum Schutz des Lebens unseres Präsidenten getroffen. Für den Fall einer Notwasserung war entlang der Flugroute alle zweihundertfünfzig Seemeilen ein Schiff der Kriegsmarine stationiert; an den nächstgelegenen Küsten standen Dutzende von startbereiten Maschinen, um notfalls mit in eine Suchaktion eingeschaltet zu werden; die Schiffe des Wetterdienstes teilten Colonel Swindal pausenlos die allerneuesten Wetterberichte mit.

Salinger, a.a.O., S.214–216.

Henry Kissinger

Das Vorauskommando stand auf dem Gipfel seiner Macht und seines Selbstbewußtseins, nachdem ein Wahlkampf, bei dem die Aussicht auf Erfolg auf Messers Schneide gestanden hatte, gewonnen war. Man hatte diesen Leuten eingebleut, sie seien niemanden verpflichtet, außer dem Präsidenten. Da während der Wahlreisen die Gastgeber an jedem Ort, an dem der Präsidentschaftskandidat haltgemacht hatte, zurückgelassen worden waren und nicht mehr beachtet zu werden brauchten, waren die Gefühle dieser fremden Menschen den Wahlhelfern Nixons natürlich vollkommen gleichgültig. Sie waren allein dafür verantwortlich, daß Nixons Reise glatt verlief und er nicht überraschenden Begegnungen ausgesetzt wurde, die er so haßte. Sie hatten auch dafür zu sorgen, daß lange Ruhepausen eingelegt wurden – die in den Presseverlautbarungen als „Stabsbesprechungen" bezeichnet wurden – und die er brauchte, um sich zu konzentrieren und sich auf wichtige persönliche Begegnungen vorzubereiten. Aber vor allem kam es darauf an, alles so zu arrangieren, daß Nixon vor allen anderen in einem möglichst günstigen Licht erschien.

Das führte manchmal zu absurden Situationen. 1972 kam Nixon zu einem Staatsbesuch nach Ottawa. Ein Angehöriger des Vorauskommandos meinte, die braunen Möbel im Büro Pierre Trudeaus würden Nixon im Fernsehen nicht richtig zur Geltung bringen. Deshalb wollte er in das Privatbüro des kanadischen Premierministers mit blauem Stoff bezogene Sofas stellen. In letzter Minute hinderte ihn ein ungläubiger und vor Wut schäumender Mitarbeiter Trudeaus an diesem Vorhaben.

Auf der Europareise hatte es das Vorauskommando zum erstenmal mit der Welt der Diplomatie zu tun und löste seine Aufgabe, als handele es sich um die Vorbereitung einer Wahlrede in Des Moines. Die Gefolgsleute Nixons nahmen keinerlei Rücksichten auf unsere Botschafter, denen sie mißtrauten, weil sie noch von den Demokraten ernannt worden waren. Aber auch um die ausländischen Regierungen, die unsere Gastgeber waren, kümmerten sich diese Leute kaum. Als Ehrlichman eine Gästeliste für ein in der Downing Street zu Ehren Nixons gegebenes Essen einreichte, telegraphierte unser Botschafter in London, David Bruce, der ein zu erfahrener Diplomat war, als daß er sich durch Angehörige der neuen Regierung hätte erschüttern lassen: „Es bedarf wohl keiner näheren Erläuterung, weshalb es absurd ist, dem britischen Premierminister vorzuschreiben, wen er in seinem eigenen Haus zum Essen einladen darf." Andere Männer des Vorauskommandos in Paris, die in der Wohnung unseres dortigen Botschafters das Essen vorbereiteten, das der Präsident für de Gaulle geben wollte, brachten auch dort die Dinge durcheinander. Sie fanden in den Räumen des Botschafters ein paar Fotografien des Präsidenten John Kennedy. Erst nach Rücksprache auf höchster Ebene durfte unser Botschafter, Sargent Shriver – der mit Präsident Kennedys Schwester Eunice verheiratet war – die Aufnahmen von seinem Schwager in seiner Wohnung lassen. Doch abgesehen von diesen gelegentlichen Albernheiten leistete das Vorauskommando gute logistische Arbeit. In sieben Tagen besuchte Nixon sieben verschiedene Städte, und alles klappte hervorragend.

Henry Kissinger, Memoiren 1968–1973. München 1979, S. 85/86.

Martin Luther King, Erklärung vor Gericht, 1958

Pastor Martin Luther King kämpfte jahrelang mit friedlichen Mitteln für die Aufhebung der Rassendiskriminierung in den USA. Er erhielt für diesen Kampf den Friedensnobelpreis. Oft wurde er verhaftet, mehrfach mußte er eine Gefängnisstrafe verbüßen. 1958 erklärte er vor Gericht:

Euer Ehren, Sie haben zweifellos ein Urteil gefällt, das Sie für gerecht und angemessen halten. Doch muß ich wiederholen, daß ich unschuldig bin. Ich versuchte lediglich, an der Verhandlung gegen einen guten Freund teilzunehmen, und lungerte zu keinem Zeitpunkt herum. Ich wurde grundlos ein Opfer polizeilicher Willkür. Ich wurde auf der Treppe des Gerichts gepackt, mit verdrehten Armen auf die Straße geschoben, gewürgt und getreten. Dennoch bewahre ich in meinem Herzen weder Groll noch Bitterkeit gegen die betreffenden Polizisten. Ich empfinde Mitleid mit ihnen als Brüder und Mitmenschen, die nach dem Bild Gottes erschaffen sind. Sie waren nicht voll verantwortlich für ihre Taten. Diese Männer, wie nur allzu viele unserer weißen Brüder, sind Opfer ihrer Umwelt – einer Umwelt, die durch die Unmenschlichkeit der Sklaverei und Segregation von mehr als drei Jahrhunderten blind geworden ist.

Euer Ehren, Sie haben mich für schuldig befunden. Gestern nacht gingen meine Frau und ich unter Gebeten mit uns zu Rate, wie ich mich verhalten sollte, wenn dieser Fall eintreten würde.

Wir kamen zu dem Schluß, daß ich nicht guten Gewissens eine Strafe zahlen könnte für eine Tat, die ich nicht begangen habe, und vor allem nicht für die brutale Behandlung, die ich nicht verdiente. Bei aller schuldigen Hochachtung für Sie und Ihr Gericht muß ich doch diesen Standpunkt beziehen.

Seien Sie versichert, Euer Ehren, daß mein Verhalten weder eine theatralische Geste noch ein Reklametrick ist, denn moralische Überzeugungen stammen nie aus dem selbstsüchtigen Drang nach Publizität. Noch treibt mich der Wunsch, ein Märtyrer zu sein, denn ohne Liebe wird selbst das Märtyrertum zum geistigen Hochmut. Mein Verhalten wird bestimmt durch die zwingende Stimme des Gewissens und den Wunsch, der Wahrheit und dem Willen Gottes zu folgen, wo sie auch hinführen mögen. Da ich die Strafe nicht zahlen will, werde ich die von Ihnen gebotene Alternative bereitwillig und ohne Groll annehmen.

Diese Entscheidung treffe ich auch aus der Sorge über Ungerechtigkeit und Erniedrigung, die mein Volk noch immer erduldet. Die Brutalität, der die Neger in vielen Gebieten des Südens ausgesetzt sind, ist heutzutage zur Schande Amerikas geworden. Vergangenen Monat wurde in Mississippi ein Sheriff, den vier Augenzeugen als den Mann bezeichneten, der einen Neger mit einem Totschläger zu Tode prügelte, in dreiundzwanzig Minuten freigesprochen. In diesem Augenblick und in diesem Staat sitzt unterdessen James Wilson in der Todeszelle, weil er für den Diebstahl von weniger als zwei Dollar zum Tode verurteilt wurde. Hält es irgendwer in diesem Gericht für möglich, daß ein Weißer für den Diebstahl dieser geringen Summe in Alabama zum Tode verurteilt werden könnte? Die Neger können nicht länger schweigend die Brutalität der Polizei und die Gewalttätigkeiten des Mobs erdulden. Wir können es nicht, weil Gott, der uns alle erschaffen hat, uns befiehlt, dem Bösen zu trotzen. Und noch eines, Euer Ehren, drängt es mich zu sagen: Ich glaube zuversichtlich, daß die Neger an der gleichen christlichen Liebe und Gewaltlosigkeit, die sie bei unserem langen Bus-Protest bewiesen, festhalten werden, um so die Verhältnisse zu überwinden. Ich bin sicher, daß es Tausende von rechtdenkenden Weißen im Süden gibt, die in ihrem Herzen die Gewalttätigkeiten des Mobs und die unmenschliche Behandlung der Neger verurteilen. Diese Menschen rufe ich auf, sich mit ihrem ganzen Mut laut zu Gesetz und Ordnung zu bekennen.

Schließlich treffe ich diese Entscheidung aus Liebe zu Amerika und zu den erhabenen Prinzipien der Freiheit und Gleichheit, auf denen es gründet. Ich habe erkannt, daß Amerika in Gefahr ist, seine Seele zu verlieren und dadurch in verhängnisvolle Anarchie und lähmenden Faschismus abzugleiten. Etwas muß geschehen, um das schlummernde Gewissen Amerikas zu wecken, ehe es zu spät ist. Die Zeit ist gekommen, da vielleicht nur bereitwillig ertragenes Leiden und gewaltloser Protest Unschuldiger diese Nation aufrütteln können, Brutalität und Gewalt – diese Geißel des Negers, der nur von Gott und den Menschen in Würde leben will – zu bannen.

Zitiert nach: Coretta Scott King, Mein Leben mit Martin Luther King. Stuttgart 1970, S. 271/272.

Coretta Scott King, Demonstrationen gegen die Rassendiskriminierung in den USA, 1960

Die Frau von Martin Luther King schildert Demonstrationen gegen die Rassendiskriminierung:

Es läßt sich nur schwer beschreiben, wie unausweichlich einen die Segregation [Absonderung] verfolgte, selbst, wenn man instinktiv kränkende Situationen zu vermeiden suchte. Als Martin, lange nachdem er im ganzen Land Anerkennung gefunden hatte, einst nach Atlanta flog, geriet er mit dem Weißen, der neben ihm saß, ins Gespräch, und sie unterhielten sich so gut, daß ihn sein Mitreisender in Atlanta zum Lunch im Flughafen einlud. Martin nahm dankend an, und die beiden Männer betraten zusammen das Restaurant. Sie verlangten einen Tisch für zwei Personen, worauf die Empfangsdame Martin ansah und sagte: „Ich muß Sie an einen Extratisch setzen."

Sie führte Martin zu einem Platz hinter einem Vorhang und sagte: „Es ist alles dasselbe: das Essen, der Tisch und die Stühle sind dieselben."

„Oh, nein", entgegnete mein Mann freundlich aber entschieden. „Es ist nicht dasselbe. Wenn Sie mich segregieren, bringen Sie mich um die Gesellschaft meines Bruders, mit dem ich mich gerne weiter unterhalten möchte."

Er wies auf die dekorierten Wände und sagte: „Wenn ich hinter diesem Vorhang sitze, nehmen Sie mir das ästhetische Vergnügen dieser Gemälde. Es ist keineswegs dasselbe."

Natürlich war Martin nicht bereit, hinter einem Vorhang zu sitzen, und so verließ er das Restaurant.

...

Der Protest begann am 3. April 1963 mit sit-ins in lunch counters. Allein während der ersten drei Tage wurden fünfunddreißig Personen verhaftet. Am Samstag, dem 6. April, bewegte sich ein ordentlicher Marsch sorgfältig ausgewählter Demonstranten auf das Rathaus zu. Drei Häuserblocks von ihrem Ziel wurden sie aufgehalten und fünfundvierzig Personen wegen Demonstrierens ohne Genehmigung verhaftet, höflich zu den Polizeiwagen geführt und ins Gefängnis gefahren. Tausende von Negern jubelten ihnen von den Bürgersteigen zu, während die Festgenommenen Freiheitslieder sangen.

Danach wurden täglich neue und stärkere Demonstrationen abgehalten. Bis dahin hatte sich Bull Connors Polizei sehr gut benommen. Zwischen vier- und fünfhundert Neger waren verhaftet worden, und obwohl einige auf Kaution freigelassen wurden, blieben etwa dreihundert im Gefängnis.

Unterdessen versuchte Martin, die Geschäftsleute und die Vertreter der Stadt dazu zu bewegen, über unsere bescheidenen Forderungen zu verhandeln: die Geschäfte zu integrieren, Neger besser zu bezahlen und auf einer nicht diskriminierenden Basis einzustellen, die Anklage gegen die verhafteten Protestler fallenzulassen und ein schwarz-weißes Komitee zu schaffen, das einen Zeitplan für die weitere Integration in Birmingham ausarbeiten sollte. Die Geschäftsleute waren zu diesem Zeitpunkt bereit, darüber zu verhandeln, nicht jedoch die städtische Verwaltung.

Am Mittwoch erreichte die Stadtverwaltung eine gerichtliche Verfügung gegen die Demonstranten, allerdings von einem Gericht.

Coretta Scott King, a. a. O., S. 154, 177/178.

Luigi Morandi, Wirtschaftsbetriebe in der UdSSR, um 1960

Luigi Morandi besuchte in der UdSSR mehrere Kolchosen und Fabriken. Er berichtet:

Der Grundlohn, für Männer und Frauen gleich, wird zum Teil in Geld (8,50 Rubel) und der Rest in Naturalien (2 Pfund Getreide, 2 Pfund Kartoffeln) für jeden Arbeitstag bezahlt. Wohnung, wenn sie nicht dem Bauern selbst gehört, Holz, ärztliche Hilfe und Unterricht sind frei. Steigt der Ernteertrag, werden auch die Löhne höher. Der „Arbeitstag" ist ein Zeitmaß; im Sommer kann der Kolchosenbauer in einem Tag einen Lohn verdienen, welcher dem von zwei oder zweieinhalb Arbeitstagen entspricht. Jede Familie bebaut nach Belieben und zu ihrer privaten Verfügung eine Fläche, die zwischen 0,4 und 0,8 ha schwankt; was nach dem Eigenverbrauch aus dieser Produktion übrigbleibt, kann sie verkaufen. Die meisten Familien wohnen in eigenen Häusern, die sie sich in der Nähe des Kolchosenzentrums nach Plänen bauen, die von der Gemeinde bestimmt werden. Der Reisende aus Ländern des Westens kann schon auf dem Flug nach

Moskau diese Kolchoswohnhäuser sehen, die ziemlich weit auseinander liegen und offensichtlich planmäßig angeordnet sind. Die Kolchosen ersetzen unsere alten Dörfer, wo die Häuser sich eng um Kirche und Gemeindehaus scharen. Der Präsident erhält als Gehalt das Vierfache des Grundlohns. Für Techniker, Spezialisten und Leiter von Arbeitsgruppen werden etwas niedrigere Gehälter bezahlt.

Die Produktion der Kolchose wird teilweise zu festen Preisen an den Staat und teilweise auf dem freien Markt verkauft. Diese Angelegenheit habe ich, was Mengen und Preise betrifft, nicht ganz klären können; ich hatte das vielleicht irrige Gefühl, daß meine Gesprächspartner sich über dieses Thema lieber nicht äußerten. Natürlich hätte ich darüber genügend Daten und Informationen finden können, wollte aber, wie der Hl. Thomas, nur meinen eigenen Augen trauen. Tatsache ist, daß in Kiew die üblichen grünen Äpfel zu zweieinhalb Rubel das Kilo in den staatlichen Läden verkauft wurden und man dafür Schlange stehen mußte, während, immer in Kiew, auf dem großen Kolchosenmarkt die Preise unterschiedlich, aber höher waren, bis zu zwanzig Rubel. Zehn Tage später kauften wir in Sotschi, an einem Kiosk, ein Kilo Äpfel der selben Qualität für zwanzig Rubel. Ich bitte, mich zu entschuldigen, wenn ich immer von „grünen Äpfelchen" spreche, wir haben hierin eine große Erfahrung gesammelt, da wir ständig auf Jagd nach etwas frischem Obst waren. Wir kamen zu folgendem Schluß: erstens, daß es einen freien Verkauf, wenigstens für Obst, gibt; zweitens, daß die hohen Preisunterschiede vom Mangel an Ware gegenüber der Nachfrage bestimmt sind, und drittens, daß sich, zumindest für die Äpfel, immer genügend Käufer finden.

. . .

Das Vergaserwerk wurde 1929 gegründet, und im Jahre 1959 hatte es 4000 Angestellte, von denen 60 Prozent Frauen waren: ein großes Werk. Mauern, Böden, Treppen und Einrichtungen des Büros sahen arg verwahrlost aus. Es fehlt die Instandhaltung. Allerdings muß gesagt werden, daß die Räume sehr in Anspruch genommen werden. Überall stehen Maschinen und Apparate, und es gibt nur enge Gänge zwischen den Maschinen. Die intensive Schichtarbeit macht es praktisch unmöglich, die Wände zu weißen, von einer Instandsetzung der Böden und Decken ganz zu schweigen. Als alter Fabrikdirektor bin ich immer dagegen, die Ordnung und Sauberkeit derart zu vernachlässigen, denn ich bin überzeugt, daß dies grundlegende positive Faktoren für eine gute Leistungsfähigkeit sind. In der Sowjetunion ist aber jedes Werk nach staatlichen Produktionsplänen genau eingeteilt, und die Direktoren fühlen sich verpflichtet, die strengen Bestimmungen noch zu verschärfen. Trotzdem scheint die geringe Pflege, auch der Maschinen, den sehr intensiven Arbeitsrhythmus nicht zu beeinflussen. In den verschiedenen Abteilungen konnte ich auf den ersten Blick die Aufmerksamkeit, den Eifer und den guten Willen aller Angestellten sehen, vom Chef bis zu den Hilfsarbeitern. Eine magere Frau mittleren Alters war an einer Maschine für Feinverarbeitungen in acht Arbeitsgängen beschäftigt. (Abschaben der Gußschlacken, Bohrung, Durchlöchern usw.) Ihre Finger lenkten die Maschine mit bewundernswerter Geschwindigkeit. Zwei andere Frauen überwachten die Schmelze und das Eingießen der Zinklegierung (des wichtigsten Metalles der Vergaser) in Formen mit einer Aufmerksamkeit, die sie vielleicht nicht der Vorbereitung ihres Borschts zu Hause schenken.

Mehrere Maschinen schafften in einem Arbeitsgang eine Leistung, die sonst – auch bei uns – drei oder vier Arbeitsgänge erfordert. Die Produkte werden oft von verschiedenen Seiten überprüft, so daß es nur ein Minimum an Abfallprodukten gibt. Ich konnte dies deutlich in der Montageabteilung beobachten, wo eine Gruppe junger Leute, die um die Ehre kämpfte, sich „Sozialistische Arbeitsbrigade“ nennen zu können, besonders eifrig arbeitete und darum sehr anspruchsvoll in bezug auf die Qualität der zu montierenden Stücke war.

Die „Sozialistischen Arbeitsbrigaden“ sind eine neuere Einrichtung (1958) und wurden gegründet, um eine bessere Durchführung des Siebenjahresplanes von 1959 zu ermöglichen. Die Brigaden setzen sich aus jungen Menschen zusammen, die sich „freiwillig“ verpflichten, für eine bestimmte Zeit eine Gemeinschaftsarbeit auszuführen. Studenten können sich dafür ein Semester lang von der Universität beurlauben lassen. Anscheinend hat dieser patriotische Wetteifer bald viele Anhänger gewonnen. Ziel des Wettkampfes ist, den Titel „Sozialistische Arbeitsbrigade“ zu erringen, und das praktische Ergebnis, diesen Jungen in gedrängter Zeit Arbeitserfahrung zu vermitteln. Auch in ihrer Freizeit und in den Studienstunden bleiben sie zusammen, um sich besser kennenzulernen und aufeinander einspielen zu können; es besteht zwar kein Zwang, aber dieses Zusammensein wird sehr angeraten und meistens auch durchgeführt.

Luigi Morandi, Rußland heute. Übersetzung: G. Gräfin v. Ysenburg. München 1962, S. 88–90, 224–226.

Einkaufsgewohnheiten in Moskau, um 1960/1965

Im „Gum"

Bekanntlich ist das „Gum" ein Super-Kaufhaus, das man schwerlich mit der „Rinascente" in Mailand, dem „Printemps" in Paris oder anderen vergleichen kann. Der Kern dieses riesigen Gebäudes wurde zu Ende des vorigen Jahrhunderts gebaut und zwar dort, wo auf dem Roten Platz bis dahin die alten Holzläden gestanden hatten. Im „Gum" bekommt man einfach alles: Kleidung, Nahrungsmittel, Schmuck, Möbel, Bildungs- und Unterhaltungsmaterial sowie tausenderlei andere Dinge. Der Besuch des „Gum" sollte nie in der Lebensmittelabteilung beginnen, sondern eher dort enden. Ich rate, durch einen der Nebeneingänge hineinzugehen, sich, um nicht von der Menge mitgerissen zu werden, in einer ruhigen Ecke zu postieren, dann nach oben zu schauen und die Leute zu beobachten, die auf den Galerien vorbeiziehen und stehenbleiben, um einzukaufen. Die Galerien liegen auf einer Reihe großer Bögen, die als Brücken von einer Abteilung zur anderen führen. Aufzüge gibt es nicht. Das Ganze ist ein riesiger, dreistökkiger Markt, auf den durch die Scheiben des Glasdaches sogar die Sonne scheint. Ich kann keine genaue Beschreibung von der Architektur des „Gum" geben, muß aber zu meiner Entschuldigung sagen, daß ich nirgends einen Plan gesehen habe, auf dem ich sie hätte studieren können. Man sollte sich eine Abbildung verschaffen, aber auch diese kann nur eine kleine Hilfe sein, so verwickelt ist die Anlage der sich kreuzenden Flächen und Räume, und so verschieden sind die einzelnen Abteilungen dieses ungeheuren Kaufhauses. Von morgens bis abends gehen hier Tausende und Abertausende von Menschen ein und aus. (Man sagt, der Tagesdurchschnitt liege bei 130000.) Das „Gum" gibt einen guten Einblick in die Verschiedenartigkeit der sowjetischen Bevölkerung. Diese anonyme Menge besteht nicht nur aus Moskauern, sondern aus Bürgern aller fünfzehn Republiken; man sieht hier Leute mit mongolischen Gesichtszügen, mit weißer, gelber, brauner Haut. Alle scheinen es gleich eilig zu haben, und keiner dreht sich nach einem Besucher anderer Farbe oder Kleidung um.

Im „Gum" wie auch anderswo, haben wir nie ein vergnügliches Shopping gesehen; ich verstehe darunter den neugierig bewundernden Bummel zwischen den ausgestellten Sachen ohne Kaufabsicht. Hier scheinen alle dasselbe Ziel zu haben: Bestimmte Gegenstände zu kaufen und dabei so rasch wie möglich den Preis zu erfahren. Ich stellte mich in einem ruhigen Winkel auf, neben einem Verkaufsstand für Kopfbedeckungen. Vom leichten Strohhut für den Aufenthalt am Schwarzen Meer über die Pelzmütze, den weich-geformten Hut bis zu den wunderschönen Käppchen aus Uzbekistan oder Khasakstan, war alles vorhanden.

Morandi, a.a.O., S. 10/11.

In „normalen" Geschäften

Eine dicke, fröhliche Frau kommt in einem Lebensmittelgeschäft, das wie eine Bahnhofkantine aussieht, endlich an die Reihe. Die Schlange wartet vor dem Wurstwarenstand und hat die übliche Länge für diese Zeit am Nachmittag: 18 Leute vor mir, 19 Minuten Wartezeit. Die Frau verlangt vier Kilo billige Wurst. „Warum so viel?" will der ungeduldige junge Mann im weißen Hemd hinter ihr wissen. „Vorrat für den nächsten Krieg?" Die Frau überhört die Ironie und erklärt sachlich, daß ihre Stadt niemals Wurst zugeteilt bekomme. Sie lebt etwa 80 Kilometer nördlich von Moskau und fährt einmal wöchentlich in die Hauptstadt, um einzukaufen.

Da selbst die einfachsten Güter des täglichen Bedarfs oft fehlen und von schlechtester Qualität sind, wird das Einkaufen zu einer gehetzten Pflicht. (Das Verbum „kaufen" ist buchstäblich aus der Umgangssprache verschwunden und durch Wörter wie „bekommen", „erwischen", „finden" ersetzt worden, was den Erwerbsprozeß viel treffender umschreibt.) Vor einem Laden an der Petrowkastraße, der für fünf Rubel (den Lohn eines Fabrikarbeiters von zwei Tagen) englische Nylonstrümpfe verkauft, steht eine lange Schlange in der eisigen Kälte. Eine Menge wie nach einem Fußballmatch stößt, schiebt, kämpft sich vorwärts auf der Suche nach Bleistiften, Schlüpfern, Konserven, nach irgend etwas noch Vorrätigem, durch die Türen des TSUM-Warenhauses auf der anderen Straßenseite, der etwas minderwertigen Schwester des GUM. Vor den angebotenen tschechoslowakischen Stiefeln wird die Schlange den ganzen Tag nicht abbrechen, und die Frauen, die sich endlich ein Paar ergattern, werden entzückt sein über den Kauf.

Es ist, wie wenn der Zweite Weltkrieg erst vor einem Jahr zu Ende gegangen wäre. Ich bat einmal die Sekretärin eines Büros, auf dem ich etwas zu besorgen hatte, um eine Büroklammer. Widerstrebend holte sie eine hervor und seufzte: „Die ist Gold wert!" Und Papier ist im Land der unerschöpflichen Holzvorräte für die Verleger noch immer rationiert.

Aber das Angebot stagniert nicht vollständig. Im Gegenteil, Qualität und Auswahl der Waren und der Kleider der Käufer steigen langsam, aber sicher. In den schäbigen Parfümerien tauchen Creme gegen Runzeln und Shampoo gegen fettiges Haar auf, primitiv verpackt, aber sie geben den gierigen Käuferinnen einen Hauch von Luxus und weiblichem Abenteuer. Die Schaufenster des größten Warenhauses, des GUM, und einiger weniger vornehmer Geschäfte sind reichhaltig und manchmal recht hübsch dekoriert (auch wenn die Waren oft nur Dekorationszwecken dienen und unverkäuflich sind). Sie strahlen etwas von Großstadt-Atmosphäre in den sonst so ärmlichen Straßen aus. Stoffe können oft ohne Wartezeit gekauft werden.

Botschaft aus Moskau (Autor ungenannt). Übersetzung: Eva Bonomo. Düsseldorf 1970, S. 148/149.

„Vernunftehen" in der UdSSR aus Wohnungsgründen, um 1965

Die Ehe – zumindest die offizielle Eheschließung – scheint für viele Leute ein ebenso unbedeutender Schritt zu sein. Zahlreiche Paare melden sich gar nicht erst beim Standesamt, sondern ziehen zusammen, sobald sie ein Zimmer gefunden haben. Die Jungen tun dies aus den gleichen Gründen wie alle Jungen auf der Welt. (Sie tun es sogar noch viel leichter, weil das Ganze mit viel weniger Umständen und Zimperlichkeit, mit weniger Erklärungen sich selbst und den anderen gegenüber vor sich geht als im Westen.) Bei den älteren Leuten ist die Ursache im Krieg zu suchen: der Frauenüberschuß bei den Vierzig- bis Fünfzigjährigen ist bedeutend, was bei der Debatte um das neue, vor kurzem in Kraft getretene Ehe- und Familiengesetz von zahlreichen Soziologen, Psychologen und Juristen auch in Rechnung gezogen wurde. Vielen Frauen dieses Alters ist es versagt, eine dauernde Verbindung einzugehen; daher ziehen sie oft ein uneheliches Kind gar keinem Kind vor. (Das neue Gesetz räumt mit allen rechtlichen Benachteiligungen der unehelichen Kinder auf und ist ein bewundernswert liberales Beispiel von Sozialgesetzgebung für Erwachsene.) Andererseits führen die sowjetischen Lebensumstände zu höchst seltsamen Heirat-„Geschäften". Häufig werden rein formelle Ehen geschlossen, weil der Mann Gelegenheit hat, im diplomatischen Dienst oder mit einer der zahlreichen technischen und Wirtschaftsmissionen ins Ausland geschickt zu werden. Die Behörden haben auf ihren Auslandsposten nur höchst ungern Junggesellen – die sowjetische Ehre könnte unter den Versuchungen leiden –, so gibt es junge Männer, die das erstbeste Mädchen heiraten, wenn sich irgendwo eine Auslandsstelle abzeichnet. (Aus den gleichen Gründen sollen Aeroflot-Hostessen nie auf den internationalen Linien eingesetzt werden.)

Viele Ehen werden nur deshalb eingegangen, weil einer der Partner in jener Stadt das Wohnrecht hat, in der der andere leben möchte. Moskau,

Leningrad, verschiedene Republik-Hauptstädte und Ferienorte am Schwarzen Meer sind „geschlossene“ Städte, das heißt, man kann nur dorthin ziehen, wenn man eine Stelle mit Wohnung hat oder – bedeutend einfacher – einen Mann oder eine Frau mit der Wohnung heiratet. Das ist auch der Grund, warum viele Studenten, die aus der Provinz stammen, im letzten Studienjahr Vernunftehen eingehen. „Ich heirate eine alte Schachtel“, sagte einer meiner Kommilitonen. „Aber das ist mir egal, solange sie die Wohnung in Moskau hat. Ich werde alles daransetzen, um in der Stadt bleiben zu können.“ Das ist eine weitverbreitete Einstellung. Die „Wohnung-Heirat“ ist so populär, daß der Partner, der das ersehnte Polizeidokument besitzt, häufig dafür bezahlt wird. Ähnlich sind die politischen Ehen, durch die versucht wird, aus unangenehmen „geschlossenen“ Ländern herauszukommen.

Botschaft aus Moskau, a. a. O., S. 124–126.

Wladimir Bukowski, Als „Dissident“ im Arbeitslager, um 1975

Bukowski schildert das Leben in einem Arbeitslager, in dem Kriminelle und „Dissidenten“, also Frauen und Männer, die mit dem Sowjetsystem nicht einverstanden sind und offen opponieren, in Haft gehalten werden.

Die Willkür im Lager war grenzenlos. Arbeitsfreie Tage gab es nicht – nur wenn wir Glück hatten, durften wir uns einmal im Monat einen Tag lang ausruhen. Fast jeden Samstag wurde den abmarschbereiten Häftlingen ein Befehl verlesen, demzufolge der Sonntag wegen Nichterfüllung des Plans zum Arbeitstag erklärt war. Betriebssicherheit existierte nur auf dem Papier, so daß abgesehen von den Selbstverstümmlern auch viele andere keine Hände mehr hatten. Allein an meiner Maschine waren innerhalb weniger Monate drei Leute zu Krüppeln geworden; keiner wollte mehr an ihr arbeiten.

Ich wurde an diese Maschine strafversetzt, weil ich als „Gebildeter“ in Kürze allen beigebracht hatte, Beschwerden zu schreiben. Zuerst hatte keiner an einen Erfolg dieser Methode geglaubt: „Da wäscht doch eine Hand die andere“. Doch dann hatte ich eine für alle sehr wichtige Sache, nämlich das Recht, Besuch zu empfangen, durchgesetzt. Nach dem Gesetz standen uns jährlich zwei lange Besuche (bis zu drei Tagen) zu, doch die Leitung sah darin kein Recht, sondern eine Vergünstigung und gewährte sie nur den „Gebesserten“. Die übrigen beschied man abschlägig, da sie sich schlecht geführt hätten. Ich sammelte ein paar Dutzend solcher Fakten und begann, an alle möglichen Stellen Beschwerden zu richten, zunächst ohne Erfolg. Als es mir aber gelang, zweihundert Unterschriften für eine solche Beschwerde zu sammeln, klappte es plötzlich: Es kam ein Oberst von der Hauptverwaltung und befahl, Besuchserlaubnis zu erteilen, aber nur diejenigen erhielten sie, die sich beschwert hatten. Sofort bildete sich bei mir eine Schlange, und ich kam gar nicht mehr nach mit dem Schreiben; ich gab daher einen Musterbrief zum Abschreiben raus.

Ein andermal hatten die Aufseher auf der Wache einen jungen Burschen in Anwesenheit eines betrunkenen Offiziers verprügelt. Zum Glück waren Zeugen dabei gewesen, und dem Geprügelten war es überdies gelungen, den Befehl, aufgrund dessen man ihn in den Arrest schleppte, mit einigen Blutflecken zu verzieren. Die Sache zog sich zwei Monate hin, aber am Ende wurde der Offizier doch bestraft. Er bekam einen Verweis. Einen anderen, der sich heimlich die Haare wachsen ließ, weil er den Besuch von seiner Frau erwartete, schoren sie vor versammelter Häftlingsmannschaft zur Strafe einen Streifen aus der Mitte der Haare heraus. Ich riet ihm, die restlichen Haare stehenzulassen und einen Monat so herumzulaufen. Und richtig, drei Wochen darauf kam aufgrund seiner Beschwerde irgendein hoher Funktionär aus der Verwaltung und bestrafte, nachdem er sich von der Berechtigung der Klage durch Augenschein hatte überzeugen können, die Schuldigen. Eine ganze Anzahl erstaunlicher Dinge kamen auf diese Weise durch meine Hilfe ins Rollen, bis die Leitung endlich merkte, woher der Wind wehte. Die Maschine, an die man mich strafversetzte, stand in einer kalten, ungeheizten Halle. Im Winter war es schon furchtbar, sich ihr auch nur zu nähern, so eine Kälte strahlte sie aus, wenn man sie dann mit den Händen berührte, froren sie sofort an ihr fest und ließen sich nur wieder losreißen, wenn man dabei seine Haut opferte. Die offenen, völlig ungeschützten Messer drehten sich bei der Arbeit mit mörderischer Geschwindigkeit direkt neben den Händen, und wenn man an ein gesplittertes Brett oder ein Astloch geriet, konnte die rechte Hand blitzschnell in die Messer rutschen. Darüber hinaus war die Norm künstlich so hochgeschraubt, daß man sie bei aller Anstrengung nicht erfüllen konnte.

Die Rechnung der Leitung war einfach: Weigerte ich mich, dann würde sie mich wegen Arbeitsverweigerung in die Arrestzelle sperren; arbeitete ich aber, dann konnte sie daselbe wegen Nichterfüllung der Norm tun. Als ich einen Monat gearbeitet und gemerkt hatte, daß alle Bemühungen umsonst waren, trat ich in den Hungerstreik. Die Leitung beschloß, das zu ignorieren, und so hungerte ich insgesamt sechsundzwanzig Tag lang. Jeden Tag sollte ich zur Arbeit gehen, und jeden Tag weigerte ich mich natürlich. Am siebzehnten Tag kam ich wegen Arbeitsverweigerung in den Arrest.

Es war November und furchtbar kalt. Im Arrest war fast nicht geheizt, und die Zellenwand war mit Eis überzogen. Wir waren zu elft und hockten alle auf einem Haufen, um uns gegenseitig warmzuhalten. Nur nachts konnten wir uns etwas aufwärmen; wir bekamen dann Holzbretter und wattierte Jacken. Wir legten uns alle seitlich auf das Brett und drehten uns auf Kommando um. Es war noch ein Glück, daß wir etwas zu rauchen hatten. In dieser Hinsicht ist auf Kriminelle immer Verlaß. Sitzt einer im Arrest, so ist es für seinen besten Freund draußen Ehrensache, ihn mit Tabakwaren, manchmal auch mit Essen zu versorgen, sei es auch noch so schwierig und riskant.

Das muß man ihnen lassen, es sind waghalsige Kerle. In unserem Fall stand der Karzerbau in der Sperrzone, war von Stacheldraht umgeben und mit einer Alarmanlage ausgerüstet, und dennoch robbte jeden Abend vor dem Appell einer unbemerkt aus der Wohnzone heraus, zerriß den Stacheldraht, schob sich unters Fenster und steckte etwas durch den Schlitz des Gitters. Wenn er erwischt wurde, kam er gleich mit hinein, und der nächste mußte das schwere Amt übernehmen. Als ich aus dem Arrest kam, unternahm ich selbst solche abendlichen Ausflüge, und ich muß sagen, das ist eine äußerst gefährliche Angelegenheit. Der Wachtposten auf dem Turm konnte denken, man wolle aus dem Lager fliehen, und das Feuer eröffnen. Die Sperrzone war von Scheinwerfern hell erleuchtet, ringsherum lauter Alarmleitungen, so fein wie Spinnweben und oft genug blieb man mit den Kleidern am Stacheldraht hängen. Es schien kaum möglich, bei all diesen Sicherheitsvorrichtungen gänzlich unbemerkt zu bleiben.

Manchmal gelang es allerdings auch, den Posten oder den Kalfaktor zu bestechen, dann war es leichter. Ohne Tabakwaren wäre es jedenfalls im Arrest nicht auszuhalten gewesen, vor allem für mich, der ich so lange schon hungerte. Mein Organismus erwies sich ärgerlicherweise als äußerst widerstandsfähig; ich verlor während der ganzen Zeit kein einziges Mal das Bewußtsein, so daß man hätte den Arzt rufen müssen.

Am sechsundzwanzigsten Tag war meine Zeit im Arrest abgelaufen. Als ich ins Freie trat, wurde mir von der frischen Luft schwindlig, ich verlor das Bewußtsein und glitt, gegen die Wand gelehnt, langsam zu Boden.

Lange stritten sie sich in der Leitung darüber, was mit mir geschehen sollte. Der Arzt weigerte sich strikt, mich in der Krankenstation aufzunehmen – ich sei ja nicht krank, sondern nur im Hungerstreik und somit ein Selbstverstümmler. Der diensthabende Offizier aber wollte mich nicht mit ins Lager nehmen. Was, wenn ich plötzlich sterbe? So standen sie über mich gebeugt und stritten. Ich war schon wieder bei Bewußtsein und hätte ohne weiteres aufstehen können, aber ich wollte nicht. Ich lag auf der Schwelle und dachte: „Sollen sie ruhig streiten, schlimmer kann es für mich nicht werden." Was sollte ich denn noch tun, wie lange noch hungern, damit ich nicht mehr an die Schreckensmaschine mußte. Schließlich siegte der Offizier, und ich kam auf die Krankenstation.

Dieser Offizier war mir überhaupt irgendwie gewogen; es beeindruckte ihn wohl, daß ich es wagte, mich offen gegen das Regime zu stellen. Abends, wenn er Dienst hatte, suchte er mich gewöhnlich auf und redete leicht beschwipst auf mich ein: „Hör mal Bukowski, was legst du dich mit denen an? Da hast du dir die Richtigen ausgesucht! Sie werden dich einfach umbringen. Wie kann man sich nur gegen die Obrigkeit stellen! Sie erschießen dich aus dem Hinterhalt und basta. Das sind doch Banditen."

Dann berichtete er mir ausführlich von seinen Erlebnissen an der Front, und was er dort für Ungeheuerlichkeiten gesehen hatte. Er erzählte das alles ohne jeden Hintergedanken und keineswegs, um mich einzuschüchtern oder „umzuerziehen", sondern nur so, aus Gutmütigkeit; vielleicht auch, weil er sich über mich wunderte. Ich war der erste politische Häftling in seiner Laufbahn.

Wladimir Bukowski, Wind vor dem Eisgang. Frankfurt a. M. 1978, S. 256–258.

Andrey Sacharow, Privilegien in der sowjetischen Gesellschaft, 1974

In einem Interview äußert sich einer der bekanntesten „Dissidenten", Andrey Sacharow, über die Gesellschaftsordnung in der UdSSR. Sacharow war vor seiner Gegnerschaft zum Sowjetsystem ein führender Atomphysiker, der große Anerkennung in der UdSSR gefunden hatte.

Frage: Worin sehen Sie konkret die größten Mängel in der heutigen sowjetischen Gesellschaft?

A. Sacharow: Sicherlich in der Unfreiheit. In der Unfreiheit, in der Bürokratisierung der öffentlichen Verwaltung, darin, daß dieses Regierungssystem äußerst unvernünftig und schrecklich egoistisch ist. Es ist eine egoistische Klassenverwaltung, die im wesentlichen nur ein Ziel verfolgt: die bestehende Ordnung aufrechtzuerhalten und ungeachtet der mißlichen Verhältnisse den Schein des Wohlstands nach außen hin zu wahren.

Vom sozialen Standpunkt aus gesehen ist das eine schwer angeschlagene Gesellschaft. Ich habe darüber schon geschrieben – und jedem aufmerksamen Beobachter ist dies natürlich bekannt –, daß im sozialen Bereich bei uns alles auf äußeren Schein ausgerichtet ist. Das trifft auf das Bildungswesen ebenso zu wie auf die Krankenversorgung.

Die Leute im Westen sagen oft: „Ja, es gibt bei euch viele Mängel, dafür habt ihr die kostenlose medizinische Betreuung." Sie ist aber bei uns nicht im höherem Maße kostenfrei als in der Mehrzahl der westlichen Länder, und oft sind wir trotz unserer kostenlosen medizinischen Betreuung sogar schlimmer dran – sie ist normalerweise auf sehr niedrigem Niveau, und daher kommt sie in gewissem Sinn teurer zu stehen. In einem miserablen Zustand befindet sich das Bildungswesen. Die Lehrer führen ein elendes Dasein.

Frage: Halten Sie die heutige sowjetische Gesellschaft für eine Klassengesellschaft?

A. Sacharow: Das ist eine Frage der theoretischen Einschätzung. Jedenfalls kann man sagen, daß es eine Gesellschaft mit großer Rechtsungleichheit ist. Sie hat ihre gewissen Eigenheiten, doch ob man sie eine Klassengesellschaft nennen kann – das ist gar nicht so leicht. Das ist eine Frage der Definition. Unlängst stritten wir darüber, welche Gesellschaft als faschistisch zu bezeichnen ist. Auch das ist eine Frage der Definition, eine Frage der Terminologie.

Frage: Nun, aber die Rechtsungleichheit? Worin zeigt sie sich?

A. Sacharow: Die Rechtsungleichheit hat bei uns sehr großen Umfang angenommen. Sie besteht zwischen Stadt- und Landbevölkerung. Der Kolchosbauer hat keinen Reisepaß, das bedeutet, daß er praktisch an seinen Wohnort gebunden ist, an seinen Kolchos. Nur wenn man ihm die Erlaubnis erteilt (was, der Wahrheit zuliebe sei es gesagt, freilich meistens geschieht), kann er sich vom Kolchos entfernen.

Auch in den verschiedenen Teilen des Landes besteht Rechtsungleichheit. Moskau und die Großstädte sind privilegiert, was die Versorgung mit Waren, den Lebensstandard und das Kulturleben betrifft. Dabei bekräftigt das Paßwesen diese Teilung, diese territoriale Ungleichheit.

Frage: Ganz am Anfang sagten Sie, daß auch Sie ein Privilegierter sind. Worin drückt sich das aus?

A. Sacharow: Ich war privilegiert. Ich bin es natürlich auch jetzt noch – in meiner Untätigkeit. Früher war ich sogar überprivilegiert, weil ich in den obersten Spitzenrängen der Kriegsindustrie arbeitete. Nach sowjetischen Maßstäben gemessen, bezog ich ein kolossales Einkommen, Prämien usw.

Frage: Welche Privilegien haben die Parteifunktionäre in der Sowjetunion?

A. Sacharow: Ihre Privilegien drücken sich gewöhnlich nicht in Geld aus.

Da gibt es ein ganzes Netz von Sanatorien, große Privilegien in der medizinischen Betreuung. Bedeutende Privilegien ergeben sich aufgrund von Beziehungen und persönlichen Verbindungen. Es gibt Privilegien, die mit dem Arbeitsplatz, mit der Karriere zusammenhängen. Wichtige Führungsposten (ein Fabrikdirektor etwa oder ein erster Ingenieur) werden zum Beispiel nur mit Parteimitgliedern besetzt. Ausnahmen sind sehr selten. Nur ein Parteimitglied kann Leiter einer Werksabteilung sein.

Auf diese Weise hängt die Karriere von der Parteizugehörigkeit ab, von der Position in der Parteihierarchie. Es gibt darüber hinaus eine Tradition in der Personalpolitik, die im Begriff „Nomenklatur" zum Ausdruck kommt. Wenn ein Werktätiger mit entsprechenden Referenzen auf irgendeinem Posten keinen Erfolg hat, so wird ihm eine andere Stellung mit ähnlichen materiellen Vorteilen zugewiesen.

In diesem System hängt die Beförderung des einzelnen und sein Vorrükken auf den Arbeitsplatz eng mit gewissen gegenseitigen Beziehungen zusammen. Jeder wichtige Funktionär hat eine Reihe ihm persönlich verbundener Leute um sich geschart, die gemeinsam mit ihm von Posten zu Posten aufsteigen. Dagegen kann man einfach nicht ankommen – es ist ein Gesetz des Systems.

So entsteht eine Art Gruppierung, die isoliert und mehr oder weniger stark abgegrenzt ist und die eine besondere Beziehung zum Verwaltungsapparat hat. Sie ist gekennzeichnet durch ihre Parteizugehörigkeit, doch auch innerhalb der Partei hebt sie sich von den anderen ab. Es ist etwas Ähnliches wie die „Partei" bei Orwell. So etwas gibt es offensichtlich auch bei uns.

Diese Menschen der „inneren Partei" haben große materielle Vorteile. Es existiert ein System zusätzlicher Vergütungen in Form von Briefumschlägen. Es taucht auf und verschwindet wieder. Wie es sich damit im Augenblick verhält, weiß ich nicht, aber anscheinend ist es verschiedenenorts wieder aufgetreten.

Für einen bevorzugten Personenkreis existiert ein heimliches Versorgungssystem mit höherer Qualität der Produkte, größerer Auswahl und billigeren Preisen. Mit anderen Worten, für denselben Rubel erhält man in diesen Kaufhäusern einen höheren Gegenwert, was wiederum heißt, daß das Einkommen der Privilegierten über deren wahre finanzielle Situation nichts aussagt.

Andrey Sacharow, Stellungnahme. Wien 1974, S. 45–48.

Stein, Die ersten Roten Garden in Peking, 1965

Stein, ein westlicher Diplomat, beschreibt die Tätigkeit der Roten Garden während der „Kulturrevolution".

Am Morgen des 14. August traf ich in der Stadt die ersten Roten Garden. Sie kamen, sechs oder sieben Leute, aus einer Schule heraus; nichts unterschied sie von anderen jungen Chinesen, außer, daß sie am linken Arm eine rote Binde trugen. Die drei Großbuchstaben auf der Binde bedeuteten *Hong wei bin*, d.h. wörtlich „Rote Garde". Diese jungen Leute brachte ich mit den Aktivistengruppen gewisser Institute in Verbindung, von denen ich gehört hatte; innerlich freute ich mich, daß ich endlich einen dieser „Stoßtrupps" gesehen hatte, einige dieser Anführer der Revolution, die noch mehr an ihr beteiligt waren, als die Leute, mit denen ich sonst zusammentraf. In ihrer Haltung glaubte ich ein gewisses, sogar recht kämpferisches Selbstbewußtsein zu bemerken. Allgemein erweckten sie jedoch den Eindruck von ernsthaften, ganz und gar nicht erregten Studenten. Man sah, daß sie ein Ziel hatten, das sie anstrebten.

Es blieb nicht lange bei dieser einzigen Begegnung, denn schon am nächsten Tag zogen Dutzende von Roten Garden durch die Straßen von Peking. Einige stiegen in die Autobusse und rissen die Fahrgäste des ganzen Wagens so mit, daß alle ein revolutionäres Lied sangen.

Am 17. August gab es dann in ganz Peking einige Tausend Rote Garden, und auf dem Platz vor dem Tor des Himmlischen Friedens *(Tien An Men)* sowie in allen anderen Randbezirken versammelten sich die Jugendlichen zu Hunderten. Sie formierten sich unter Anleitung von Mitgliedern der Roten Garde oder von Soldaten. Ununterbrochen kamen neue hinzu und die Gruppen wurden größer. Am 18. August, um ein Uhr morgens, waren alle Straßen im Zentrum Pekings blockiert. Hunderttausende von Jugendlichen saßen auf der Straße und auf den Bürgersteigen und warteten auf irgend etwas. Gegen zehn Uhr morgens versuchte ich, nach *Tien An Men* zu fahren, aber ein Ordnungsdienst, bestehend aus Polizisten und Jugendlichen, sperrte alle Durchfahrtswege. Ein wenig später frenetische Beifallskundgebungen, die man noch in mehreren Kilometern Entfernung hören konnte. Wir vermuteten, daß der Vorsitzende vor der Menge erschienen war.

...

Am frühen Nachmittag des 20. August begaben sich einige Gruppen der Roten Garden, noch waren es wenige, auf die *Wang Foujing*, um die Ladenbesitzer darauf hinzuweisen, daß bestimmte Ladenschilder einen alten Geist widerspiegelten, und daß alle Luxusgüter aus den Schaufenstern zu entfernen seien. Auch dürften sie nicht mehr verkauft werden. Ich befand mich gerade in einem Laden, als vier Jungen und Mädchen eindrangen, hinter den Ladentisch gingen und dem verantwortlichen Verkäufer sehr bestimmt, aber ruhig zu erklären begannen, daß sich die Revolution auf alle Bereiche erstrecken müsse, und daß sie eine geistige Erneuerung und die Beseitigung aller Überreste einer Vergangenheit voller Irrtümer voraussetze. Der Händler war sehr gutwillig und fragte, was er im einzelnen zu tun habe; ob er etwa vor allem die zwei Schaffelle, die sich im Schaufenster befanden, nicht mehr ausstellen solle. Die fünf Roten Garden begannen eine ziemlich seltsame Diskussion. Leider bemerkten sie bei dieser Gelegenheit meine Anwesenheit, d.h. die Anwesenheit eines Ausländers unter den Kunden, und gaben mir unmißverständlich zu verstehen, daß ich überflüssig sei.

Ich blieb fast den ganzen Nachmittag in dieser Straße. Die ganze samstägliche Menge der Passanten erlebte das Vorgehen der Roten Garden mit. Irgendwelche Anwendung von Gewalt habe ich nicht festgestellt. Nach und nach erschienen immerhin an einigen Schaufenstern und den angrenzenden Hauswänden Wandzeitungen, die in autoritärer Art und Weise den Händlern eine Frist von drei Tagen zubilligten; bis dahin mußten sie sich „revolutioniert" haben. Dieser Ausdruck war bereits an der Universität verwendet und in der Presse erörtert worden. Er klang angenehm in den Ohren besonders fanatischer Neuerer.

Am 21. August stellte ich fest, daß auch den anderen Geschäftsvierteln Pekings Besuche abgestattet worden waren. Gleichlautende Anschläge schmückten die Wände; hier und da montierte ein Händler ein Ladenschild ab oder bearbeitete irgendwelche traditionelle Figuren an der Fassade seines Hauses bzw. die gehörnten Drachen auf dem Dach mit dem Hammer. Keine Rote Garde überwachte diese „Arbeiten".

An diesem Tage bemerkte ich einige Wandzeitungen, die jede bürgerlich beeinflußte Kleidung verurteilten. Dasselbe galt für die Frisuren. Ein Datum, nämlich der 25. August, kehrte immer wieder. Das ließ vermuten, daß die Roten Garden ihre Aktionen aufeinander abgestimmt hatten. Nach dem 25. August sollten alle Frauen bestraft werden, die sich Locken legen ließen – was in China mit wenigen Ausnahmen verlorene Zeit beim Friseur bedeutet – oder die ihre Haare aus Eitelkeit lang trugen. Dasselbe galt für die Männer mit „anstößiger Kleidung", d.h. mit normalem Straßenanzug. Seit dem 23. August war die Zahl der Roten Garden deutlich gestiegen, wobei das Alter der Neuhinzukommenden niedriger als früher lag.

Nachdem, was andere gesehen haben, wurden offenbar bereits an diesem Tag einige Frauen rücksichtslos zum Friseur geschleppt. Das Schicksal ihrer Haare hing damals von ihrer Frisur ab. Wenn es gelang, die Spuren von Dekadenz verschwinden zu lassen, indem man die langen Haare so abschnitt, daß nur eben zwei gerade noch mit einem Gummi zusammengehaltene „Schwänzchen" übrigblieben, dann war die Sache nicht allzu schlimm. Andererseits mußten Frisuren mit „echten Dauerwellen" manchmal ganz verschwinden.

Stein, Chinesisches Tagebuch. Stuttgart 1970, S. 167–171

Gerd Ruge, Arbeiterfamilien in China, um 1975

Die Familie Zhao wohnt am südwestlichen Rand von Peking, wo sich inmitten von Gemüsefeldern eine Fabrik für Turbogeneratoren erhebt, und wo zwischen Baugruben und dem Schutt einer Baustelle eine Arbeitersiedlung liegt. Dort stehen halbfertige Ziegelhäuser und seit kurzem einige hellfarbige, fünfstöckige Gebäude. Die in der Mitte sind wesentlich älter. Ihre grauen Fassaden tragen Spuren von Regen, und ein Teil des Putzes ist abgefallen. Im Winter wirbelt der Sturm gelbe Staubwolken auf. Im Sommer verwandeln schwere Regenfälle die ungepflasterten Straßen in Morast. Familie Zhao wohnt hier schon seit mehr als fünfzehn Jahren.

Im Treppenhaus blättert die Farbe ab. Die Wände sind von vielen Händen abgegriffen und vom Pekinger Staub verfärbt. Aber hinter der grünen Tür im dritten Stock ist alles blitzblank. Der untere Teil der Wände ist hellblau gestrichen, dann kommt ein dünner, goldener Streifen, und der Rest der Wände und die Decken sind strahlend weiß. Herr Thao ist damit nicht ganz zufrieden: „Es ist nicht so geworden, wie es sein sollte. Wir haben nicht genug Leim in die Farbe getan." Die Zhaos haben ihre Wohnung selbst gestrichen. Als sie ihnen 1959 von der Turbogeneratorenfabrik zugewiesen wurde, waren die Wände einfach weiß getüncht. Seitdem haben die Zhaos viel selber gemacht.

Ihre Wohnung hat zwei Zimmer, eins für die Eltern, das andere für die Kinder. Im großen Zimmer stehen ein Doppelbett, ein großer Tisch mit zwei Stühlen und zwei Hockern, eine Nähmaschine, ein Kleiderschrank und zwei rote Truhen, im Kinderzimmer ein Doppel- und ein Einzelbett mit grünen und rosa Tagesdecken, ein Tisch und eine Kommode. Die Zhaos sind eine sechsköpfige Familie.

Zhao Wen und Han Qing kamen 1959 nach Peking. Sie arbeiteten in der Turbogeneratorenfabrik, die gerade gebaut worden war. Sie waren erfahrene Arbeiter aus dem Industriegebiet im Nordosten und wurden mit einer

Gruppe von Facharbeitern nach Peking geschickt, um die neue Fabrik in Gang zu bringen. Zhao Wen wuchs in einem Dorf auf, wo sein Vater heute noch lebt und wo sein Bruder heute noch auf den Feldern arbeitet. „1947 wurde ich in die Fabrik geschickt", sagt er, „da war die Industriestadt Harbin schon befreit. In dem Dorf bin ich kaum zur Schule gegangen. Darum habe ich tagsüber in der Fabrik gearbeitet und abends gelernt." Han Qings Vater war Arbeiter in Shenyang, einem der ältesten Industriezentren. „Ich habe 1949 in der Fabrik angefangen. Zur Schule bin ich überhaupt nicht gegangen. Die Genossen und Kollegen in der Fabrik haben mir viel beigebracht. Ich habe gearbeitet und gleichzeitig etwas über unsere Kultur gelernt." Drei- oder viermal in der Woche gingen Zhao Wen und Han Qing zur Abendschule. Sie trafen sich dort und in der Kantine. Sie lernten sich näher kennen und heirateten 1955.

„Unsere Hochzeit war sehr einfach", erinnerte sich Han Qing, „wir haben ja hauptsächlich an die Revolution gedacht. Wir haben ein paar Kollegen und Genossen zu Tee und Gebäck eingeladen. Geheiratet haben wir, weil wir uns mochten und nicht, weil unsere Eltern es so wollten. Aber sie waren einverstanden. Wir haben aus unserer eigenen, freien Entscheidung heraus geheiratet, und dafür sind wir dem Vorsitzenden Mao dankbar. Vor der Befreiung entschieden die Eltern, wen man zu heiraten hatte, und das Ganze war so ähnlich wie ein Geschäftsabschluß."

Die Familie Zhao legt ihr Einkommen zusammen. Das sieht so aus: Zhao Wen ist in der höchsten Einkommensgruppe seiner Fabrik und verdient 110 Yuan im Monat. Han Qing, in der Gruppe 5, bekommt 70 Yuan. Der Älteste, Lohngruppe 2, bringt 40 Yuan nach Hause. Der zweite Sohn verdient ebenfalls 40 Yuan, aber weil er nur an einem Tag in der Woche nach Hause kommt, gibt er seiner Mutter bloß 15 Yuan. 25 Yuan braucht er, weil er in einem Wohnheim lebt und in der Fabrikkantine ißt. Die Zwillingsbrüder gehen noch zur Schule.

„Wir haben fast 250 Yuan im Monat", erklärt Han Qing. „Bis unser Ältester von der Armee zurückkam, haben wir ungefähr 100 Yuan fürs Essen ausgegeben; jetzt ist es ein bißchen mehr. Dann die Miete: 8 Yuan im Sommer, 12 Yuan, mit Heizung, im Winter. 15 bis 20 Yuan schicken wir den Eltern meines Mannes. Etwas Geld für Naschereien für die Zwillinge, Briefmarken, den Bus. Mit dem Rest kaufen wir, was wir zu Hause brauchen. Wir haben eine Nähmaschine, Radio, Fernsehen, Fahrräder und, bis auf die Zwillinge, Armbanduhren. Und ein bißchen kommt aufs Sparkonto – das hilft beim Aufbau des Sozialismus."

Han Qing überlegt, was sie noch im Haus gebrauchen könnten. „Wir haben ja fast alles", sagt sie. „Vielleicht sollten wir einen größeren Kleiderschrank kaufen." Zhao Wen stimmt ihr zu. „Wir müssen auch an unsere Eltern denken", fügt Han Qing nach einer kurzen Pause noch hinzu. „Sie werden eines Tages sterben. Meine Eltern leben hier in Peking, und die Beerdigung wird nicht viel kosten, vielleicht 40 oder 50 Yuan. Aber Zhao Wens Eltern sind so weit weg. Wenn sie schwer krank werden oder sterben, wird er hinfahren müssen. Und in den Dörfern geben sie auch mehr für eine Beerdigung aus."

Gerd Ruge, Begegnungen mit China. Düsseldorf 1978, S. 41–44.

Gerd Ruge, Schularbeit in China, um 1975

In der Mittelschule Nr. 61 sind die Klassenräume sehr einfach möbliert. Die weißgetünchten Wände werden allmählich grau. Die schmalen Bänke haben keine Rückenlehne, die Tische, ein Brett für die Hefte und die grünen Leinwandtaschen der Schüler. Und außerdem gibt es noch – wie es im Englischbuch steht – eine Tafel, ein Bild von Mao, eine Landkarte von China und eine Weltkarte. Hinten in den Klassen sind besonders gelungene Aufsätze an einem Draht aufgereiht. Sie handeln von Handarbeit in der Fabrik oder erklären, warum die Schüler auf dem Land arbeiten und von den Bauern lernen wollen.

Nur ein Teil des Unterrichts findet in den Klassenräumen statt. Die Schüler müssen in den Schulwerkstätten oder in Fabriken arbeiten. „Unterricht der offenen Tür" soll garantieren, daß die Schüler nicht durch Bücherwissen irregeführt werden. Einer der Lehrer erklärt mir, daß es seit der Kulturrevolution das vorrangigste Erziehungsziel gewesen sei, Theorie und Praxis nicht zu trennen. Vor dieser Zeit wurden die Schüler von bürgerlichen Intellektuellen geleitet und waren von Produktion und Klassenkampf losgelöst. Heute sei abstraktes Wissen weniger wichtig als Beteiligung an Revolution und Arbeit, so sagte der Lehrer. „Wir müssen immer noch das konterrevolutionäre Element in der Bildung kritisieren. Die Bildungsrevolution ist die Erweiterung der Kulturrevolution."

...

Die Schüler der Mittelschule Nr. 61 scheinen sehr diszipliniert zu sein. Sie sitzen gerade an ihren Tischen, melden sich ordentlich, wenn sie etwas sagen wollen und reden nur, wenn sie dazu aufgefordert werden. In den Pausen stellen sie sich in ordentlichen Reihen an und machen fünf Minuten lang Gymnastik. Die meisten strengen sich nicht sehr an – einige sehen eher gelangweilt aus. Aber sie fahren in ihren Übungen fort, bis ihnen die Klingel das Zeichen zum Aufhören gibt. Dann gehen sie spazieren – die Jungen auf der einen Seite, die Mädchen auf der anderen. Die Schüler sollen einander erziehen, das Verhalten ihrer Klassenkameraden überwachen und sie, wenn nötig, kritisieren. Manchmal reicht das nicht. Jungen prügeln sich, und dann ruft der Lehrer sie zu sich und ermahnt und kritisiert sie. Mitglieder der Roten Garde und des Kommunistischen Jugendverbandes können das übernehmen und mit ihnen ihre Fehler diskutieren, bis sie versprechen, sich besser zu benehmen. Wenn das nicht geht, nehmen die Mitglieder der Arbeiterpropagandagruppe sich der aufsässigen Schüler an. Lehrer und Arbeiter können die Eltern besuchen und ihnen über das Verhalten ihrer Kinder berichten. China ist eine sehr disziplinierte Gesellschaft.

...

In der Mittelschule Nr. 2 wird wieder hart gearbeitet. Drei Stunden Hausaufgaben halten die meisten Schüler für normal; viele sitzen nach der Schule länger über ihren Büchern. „In den vergangenen Jahren haben wir die Verbindung von Buchwissen mit praktischer Arbeit überbetont und das Studium unterbewertet. Es wurden zu wenig Grundkenntnisse vermittelt, und es gab kein einheitliches System", sagen die Lehrer. Sie meinen auch, daß sich das Verhältnis zwischen Lehrern und Schülern verbessert hat, und die Schüler nicken strahlend mit den Köpfen. „In der Zeit der Viererbande wurden die Schüler gegen die Lehrer aufgehetzt. Man nannte das ‚gegen den Strom schwimmen'. Damit wurde die Autorität der Lehrer völlig untergraben. Heute haben wir eine neue Parole: ‚Schüler müssen die Lehrer respektieren, und die Lehrer müssen sich sorgsam um die Schüler kümmern.'" Das sei so wie in der Armee im Verhältnis zwischen Offizieren und Soldaten, erläutert eine Schülerin.

Ruge, a. a. O., S. 69, 77, 79.

Yen Chin-Hua, Arbeit als Krankenpflegerin in einem Wohngebiet, um 1970

Unsere Gesundheitsstation wurde zusammen mit anderen Gesundheitsstationen in anderen Wohnbezirken von Fengsheng 1969 von unserem Wohnkomitee Steinturm Straße aufgebaut. Dies geschah in Einklang mit dem Prinzip, die Krankheitsvorbeugung an die erste Stelle zu stellen und die Arbeit im öffentlichen Gesundheitswesen mit den Massenbewegungen zu verbinden. Wir wurden stark unterstützt von den Einwohnern unseres Wohngebietes und vom großen Volkskrankenhaus hier in der Nähe. In einem dreimonatigen Kurs am Volkskrankenhaus lernten wir Hausfrauen das

Notwendigste über Akupunktur, Spritzengeben und die Vorbeugung und Behandlung von häufig auftretenden Krankheiten.

Wir sind in einem sonnigen Raum desselben Hofes untergebracht wie das Büro des Steinturm Einwohnerkomitees. Wir haben zwei Betten, die zur Untersuchung und Behandlung dienen. Unser großer Glasschrank ist voll mit Medikamenten und medizinischen Instrumenten. Wir zwei Verantwortlichen sind Doktor, Krankenschwester und Apotheker zugleich.

Eines Tages ging ein Ehepaar mit seinem einjährigen Kind durch unsere Straße. Plötzlich bekam das Kind Krämpfe. Es rollte die Augen und konnte nicht atmen. Wir liefen auf die Straße, untersuchten das Kind und führten eine Akupunktur durch. Als es schließlich zu weinen begann, wußten wir, daß es wieder gesund wird.

Da wir nun unsere Gesundheitsstation haben, müssen die Leute nicht mehr aus dem Wohngebiet gehen, um solche häufigen Erkrankungen wie Kopfschmerzen, Grippe oder Husten behandeln zu lassen. Einwohner, die am Arbeitsplatz eine kostenlose medizinische Versorgung erhalten und wegen Krankheit zuhause bleiben müssen, bekommen Rezepte verschrieben oder bekommen Spritzen, wir wechseln die Kompressen, messen ihren Blutdruck usw. (alles für fünf fen) . . .

Im medizinischen Versorgungsnetz der Stadt gehören wir in den Zuständigkeitsbereich des Volkskrankenhauses, und die Ärzte des Krankenhauses besuchen unseren Wohnbezirk oft, um Kranke zu behandeln, uns anzuleiten und unsere technischen Probleme zu lösen.

Wenn jemand schwer krank ist, und wir keine Diagnose stellen können oder nicht selbst behandeln können, schicken wir den Kranken sofort in ein Krankenhaus. Bei Invaliden, alten Leuten, Säuglingen oder anderen Kranken, die im Volkskrankenhaus oder in der Kinderklinik behandelt werden, aber nicht leicht hingehen können, machen wir Hausbesuche oder bringen Medikamente vorbei. Vor Jahreszeiten, in denen weitverbreitete oder epidemische Krankheiten vorkommen, propagieren wir vorbeugende Maßnahmen unter den Bewohnern und in den Straßenfabriken, in den Kinderkrippen und Grundschulen. Wir unterstützen das Volkskrankenhaus bei der Vorbeugung, indem wir Impfungen ausführen und Aufklärungsarbeit über Geburtenkontrolle leisten.

Durch die mehrjährige Praxis hat sich unser Können auf dem Gebiet der Vorbeugung und Behandlung verbessert. Das Volk ermutigt uns ständig, und dies gibt uns Ansporn, um alles zu tun, um ihnen noch besser dienen zu können.

Das neue China. Plankstadt 1975, S. 114/115.

16. Entstehung und Probleme der Dritten Welt

M. Gandhi und J. Nehru, Briefwechsel zur Frage der Neugestaltung Indiens nach der Unabhängigkeit, 1945

Gandhi, genannt Mahatma (d.h. „große Seele"), war seit dem Ersten Weltkrieg der Führer der indischen Unabhängigkeitsbewegung und arbeitete mit den Methoden des gewaltfreien Widerstands. Sein Freund Jawaharlal Nehru, kämpfte mit ihm um die Befreiung Indiens und wurde 1947 nach Gandhis Tod der erste Ministerpräsident der Indischen Union. In einem Briefwechsel diskutieren Gandhi und Nehru die wichtigsten Fragen, in denen sie geteilter Meinung zu sein glaubten.

Gandhi an Nehru, 5. Oktober 1945:

Zunächst geht es mir um den Unterschied in unseren Anschauungen; ist dieser Unterschied grundsätzlicher Art, dann sollte meiner Meinung nach die Öffentlichkeit davon unterrichtet werden. Es muß unserer Arbeit für die Freiheit schaden, wenn wir die Öffentlichkeit darüber im Ungewissen lassen ...

Ich bin davon überzeugt, daß, wenn Indien die Freiheit erlangt und durch Indien auch die Welt, es früher oder später erkannt werden muß, daß die Menschen in Dörfern leben müssen, nicht in Städten – in Hütten und nicht in Palästen. Millionen Menschen werden in den Städten und Palästen nie im Frieden miteinander leben können. Ich bin der Meinung, daß es ohne Wahrheit und Gewaltlosigkeit nur zu einer Vernichtung der Menschheit kommen kann. Man kann jedoch die Wahrheit und Gewaltlosigkeit nur in der Einfachheit des Dorflebens verwirklichen, und die Einfachheit manifestiert sich am besten im Spinnrad und dem, was das Spinnrad bedeutet[1]. Ich darf mich nicht davon einschüchtern lassen, daß die Welt

---

[1]) Gandhi folgte dem englischen Sozialreformer Ruskin (1819–1900) in der Ansicht, daß jeder Mensch sein Brot durch körperliche Arbeit verdienen solle. Er verband dies mit der Propaganda zur Wiederbelebung der indischen Heimindustrie und verpflichtete die Kongreßmitglieder zum Handspinnen. Er selbst führte sein Spinnrad stets mit sich und spann in jeder freien Stunde.

heute den falschen Weg geht. Vielleicht wird Indien auch diesen Weg gehen und schließlich wie die sprichwörtliche Motte von den Flammen verzehrt werden, um die es wilder und wilder tanzt. Es ist jedoch meine Pflicht, bis zu meinem letzten Atemzug Indien und durch Indien die Welt vor diesem Unheil zu bewahren zu versuchen. Im wesentlichen wollte ich sagen, daß der Mensch mit dem zufrieden sein soll, was seinen wirklichen Bedürfnissen entspricht, und danach streben soll, selbst genügsam zu werden. Wenn er sich nicht insoweit kontrollieren kann, dann kann er sich nicht retten. Schließlich besteht ja die Welt aus Einzelmenschen, so wie der Ozean aus Tropfen besteht. Ich habe nichts Neues gesagt. Es ist eine alte Wahrheit ...

Du mußt nicht glauben, daß ich mir das Dorfleben in seiner heutigen Form vorstelle. Das Dorf meiner Träume existiert nur erst in meinem Geiste. Schließlich lebt ja jeder Mensch in der Welt seiner Träume. Mein ideales Dorf wird von intelligenten Menschen bewohnt. Sie werden nicht in Schmutz und Finsternis wie Tiere hausen. Männer und Frauen werden frei sein und es mit jedem auf der Welt aufnehmen können. Es wird weder Pest noch Cholera noch Pocken geben, keiner wird müßig sein, und keiner wird in Luxus leben. Jeder wird seinen Anteil körperlicher Arbeit leisten. Ich will nicht in weitere Einzelheiten gehen. Man kann sich in diesem Rahmen Eisenbahn, Post und Telegraphenamt durchaus vorstellen. Für mich kommt es nur darauf an, daß das Wesentliche richtig ist, alles andere wird sich in die großen Linien einfügen. Wenn mir jedoch das Wesentliche verlorengeht, dann geht alles verloren.

Am letzten Tag der Zusammenkunft des Arbeitsausschusses ist beschlossen worden, daß diese Angelegenheit besprochen werden soll. Doch ob die Sache nun vom Arbeitsausschuß besprochen wird oder nicht, mir liegt aus zwei Gründen viel daran, daß wir beide unsere gegenseitigen Standpunkte klar verstehen. Erstens, weil das, was uns verbindet, nicht nur die politische Arbeit ist. Es ist weit tiefer und unzerstörbar. Darum möchte ich, daß wir uns auch in politischen Dingen verstehen. Zweitens, keiner von uns beiden hält sich für nutzlos. Wir leben beide für die Sache der Freiheit Indiens und würden gern unser Leben dafür hingeben. Wir brauchen nicht das Lob der Welt. Es ist uns gleichgültig, ob wir gelobt oder getadelt werden. Im Dienst geht es nicht ums Lob. Ich möchte im Dienst Indiens 125 Jahre alt werden, aber ich muß eingestehen, daß ich jetzt ein alter Mann bin. Du bist viel jünger, und daher habe ich Dich zu meinem Erben ernannt. Ich muß meinen Erben jedoch verstehen, und er muß mich verstehen. Nur dann werde ich zufrieden sein ...

Nehru an Gandhi, 9. Oktober 1945:
Meine Ansicht ist – kurz gesagt – die, daß die Frage, die uns beschäftigt, nicht die Frage der Wahrheit gegen die Unwahrheit, der Gewaltlosigkeit gegen die Gewalt ist. Man muß wohl mit Recht annehmen, daß wahre Zusammenarbeit und friedliche Methoden unser Ziel sein müssen und daß wir eine Gesellschaft anstreben, die diese Fähigkeiten fördert. Die Frage ist nur, wie man eine solche Gesellschaft aufbaut und welches ihr Lebensinhalt sein soll. Ich verstehe nicht, warum ausgerechnet das Dorf Wahrheit und Gewaltlosigkeit verkörpern soll. Das Dorf ist im Normalfall geistig und kulturell rückständig, und in einer rückständigen Umgebung kann es keinen Fortschritt geben. Beschränkte Menschen neigen viel eher dazu, unwahrhaftig und gewalttätig zu sein. – Wir haben auch bestimmte Ziele in bezug auf die Bedarfsdeckung auf dem Gebiet der Nahrung, Kleidung, Wohnung, Erziehung und Gesundheitspflege. Wir müssen daran denken, wie wir diese Ziele rasch erreichen wollen. Es erscheint unvermeidlich, daß in diesem Zusammenhang moderne Transportmittel und andere moderne Entwicklungen angeregt werden müssen. Wenn dem so ist, dann braucht man auch ein bestimmtes Maß an Schwerindustrie. Wie wird diese Schwerindustrie in eine reine Dorfgesellschaft passen! Ich hoffe, daß sowohl schwere als auch kleinere Industrien soweit wie möglich dezentralisiert werden können, und das ist ja auch mit Hilfe der Elektrizität möglich. Wenn jedoch zweierlei Wirtschaftsformen in unserem Lande existieren, dann wird es notwendigerweise zu Konflikten kommen, oder die eine Wirtschaftsform wird die andere überwältigen.

Die Frage der Unabhängigkeit und des Schutzes vor fremden Angriffen sowohl politischer als auch wirtschaftlicher Art muß auch in diesem Zusammenhang betrachtet werden. Ich glaube nicht, daß Indien wirklich unabhängig sein kann, wenn es nicht ein technisch entwickeltes Land ist. – Ich denke dabei nicht so sehr an die Armee als an die Entwicklung der Wissenschaften. In der Welt von heute können wir nicht einmal kulturelle Fortschritte machen, wenn wir nicht auf jedem Gebiet wissenschaftliche Grundlagen haben. Es besteht heute in der Welt eine unheimliche Raffgier sowohl einzelner als auch von Gruppen und Nationen, die zu Konflikten und Kriegen führt. Unsere ganze Gesellschaft ist mehr oder weniger darauf gegründet. Diese Grundlage muß beseitigt und durch eine Grundlage der Zusammenarbeit ersetzt werden, nicht aber durch eine Isolation, die ja auch unmöglich wäre. Wenn man sich darüber einig ist und an eine Lösung in diesem Sinne glaubt, dann sollte man Schritte unternehmen, diese Lösung in Form einer Wirtschaftsordnung anzustreben, die sich nicht von der übrigen Welt abschließt, sondern mit ihr zusammenarbeitet. Wirtschaftlich und politisch gesehen wäre ein isoliertes Indien eine Art Vakuum, das wohl bewirken könnte, daß die Raffgier der anderen nur noch zunimmt und auf diese Weise weitere Konflikte entstehen würden.

Von Palästen für die Millionen kann wohl keine Rede sein. Aber ich sehe keinen Grund dafür, warum die Millionen nicht in modernen Häusern ein anständiges Leben führen und so an dem Leben der Gesamtkultur teilnehmen können. Viele der heutigen, überfüllten Städte haben Übel hervorgebracht, die man nur beklagen kann. Wir werden die Überfüllung verhindern müssen und zugleich versuchen müssen, das Dorf der Kultur der Stadt näherzubringen.

Gandhi an Nehru, 13. November 1945:

Aus unserer gestrigen Unterhaltung scheint hervorzugehen, daß unsere Anschauungen sich nicht sehr unterscheiden. Um dies zu überprüfen, möchte ich hier die Hauptpunkte dessen, was ich verstanden habe, aufzählen. Bitte mache mich auf Unrichtigkeiten aufmerksam:

1. Die Kernfrage ist Deiner Ansicht nach, wie man des Menschen höchste geistige, wirtschaftliche und moralische Entwicklung bewirken kann. Ich stimme damit völlig überein.

2. Es soll dabei gleiche Rechte und Möglichkeiten für alle geben.

3. Mit anderen Worten, der Städter und der Dorfbewohner sollen in bezug auf Essen und Trinken, Kleidung und andere Lebensbedingungen auf einer Stufe stehen. Um diese Gleichheit heute herzustellen, sollten die Menschen in der Lage sein, sich mit lebensnotwendigen Dingen wie Kleidung, Nahrung, Behausung, Beleuchtung und Wasser selbst zu versorgen.

4. Der Mensch ist nicht für ein Leben in der Isolation geboren, er ist in erster Linie ein soziales Wesen – zugleich unabhängig und abhängig von anderen. Keiner soll die anderen ausnutzen. Wenn wir die besten Bedingungen für eine solche Lebensweise erarbeiten wollen, sehen wir uns gezwungen, das Dorf oder nennen wir es die kleine überschaubare Gruppe, die im Idealfall sich selbst mit dem Lebensnotwendigen versorgen kann und durch die Bande der Zusammenarbeit und des Aufeinander-angewiesen-Seins verbunden ist, als Grundeinheit der Gesellschaft anzusehen.

Zitiert nach: Dietmar Rothermund, Der Freiheitskampf Indiens. Stuttgart 1960, S. 53 ff.

Kwame Nkrumah, Vom Häftling zum Ministerpräsidenten, 1951

Nkrumah (1909–1972) hatte in den USA studiert, gründete und führte die bedeutendste oppositionelle Partei in der britischen Kolonie Goldküste und wurde nach deren Wahlsieg Chef einer autonomen Regierung, später Staatspräsident des seit 1957 unabhängigen Ghana.

Für die Nacht, die auf die Wahl folgte, wurden von der Gefängnisverwaltung besondere Vorkehrungen getroffen, denn es ging ein Gerücht um, ganz Accra werde sich auf den Weg machen, um mich aus dem Gefängnis zu befreien. Es blieb jedoch alles ruhig. Dennoch konnte ich die ganze Nacht über kein Auge schließen. Ich war freudig erregt und besorgt zugleich. Ich begann nämlich darüber nachzudenken, ob wohl alles vergeblich gewesen sei oder ob das Volk immer noch zur Partei stehen und mir Gelegenheit geben würde, meine Aufgabe zu vollenden. In der Tiefe meines Herzens ahnte ich jedoch, daß die Stunde des Sieges nahe war. Ich setzte vollkommenes Vertrauen in mein Volk und wußte, es würde mich nicht im Stich lassen.

Der Direktor des Gefängnisses hatte angeordnet, daß man mir die Wahlergebnisse stündlich mitteilen solle. Ungefähr um vier Uhr morgens kam die Nachricht durch, ich sei im Bezirk Zentral-Accra gewählt worden. Aber nicht nur das, ich hatte die höchste Stimmenzahl erhalten, die in der Geschichte der Goldküste jemals für einen einzelnen Kandidaten abgegeben worden war, nämlich 22780 von 23122 möglichen Stimmen. Ich hatte keine Zeit zum Nachdenken, denn die Nachricht verbreitete sich mit Windeseile im Gefängnis, und in wenigen Sekunden hallte das ganze Haus vom Jubel wider. Ich glaube, sogar die Wärter waren glücklich. In ganz Accra war die Menge so erregt, daß Gbedemah sich äußerste Mühe geben mußte, um einen Haufen von mehreren Hundert Menschen aufzuhalten, der sich auf das Gefängnis zu bewegte mit der Absicht, die Tore einzuschlagen und mich zu befreien. Ein solches Vorgehen hätte natürlich alle unsere Erfolgsaussichten zunichte gemacht, selbst wenn es in gutem Glauben erfolgt wäre ...

Am Morgen des 12. Februar 1951 zwischen elf und zwölf Uhr ließ mich der Gefängnisdirektor holen und teilte mir mit, ich solle mich bereitmachen, das Gefängnis innerhalb der nächsten Stunde zu verlassen. Ich schaute mich um, jedoch besaß ich ja nur einen Bleistiftstummel und ein paar Blatt Toilettenpapier, und diese schienen jetzt keinen Wert mehr für mich zu haben. Ich sagte ihm deshalb, ich könne sofort gehen. Offenbar hatte sich jedoch um diese Zeit schon die Nachricht von meiner Entlassung in der Stadt herumgesprochen. Als sich um ein Uhr die Tore des Gefängnisses hinter mir schlossen, wurde mir klar, warum sich die Regierung bemüht hatte, die Nachricht meiner Entlassung so geheimzuhalten. Ich glaube kaum, daß ich jemals zuvor in meinem Leben eine derart zusammengeballte Menschenmenge gesehen habe. Ich war ganz einfach zu benommen, um etwas anderes tun zu können, als dazustehen und zu staunen! Alle Gemütserregungen, die mir möglicherweise hätten kommen können, setzten ganz einfach aus ...

Langsam, so wie sich meine Lungen wieder mit der reinen Luft der Freiheit füllten, strömte auch das Leben selber wieder in mich ein. Dies aber war der größte Tag meines Daseins, mein Tag des Sieges, und die Menschen um mich waren meine Krieger. Kein General hätte stolzer sein können auf seine Armee als ich, und keine Armee hätte ihrem Führer mehr Anhänglichkeit beweisen können.

Vom James-Fort-Gefängnis bahnte sich die Prozession ihren Weg zum Stadion, und zur Bewältigung dieser Entfernung, die man normalerweise in fünfzehn Minuten zurücklegt, benötigten wir zwei Stunden. Im Stadion, dem Geburtsort meiner Partei, wurde das übliche Sühneopfer vorgenommen. Man opferte ein Schaf, und ich mußte siebenmal mit nackten Füßen durch das Blut schreiten, um mich von der Befleckung durch das Gefängnis zu reinigen. Die Menge blieb die ganze Zeit über bei mir und begleitete mich auch in einer anschließenden Prozession zum Hauptquartier der Partei, wo ich, physisch wie seelisch vollkommen erschöpft, im nächsten Stuhl zusammensank ...

Am Tage nach meiner Entlassung wurde ich vom Gouverneur eingeladen, ihn morgens um neun Uhr aufzusuchen. Als ich durch den Vorhof von Schloß Christiansborg schritt, fiel mir plötzlich ein, daß ich es vorher noch nie gesehen hatte. Der blendendweiße Stein der Festungsmauer, der eindrucksvolle Vorhof und die Schönheit der imposanten Gebäude, deren Grundmauern von der brüllenden Brandung umschäumt wurden, all das kam mir wie eine neue Welt vor. Wenn auch Sir Charles Arden-Clarke und ich uns in der Vergangenheit gegenseitig befehdet hatten, so wußte ich doch nicht, wie er eigentlich ausah, denn wir waren noch nie zusammengetroffen. Ich war gespannt, wie man mich wohl aufnehmen würde. Hätte ich diesen Mann vorher gekannt, so hätte ich keinen Zweifel an seiner Höflichkeit gehegt.

Ein großer, breitschultriger, sonnengebräunter Mann mit entschlossenem, diszipliniertem Gesicht, aber auch mit einem freundlichen Zwinkern in den Augen kam mir mit ausgestreckter Hand entgegen, einer Hand, die, wie mir auffiel, groß und doch fein gefügt war. Er hieß mich willkommen und fragte mich, wie es mir ginge. Als wir beide Platz nahmen, hatte ich das Gefühl, daß er mir gegenüber wohl ebenso vorsichtig und mißtrauisch sein mochte wie ich ihm gegenüber. Wir verloren jedoch keine Zeit, sondern kamen gleich zum Wesentlichen. Ich tat mein Bestes, um ihm klarzumachen, daß ich jederzeit bereit sei, meine Karten offen auf den Tisch zu legen, da ein gegenseitiges Vertrauen sich nur auf Freimütigkeit gründen könne. Er stimmte aus ganzem Herzen bei, und ich spürte sofort, daß er aufrichtig sprach. Er war, den Eindruck hatte ich, ein Mann mit einem ausgeprägten Sinn für Gerechtigkeit und fair play, mit dem ich mich leicht hätte befreunden können, wenn ich ihn auch als Symbol des britischen Imperialismus im Lande ansehen mußte.

Trotz der Tatsache, daß ich gerade erst aus dem Gefängnis kam und doch wirklich Grund hatte, Haß in meinem Herzen zu hegen, gab ich mir Mühe, die Leiden und Erniedrigungen zu vergessen, die ich ja schließlich von seiten der Kolonialverwaltung zu ertragen hatte, denn ich wußte, daß Rachegefühle meiner inneren Einstellung durchaus fern lagen. Es traf durchaus zu, was ich nach meiner Entlassung erklärte: „Ich komme zwar eben erst aus dem Gefängnis, trete aber, ohne die geringsten Gefühle der Bitterkeit gegenüber Großbritannien zu hegen, ins Parlament ein. Ich betrachte es hier nicht als meine Aufgabe, irgendeine Rasse oder ein einzelnes Individuum dieser Rasse zu diskriminieren, bekämpfe jedoch nach wie vor den Imperialismus in jedweder Form."

Ich verließ das Schloß mit dem Auftrag des Gouverneurs, eine Regierung zu bilden. Als ich die Stufen hinabschritt, kam es mir vor, als wäre das Ganze ein Traum, aus dem ich bald erwachen würde, um mich im Gefängnis wiederzufinden – auf dem Boden kauernd und einen Topf mit Reisbrei verzehrend.

Kwame Nkrumah, Schwarze Fanfare. Meine Lebensgeschichte. München 1958, S. 133ff.

Cameron Duodu[1], Die Unabhängigkeit Ghanas (1957)

In meiner Unwissenheit war ich sehr, sehr glücklich, als nach vielen Konferenzen bekanntgegeben wurde, daß die politischen Parteien ein verfassungsmäßiges Übereinkommen erzielt hatten und die Goldküste am 6. März 1957 unabhängig werden sollte. In Gesellschaft vieler anderer

[1] Der Autor, geb. 1937, lebt als Journalist und Schriftsteller in Akkra.

Dorfbewohner kratzte ich etwas Geld zusammen und machte mich am 5. März, am Vorabend der Unabhängigkeit, auf den Weg nach Akkra. Ich wohnte bei einem jungen Burschen aus Pusupusu, der bei einer Zeitung arbeitete. Er hatte einen gewaltigen Spaß bei der Sache, denn für die Zeitungsleute waren Extrabusse eingesetzt, damit sie an allen Ereignissen teilnehmen und sie den Leuten in der Ferne beschreiben konnten. Ich war schrecklich aufgeregt, als mein Freund mir eine Einladungskarte für das Parlamentsgebäude brachte, in dem ich der Verkündigung von Ghanas Unabhängigkeit beiwohnen sollte. Es war wirklich eine reizende Angelegenheit: *Nkrumah* sprach und gebrauchte einen Haufen „Ismen", und dann sprach *Busia* und gebrauchte auch einen Haufen „Ismen". Sie lachten immer wieder und warfen sich übers Parterre hinweg Scherzworte zu, denn obwohl sie „Regierung" und „Opposition" spielen sollten, hatten sie den gleichen „parlamentarischen Humor". Die Dorfbewohner, die sie hatten zusammenschlagen und Blut vergießen lassen, waren vergessen, die „Demokratie" war errungen worden, es sollte Regionalparlamente geben, wo die Intelligenzia aller Parteien die Möglichkeit finden sollte, sich an der Macht zu beteiligen. Und es sollte „Oberhäuser" geben, in denen die Fürsten miteinander diskutieren und lachen könnten. Eine herrliche Regelung für jedermann, sofern er „oben" war in unserer Gesellschaft.

Vom Parlamentsgebäude gingen mein Freund und ich zum Polofeld, um zu hören, wie Nkrumah zu dem „niederen" Volk sprach, das nicht ins Parlament hatte kommen können.

Mein Gott, wie man uns „niedere" Leute drankriegen kann! Ohh! Yiee! Ich habe nie im Leben eine solche Menge gesehen. Überall nichts als schwarze Gesichter, Arme und Beine. Wir konnten uns überhaupt nicht rühren. Selbst Nkrumah konnte nicht schnell genug hindurchkommen und erreichte die Plattform des Polofeldes erst, als die Sirene des Postamts aufheulte und Mitternacht und damit die „Geburtsstunde Ghanas" (wie die Zeitungen sich ausdrückten) einläutete. Mein Freund, der bei jeder Menschensperre gebieterisch das Wort „Reporter" wiederholte, erreichte es, daß wir unmittelbar vor die Plattform gelangten, auf der Nkrumah, Botsio, Gbedemah, Casely Hayford und Krobo Edusei – die „Gefängnis-Beförderten", die die Briten an die Macht gebracht hatten, indem sie sie ins Gefängnis steckten – sich dem Volk zeigten, für das sie sich hatten ins Gefängnis stecken lassen und das sie ins Gefängnis stecken würden (einschließlich einiger aus den eigenen Reihen, haha!), sobald die Briten den Rücken kehrten und ihr imperialistisches Joch nach Westminster zurückschleppten.

Doch selbst da zeigte Nkrumah sein wahres Gesicht. Denn er rief nicht selbst das übliche *Agooh!*, das „Leiht mir eure Ohren“ bedeutet, sondern wandte sich an Krobo Edusei, der laut brüllend die Plattform erreicht hatte, und bat ihn in Fanti: „*Bępae mą me*“ – „Komm her und brülle für mich!“ Krobo konnte natürlich brüllen, und er brüllte derartig, daß die Hunderttausende von uns es hören konnten: „*Agooooooooooooooohhhhh!*“

Zitiert nach: Lesebuch Dritte Welt, hrsg. v. H.G. Schmidt u.a. Wuppertal, ²1980, S. 65 ff.

Sekou Touré, Die Entkolonisierung geht weiter, 1960

Welche Vorstellungen die führenden Männer in den jungen Staaten der Dritten Welt von der Entwicklung hatten, geht aus der folgenden Rede hervor, die Sekou Touré am 10. 10. 1960 vor der Volksversammlung der Vereinten Nationen hielt. Sekou Touré, geb. 1922, führender Gewerkschaftler, ist seit der Unabhängigkeit Guineas (1958) Präsident der Republik.

Man hat es schon oft wiederholt. Die zentrale Idee der Charta der Vereinten Nationen, wie sie sich aus den Beratungen der Konferenz von San Franzisko ergibt, besagt, daß der Friede nicht gesichert werden kann, solange Unterdrückung, Unrecht und wirtschaftliche Ausbeutung auf der Welt existieren, solange es den Völkern am Lebensminimum fehlt, solange schließlich gewisse Regierungen nach Gutdünken anderen Völkern tyrannische oder gewalttätige Regime aufzwingen können, die eine Erhaltung ihrer Privilegien begünstigen.

Über dem ganzen Erdteil Afrika grollt eine Bewegung der Revolte; aber nichts erlaubt die Behauptung, die imperialistischen Mächte seien bereit, freiwillig ihren wirtschaftlichen, politischen und militärischen Zugriff zu lockern. Das verachtete und seiner Rechte beraubte Afrika spielt heute in den Expansionsplänen der imperialistischen Mächte eine überragende Rolle. Durch geschickte Manöver und unter dem Deckmantel wirtschaftlicher Abmachungen schließen diese Mächte sich zusammen und koordinieren ihre Bestrebungen zur Errichtung von Militärstützpunkten, die unerläßlich sind, wenn sie die enormen Reichtümer, auf die sie es abgesehen haben, ausbeuten wollen. So neigt der Kolonialismus dazu, sich in eine internationale Form zu kleiden; wohlverstanden – er toleriert die Flaggen und Hymnen des afrikanischen Nationalismus, aber er duldet nicht, daß jemand an seinen Interessen rührt.

Isoliert genommen, bedeutet die politische Unabhängigkeit keineswegs völlige nationale Befreiung. Sie ist gewiß eine entscheidende und notwendige Etappe. Dennoch sind wir gezwungen zu erkennen, daß die nationale Unabhängigkeit nicht nur politische Befreiung, sondern auch und vor allem eine totale wirtschaftliche Befreiung voraussetzt. Ohne diese beiden Forderungen ist kein sozialer Fortschritt möglich. Wenn Afrika sich aber wirtschaftlich befreien soll, darf es nicht länger als Rohstoff-Reservoir gelten.

Wir müssen den gegenwärtigen Zustand der Unterentwicklung fast des ganzen Erdteils Afrika betonen. Sie ist eine direkte Folge des Fehlens jeder typisch afrikanischen Wirtschaft. Die neuen Staaten stehen, wenn sie sich von der Knechtschaft befreien, dem schwerwiegenden Tatbestand gegenüber, daß die afrikanische Wirtschaft zerstückelt und den Wirtschaftsbereichen der jeweiligen ehemaligen Kolonialmächte integriert ist.

Die afrikanische Wirtschaft beruht gegenwärtig auf dem Handel, und dessen wesentliche Funktion ist es, aus der Kolonie ein wirtschaftliches Anhängsel des Mutterlandes zu machen. Afrika wird als ein Markt betrachtet, auf dem jede Konkurrenz, die im Verdacht steht, den Interessen des Mutterlandes Abbruch zu tun, sorgfältig ausgemerzt ist. Den Zufällen der Kolonisation gemäß, gehören benachbarte afrikanische Länder mit identischen wirtschaftlichen Gegebenheiten heute absolut verschiedenen Wirtschafts- und Handelsorganisationen an. Im allgemeinen finden wir nirgends eine Akkumulation von Kapital, die fähig wäre, an Ort und Stelle die für die wirtschaftliche und soziale Entwicklung unserer Länder notwendigen Investitionen zu sichern.

Die Werkzeuge unserer Wirtschaft existieren nicht; wir verfügen nur über wenige Spezialisten aus dem eigenen Volk; faktisch müssen wir zur Entwicklung der ehemaligen Kolonialmächte beisteuern, die bereits hochindustrialisiert sind: Kann dieser Zustand zu etwas anderem führen als zum Ruin? Deshalb hat noch kein kolonisiertes Land – allen humanitären Reden zum Trotz – ein soziales Niveau erreicht, das auch nur mit den niedrigsten Lebensniveaus in Europa vergleichbar wäre.

Wir haben es mit einem Teufelskreis zu tun: Die Reichen werden immer reicher und die Armen immer ärmer. Diesen Kreis müssen wir durchbrechen, das heißt, wir müssen den „pacte colonial" völlig zerstören. Nur dann kann Afrika eine Wirtschaft mit nationalem Charakter erhalten, die seinen Völkern eine bessere Zukunft sichert. Wir wissen, daß heute die Idee eines gemeinsamen afrikanischen Marktes ihren Weg macht. Die These setzt sich durch, daß eine authentisch afrikanische Wirtschaftseinheit geschaffen werden muß, die von den Interessen der Bevölkerung ausgeht. Nun gilt es die Imperialisten zu überzeugen, daß letzten Endes alle Industrienationen – auch die am höchsten entwickelten – daran interessiert sein müssen, daß Afrika seine eigene Wirtschaft aufbaut und die Grundlagen für seine eigene Industrialisierung schafft.

Die falsche koloniale Vorstellung, daß es unmöglich sei, Afrika zu industrialisieren, muß aufgegeben werden zugunsten neuer Ideen, die auf die unausweichliche Entwicklung aller Kontinente eingehen – darunter des Erdteils Afrika – und die absolute Notwendigkeit einer Industrialisierung der Länder Afrikas einschließen. Wir sind davon überzeugt, daß die Industrialisierung Afrikas keineswegs die Entwicklungschancen anderer Erdteile beeinträchtigt, sondern sie im Gegenteil beträchtlich erhöht. Die Bedürfnisse Afrikas auf allen Gebieten werden wachsen. Umstellen müssen sich also nur jene, die heute die Weltwirtschaft in der Hand halten; sie müssen sich nicht nur mit der politischen, sondern auch mit der wirtschaftlichen Emanzipation Afrikas abfinden: Sie gehört zur Harmonie und zum neuen Gleichgewicht der Welt.

Der Kampf der Völker um ihre wirtschaftliche Befreiung beginnt erst ...

Unsere Völker, die bisher unterdrückt waren, sind nicht dazu berufen, Sklavenvölker zu werden; ihre Führer können sich nicht mit der Marionettenrolle abfinden, die man ihnen bei den Vereinten Nationen anbietet. Jene, die auf gefällige afrikanische Stimmen rechnen, um ihre Stellungen in Algerien, in Südafrika, in den Kolonien zu halten, werden als erste bitter enttäuscht werden. Die anderen, die gleiche Berechnungen angestellt haben – wenn auch zu anderen Zwecken (verlorene Liebesmüh hier wie dort) –, können jetzt, so hoffen wir, die Lehren daraus ziehen, die sich aufdrängen. Es gibt keinen bequemen Weg zur Vollendung der Befreiung Afrikas. Die Imperialisten müssen auf ihre Privilegien verzichten. Es gibt keine andere Lösung. Die Männer und Frauen, die Greise und Kinder Afrikas haben das genau begriffen.

Auszug aus der Rede. Abgedruckt in: F. Ansprenger, Politik im Schwarzen Afrika. Köln u. Opladen 1961, S. 481–483 (Dokumente).

Frantz Fanon, Aufruf zum Befreiungskampf, 1960

Fanon, geb. 1925, stammt von der Insel Martinique, studierte in Frankreich Medizin und arbeitete als Psychiater in Algerien. Dort wurde er zu einem der führenden Theoretiker der Befreiungsbewegungen in der Dritten Welt. Er starb 1961.

Los, meine Kampfgefährten, es ist besser, wenn wir uns sofort entschließen, den Kurs zu ändern. Die große Nacht, in der wir versunken waren, müssen wir abschütteln und hinter uns lassen. Der neue Tag, der sich schon am Horizont zeigt, muß uns standhaft, aufgeweckt und entschlossen antreffen.

Unsere Träume, unseren alten Glauben und unsere Freundschaften aus der Zeit vor dem Leben müssen wir aufgeben. Verlieren wir keine Zeit mit sterilen Litaneien oder ekelhafter Nachäfferei. Verlassen wir dieses Europa, das nicht aufhört, vom Menschen zu reden, und ihn dabei niedermetzelt, wo es ihn trifft, an allen Ecken seiner eigenen Straßen, an allen Ecken der Welt.

Ganze Jahrhunderte lang hat Europa nun schon den Fortschritt bei anderen Menschen aufgehalten und sie für seine Zwecke und zu seinem Ruhm unterjocht; ganze Jahrhunderte hat es im Namen eines angeblichen „geistigen Abenteuers" fast die gesamte Menschheit erstickt. Seht, wie es heute zwischen der atomaren und der geistigen Auflösung hin und her schwankt. Und trotzdem kann man von ihm sagen, daß es alles erreicht hat.

Mit Energie, Zynismus und Gewalt hat Europa die Führung der Welt übernommen. Seht, wie der Schatten seiner Monumente sich ausbreitet und vergrößert. Jede Bewegung Europas hat die Grenzen des Raumes und des Denkens gesprengt. Europa hat jede Demut, jede Bescheidenheit zurückgewiesen, aber auch jede Fürsorge, jede Zärtlichkeit.

Nur beim Menschen hat es sich knauserig gezeigt, nur beim Menschen schäbig, raubgierig, mörderisch.

Brüder, wie sollten wir nicht begreifen, daß wir etwas Besseres zu tun haben, als diesem Europa zu folgen.

Dieses Europa, das niemals aufgehört hat, vom Menschen zu reden, niemals aufgehört hat, zu verkünden, es sei nur um den Menschen besorgt: wir wissen heute, mit welchen Leiden die Menschheit jeden der Siege des europäischen Geistes bezahlt hat.

Los, Genossen, Europa hat endgültig ausgespielt, es muß etwas anderes gefunden werden. Wir können heute alles tun, vorausgesetzt, daß wir nicht Europa nachäffen, vorausgesetzt, daß wir nicht von der Begierde besessen sind, Europa einzuholen ...

Los, Brüder, wir haben viel zuviel Arbeit, um uns mit Rückzugsgefechten die Zeit vertreiben zu können. Europa hat getan, was es tun mußte, und alles in allem hat es seine Sachte gut gemacht. Hören wir auf, es anzuklagen, aber sagen wir ihm ins Gesicht, daß es nicht mehr soviel Wind machen soll. Wir haben es nicht mehr zu fürchten, hören wir also auf, es zu beneiden.

Die Dritte Welt steht heute als eine kolossale Masse Europa gegenüber; ihr Ziel muß es sein, die Probleme zu lösen, die dieses Europa nicht hat lösen können.

Frantz Fanon, Die Verdammten dieser Erde. Reinbek b. Hamburg 1969, S. 239ff.

Julius Nyerere, Sozialismus eigenständiger Prägung, 1962

Die meisten Länder Asiens und Afrikas versuchen, einen eigenen Weg zur Lösung der sozialen Probleme ihrer Gesellschaft zu finden. Die führenden Männer der Unabhängigkeitsbewegung in Afrika verstanden sich alle als Sozialisten, als Vertreter eines eigenständigen „afrikanischen Sozialismus". Auch der Staatschef von Tansania, Julius Nyerere, bekennt sich dazu: Nyerere, geb. 1922, wurde Lehrer, übernahm die Führung der Unabhängigkeitspartei von Tanganyika, wurde 1961 Präsident der Republik.

In der traditionellen afrikanischen Gesellschaft war *jedermann* Arbeiter. Es gab keinen anderen Weg, um Lebensunterhalt für die Gemeinschaft zu erwerben. Auch die Ältesten, die sich scheinbar ohne jede Arbeit ihres Lebens freuten und für die alle anderen zu arbeiten schienen, hatten tatsächlich in ihren jüngeren Jahren allezeit hart gearbeitet. Der Reichtum, den ein Ältester jetzt scheinbar besaß, gehörte nicht ihm persönlich; er gehörte ihm nur als dem Ältesten der Gruppe, die diesen Reichtum erzeugt hatte. Er war sein Hüter. Der Wohlstand an sich gab ihm weder Macht noch Ansehen. Die jungen Leute achteten ihn, weil er älter war als sie und länger der Gemeinschaft gedient hatte; ein „armer" Ältester genoß in unserer Gesellschaft ebensoviel Respekt wie ein „reicher" Ältester.

Wenn ich sage, daß in der traditionellen afrikanischen Gesellschaft jedermann Arbeiter war, dann gebrauche ich das Wort „Arbeiter" nicht einfach als Gegensatz zu „Unternehmer", sondern auch als Gegensatz zu „Müßiggänger" oder „Faulenzer". Eine der besten sozialistischen Leistungen unserer Gesellschaft war das Gefühl der Sicherheit, das sie ihren Mitgliedern gab, und die universale Gastfreundschaft, auf die sie sich verlassen konnten. Aber man vergißt heute zu oft, daß die Basis dieser großen sozialistischen Leistung so aussah: man hielt es für selbstverständlich, daß jedes Mitglied der Gesellschaft – abgesehen nur von Kindern und Kranken – seinen fairen Anteil an den Anstrengungen übernahm, durch die ihr Wohlstand produziert wurde. Nicht nur der Kapitalist oder Bodenspekulant war in der traditionellen afrikanischen Gesellschaft unbekannt – wir hatten auch nicht die andere Form des modernen Parasiten: den Faulenzer oder Müßiggänger, der die Gastfreundschaft der Gesellschaft als sein „Recht" beansprucht, aber nichts dafür gibt! Kapitalistische Ausbeutung war unmöglich. Müßiggang war eine undenkbare Schande.

Jene von uns, die über den „African Way of Life" reden und – ganz mit Recht – auf die Erhaltung der traditionellen Gastfreundschaft stolz sind, die ein so wichtiger Teil unseres Lebens ist, täten gut daran, an das Suaheli-Sprichwort zu denken: „Mgeni siku mbili; siku ya tatu mpe jembe" – das heißt: „Behandle deinen Gott zwei Tage lang als Gast; am dritten Tag gib ihm die Hacke in die Hand!" In Wirklichkeit forderte der Gast von selbst die Hacke, noch ehe der Hausvater ihm eine geben würde, denn er wußte, was von ihm erwartet wurde, und hätte sich geschämt, wenn er noch länger faul geblieben wäre. Ja, die Arbeit war . . . die tatsächliche Basis und Rechtfertigung dieser sozialistischen Errungenschaft, auf die wir mit Recht so stolz sind.

Es gibt kein solches Ding wie Sozialismus ohne Arbeit. Eine Gesellschaft, die es versäumt, ihren Menschen die Mittel zur Arbeit zu geben, oder die sie zwar arbeiten läßt, ihnen jedoch den fairen Anteil am Erzeugnis ihres Schweißes vorenthält, muß zurechtgerückt werden. Ebenso ist ein Einzelner im Unrecht, der arbeiten kann, dem die Gesellschaft die Arbeit ermöglicht, und der doch nichts tut . . .

Grundlage und Ziel des Afrikanischen Sozialismus ist die Großfamilie. Der echte afrikanische Sozialist erblickt nicht in einer bestimmten Klasse von Menschen seine Brüder und in einer anderen seine natürlichen Feinde. Er schließt kein Bündnis mit den „Brüdern", um die „Nicht-Brüder" auszurotten. Er betrachtet *alle* Menschen als seine Brüder, als Mitglieder seiner sich immer weiter ausdehnenden Familie. Darum lautet der erste Artikel des Programms der TANU: „Bindamu wote ni ndugu zangu, na Afrika ni moja". Hätten wir das ursprünglich auf Englisch formuliert, könnte der Satz heißen: „Ich glaube an die menschliche Brüderlichkeit und die Einheit Afrikas."

„Ujamaa" – „Familientum" – umschreibt unseren Sozialismus. Er steht in Gegensatz zum Kapitalismus, der eine glückliche Gesellschaft auf der Basis der Ausbeutung des Menschen durch den Menschen zu errichten versucht; und er steht ebenfalls im Gegensatz zu doktrinärem Sozialismus, der seine glückliche Gesellschaft auf eine Philosophie des unvermeidlichen Kampfes zwischen Mensch und Mensch gründen will.

Nyerere, Ujamaa – The Basis of African Socialism. Daressalaam 1962.

Zitiert nach: F. Ansprenger, Kolonisierung und Entkolonisierung in Afrika. Stuttgart 1964, S. 64 ff.

Vo Nguyen Giap, Die Eroberung von Dien Bien Phu, 1954

General Vo Nguyen Giap gehörte seit 1940 zur Führungsmannschaft von Ho Tschi Minh, des Staats- und Parteichefs des kommunistischen Nordvietnam, und organisierte die kommunistischen Truppen im Vietnamkrieg.

Die Festung Dien Bien Phu verfügte über ein ziemlich starkes Truppenkontingent. Die 17 Infanteriebataillone, 3 Artilleriegruppen, ohne die Ingenieureinheiten, die Panzer, die Luftwaffe, den Fuhrpark ect. zu rechnen, stellten wohl die Einheit des französischen Expeditionskorps dar, die über die härteste Kriegserfahrung in Indochina verfügten. Das Lager umfaßte 49 Stützpunkte, die als feste Widerstandszentren aufgebaut und in drei aufeinander abgestimmte Felder unterteilt waren. Im Mittelfeld, gedeckt von den Widerstandszentren auf den östlichen Hügeln, postierten die beweglichen Verbände, die Artilleriebatterien und die Panzereinheiten. Auch der Kommandostab war hier untergebracht. In Reichweite lag das Hauptflugfeld Dien Bien Phus. Dieses riesige Verteidigungssystem war auf Wällen und unteriridischen Gräben aufgebaut.

Für die französischen und amerikanischen Militärs galt Dien Bien Phu als uneinnehmbar, als eine Festung, die allen Angriffen widerstehen konnte. Sie waren überzeugt, ein Angriff bedeute für uns Selbstmord, sichere, unvermeidliche Niederlage. In den ersten Wochen hielt das französische Oberkommando einen Angriff auch für wenig wahrscheinlich. Es hielt an dieser Meinung bis zum letzten Moment fest. Unsere Offensive kam überraschend ...

Die Festung bildete ein Verteidigungssystem, das über ein starkes Kräftepotential verfügte; die eng koordinierten Widerstandszentren standen wirksam von Artillerie, Panzern und Luftwaffe abgesichert und ließen sich leicht durch bewegliche Truppen verstärken. Hierin lag ein Vorteil für den Feind, eine Schwierigkeit für uns. Eine Lösung sah die Taktik eskalierter Angriffe vor, die unsere Streitkräfte an einem Punkt massierte, um dort die Übermacht zu erkämpfen; gleichzeitig mußten die Operationen der feindlichen Artillerie und beweglichen Verbände so weit wie möglich neutralisiert werden. Wir schufen so die Voraussetzungen, um Schlag auf Schlag gegen die einzelnen Widerstandszentren anzustürmen, oder in einem einzigen Angriff einen Teil des Verteidigungssystems, das mehrere dieser Zentren zugleich umfaßte, zu überrollen. War einmal durch Truppenkonzentration an einem Punkt die absolute Übermacht erreicht, waren wir uns sicher, den Feind aufreiben zu können, vor allem bei Gefechtsbeginn, als wir es im wesentlichen mit den vorderen Stellungen des Lagers zu tun hatten.

Die Festung verfügte über ein bedeutendes Potential an Artillerie, Panzern und Flugzeugen. Dieser weitere gegnerische Vorteil war für uns umso gravierender, als die Feuerkraft unserer Artillerie sehr begrenzt war, wir auch weder Panzer noch Flugzeuge besaßen. Um dieser Schwierigkeit zu begegnen, errichteten wir ein engmaschiges Netz von Schützengräben und Verschanzungen, von denen aus Vorstöße und Einzingelungen selbst unter feindlichem Beschuß bei ständigem Stellungswechsel unserer Truppen geführt werden konnten. Unsere Leute hoben ein Netz von insgesamt mehreren hundert Kilometern Gräben aus, die den Aufmarsch unserer Truppen im Tal selbst sowie ihre Stellungswechsel unter dem schweren Artilleriefeuer und den Napalmbomben absicherten. Freilich genügte es nicht, die Wirkung der gegnerischen Artillerie abzuschwächen; unsere eigene Feuerkraft mußte unbedingt erhöht werden. Damit unsere Artillerie sich in direkter Reichweite von Dien Bien Phu postieren konnte, mußten Wege an den Berghängen ausgeschlagen werden. Dort, wo es unmöglich war, Wege auszuhauen, schleppten die Soldaten die Geschütze allein mit der Kraft ihrer Arme hinauf. Die Plazierung unserer Artillerie an schwer zugänglichen Unterständen kam für den Feind völlig überraschend. Trotz ihrer zahlenmäßigen Schwäche hat sie in der Schlacht eine wichtige Rolle gespielt.

Bei dem Versuch, die Vorteile des Feindes auszuschalten, durften wir nicht versäumen, gleichzeitig seine verwundbaren Stellen auszunutzen. Seine größte Schwäche lag in der Versorgung, die nur aus der Luft erfolgen konnte. Von Kampfbeginn an verfolgten wir die Taktik, die Landebahnen mit unserer Artillerie zu torpedieren und den Luftverkehr mit unserer D.C.A. außer Betrieb zu setzen. In dem Maße, wie sich die Kampfhandlungen entwickelten, setzten wir alles daran, die Versorgung der Garnison zu blockieren und nach und nach restlos abzuriegeln.

Das sind die taktischen Probleme, die wir im Feldzug von Dien Bien Phu gelöst haben. Wir haben sie gelöst, da wir von der Analyse der starken und und schwachen Punkte des Feindes ausgingen, da wir uns ebenso auf die technischen Mittel stützten, wie an den ungebrochenen Kampf- und Durchhaltewillen, der eine Volksarmee auszeichnet, appellierten. Im wesentlichen richtete sich unser strategischer Plan nach jenen taktischen Überlegungen. Unsere Strategie verfolgte den Ausbau eines festen Netzes von Angriffs- und Einkreisungskanälen, das unseren Truppen erlaubte, in pausenlos aufeinanderfolgenden Wellen anzustürmen. Dieses System, unzählige Gräben, Befestigungen, Artilleriebasen, Oberkommandos, vergrößerte sich mit der Ausweitung der Gefechte. Die Verschanzungen führten von dem Dschungelkessel bis in die Talsohle. Jeder ausgehobene Stützpunkt wurde sofort von unseren Truppen als neue Stellung bezogen. Die Folge war, daß unsere Einzingelung die feindliche Festung gewissermaßen mit einer zweiten Festung umstellte, der Festung unserer eigenen Streitkräfte; diese äußerst beweglichen Truppengürtel zogen ihre Umklammerung jeden Tag enger, so daß sie sich immer tiefer in die feindlichen Stellungen einschnitten . . .

Am 7. Mai greifen unsere Truppen von allen Seiten gleichzeitig an, besetzen den Kommandostand und nehmen den gesamten Generalstab gefangen. In der Nacht darauf besetzen wir den südlichen Abschnitt.

Die Schlacht von Dien Bien Phu endet mit einem vollständigen Sieg unserer Seite.

Vo Nguyen Giap, Volkskrieg, Volksarmee. München 1968, S. 155 ff.

Leutnant Calley, Das Massaker von My Lai, 16. März 1968

Leutnant Calley wurde (als einziger) für das berüchtigte „Massaker von My Lai" gerichtlich zur Verantwortung gezogen, verurteilt und auf Veranlassung von Präsident Nixon wieder freigelassen. In der Gerichtsverhandlung schwieg Calley, machte aber später umfangreiche Aussagen, aus denen John Sack einen von Calley autorisierten Bericht formulierte.

Wir sahen, wie sie die Bäume von My Lai beschossen. Und die Marine hielt Schnellboote für uns bereit, mit dreißig- und fünfzig-kalibrigen Maschinengewehren und Mörsern. Wenn Not am Mann wäre, stünden uns Zerstörer, ich glaube, die „New Jersey", zur Verfügung und die Luftwaffe mit ihren Phantomjägern. Und das war meiner Meinung nach scheißarmselig: die Phantom-Jäger nur dann, wenn *Not* am Mann ist. Ich wollte, daß die Phantoms jetzt sofort startklar sind! Ich hatte zu Hauptmann Medina gesagt: „Ich habe keine Lust, sie erst dann zu bekommen, wenn ich krepiert bin!"

Denn, überlegen Sie einmal, ich wußte nicht, *was* mich in My Lai 4 erwartete. Vielleicht eine Vietcong-Gruppe, ein Zug, eine Kompanie, oder sogar das gottverdammte Bataillon. Ich wußte nur: *Es wird auf uns schießen.* Der Hubschrauberpilot hatte das gesagt. Er brachte den Hubschrauber herunter und rief mir zu: „'ne heiße Sache!" Das hieß: „Wir werden beschossen!" Aber es hieß noch viel mehr: „Ich hoffe, ihr schafft's. Ich hoffe, *ich* schaff's. Ich bleib hier nicht länger! Raus mit euch!" Ich dachte: *Also los,* stand auf und sprang – nein, ich rührte mich nicht vom Fleck. Ich versuchte es, ich zwang mich dazu, und endlich sprang ich ein paar Meter tief in die Reisfelder unter mir. Die Truppen mir nach. Vor uns: My Lai 4.

Irgendwann einmal werde ich sterben. Das war mir schon immer klar gewesen, aber ich hatte es ignoriert. Und heute klopfte ich an die Tür des Todes. Ich konnte es nicht mehr ignorieren. Die Angst steckte mir in allen Gliedern. Ich *fühlte* sie, ich rannte immer weiter, aber dazu kostete es mich noch mehr Anstrengung. Ich wußte, eine Kugel abzubekommen wäre wohl die beste Art zu sterben. Kurz und bündig. Ich wüßte nicht einmal, daß ich getroffen wurde. Eine Mine ist schon schlimmer. Da wacht man dann auf und überlegt: *Was habe ich bloß jetzt verloren? Meine Beine. Aber meine Arme habe ich ja noch.* Ich würde versuchen, den Tatsachen ins Auge zu sehen und an die großartigen Jungs denken, die mit einem Holzbein herumlaufen, aus Flugzeugen springen und sogar Berghänge hochhüpfen. Und ich würde mir sagen: *Für mich ist's vorbei, ich muß mir keine Gedanken mehr machen.* Mit diesem Mechanismus in mir rannte ich immer weiter auf My Lai 4 zu. Die Angst wühlte nur so in mir, als ob man eine Bombe explodieren oder einen Menschen in die Luft fliegen sieht.

Fast jeder hatte Angst. Und jeder mußte sie loswerden. Die Ursache davon war My Lai. Deshalb wurde My Lai von jedem mit Salven eingedeckt. Jeder beeilte sich, durchzukommen. Die GIs knallten die Leute ab, ohne lange zu überlegen. Sie warfen Granaten nach ihnen oder spießten sie auf ihre Bajonette. Jemanden erstechen, zur Seite werfen und weitergehen, das war's. Vermutlich machten die GIs Bemerkungen wie: „Der da kommt auf meine Rechnung", oder „He, ich habe wieder einen", oder „Haste den Scheißer krepieren sehen?" Aber ich hörte nichts, ich dachte immer nur an Medina, der mir gesagt hatte: „Vorwärts!" Also befahl ich: „*Vorwärts! Vorwärts! Vorwärts! Vorwärts!*"

„*Mein Gott*", heißt es jetzt, „aber das waren doch alte Männer und Frauen und Kinder." Ich sage euch: Ich habe es nicht gesehen. Ich hatte eine Aufgabe, und ich war scharf darauf, sie zu erledigen. Ich wußte nur: *Das ist der Feind.* Natürlich war ich noch in Süd-Vietnam, und mir war auch klar: *In Süd-Vietnam gibt es alte Männer, Frauen und Kinder.* Das sagte mir mein gesunder Menschenverstand. Im Kampf gibt es verdammt wenig gesunden Menschenverstand . . .

Mir war klar, daß ich in My Lai mit zwanzigtausend Schuß Munition einrückte und nicht auf Schießscheiben schoß, sondern auf Männer, Frauen, Kinder und Babies. Im Kampf herrscht Chaos, und ich konnte den GIs nicht sagen: „Seid jetzt vorsichtig." Wir waren nicht dazu da, die Leute zu verhätscheln. Oder Cowboy zu spielen, über die gelacht wurde. Wir waren auch nicht gekommen, um uns sagen zu lassen: „*No bitt.*" Nicht ein einziger von uns! Und in Fort Benning, Georgia, verleugneten wir es auch nicht. Ein Gruppenführer vom zweiten Zug bezeugte: „Wir führten nur unsere Befehle aus, Sir."

„Haben Sie am 16. März 1968, in My Lai 4, Männer, Frauen und Kinder getötet?"

„Ja." Ein Gruppenführer vom dritten Zug sagte aus: „Wir sahen Leute, die vor dem ersten und zweiten Zug davonrannten. Wir hielten sie an, und einer der GIs fragte: ‚Was sollen wir mit ihnen machen!' Ich sagte: ‚Nun, alles *muß* umgebracht werden.' Und dann eröffnete einer das Feuer auf diese Leute."

„Hat Ihre ganze Gruppe geschossen?"

„Das kann ich wirklich nicht sagen."

„Haben Sie geschossen?"

„Ja. Ich merkte: *Die sind schon verwundet, da kann ich sie genauso gut töten. Das ist unsere Aufgabe.*"

„Also ... Männer, Frauen und Kinder?"

„Männer, Frauen und Kinder."

„Und wie viele waren es, Ihrer Schätzung nach?"

„Zehn ..."

Jeder Zug tat es. Und die Vietnamesen wußten: *Für die bin ich ein Hindernis. Entweder ich kämpfe, oder ich gehe ihnen aus dem Weg.* Sie flohen. Und die Piloten außerhalb von My Lai vernichteten sie. Ich habe gehört, daß an dem Tag ungefähr fünfhundert abgeknallt wurden. Das ist gut möglich.

Was mich angeht, hatte ich nur sieben Ladestreifen bzw. 125 Schuß bei mir, denn es ist nicht Sache des Führers, jemanden zu erschießen. Die meisten waren Rauch- oder Leuchtspurgeschosse, von denen ich dann eine abfeuerte und nur sagte: „Folgt meiner Spur." Ich mußte nur zweimal in My Lai 4 scharf schießen. Ich stand allein an einem großen Backsteinhaus und schaute hinein. An der Feuerstelle stand ein Vietnamese, am Fenster ein anderer, und ich knallte sie ab, killte sie. Und seltsam – es machte mir einfach nichts aus. Ich hatte einmal einen Spatz erschossen; damals heulte ich. Aber jetzt? Ich dachte nur: *Ein Hurensohn weniger. Jetzt kann ich auch Tote melden.* Das schlimmste daran war das Geräusch gewesen. Das Geräusch von meinem Gewehr: Bäng, bäng – und das war das schlimmste daran. Wenn mich jemand fragt: „Mann, wie können Sie bloß jemanden umbringen?", kann ich ihm keine Antwort geben ...

Sie taten das auch in Vietnam, die Kommunisten. Ich habe einmal einen Vietnamesen gekannt, er war der Dorfvorsteher von Dotti. Ein rauher Bursche, ein John Wayne; aber ich habe es gesehen, wie die Kommunisten ihn fertigmachten. Er war zu mir gekommen, heulend, schreiend, mit einem großen Tonkrug in den Händen. In dem Krug lag etwas, das wie eine Menge gedünsteter Tomaten aussah. Blut. Und ein zerfetzter Knochen. Und Haare. Und ein paar schwabbelnde Fleischklumpen. Der Dolmetscher erklärte mir: „Das stand heute vor seiner Tür."

„Was ist es?"

„Sein Sohn."

„Wer hat das gemacht?"

„Der Vietcong."

Sie hatten gewonnen. Sie hatten ihn fertiggemacht. Diese Leute sind Monster, sie haben keine Skrupel, kennen keine Schranken, sie machen kurzen Prozeß. Sie gehen ins Extreme, ich meine damit dieses Gemetzel. Das ist es, was der Kommunismus macht, und wir waren in My Lai, um ihn zu vernichten. Ich persönlich habe an dem Tag keinen einzigen Vietnamesen gekillt. Ich betone: ich persönlich. Ich verkörperte nur die Vereinigten Staaten von Amerika. Mein Vaterland.

Zitiert nach: Ich war gern in Vietnam. Leutnant Calley berichtet. Frankfurt a.M. 1972, S.78ff.

Erich Fried, Vietnamesen ertrinken, 1979

Vor zehn Jahren schrieb ich über Amerikas Taten in einem Gedicht, das ich Aufzählung nannte:

„Fünfhundertsiebenundsechzig alte Männer und Kinder und Frauen erschossen in einem Dorf, das My Lai heißt oder Song My ... und elfhundert Frauen und Kinder aus einem Ort an der Küste auf Dschunken ins Schlepptau genommen und auf die See gebracht, bis die Dschunken kenterten, und dann die Taue durchschnitten, und die noch schwammen, mit Maschinenpistolen erledigt."

Heute kenterten wieder Dschunken auf hoher See ... Und alle Regierungen – die Vereinigten Staaten, China, Malaysia, Thailand, Singapore, und so weiter, und auch die Regierung Vietnams – beteuern laut ihre Unschuld; und eine Regierung gibt der anderen die Schuld, und die Menschen in ihren Booten ertrinken noch immer genau so wie vor zehn Jahren die elfhundert Frauen und Kinder.

Wer ist schuld? – Mein Freund Peter Weiß hat erklärt: „Vietnam ist *nicht* schuld" und hat viele Gründe gegeben. Ich glaube fast alle, aber *ganz* überzeugt bin ich doch nicht: Niemand ist *ganz* frei von Schuld an diesen Ertrunkenen.

Sind also alle *gleich* schuldig? – Ich glaube, nicht. – Die Vereinigten Staaten, die Vietnam mit Sprühgift unfruchtbar machten und Millionen zu Schwarzhändlern, Dirnen, Verbrechern erzogen, und die die viereinhalb Milliarden Dollar, die Herny Kissinger, der Friedens-Nobelpreisträger, für den Wiederaufbau versprach, dann einfach nicht zahlten – sollten die nicht schuldiger sein als das neue Vietnam, das ohne diese Hilfe soviel nicht bewältigen konnte?

Oder China, das die lautesten Schimpfreden führt und sich anschickt, schon zum zweiten Mal Krieg gegen Vietnam zu beginnen, den es nennt: „Vietnam eine scharfe Lektion erteilen!", dieses China, das Vietnamesen chinesischer Sprache verschreckt und zur Flucht aufgehetzt hat, soll unschludig sein? Und wir in Europa, die nur an die Flüchtlinge denken, und nicht an das Unglück Vietnams, obwohl dieses halbe Europa Amerika half in seinem Vietnamkrieg, oder sich *neutral* erklärte und stillhielt, wie steht es um *unsere* Schuld?

Nein, schuldlos ist keiner, und jeder, der sich selbst freispricht, verklagt sich selbst: auch das Vietnam von heute mit seiner Einstufung und Reglementierung von Menschen. – Aber seine Schuld ist um vieles geringer als die alte Schuld des Westens und als die neue Schuld Chinas.

So wie es Spätheimkehrer gab nach dem Krieg, so gibt es auch späte Opfer – und diese Frauen und Kinder, die ertrinken und deren Tod durch nichts entschuldigt sein kann, sind späte Opfer des alten Vietnamkrieges und des Treuebruchs von Politikern, die Wiedergutmachung versprachen und die ihr Versprechen brachen und die Wieder*schlecht*machung fördern, die nicht dadurch gut gemacht wird, daß wir jetzt Flüchtlingen helfen.

Zitiert nach: Blätter des iz3w. Freiburg, Nr. 82, Dez. 1979.

David Ben Gurion, Die Gründungs- und Unabhängigkeitserklärung des Staates Israel, 14. Mai 1948

Ben Gurion (1886–1973) gründete in Palästina die Vereinigte Israelische Arbeiterpartei. Er wurde nach der Gründung des Staates Israel 1948 der erste Ministerpräsident des Landes.

Im Lande Israel trat das jüdische Volk ins Leben, hier wurde sein geistiges, religiöses und politisches Antlitz geformt; hier führte es sein Leben in staatlicher Selbständigkeit; hier schuf es nationale und allmenschliche Kulturgüter und schenkte der Welt das unvergängliche Buch der Bücher.

Mit Gewalt aus seinem Lande vertrieben, hielt es ihm allenthalben in der Zerstreuung die Treue und hörte niemals auf, die Rückkehr in sein Land und die Wiederherstellung seiner politischen Freiheit in ihm zu erflehen und zu erhoffen.

In historischer und überlieferter Verbundenheit erstrebten die Juden aller Zeiten die Wiedergewinnung ihrer alten Heimat; in Scharen kehrten Pioniere, Wagemutige und Helden der letzten Generationen heim in ihr

Land. Sie brachten die Wüste zum Blühen, erweckten die hebräische Sprache zu neuem Leben, bauten Städte und Dörfer, schufen ein im Wachstum begriffenes Siedlungswerk mit eigener Wirtschaft und Kultur, friedliebend und wehrfähig, das allen Bewohnern des Landes die Segnungen des Fortschritts bringt und sich nach staatlicher Selbständigkeit sehnt.

Im Jahre 1897 trat, dem Rufe Theodor Herzls, des Künders der Judenstaatsidee, folgend, der Zionistenkongreß zusammen und proklamierte das Recht des jüdischen Volkes auf nationale Wiedergeburt in seinem Heimatlande.

Dieses Recht wurde in der Balfour-Deklaration vom 2. November 1917 anerkannt und im Völkerbundsmandat, das der historischen Verbundenheit des jüdischen Volkes mit dem Lande Israel und dem Anspruch des jüdischen Volkes auf die Wiedererrichtung seines Nationalheimes internationale Geltung verschaffte.

Die Katastrophe, die in unseren Tagen über das jüdische Volk hereinbrach und der Millionen Juden in Europa zum Opfer fielen, bewies erneut und eindringlich, daß es unerläßlich ist, die Frage des heimat- und staatenlosen jüdischen Volkes durch Wiedererrichtung des jüdischen Staates im Lande Israel zu lösen, der seine Tore jedem Juden weit öffnen und dem jüdischen Volk die Stellung der gleichberechtigten Nation unter den Völkern verleihen wird.

Die jüdischen Flüchtlinge, die sich aus dem furchtbaren Blutbad des Nationalsozialismus in Europa retten konnten, und Juden anderer Länder hörten nicht auf, trotz aller Schwierigkeiten, Hindernisse und Gefahren ins Land Israel zu kommen. Sie forderten unablässig ihr Recht, in der Heimat ihres Volkes ein Leben redlicher Arbeit in Würde und Freiheit zu führen.

Im Zweiten Weltkrieg leistete die jüdische Bevölkerung des Landes am Kampf der freiheits- und friedliebenden Nationen gegen die Kräfte der nationalsozialistischen Verbrecher ihr Teil und erwarb sich mit dem Blute ihrer Kämpfer den Anspruch, den Völkern, die den Bund der Vereinten Nationen gründeten, zugerechnet zu werden.

Am 29. November 1947 beschloß die Vollversammlung der Vereinten Nationen die Errichtung eines jüdischen Staates im Lande Israel. Die Vollversammlung verlangte von der Bevölkerung des Landes Israel, selbst alle notwendigen Schritte zu ergreifen, um den Beschluß in die Tat umzusetzen. Diese durch die Vereinten Nationen ausgesprochene Anerkennung des Rechtes des jüdischen Volkes auf die Errichtung seines Staates kann nicht aufgehoben werden.

Das jüdische Volk hat gleich allen anderen Völkern das natürliche Recht, ein selbständiges Leben in seinem souveränen Staat zu führen.

Daher sind wir, die Mitglieder des Volksrates, die Vertreter der jüdischen Bevölkerung Palästinas und der zionistischen Bewegung, heute, am Tage, an dem das britische Mandat über das Land Israel zu Ende geht, zusammengetreten und proklamieren hiermit kraft unseres natürlichen und historischen Rechtes und aufgrund des Beschlusses der Vollversammlung der Vereinten Nationen die Errichtung eines jüdischen Staates im Lande Israel, des Staates Israel.

Wir erklären, daß vom Augenblick der Beendigung des Mandates in dieser Nacht zum 6. Ijar 5708, das ist zum 15. Mai 1948, bis zur Errichtung der gewählten und ordentlichen Staatsbehörden, die aufgrund der durch die verfassunggebende Versammlung bis spätestens zum 1. Oktober 1948 zu erlassenden Konstitution einzusetzen sind, der Volksrat als Provisorischer Staatsrat fungieren und sein Vollzugsorgan, die Volksleitung, die Provisorische Regierung des jüdischen Staates bilden soll, dessen Name Israel sein wird.

Der Staat Israel wird für die jüdische Einwanderung und die Sammlung der zerstreuten Volksglieder geöffnet sein; er wird sich die Entwicklung des Landes zum Wohle aller seiner Bewohner angelegen sein lassen. Er wird im Geiste der Visionen der Propheten Israels auf den Grundlagen der Freiheit, der Gleichheit und des Friedens gegründet sein; er wird allen seinen Bürgern volle soziale und politische Gleichberechtigung ohne Unterschied der Religion, der Rasse und des Geschlechtes gewähren; er wird Glaubens- und Gewissensfreiheit sowie Freiheit der Sprache, der Erziehung und Kultur garantieren. Er wird die heiligen Stätten aller Religionen beschützen und den Grundsätzen der Charta der Vereinten Nationen Treue bewahren.

Der Staat Israel wird bereit sein, mit den Institutionen und Vertretern der Vereinten Nationen bei der Verwirklichung des Beschlusses vom 29. November 1947 zusammenzuarbeiten und sich für die Errichtung der wirtschaftlichen Einheit im ganzen Lande Israel einzusetzen.

Wir appellieren an die Vereinten Nationen, dem jüdischen Volke beim Aufbau seines Staates zu helfen und den Staat Israel in die Familie der Völker aufzunehmen.

Wir rufen – selbst während des seit Monaten gegen uns geführten blutigen Angriffes – die im Staate Israel lebenden Angehörigen des arabischen Volkes auf, den Frieden zu bewahren und sich am Aufbau des Staates auf der Grundlage voller bürgerlicher Gleichberechtigung und angemessener

Vertretung in allen vorläufigen und permanenten Institutionen des Staates zu beteiligen.

Wir bieten allen Nachbarstaaten und ihren Völkern die Hand zum Frieden und zu guter Nachbarschaft und rufen sie zur Zusammenarbeit mit dem jüdischen Volke, das in seinem Lande die Selbständigkeit erlangte, und zu gegenseitiger Hilfe auf. Der Staat Israel ist bereit, seinen Beitrag zu den gemeinsamen Bemühungen für den Fortschritt des gesamten Mittleren Ostens zu leisten.

Wir appellieren an das jüdische Volk in allen Ländern der Diaspora, sich beim Werke der Einwanderung und des Aufbaus um die Juden des Staates Israel zu scharen und ihnen in ihrem schweren Kampf um die Erfüllung der Sehnsucht von Generationen, der Erlösung Israels, beizustehen.

Im Vertrauen auf den Fels Israel setzen wir unsere Namen zum Zeugnis unter diese Erklärung, gegeben in der Sitzung des Provisorischen Staatsrates auf dem Boden unserer Heimat in der Stadt Tel Aviv heute, am Vorabend des Sabbath, dem 5. Ijar 5708, 15. Mai 1948.

David Ben Gurion, Israel. Die Geschichte eines Staates. Frankfurt a. M. 1973, S. 111 ff.

Golda Meïr, In der Stunde der Rettung, 1967

Golda Meïr leitete 1966–69 das israelische Außenministerium und war 1969–1974 Ministerpräsidentin ihres Landes.

Wieder haben wir einen Krieg gewonnen, den dritten in der sehr kurzen Geschichte unserer Unabhängigkeit. Was die Israelis am allerwenigsten wollen, ist Kriege gewinnen. Wir wollen keine Kriege. Wir wünschen den Frieden mehr als alles andere. Aber unsere arabischen Nachbarn und ihre Freunde müssen eines lernen: Die Juden, die in Hitlers Gaskammern umkamen, waren die letzten Juden, die starben, ohne sich zu verteidigen. Hilflose jüdische Opfer versuchten, im Warschauer Ghetto, im Wilnaer Ghetto, in Bialystok zu kämpfen. Aber sie standen mit leeren Händen da, hatten gegen Hitlers Panzer nichts als ihren Mut aufzubieten.

Ein paar Wochen vor Ausbruch des Sechs-Tage-Krieges schilderte Stabschef Isaak Rabin am Unabhängigkeitstag einer großen Menschenmenge seine Erlebnisse als junger Palmach-Offizier im israelischen Unabhängigkeitskrieg von 1948.

Er berichtete von einem Tag, an dem die meisten Männer unter seinem Befehl fielen und die Reserven, die man ihm schickte, fünfzehn- und sechzehnjährige Jungen waren, die nur wenige Waffen hatten. An jenem Abend berieten sie, ob sie aufgeben sollten. Sie beschlossen, noch einen Tag durchzuhalten – einen Tag, der eine entscheidende Wende zu unseren Gunsten brachte. An jenem Tag schwor sich Rabin, daß er, falls er je Einfluß auf die Sicherheitsplanung Israels gewänne, alles in seinen Kräften Stehende tun würde, damit das Land seinen Feinden nie wieder unter so ungleichen Bedingungen entgegentreten müßte.

Rabins Hoffnung ist Wirklichkeit geworden, aber zu einem hohen Preis. Wir sind ein kleines Volk von nur 2,5 Millionen Menschen, das von Dutzenden von Millionen Arabern umringt ist. Wir müssen die Waffen bezahlen, die wir erwerben, und wir danken jeder Regierung, die bereit ist, uns die Kanonen, Panzer und Flugzeuge zu verkaufen, die wir brauchen. Unsere Nachbarstaaten dagegen haben einen Lieferanten, der sie unablässig versorgt. Wie man hört, hat Ägypten in diesem Krieg, der nur ein paar Stunden dauerte, allein Waffen im Wert von dreieinhalb Milliarden Dollar verloren.

Nasser hat diese Waffen nicht bezahlt. Und ich fürchte sehr, daß er Ersatz dafür bekommen wird. Ich fürchte es nicht, weil ich Angst hätte, daß wir in einem neuen Krieg besiegt würden, sondern weil wir keinen Krieg wollen! Wir wollen nicht das wenige, was wir haben, bekommen und verdienen, für Panzer und Flugzeuge ausgeben. Wir haben wichtigere Aufgaben zu erfüllen.

Dennoch, die zehn Jahre relativen Friedens, die wir hatten – wir nannten es Frieden trotz der Grenzzwischenfälle, der Toten im Kibbuz Almagor, der verminten Eisenbahn, der durch Minen zerstörten Autos –, verdanken wir der Tatsache, daß Nasser überzeugt war, noch nicht stark genug zu sein, um Israel anzugreifen.

Im Juni dieses Jahres machte er seinen großen Fehler. Er glaubte, jetzt sei er stark genug. Er berechnete die Stärke nur nach der überlegenen Zahl seiner Soldaten, seiner Panzer, seiner Flugzeuge. Aber er vergaß ein Element – den Kampfgeist eines kleinen Volkes, dessen einzige Alternative zum Zurückschlagen des Feindes darin lag, sich ins Mittelmeer treiben zu lassen.

Dieses Volk kämpfte nicht für einen Gebietsgewinn. Unsere Jungen wurden nicht wie die ägyptischen Soldaten in einen „heiligen Krieg" geschickt, um zu zerstören und zu vernichten. Unsere Soldaten gingen in die Schlacht, damit Menschen leben können! Sie wurden von einer Regierung in den Kampf geschickt, von der sie wußten, daß sie bereit war und jederzeit bereit ist, mit den arabischen Nachbarstaaten in Frieden und Kooperation zu leben, daß sie bereit ist zum Frieden mit der ganzen Welt.

Zehntausende von ägyptischen Soldaten mit über tausend Panzern und riesigen Munitionslagern standen wochenlang in der Wüste Sinai bereit, in dem Gebiet, das wir 1957 hatten räumen müssen, obwohl wir gesiegt hatten. Dasselbe geschah im Gazastreifen. 1957 hatte man uns versprochen, wenn wir Gaza räumten, dann würden dort niemals ägyptische Truppen einrücken. Sie marschierten ein, kaum daß wir Gaza ein paar Stunden zuvor verlassen hatten. Sharm el-Sheikh, die Wasserstraße nach Eilat, wurde von Nasser geschlossen. Das geschah, nachdem die Völkergemeinschaft, insbesondere alle seefahrenden Staaten, feierlich versprochen hatten, diese Wasserstraße werde für israelische Schiffe ebenso offen sein wie für die anderer Nationen. Doch als Nasser sich entschied, sie zu schließen, blieb sie geschlossen.

Wir wissen, daß wir in der Welt gute Freunde haben. Die Amerikaner haben das Privileg, in einem Land zu leben, das wir als einen der größten Freunde Israels betrachten. Wir haben auch andere Freunde. Dennoch mußten wir allein kämpfen. Wir wollten nicht, daß irgend jemand für uns in den Krieg zog. Wir wollten nicht, daß irgend jemand sonst für unsere Freiheit und unser Überleben auch nur einen Tropfen Blut vergösse. Wir warteten ab, Tag um Tag, über zwei Wochen lang, während dieser riesige Apparat des Todes und der Vernichtung an unseren Grenzen immer bedrohlicher wurde.

Wir hofften aller Wahrscheinlichkeit zum Trotz, daß vielleicht diesmal die Großmächte etwas tun würden, den Krieg zu verhindern. Bis zum Morgen des letzten Montag – es scheint, als sei das schon Jahre her – rückten Nassers Truppen immer näher an unsere Grenze heran; seine Flugzeuge auf der Sinai-Halbinsel waren nur Minuten von Tel Aviv entfernt. Gott sei Dank, daß unsere Flugplätze nicht zuerst zerstört wurden, sondern unsere Luftwaffe schnell und schlagkräftig genug war, um die ägyptischen Flugplätze und Maschinen zuerst zu vernichten.

Wir hatte niemals vor, auch nur eine Kugel über die jordanische Grenze zu schießen. Doch als König Hussein es für richtig hielt, sich dem Angriff anzuschließen, weil er offenbar durch Nassers Erklärung über seine Stärke getäuscht wurde; als er versuchte, an dem sicheren Sieg über Israel teilzuhaben; als seine Armee an den Mauern Jerusalems zu kämpfen begann, bis hin nach Mea Shearim; als jede Siedlung an der jordanischen Grenze beschossen wurde –: da wurde Hussein zu einem Feind, den es zurückzuschlagen galt. Und wir taten es.

Syrien glaubte lange, seine Geschütze auf den Golan-Höhen, die auf unsere Dörfer im Tal gerichtet waren, würden ihm den Sieg garantieren. Die Syrer irrten. Nicht nur die Soldaten der israelischen Armee sind Helden. Helden sind auch die Männer und Frauen und Kinder im Tal, die in Ein

Gev, in al-Magor, Tel Katzir, Gadot, Lahavot Habashan und Dan ausharrten. In keinem dieser gefährdeten Dörfer nahm eine Mutter ihr Kind und brachte sich in Sicherheit. Sie blieben, obwohl Tonnen von syrischen Granaten auf sie herabregneten; sie blieben im Süden, im Negev, in der Nähe des Gazastreifens. Dabei waren viele dieser Mütter erst kürzlich ins Land gekommen. Viele von denen, die nach dem Zweiten Weltkrieg eingewandert waren, hatten ihre Kinder in den Gaskammern der Nazi-Todeslager verloren; heute haben sie Kinder, die in Israel aufgewachsen sind. Diese Mütter ließen ihre Söhne in die Schlacht ziehen, ohne daß auch nur eine versucht hätte, sie zurückzuhalten. Sie sahen sie einrücken nicht nur mit der festen Überzeugung, daß dies die einzige Hoffnung für die zwei Millionen Juden Israels war, sondern auch mit dem Wissen, daß kein Jude in der Welt sich frei fühlen würde, wenn wir in Israel nicht unsere Freiheit bewahrten, koste es, was es wolle.

Ich mußte Israel Freitag mittag verlassen, um nach New York zu reisen. Ich konnte den Gedanken nicht ertragen, abzufliegen, ohne an der Klagemauer gewesen zu sein, nun, da es nach 20 Jahren endlich wieder möglich war. Also fuhr ich früh am Freitag morgen hin. Das erste Mal war ich vor genau 46 Jahren an der Klagemauer gewesen, als ich aus den Vereinigten Staaten im damaligen Palästina eintraf. Diese Mauer ist jetzt seit vielen Generationen ein Symbol für die große Tragödie des jüdischen Volkes, für die Zerstörung seiner Unabhängigkeit und des Tempels, aber auch für die Verheißung einer künftigen Rückkehr in sein Land.

Das Waffenstillstandsabkommen mit Jordanien nach dem Unabhängigkeitskrieg von 1948, das mit Unterstützung der Vereinten Nationen geschlossen wurde, sah vor, daß die Juden freien Zugang zu ihren heiligen Stätten in der Jerusalemer Altstadt hätten. Das Abkommen wurde nicht eingehalten, was auch immer wir taten und wie immer wir die UNO drängten, Jordanien zur Erfüllung der Bedingungen zu bewegen.

Über 19 Jahre lang konnte kein Jude zur Klagemauer gehen. Am vorigen Freitag betrat ich endlich wieder die Altstadt. Der Militärgouverneur, Chaim Herzog, berichtete mir von der Tapferkeit der Fallschirmjäger; sie kamen als erste in die Altstadt und mußten um jeden Zentimeter Boden kämpfen. Der Kommandant der Paras, ein harter Soldat – er hatte an allen Schlachten teilgenommen, in denen wir kämpfen mußten – weinte, als er von seinen Männern erzählte. Wann immer er die Einheiten in den verschiedenen Stadtteilen nach den Verlusten fragte, antworteten die Truppenführer: „Die Verluste spielen keine Rolle. Wir rücken vor."

Golda Meïr, Leben für mein Land. Bern u. München 1973, S. 187ff.

Der Spiegel, Interview mit Georges Habasch, dem Führer der „Volksfront zur Befreiung Palästinas", 16. Februar 1970

Spiegel: Warum beschießen und entführen palästinensische Fedajin Verkehrsflugzeuge? Warum bekämpfen Sie Israel außerhalb des von Israelis beherrschten Gebietes?

Habasch: Weil unser Feind nicht nur Israel ist. Dieser Staat Israel wird vom Weltzionismus unterstützt – mit Dollars und mit allen anderen Arten der Hilfe. Unser Feind heißt Israel plus Zionismus plus Imperialismus plus alle reaktionären Kräfte.

Spiegel: Wenn Sie unbeteiligte Menschen dabei töten, treffen Sie nicht den Weltzionismus ... Uns scheint, Sie schaden Ihrer Sache mit den Terroranschlägen mehr, als sie ihr nützen. Die Weltöffentlichkeit hat kein Verständnis für Attentate auf Flugzeuge und für Flugzeugentführungen weitab vom Kriegsschauplatz.

Habasch: ... Krieg ist Krieg – und wir müssen diesen Krieg gewinnen ... Der Kampf außerhalb Israels ist nicht unsere Hauptaufgabe. Aber vergessen Sie nicht, daß Israel eine Insel ist. Gewiß, das Land hat Landgrenzen mit Jordanien, dem Libanon und Syrien. Es besteht jedoch kein Verkehr zwischen Israel und seinen Nachbarn. Die einzigen Verbindungswege führen über die See und durch die Luft. Und darauf müssen wir unsere militärische Strategie einrichten.

Spiegel: Glauben Sie tatsächlich, mit Ihren sporadischen Aktionen Israel von der Außenwelt isolieren zu können?

Habasch: Wir glauben, daß wir mit unseren Aktionen vor allem die Moral des Gegners schwer anschlagen, manchmal schaden wir ihm auch materiell. Unser Ziel ist ganz einfach, unsere Feinde zu treffen – und das ist unser gutes Recht.

Spiegel: Offenbar ist aber den Guerilla-Organisationen fast drei Jahre nach dem Ende des Juni-Krieges noch kein entscheidender militärischer Erfolg gegen die Israelis geglückt ...

Habasch: Unsere einzige Chance, Palästina zu befreien, ist der Weg, den die Vietnamesen wählten. Denn wir können Israel, den Zionismus und Amerika mit ihren „Phantom"-Jägern und ihrer hochentwickelten Technologie nicht in einem klassischen Krieg schlagen. Unsere einzige Hoffnung liegt in einer Massenorganisation, in einem Guerilla-Krieg, in unserem unbändigen Willen zur Befreiung. Das sind die Waffen, die ein armes Volk gegen die Macht des Imperialismus hat ...

Spiegel: Ihre Organisation kämpft offenbar nicht nur gegen Israel, sondern hat sich auch die Beseitigung reaktionärer arabischer Regime zum Ziel gesetzt.

Habasch: In den 20, vielleicht auch 25 oder 30 Jahren Volkskrieg, auf die wir uns vorbereitet haben, werden sich hier viele Dinge ändern. Während dieses Krieges werden bestimmte Teile der arabischen Welt wie Jordanien, wie der Libanon befreit und später dann alle arabischen Länder, die an Israel grenzen – oder zumindest bestimmte Gebiete.

Spiegel: Betreiben Sie Klassenkampf oder einen nationalen Befreiungskrieg?

Der Spiegel, Hamburg, 16.2.1970.

Anwar el Sadat, Rede in der Knesset in Jerusalem am 20. November 1977

Anwar el Sadat, geb. 1918–1981, wurde als Nachfolger Nassers 1970 Staatspräsident von Ägypten. Seit 1973 versuchte er, einen friedlichen Ausgleich mit Israel herbeizuführen. 1981 wurde er von fanatischen Moslems ermordet.

Wer hätte je gedacht, daß der Präsident des größten arabischen Landes, welches die größte Last und höchste Verantwortung für die Sache von Krieg und Frieden im Nahen Osten trägt, sich entschließen würde, ins Land des Gegners zu kommen, während noch der Kriegszustand andauert und wir alle noch unter den Folgen von vier mörderischen Kriegen leiden, die innerhalb von 30 Jahren stattgefunden haben. Noch leiden die Familien der Kriegsopfer des Oktober-Krieges von 1973 unter der Witwenschaft, dem Verlust von Söhnen, dem Leiden von Vätern und Brüdern.

Wie ich bereits sagte, habe ich mich hinsichtlich meines Entschlusses nicht zuvor mit irgendeinem meiner Kollegen und Brüder unter den arabischen Staatschefs oder denen der Konfrontationsstaaten beraten. Einige von ihnen, die nach der Ankündigung der Entscheidung Kontakt mit mir aufnahmen, haben ihre Ablehnung zum Ausdruck gebracht, denn zwischen den arabischen Ländern und dem palästinensischen Volk auf der einen Seite und Israel auf der anderen herrscht immer noch ein Zustand absoluten gegenseitigen Argwohns und Mißtrauens, ein Zustand, der bei jedem einzelnen tief verwurzelt ist. Es sei nur darauf verwiesen, daß man eine ganze Reihe von Monaten, in denen der Frieden hätte geschaffen werden können, mit fruchtlosen Meinungsverschiedenheiten und Diskussionen über Verfahrensfragen hinsichtlich der Einberufung der Genfer-Konferenz nutzlos verstreichen lassen hat. Ein Zustand, der durch Zweifel und tiefes Mißtrauen genährt wird.

Ich erkläre hier ganz offen vor Ihnen, daß ich diesen Entschluß erst nach langen Überlegungen gefaßt habe, wobei ich mir klar machte, welche großen Risiken er beinhaltet. Denn wenn Gott mir das Schicksal bestimmt hat, die Verantwortung für das ägyptische Volk zu tragen und einen Teil der Verantwortung für das Schicksal des arabischen Volkes und des palästinensischen Volkes mitzutragen, dann ist es eine meiner ersten Aufgaben, nichts unversucht zu lassen, um meinem arabischen Volk von Ägypten die Schrecken und Zerstörungen eines weiteren Krieges zu ersparen, deren Ausmaße nur Gott allein voraussehen könnte ...

Lassen Sie uns heute offen miteinander reden, während die Welt aus allen Richtungen ihre Blicke in diesem einzigartigen Augenblick hierherlenkt, einem Augenblick, der zu einem entscheidenden Wendepunkt in der Geschichte dieser Weltregion, wenn nicht der ganzen Welt werden könnte. Lassen Sie uns offen zueinander sein, wenn wir auf die wichtige Frage antworten: Wie können wir einen gerechten und dauerhaften Frieden herbeiführen?

Ich bin mit einer klaren und offenen Antwort auf diese wichtige Frage zu Ihnen gekommen, damit das israelische Volk sie hören möge, damit die ganze Welt sie hören möge und damit sie auch von all jenen vernommen werde, deren inbrünstige Gebete an meine Ohren dringen, daß dieses historische Treffen die von Millionen ersehnten Ergebnisse erzielen möge ...

Die Verpflichtung zur Offenheit veranlaßt mich, Ihnen folgendes zu sagen:

1. Ich bin nicht zu Ihnen gekommen, um ein separates Abkommen zwischen Ägypten und Israel abzuschließen, denn so etwas hat in der ägyptischen Politik keinen Platz. Das Problem geht nicht nur Ägypten und Israel an. Daher muß ein separater Frieden zwischen Ägypten und Israel oder zwischen einem der Frontstaaten und Israel zwangsläufig hinter einem dauerhaften und gerechten Frieden in dem gesamten Gebiet zurückbleiben. Zudem könnte ein gerechter und dauerhafter Frieden, der von der ganzen Welt dringend benötigt wird, nicht erreicht werden, solange es keine gerechte Lösung des Palästina-Problems gibt, selbst wenn es zu einem Frieden zwischen allen Frontstaaten und Israel käme.

2. Ich bin nicht mit dem Ziel eines Teilfriedens zu Ihnen gekommen, etwa in dem Sinne, daß wir in diesem Stadium den Kriegszustand beenden und das ganze Problem vertagen, bis es in einem zweiten Stadium wieder aufgegriffen wird. Das wäre nicht die radikale Lösung, die uns zu einem dauerhaften Frieden führt. Darüber hinaus bin ich nicht zu Ihnen gekommen, um Einverständnis über ein drittes Entflechtungsabkommen für Sinai oder für Sinai, Golan und das Westufer zu erzielen; das wäre nur eine vor-

übergehende Entschärfung der Lage. Es würde zudem bedeuten, daß wir nicht den Mut haben, dem Frieden ins Gesicht zu sehen, und daß wir zu schwach sind, die Last und Verantwortung eines dauerhaften und gerechten Friedens zu tragen.

Warum bin ich zu Ihnen gekommen? Ich bin zu Ihnen gekommen, um gemeinsam mit Ihnen einen dauerhaften und gerechten Frieden aufzubauen und jedes Blutvergießen auf arabischer oder israelischer Seite zu vermeiden. Dafür erklärte ich mich bereit, bis ans Ende der Welt zu gehen ...

Denken Sie mit mir über ein Friedensabkommen in Genf nach, das wir einer friedensdurstigen Welt verkünden, ein Friedensabkommen, das auf folgendem beruht:

1. Beendigung der israelischen Besetzung der arabischen Gebiete, die 1967 besetzt wurden.

2. Erfüllung der Grundrechte des palästinensischen Volkes und seines Rechts auf Selbstbestimmung einschließlich des Rechts auf Errichtung seines eigenen Staates.

3. Das Recht eines jeden Landes in dem Gebiet, in Frieden innerhalb sicherer Grenzen zu leben, die durch vereinbarte Maßnahmen garantiert werden, die zusätzlich zu entsprechenden internationalen Garantien die Sicherheit der internationalen Grenzen gewährleisten.

4. Alle Länder des Gebiets sollten sich verpflichten, ihre Beziehungen an den Zielen und Grundsätzen der Charta der Vereinten Nationen auszurichten, vor allem keine Gewalt anzuwenden und alle Meinungsverschiedenheiten untereinander auf friedlichem Wege zu regeln.

5. Beendigung des derzeitigen Kriegszustands in dem Gebiet.

Meine Damen und Herren, Frieden ist nicht die Unterschrift unter einem Schriftstück, er ist eine Neuschreibung der Geschichte. Nach dem Frieden soll nicht einer lauter als der andere rufen, um Leidenschaften zu verteidigen oder ehrgeizige Pläne zu verbergen. Die Erfahrungen aus der alten und modernen Geschichte können uns alle lehren, daß Raketen, Kriegsschiffe und Kernwaffen keine Sicherheit herstellen können, sondern im Gegenteil alles zerstören, was die Sicherheit aufbaut. Wir sollten zum besten unserer Völker, im Interesse der von Menschen geschaffenen Zivilisation die Menschen überall vor der Herrschaft der Waffen beschützen. Wir sollten der Regel der Menschlichkeit mit all der Macht der Werte und Prinzipien, die die hohe Stellung des Menschen ausmachen, zum Sieg verhelfen ...

Zitiert nach: Europa-Archiv, Folge 4/1978, D 103ff.

Ernesto Che Guevara, So begann die kubanische Guerilla, 1956

Ernesto Che Guevera, geb. 1928 in Argentinien, Arzt, schließt sich in Mexiko den revolutionären Emigranten aus anderen lateinamerikanischen Ländern an, kämpft unter Fidel Castro und wird nach Sturz Batistas Industrieminister in Kuba; nimmt an Befreiungskämpfen u.a. im Kongo und Bolivien teil, wo er 1967 ermordet wird.

Am 5. Dezember 1956 wurden wir in Alegría de Pío, nicht weit von Kap Cruz, Gemeinde Niquero, Provinz Oriente, von Batistas Truppen gestellt und angegriffen.

Nach einem Marsch, der mehr beschwerlich als lang war, befanden wir uns in einem sehr geschwächten Zustand. Am 2. Dezember waren wir am Strand von Las Coloradas an Land gegangen. Wir hatten fast unsere gesamte Ausrüstung eingebüßt und waren endlose Stunden lang durch Salzwasser-Sümpfe marschiert. Wir trugen alle neue Stiefel; dadurch waren unsere Füße mit Blasen bedeckt. Aber unser Schuhwerk und die davon herrührenden Pilzinfektionen waren nicht unsere einzigen Feinde. Wir hatten den mexikanischen Hafen Tuxpan am 25. November verlassen, ein Tag, an dem der Nordwind die Navigation zu einem lebensgefährlichen Glücksspiel machte. Wir landeten auf Kuba, nachdem wir sieben Tage lang durch den Golf von Mexiko und das Karibische Meer gefahren waren, ohne Nahrungsmittel, das Schiff in einem schlechten Zustand und die meisten von uns seekrank. All das hatte bei diesem Haufen von Anfängern, die noch niemals ein Gefecht mitgemacht hatten, seine Spuren hinterlassen.

Nichts war von unserer Ausrüstung gerettet worden, außer dem Gewehr, dem Patronengürtel und ein paar nassen Patronen. Unser Vorrat an Medikamenten war verschwunden, unsere Tornister zum größten Teil in den Sümpfen zurückgeblieben. Tags zuvor waren wir in einem Nachtmarsch durch die Schneisen der Zuckerplantage von Niquero gezogen, die damals noch Julio Lobo gehörte. Wir stillten unseren Hunger und Durst im Gehen mit Zuckerrohr und unerfahren, wie wir waren, ließen wir die Strünke zurück. Jahre später erfuhren wir, daß der Feind diese sorglos hinterlassenen Spuren in Wirklichkeit gar nicht brauchte, denn unser Wegführer war der größere Verräter und führte ihn zu uns. Wir hatten dem Führer die Nacht freigegeben, ein Fehler, den wir während des Krieges mehrere Male wiederholten, bis wir lernten, daß Leute aus der Bevölkerung, die wir nicht näher kannten, stets scharf im Auge behalten werden mußten, wenn wir uns in Gefahrenzonen befanden. Wir hätten unserem falschen Führer niemals gestatten dürfen, sich von uns zu entfernen.

Als der 5. Dezember heraufdämmerte, waren nur noch wenige von uns in der Lage, weiterzumarschieren. Die erschöpften Männer schleppten sich eine kurze Strecke vorwärts, dann brauchten sie eine lange Ruhepause. Deshalb wurde am Rand einer Zuckerplantage, in einem lichten Waldstück schon nahe an den Bergen, eine Rast angeordnet. Die meisten von uns schliefen an jenem Morgen.

Gegen Mittag bemerkten wir eine ungewöhnliche Aktivität. Piper Cub-Flugzeuge und andere militärische und private Maschinen begannen, die Umgebung abzufliegen. Einige von uns schnitten ruhig Zuckerrohr, während die Flugzeuge über unseren Köpfen kreisten, und bedachten nicht, wie gut sie von den niedrig fliegenden Maschinen aus gesehen werden konnten.

Als Arzt unserer Truppe war es meine Aufgabe, die Blasen der Männer zu behandeln. Ich glaube, mich an meinen letzten Patienten an jenem Tag zu erinnern. Humberto Lamotte hieß der Kamerad, und es war auch sein letzter Tag. Ich habe noch sein müdes und ängstliches Gesicht vor mir, als er von unserem primitiven Sanitätsposten auf seinen Platz zurückging, die Schuhe, die er nicht anziehen konnte, in der Hand.

Kamerad Montané und ich saßen gegen einen Baum gelehnt und sprachen von unseren Kindern; wir aßen unsere magere Ration – ein halbes Würstchen und zwei Crackers –, als wir einen Schuß hörten. In Sekundenschnelle ging – so wenigstens schien es meinen ängstlichen Sinnen während dieser Feuerprobe – ein Orkan von Kugeln auf die Truppe von 82 Mann nieder. Mein Gewehr war keins der besten – ich hatte absichtlich um dieses gebeten, denn ein anhaltender Asthmaanfall hatte mich während der Überfahrt ziemlich fertiggemacht, und ich wollte nicht, daß in meinen Händen eine gute Waffe verlorenginge. Ich weiß nicht genau, wann oder wie alles geschah; die Erinnerung läßt schon nach. Aber daran erinnere ich mich, daß Almeida, er war damals Hauptmann, während der Schießerei kam und nach dem Befehl fragte; aber es gab hier niemanden zum Befehlen. Wie ich später erfuhr, versuchte Fidel vergebens, seine Männer in dem nahe gelegenen Zuckerrohrfeld zu formieren. Die Überraschung war zu groß gewesen, die Geschosse waren zu massiert gekommen. Almeida ging zurück, um seine Gruppe zu übernehmen.

In diesem Augenblick ließ ein Kamerad einen Munitionskasten fast vor meinen Füßen stehen. Ich machte ihn darauf aufmerksam, und der Mann antwortete mit einem Gesichtsausdruck, an den ich mich sehr gut erinnere, denn die Qual, die sein Gesicht widerspiegelte, schien zu sagen: „Jetzt ist nicht der Moment, um an Munitionskästen zu denken", und er rannte weiter in Richtung auf das Zuckerrohrfeld (später ist er von Batistas Schergen umgebracht worden). Das war vielleicht das erstemal, daß ich in dem Zwiespalt zwischen meiner Hingabe an die Medizin und meiner Pflicht als revolutionärer Soldat steckte. Vor mir hatte ich einen Sanitäts- und einen Munitionskasten; beide zusammen konnte ich nicht tragen, sie waren zu schwer. Ich wählte den Munitionskasten und ließ die Medikamente zurück und überquerte die Schneise, die mich von dem Zuckerrohrfeld trennte.

Ich erinnere mich deutlich, daß Faustino Pérez am Rande des Feldes kniete und aus seiner Maschinenpistole feuerte. Nicht weit von mir lief ein Kamerad namens Arbentosa auf die Plantage zu. Ein Kugelhagel, der sich von den anderen nicht unterschied, traf uns beide. Ich fühlte einen schrecklichen Schlag gegen meine Brust und einen anderen am Hals und war sicher, daß ich sterben würde. Arbentosa schoß Blut aus Nase, Mund und aus einer gewaltigen Wunde von einem 45er Geschoß; er schrie etwas wie „sie haben mich umgebracht" und begann, wild zu feuern, oblgeich in diesem Augenblick niemand zu sehen war. Vom Boden aus sagte ich zu Faustino: „Sie haben mich erwischt" (aber ich benutzte einen stärkeren Ausdruck). Faustino, der weiter feuerte, schaute meine Wunde an und sagte, es sei nichts, aber in seinen Augen las ich das Todesurteil.

Ich blieb am Boden liegen; ich folgte dem gleichen Impuls wie Arbentosa und feuerte einmal gegen den Berg. Darauf fragte ich mich, welches in diesem Moment, in dem alles verloren schien, wohl die beste Art zu sterben sein würde. Ich dachte an eine alte Geschichte von Jack London, in der der Held, der weiß, daß er in der Eiswüste Alaska zum Erfrieren verdammt ist, sich gegen einen Baum lehnt und seinem Leben ein würdiges Ende zu machen beschließt. Dies ist das einzige Bild, an das ich mich erinnere. Jemand, der neben mir am Boden entlangkroch, schrie, es sei besser, uns zu ergeben, und hinter mir hörte ich eine Stimme schreien – es war, wie ich später erfuhr, Camilo Cienfuegos –: „Hier ergibt sich niemand . . ." und darauf einen Kraftausdruck. Erregt und mit keuchendem Atem kam Ponce heran. Er war verwundet; offenbar ein Lungenschuß. Er sagte mir, daß er verwundet sei, und ich sagte mit absoluter Gleichgültigkeit, ich auch. Ponce schleppte sich zusammen mit denen, die unverletzt geblieben waren, weiter in Richtung auf das Zuckerrohrfeld. Einen Augenblick lang war ich allein, ich streckte mich aus und wartete auf meinen Tod.

Almeida kam herüber zu mir und redete auf mich ein, ich sollte versuchen, hier wegzukommen. Trotz meiner Schmerzen tat ich es, und so gelangten wir schließlich in das Feld. Dort sah ich unseren guten Kameraden Raúl Suárez, dessen Daumen von einem Geschoß zerschmettert worden war, und Faustino Pérez, der ihn am Fuße eines Baumes verband. Danach geriet alles in Verwirrung. Die leichten Flugzeuge flogen in niedriger Höhe über uns hinweg und feuerten aus ihren Maschinengewehren und vergrößerten so die Verwirrung inmitten der teils dantesken, teils grotesken Szenen, wie etwa die des beleibten Guerillo, der versuchte, sich hinter einer einzigen Zuckerrohrstaude zu verstecken, oder eines anderen, der inmitten des gewaltigen Kugellärms nach Ruhe schrie.

Eine Gruppe wurde gebildet, deren Führung Almeida übernahm und zu der Leutnant (heute Major) Ramiro Valdés, die Kameraden Chao und Benítez und ich gehörten. Mit Almeida an der Spitze durchquerten wir die letzte Schneise des Zuckerrohrfeldes und erreichten einen schützenden Berg. In diesem Augenblick hörte man die ersten Schreie „Feuer"! aus dem Feld, und Säulen von Rauch und Flammen schossen daraus hervor; beschwören kann ich das allerdings nicht, denn ich dachte mehr an die Bitterkeit unserer Niederlage und an meinen nahen Tod als an die einzelnen Geschehnisse des Kampfes. Wir gingen, bis die Nacht uns am Weitermarschieren hinderte; wir beschlossen, alle zusammen, eng aneinandergeschmiegt, von Moskitos attackiert und von Durst und Hunger gequält, zu schlafen. Das war unsere Feuertaufe; sie fand am 5. Dezember 1956 im Bezirk Niquero statt, der Anfang dessen, woraus einmal die Rebellenarmee werden sollte.

Zitiert nach: Lesebuch Dritte Welt, a. a. O., S. 274 ff.

Dom Helder, Camara, Die Reichen und die Armen, 1970

In einem Interview nimmt der brasilianische Kardinal Helder Camara, Führer des linken Flügels im brasilianischen Klerus, zu den Verhältnissen in Brasilien Stellung.

Das Problem des Elends ist sehr kompliziert und erfordert ein Zusammenwirken vieler Kräfte. Denn die Schlacht der Entwicklung muß gleichzeitig an mehreren Fronten ausgetragen werden: an der lokalen, regionalen, nationalen und an der kontinentalen Front. Auf dem Niveau der Dritten Welt und auf der ganzen Erde. An der regionalen Front besteht unsere große Aufgabe darin, den Massen zu einem menschenwürdigen Leben zu verhelfen. Es ist das Problem der menschlichen Promotion (promoçao humana), als Folge des inneren Kolonialismus in den unterentwickelten Ländern. Es sind die Massen, die – ohne irgendwie demagogisch zu werden – buchstäblich in unmenschlichen Verhältnissen leben müssen. Es ist die Haltung einer kleinen Gruppe brasilianischer Familien, deren Reichtum zu Lasten des Elends von Millionen geht. Aber diese wenigen merken nicht, ja sie können es sich nicht einmal vorstellen, daß ihr Reichtum auf einem System der Gewalt beruht. Sie halten sich selbst für so gut, für so großzügig und menschenfreundlich, über jeden Zweifel erhaben. Sie geben den Armen die Erlaubnis, auf ihren Ländereien zu wohnen und sogar die Felder zu bebauen. Aber nicht weil diese das Recht dazu haben. O nein! Das Recht dazu haben die Miserablen nicht. Sie dürfen es, weil die Herren so menschenfreundlich sind. Umgekehrt vertreiben sie die Elenden auch wieder, wenn sie es für notwendig und richtig halten.

Die Kirche, jedenfalls solange sie sich innerhalb der bestehenden Ordnung bewegte oder sie traditionsgemäß sogar unterstützte, die Autoritäten segnete und deren private Besitztümer respektierte, war sehr angesehen. Ein Bischof in Lateinamerika war eine der größten Autoritäten. Er hatte politisches Prestige und Geld, eben alles, was er wollte. Aber von dem Augenblick an, da die Kirche sieht und fühlt, daß die sogenannte soziale Ordnung auf einem Irrtum beruht, daß in Wirklichkeit eine soziale Unordnung besteht, eine von ihr seit Jahrhunderten gerechtfertigte Ungerechtigkeit, ist sie verpflichtet, für die menschliche Promotion zu arbeiten. Das ist unsere große Aufgabe an der lokalen und an der regionalen Front.

Die Regierenden glauben, daß die seit Jahrhunderten bestehenden politischen, wirtschaftlichen, sozialen und kulturellen Strukturen nicht in einem Tag oder in einem Monat, in einem Jahr oder in mehreren Jahren geändert werden können. Deshalb verdammen sie auch alle Begriffe wie Umbruch, Änderung oder Revolution. Statt dessen streben sie einen langsamen Reformismus an, der so schwerfällig vonstatten geht, so sehr in kleinen und und kleinsten Schritten, daß er in Wirklichkeit nichts anderes bedeutet als die Beibehaltung der jetzigen Situation.

Aus diesem Grund betrachten sie auch die Arbeit der Christen, den Massen die Augen zu öffnen, mit Argwohn und Feindseligkeit. Ihrer Ansicht nach bereiten wir die Subversion vor. Sie klagen uns an, dem Kommunismus den Weg zu bereiten, denn wir hetzten eine Klasse gegen die andere auf. Eine Antwort auf solche Angriffe ist leicht: Die große Illusion der Machthabenden besteht darin, anzunehmen, daß ohne die Christen die Augen der Massen geschlossen bleiben. Aber mit uns, ohne uns oder gegen uns werden sich die Augen der Massen öffnen. Deshalb müssen wir verhindern, daß uns die Millionen von Menschen später vorwerfen können, wir hätten sie verraten. Die Kirche habe aus Feigheit gegenüber den Reichen und Regierenden beiseite gestanden.

Frage: Ihrer Ansicht nach ist die Regierung in einem schwerfälligen Reformismus erstarrt. Dennoch weisen viele Anzeichen gerade in Recife [Stadt in Nordostbrasilien] auf sichtbare Fortschritte hin. Gibt es nicht neue

Industrien, neue Arbeitsplätze, neue Wohnsiedlungen, eine geregelte Arbeitszeit?

Camara: Das ist richtig. Schon vor zehn Jahren hat die Regierung ein Organ gegründet, das für die globale Entwicklung des Nordostens verantwortlich ist, die Sudene (Superintendencia de Desenvolvimento do Nordeste)[1]. Diese Einrichtung hat große Dienste geleistet. Sie hat die öffentliche Meinung mobilisiert und zum Entstehen einer langfristigen Planung beigetragen. Sie hat die Verantwortung für eine kleine Gruppe von Technikern übernommen, die trotz aller Beschränkungen ausgezeichnete Richtlinien ausarbeiten konnte. Aber die Sudene ist nicht politisch, sondern technisch ausgerichtet. Was helfen ihre gutgemeinten Hinweise auf die Änderung der Strukturen, auf die Notwendigkeit einer grundlegenden Bodenreform. Schon seit 1964 gibt es in Brasilien ein Gesetz zur Agrarreform. Schon seit 1964 gibt es in allen Ländern besondere Ausschüsse zur Anwendung dieses Gesetzes. Geändert hat sich dennoch nichts.

Als die Sudene einsehen mußte, daß eine echte Bodenreform aus politischen Gründen nicht durchführbar war, regte sie eine allgemeine Industrialisierung an. Auf ihre Vorschläge hin entstanden in verhältnismäßig kurzer Zeit zahlreiche Industrien. Deshalb erscheinen heute auch in den Zeitschriften, im Rundfunk und im Fernsehen so viele Berichte über den neuen Nordosten. Aber in Wirklichkeit stammen alle diese Industrien aus dem Süden. Da eine Reform nicht durchgeführt wurde, das heißt, die Entwicklung ohne eine direkte Beteiligung des Volkes versucht wird, gibt es nur wenige, welche die produzierten Güter erwerben können. Die meisten Erzeugnisse fließen in den Süden zurück. Der angebliche Fortschritt beruht auf einer Illusion: Die Reichen sind noch reicher und die Armen noch ärmer geworden.

Frage: Das alles beweist doch nur, daß die Privilegierten nicht bereit sind, auf ihre Vorrechte und Vorteile zu verzichten. Was für einen Sinn hat es dann, den Massen die Augen zu öffnen, ohne sie gleichzeitig zum Kampf um ihre Rechte zu ermuntern? Warum nicht die Gewalt mit der Gewalt beantworten?

Camara: Ich sage Ihnen ganz offen, daß ich jeden respektiere, der sich aus Gewissensgründen für die Gewalt entscheidet. Ich respektiere ihn besonders, wenn es sich nicht um einen Salonguerillieiro handelt, sondern um einen Mann, der sein Leben aufs Spiel setzt und damit die Ehrlichkeit und den Ernst seiner Überzeugungen beweist.

---

1) Aufsichtsbehörde für die Entwicklung des Nordostens

Aber was mich persönlich angeht, so glaube ich nicht an den Haß und auch nicht an die Gewalt. Die Wirklichkeit der nächsten zehn bis fünfzehn Jahre läßt sich nur aus einem politischen Realismus heraus beurteilen. Zwar könnte es in Lateinamerika zu einer bewaffneten Bewegung kommen, die mit Recht den Namen Befreiungskrieg tragen würde. Denn wenn Millionen von Kreaturen in so unmenschlichen Bedingungen dahinvegetieren müssen, existiert ja bereits ein System der installierten Gewalt. Und wir alle wissen, daß dieses System der Gewalt, dieses erzwungene Elend, mehr Menschen tötet als der blutigste Krieg. Schlimmer noch, es tötet nicht nur, es deformiert physisch, verwandelt Gesunde in Geisteskranke und erzwingt eine Mentalität der fatalistischen Unterwerfung und des bedingungslosen Gehorsams.

Frage: Die Situation ist also ausweglos?

Camara: Nein, die Situation ist nicht ausweglos. Sie ist nicht verzweifelt. Wesentlich für eine richtige Einschätzung der Lage ist die Tatsache, daß es in Lateinamerika keine Änderung der Strukturen geben wird ohne eine gleichzeitige Änderung des Bewußtseins der industrialisierten Länder Europas und Amerikas.

Zitiert nach: Peter Oliver, Ihr Reichtum beruht auf einem System der Gewalt. Interview mit dem brasilianischen Erzbischof von Recife und Olinda, Helder Camara. In: Frankfurter Rundschau 11.2.1970.

Otto Matzke[1], „Hunger" heute, 1974

Hunger, eine Hauptausdrucksform der Armut, gibt es, solange Menschen leben. Wenn in vorgeschichtlichen Kulturen der Mensch beim Jagen, Fischen oder Ackerbau versagte oder vom Unglück verfolgt wurde, war Hunger und Hungertod die Folge. Schrittweise lernte der Mensch, die Natur in seine Dienste zu stellen und wenigstens ein Minimum an Sicherheit zu erreichen. Aber in allen Epochen waren Hungersnöte zu verzeichnen, auch wenn sie in den gerade nicht selbst betroffenen Weltteilen nicht so bekannt wurden, wie es heute angesichts des Vorhandenseins der modernen Massenkommunikationsmittel der Fall ist. Die letzte durch Naturereignisse verursachte große Hungersnot in Europa geht auf die Jahre 1846–1851 zurück.

Selbst heute ist es schwierig, verläßliche Aussagen über die in vielen Ent-

---

1) Otto Matzke war viele Jahre als Abteilungsdirektor bei der FAO, der Welternährungsorganisation, tätig.

wicklungsländern bestehende Ernährungslage zu machen, da es an ausreichenden Statistiken fehlt. Immerhin läßt sich die Größenordnung des Phänomens Hunger einigermaßen umreißen. Eine Hungersnot ist die extremste Auswirkung des Mangels an Nahrungsmitteln. Weniger spektakulär – aber nicht frei von menschlichem Leiden – ist das jahrelange Dahinsiechen von Millionen von Menschen, knapp an der Hungergrenze. Nach einer gelegentlich vom Generaldirektor der FAO, A. H. Boerma, benutzten Definition kann das „Fehlen einer zur Führung eines gesunden und aktiven Lebens ausreichenden Menge von Kalorien als grober Maßstab für das Vorhandensein von Hunger" angesehen werden.

Nach den – freilich 10 Jahre zurückliegenden – als konservativ anzusehenden Schätzungen der FAO sind in diesem Sinne etwa 10–15 Prozent der Weltbevölkerung unterernährt. Aber dieser Prozentsatz erhöht sich erheblich, wenn man über die Kalorienseite hinaus auch den Aspekt der Mangelernährung mit einbezieht, d. h. die unzureichende Aufnahme von hochwertigen Proteinen, Vitaminen und Mineralstoffen.

Nach Boermas Auffassung kennzeichnet der erwähnte Prozentsatz auch heute noch die Größenordnung des Problems, und es ist anzunehmen, daß in absoluten Zahlen heute mindestens 400 Millionen Menschen unterernährt sind. Zu diesen kommen weitere Hunderte von Millionen, die an Mangelernährung leiden. (Die zentral geplanten Wirtschaften Asiens, vor allem die Volksrepublik China, sind in diesen Zahlen nicht berücksichtigt.)

Die Zahl von 400 Millionen Menschen, die unterernährt sind, kann nach oben oder unten korrekturbedürftig sein, aber es ist kein Zweifel möglich, daß mindestens 10 Prozent der Weltbevölkerung unterernährt sind. Die Mehrzahl der Unterernährten lebt in den Entwicklungsländern, und zwar vor allem in Ostasien und in Afrika. Wenn es in der Dokumentation über die Welternährungskonferenz heißt, daß etwa ein Fünftel der Menschen in den Entwicklungsländern unterernährt ist, so ist das gewiß keine Übertreibung.

Otto Matzke, Der Hunger wartet nicht. Die Probleme der Welternährungskonferenz 1974. Deutsche Welthungerhilfe, Bonn 1974, S. 21 ff.

Nord-Süd-Kommission, Grundbedürfnisse in der Dritten Welt, 1980

Die internationale Nord-Süd-Kommission setzte sich aus hochgestellten Persönlichkeiten zusammen und erstellte unter Leitung von Willy Brandt einen umfassenden Bericht über die Lage in der Dritten Welt. Darin heißt es u. a.:

Die generellen Merkmale der Entwicklung gewinnen menschliche Züge, wenn wir nach der Befriedigung der Grundbedürfnisse fragen. Betrachten wir zunächst die drei wichtigsten Gebiete Gesundheit, Wohnung und Erziehung. Im Gesundheitsbereich gibt es Anlaß zur Hoffnung wie auch zur Sorge. Die meisten Menschen in der Dritten Welt leben heute bereits viel länger als noch vor zwei Jahrzehnten. Gewiß, in Afrika südlich der Sahara ist die Lebenserwartung immer noch sehr gering: sie liegt im Durchschnitt bei nur 45 Jahren. Aber in weiten Teilen Süd- und Ostasiens, in Nordafrika und im Nahen Osten können die Menschen damit rechnen, zehn bis fünfzehn Jahre länger zu leben. Das konnte weitgehend dadurch erreicht werden, daß Infektionskrankheiten wie die Cholera und die Malaria eingedämmt wurden. (Leider hat sich die Malaria in letzter Zeit wieder ausgebreitet – wenn auch weniger oft tödlich verlaufend – nachdem sie in den sechziger Jahren fast unter Kontrolle war.) Die Ausrottung der Pocken – von der Weltgesundheitsorganisation und den mit ihr zusammenarbeitenden Ländern bewerkstelligt – war einer der großen Siege der siebziger Jahre ...

Trinkwassermangel ist eine wesentliche Krankheitsursache; in der halben Welt ist die Wasserversorgung ungewiß. Vier von fünf Menschen in den ländlichen Gebieten der Entwicklungsländer haben in zumutbarer Entfernung nicht einmal einigermaßen sauberes Wasser zur Verfügung. Selbst in Städten mit öffentlicher Wasserversorgung hat einer von vier Menschen dazu keinen Zugang, und diejenigen, denen es zugänglich ist, werden zu mehr als der Hälfte nicht regelmäßig und nicht mit trinkbarem, ungefährlichem Wasser versorgt. Auf dem Lande müssen die Frauen oft große Entfernungen überwinden, um das Minimum des Wasserbedarfs der Familie zu decken. Die Entsorgung ist ein noch größeres Problem, und Abwässer übertragen zahlreiche Krankheiten, für welche Kinder besonders empfänglich sind. Zwischen 20 und 25 Millionen Kinder unter fünf Jahren sterben jährlich in den Entwicklungsländern, und ein Drittel davon stirbt an Diarrhöe, die sie sich durch verschmutztes Wasser geholt haben. Man kann nicht all diese Todesfälle einfach dadurch vermeiden, daß man sauberes Wasser und sanitäre Einrichtungen bereitstellt; aber ohne sie kann es keine dauerhafte Verbesserung der Volksgesundheit geben ...

Das Wohnen ist ein Grundbedürfnis. Aber die meisten Entwicklungsländer sind nicht in der Lage gewesen, ihm Priorität einzuräumen, und der einzelne ist gewöhnlich auf sich selbst angewiesen. Die Folgen mögen statistisch nicht erfaßt sein, aber jedem, der durch die Dritte Welt reist, sind sie vertraut. Eine neuere Untersuchung hat gezeigt, daß ein bis zwei Drittel aller Familien in Ahmedabad, Bogota, Hongkong, Madras, Mexico City und Nairobi sich die billigste Wohnung in gerade fertiggestellten Neubauten nicht leisten konnten. Der Ansturm auf die Städte hat dort diesselbe Art von Elend hervorgerufen, die es in den Großstädten Europas und Amerikas im neunzehnten Jahrhundert gegeben hat. Aber die Industrialisierung jener Zeit war arbeitsintensiv, so daß die Städte mit der Zahl der Arbeitsplätze wuchsen; die Landflucht in der Entwicklungswelt von heute ist vielfach auf die Aussichtslosigkeit der ländlichen Existenz zurückzuführen – sie ist ebensosehr „ländlicher Schub" wie „städtischer Sog". Die Folgen hoher Geburtenzahlen und rapider Landflucht sind in vielen Städten der Dritten Welt nur allzu offensichtlich – unerträgliche Lebensbedingungen und sehr hohe Arbeitslosigkeit oder Unterbeschäftigung. Die Familien, die häufig auseinandergerissen werden, sind sehr schweren Belastungen ausgesetzt. In Sao Paulo in Brasilien ist die Einwohnerzahl Ende der sechziger und Anfang der siebziger Jahre um etwa 6 bis 7 Prozent jährlich angewachsen, und das in so erschreckenden Verhältnissen, daß die Kindersterblichkeit sogar noch stieg. Die Tatsache, daß Menschen dennoch in diese Städte ziehen, unterstreicht nur, wie verzweifelt ihre Lage auf dem Lande war ...

Im Bildungswesen, das der Schlüssel zu vielen Leistungen auf anderen Gebieten ist, hat es vergleichsweise beständigen Fortschritt gegeben. Die Ausgaben für Schulen und Lehrer sind fast überall schneller gestiegen als die Bevölkerungszahlen. In den sechziger Jahren besuchten weit mehr Kinder Grund- und weiterführende Schulen, und dieser Fortschritt hat sich Anfang der siebziger Jahre fortgesetzt: Der Grundschulbesuch stieg zwischen 1970 und 1973 in einem Fünftel der afrikanischen und einem Drittel der asiatischen Länder um mehr als zehn Prozent pro Jahr. Weit weniger erfolgreich allerdings war das Bemühen, mehr Mädchen in die Schule zu bringen: im Jahre 1970 stellten sie in 27 von 34 afrikanischen und in 9 von 37 anderen Entwicklungsländern, für die Zahlen erhältlich waren, weniger als 40 Prozent der Schulanfänger. Nur in 17 Ländern betrug ihr Anteil 48 Prozent oder mehr. Der Besuch der weiterführenden Schulen hat sehr viel schneller zugenommen als derjenige der Grundschulen, allerdings ausgehend von einem niedrigeren Niveau: Nur in einem Drittel der asiatischen Länder und in zwei Fünfteln der Länder Lateinamerikas und der Karibik besuchen mehr als 40 Prozent der entsprechenden Altersgruppen weiterführende Schulen. In vielen Ländern werden Kinder als Arbeitskräfte und auf den Farmen gebraucht oder müssen anderswo etwas verdienen, wie es ja auch im Norden vor gar nicht langer Zeit noch üblich war. In armen Familien gibt es häufig Konflikte zwischen dem Bedürfnis der Jugendlichen nach Bildung und dem Bedürfnis der Familie, die Kinder als zusätzliche Arbeitskräfte oder Verdiener einzusetzen. Ein Bericht über Kinderarbeit in der Dritten Welt, 1979 von der ILO erarbeitet, lieferte erschütterndes Material über die Zahlen der Kinder, die viele Stunden lang für geringfügigen Lohn arbeiten – Verhältnisse, die wieder einmal zeigen, wohin bittere Not Familien treiben kann.

Der Bildungsstand allgemein hat unterschiedliche Fortschritte gemacht. Nur etwa ein Drittel der Erwachsenen in den Entwicklungsländern konnte im Jahre 1950 lesen und schreiben; nur wenig mehr als die Hälfte konnte es im Jahre 1975. In Lateinamerika stieg der Alphabetismus von 65 Prozent im Jahre 1960 auf 75 Prozent im Jahre 1970; in Asien erhöhte er sich von 45 auf 53 Prozent und in Afrika von 20 auf 26 Prozent. Es gibt aber laut UN noch immer 34 Länder, wo mehr als 80 Prozent der Bevölkerung nicht lesen und schreiben können. Im Gegensatz dazu ist die höhere Bildung vielfach zu schnell vorangetrieben worden, gemessen an den Möglichkeiten mancher Länder, Akademiker zu beschäftigen, und hat manchmal einen unverhältnismäßig großen Teil des Bildungsetats in Anspruch genommen. Fast jedes Land hat begonnen, sich um das Problem der „akademischen Arbeitslosigkeit" Sorgen zu machen und sich die Frage zu stellen: Lehren unsere Schulen und Universitäten die richtigen Menschen die richtigen Dinge? ...

Aus: Das Überleben sichern. Gemeinsame Interessen der Industrie- und Entwicklungsländer. Bericht der Nord-Süd-Kommission. Köln 1980, S. 71 ff.

R. Pfund, So lebt ein Fellachendorf, Mit-Halfa begegnet dem 20. Jahrhundert, 1955

Auf einer Reise durch Ägypten unternahmen wir einen Ausflug nach Mit-Halfa, einem Dorf, das ungefähr 20 km von Kairo entfernt liegt. Vor dem Dorf, in einer Wüstenlandschaft, zog ein fünfjähriger Knabe unsere Aufmerksamkeit auf sich. Er schlenderte offenbar ohne Ziel auf der Straße und schrie aus Leibeskräften, während er mit seinen Händen einen schmutzigen Verband auf die Stirne und auf die Augen preßte, als ob er sich damit von einem betäubenden Schmerz befreien wollte. Bei näherem Zusehen fielen uns seine vernarbten Augenlieder auf, und wir schlossen daraus, daß der arme Knabe an der Körnerkrankheit (Trachom) litt. Unser Mitgefühl für den Kleinen war um so größer, als niemand an seinem Schmerz Anteil nahm.

Wir beschlossen, ihn ins Dorf zu begleiten, wo sich uns ein erschreckendes Bild darbot: die Mehrzahl der Bevölkerung leidet an dieser Krankheit. Die Bewohner tragen ihr Schicksal als eine Selbstverständlichkeit; sie klagen nicht, da diese Krankheit schon seit Jahrhunderten herrscht.

Wir ließen uns die Wohnstätte unseres neuen Freundes zeigen und betraten mit ihm eines der ärmsten Häuser Mit-Halfas. Eine Wohnung mit zwei Räumen beherbergt eine fünfköpfige Familie. Sie hat ein monatliches Einkommen von 5 ägyptischen Pfund (etwa 60 Schweizer Franken). In einer dunklen Ecke der Küche, in welche nur ein einziger Sonnenstrahl durch ein Loch des Palmblätterdaches zu dringen vermochte, stillte die Mutter ihr kleines Kind, das uns einen kränklichen Eindruck machte. Und schon trat auch ein Arzt in die Hütte. Er beugte sich über das Kind, betastete den aufgeschwollenen Bauch, legte die dünnen Beinchen zurecht und verjagte die Fliegen, welche um die fiebrigen Augen des Säuglings krabbelten. „Unterernährung und Körnerkrankheit", stellte er fest, und zu uns gewandt: „Die Körnerkrankheit ist ein Augenleiden, welches unbedingt behandelt werden muß, da es sonst meistens zur Erblindung führt. Die Bindehaut wird durch eine krankhafte Körnerbildung entzündet; in fortgeschrittenem Stadium verändert sich auch die Hornhaut; kleine, rote Blutgefäße bilden eine Art Schleier über den Augen. In Ägypten leiden mehr als 80 Prozent der Einwohner an dieser Krankheit. Beinahe jedes Kind der Fellachenklasse wird im ersten Lebensjahr von ihr befallen.

Die Krankheit ist auch verbreitet in Asien, Südamerika, in ganz Afrika, ja sogar in Zentral- und Osteuropa. Der durch die Krankheit verursachte Arbeitsausfall ist gewaltig, beträgt er doch allein in Tunesien 20 Millionen Arbeitstage pro Jahr.

Armut, Unwissenheit und Aberglaube sind die drei wesentlichen Ursachen dieses Übels. Da hier die Kinder außer Brot nicht viel zu essen bekommen, leiden sie meistens an Vitaminmangel, wodurch sie für die Krankheit sehr anfällig werden; 53 Prozent der Kinder sterben im ersten Lebensjahr. Einwandfreies Trinkwasser ist sehr spärlich, meistens zu spärlich vorhanden. Mangels anderer Quellen behelfen sich die Leute mit dem Wasser aus den Bewässerungskanälen. Dieses gelbe, schmutzige Wasser kommt vom Nil und wird durch ein ganzes Kanalsystem geleitet, mit dessen Hilfe das Niltal vielleicht zum fruchtbarsten Tal der Welt überhaupt gemacht wird. Infolge der Bewässerung der Felder sind drei Ernten von Weizen, Mais, Baumwolle und Reis möglich, und das Gemüse gedeiht prächtig. Sonderbarerweise herrscht nun im Volk der Aberglaube, dieses Wasser begünstige nicht nur das Wachstum der Pflanzen, sondern kräftige auch die Menschen. Deshalb waschen sich die Eingeborenen mit dem Wasser und trinken sogar davon; das hindert die Leute aber nicht, ihre Abfälle in die Kanäle zu werfen und ihren Haustieren zu erlauben, sich im Wasser abzukühlen."

Wir fragten die Mutter des Kindes, ob denn keine andern Wasserquellen vorhanden seien. „Oh doch", ließ sie uns wissen, „es wäre nicht schwierig, mit etwas Geld Mit-Halfa zu gutem Trinkwasser zu verhelfen; man hat das auch schon einmal versucht. Mehrere Pumpen förderten Wasser aus dem Boden, aber sie standen an schlechten Plätzen und konnten deshalb von uns nicht mehr benutzt werden." Der Arzt ergänzte: „Um das Wasser zu holen, mußte man den Kanal überqueren. Diese kleine Mehrarbeit war den Fellachen zu mühsam, und sie fielen in ihre frühere Gewohnheit zurück, das Wasser aus dem Kanal zu holen."

Als weitere Krankheitsursache nannte der Arzt den Seifenmangel. Aus finanziellen Gründen seien nämlich die wenigsten Familien imstande, sich dieses so notwendige Reinigungsmittel zu beschaffen. Sehr nachteilig wirke sich auch der Schleier der Frauen aus, mit dem sie nicht nur das Gesicht bedecken, sondern auch ihre kranken Augen abwischen und nachher, und zwar mit dem gleichen Zipfel, diejenigen ihrer Kinder reinigen!

„Sie sehen", belehrte uns der Arzt weiter, „dieses Augenleiden ist die Folge von Sitten und Gebräuchen, die im Volk tief verwurzelt sind. Die Ansteckungsgefahr ist so groß, daß man allen Ursachen der Krankheit gleichzeitig zu Leibe rücken muß, um bei ihrer Bekämpfung Erfolg zu haben. Trotzdem sehe ich vertrauensvoll in die Zukunft. Es mag ein Menschenleben oder länger dauern, bis sich der Einfluß der WHO (Weltgesundheits-Organisation) durchgesetzt hat; der erste und größte Schritt aber ist getan; noch zu Beginn des Jahres 1955 wäre es Ihnen unmöglich gewesen, einen Arzt im Hause eines Patienten zu sehen. Außer dem Gatten durfte kein Mann den Wohnraum der Frau betreten. Heute aber ist uns dies nicht nur gestattet, sondern wir werden sogar darum gebeten. Die Fellachen haben sich auch davon überzeugen lassen, daß wir nicht kommen, um Steuern einzuziehen oder um Soldaten zu werben. Sie empfangen uns mit Begeisterung und schätzen die Anteilnahme an ihrem Schicksal. Aber eben, das ist nur der erste Schritt!" Nachdenklich traten wir aus der Lehmhütte; doch zum Grübeln blieb uns keine Zeit, standen wir doch wieder mitten im pulsierenden Leben des ägyptischen Dorfes. Ein mit Blut bespritzter Metzger schlachtete im Freien mit einem geschickten Messerstich soeben ein Schaf; ein frommer, blinder Mann murmelte Sprüche aus dem Koran; ein Pilger, welcher von Mekka zurückgekehrt war, brachte auf einem Gemälde die letzten Pinselstriche an und erzählte von seiner Reise.

Schreiende Kinder und mit Fliegen bedeckte Säuglinge erweckten unsere Aufmerksamkeit. Schwarz gekleidete Frauen saßen in einem Kreis im Staub und erzählten sich die Dorfneuigkeiten. Männer faulenzten und schwatzten bei einem Kaffee. Mit frischem Gemüse beladene Esel trotten vorbei. Ziegen und Schafe suchten sich meckernd und blökend ihren Weg durch das Gedränge. Kamele stolzierten würdevoll vorüber, und Hunde beschnüffelten neugierig jeden Vorübergehenden.

Zitiert nach: Der Tag, an dem Togo lächelte. Unesco und Völkerverständigung. Gute Schriften. Bern 1966, S. 40ff.

Josef Reding, Die Geschichte unserer favela

Die Geschichte unserer Favela ist eine kurze Geschichte. Und sie hat mit dem Schrei meines Vaters zu tun.

Ich weiß nicht, ob Sie sich das Leben in einer Favela vorstellen können, Señor? Sie ist wie ein Geschwür am Körper der Stadt, und die Stadt will nicht wahrhaben, daß es ein solches Geschwür gibt. Sie sieht darüber hinweg. Wir durften gar nicht dasein, also gab es uns auch nicht. Auf keinen Papier gab es uns. Nicht auf dem Stadtplan und nicht beim Elektrizitätswerk, nicht bei der Post und nicht bei den Schulen. Für die Stadt waren wir nicht da. Lange nicht. Aber dann merkte die Stadt, daß wir da waren, wir, die Favelados.

Hatten Sie eine Eingabe gemacht, demonstriert?

Nein, wir hatten geraubt. Sie können jetzt mit den Schultern zucken oder mich und meinen Vater anders ansehen, als Sie es bis jetzt getan haben, ich will es Ihnen trotzdem sagen: Wir wurden damals zu Verbrechern. Wir sind es nicht gern geworden, weil wir die Zehn Gebote kannten, die einem sagen, wann man zum Verbrecher wird und wann nicht. Wenn man reich ist, fällt es einem vielleicht schwerer oder leichter, sich an die Gebote zu halten. Wenn man arm ist, wird man sich vielleicht besser oder schlechter nach den Geboten richten. Aber was wir darstellten, hatte mit Armut schon nichts mehr zu tun. Wir waren das Elend. Und Elend sitzt tief unterhalb der Armut. Da können sie die Gebote nicht mehr greifen, nicht mehr begreifen, nicht mehr halten. Wenn sich Ihre Kinder vor Hunger auf dem Boden krümmen, im Dreck krümmen – in der Favela gibt es keinen anderen Boden als die gestampfte Erde –, dann halten Sie das vielleicht sieben Tage aus oder neunzehn, aber irgendwann, am einundzwanzigsten Tag vielleicht oder am zweiundvierzigsten, wenn Sie stark sind, dann schleichen Sie sich nachts in die Stadt und schlagen einen angetrunkenen Heimkehrer aus den Tavernen zusammen und freuen sich, wenn das Geld in den Taschen des Mannes für fünf Brote und zwei Fische reicht. Aber die Zeit, wo einer mit diesen fünf Broten und zwei Fischen tausend Menschen und mehr ernähren konnte, ist für die Favela gestrichen. Mit fünf Broten und zwei Fischen können sie sechs Menschen zwei Tage lang satt machen. Und darum gehen sie am vierten Tag wieder in die Stadt und brechen die Tür zu einem Fleischladen auf – zu einem kleinen vielleicht, weil kleine Läden keine großartigen Alarmanlagen haben. Ein kleiner Mann wird also von einem noch kleineren bestohlen.

Die Raubzüge bekamen System. Einzelaktionen wurden zugunsten von Gruppenunternehmungen aufgegeben. Da kam das erste Ende der Favela. Der Gobernador griff ein. Der Gobernador unseres Landes. Er wollte der Favela Ferredoto den Garaus machen. Der Grund waren die . . .

Die Raubzüge?

Nein, jedenfalls waren sie nicht ausschlaggebend. Der Hauptgrund waren die Beschwerden einiger Touristen, die durch Zufall in die Nähe der Favela gekommen waren, vielleicht weil sie einen einsamen Liebesplatz suchten oder das idyllische Leben der Menschen am Strand fotografieren wollten. Und dann wurden sie von uns bettelnden Kindern umringt oder auch nur von den Augen der älteren Favelados gemustert, und da erschraken sie und fuhren in ihren Wagen davon und schrieben erzürnt Briefe an den Gobernador, wie er es dulden könne, daß in seinem Amtsbereich aus schmutzigen Schlupfwinkeln heraus Touristen belästigt würden. Touristen, denen man versichert hatte, daß sie ausschließlich mit den schönsten Sehenswürdigkeiten des Landes . . ., so habe es schließlich auch im Reiseführer gestanden, der mit eingedruckter Empfehlung des Ministeriums . . ., aber nun diese Verschläge, in denen man zu Hause nicht einmal einen zugelaufenen Hund unterbringen . . .

Wie reagierte der Gobernador?

Er schickte Bulldozer. Die großen Schaufelmaschinen mit der platten Stahlschnauze. Wie Panzer kamen sie im Morgengrauen unseren Hügel heraufgerasselt und walzten die Hütten aus Blech und Holz nieder.

Ohne Vorwarnung?

Einige Polizisten liefen vorher in die Hütten und trieben die Favelados hinaus. Sekunden später schon drückten die Stahlraupen der Bulldozer die Pferche zusammen oder schoben sie mit ihren Schnauzen zur Seite. Für die Planierung der Favela brauchten sie nur eine knappe Stunde. Massiver Stahl gegen verrostetes Blech und fauliges Holz, da braucht man nicht viel Zeit.

Und Sie, die Favelados?

Was wir machten? Wir suchten aus den Trümmern der Trümmer, aus den Resten der Reste das zerknäulte Blech und bauten die Favela woanders auf, drei Kilometer von der alten entfernt.

Besteht diese Favela noch?

Nein. Sie starb auch unter den Raupen der Bulldozer, doch weniger dramatisch als die erste.

Wie soll ich das verstehen?

Nun, das ist die dritte Geschichte ...

Zitiert nach: B. Burckhardt (Hrsg.), Zeit der Reichen, Zeit der Armen. Wuppertal, ^{2}1980, S. 148 ff.

Esther Nyom, Ein Zeichen der neuen Zeit

Esther Nyom, eine Schülerin der Première A des „Collège évangelique de Libamba", Kamerun, schreibt in einem Aufsatz:

Unser Dorf lag tief im Urwald. Wir waren von allen großen Städten weit entfernt. Unser Leben war einfach. Unser Essen kam nur aus unserer Ernte. Wir aßen Maniok oder Makabo. Es gab keinen Lärm. Nur die Gesänge der Vögel und das Brüllen einiger wilder Tiere waren zu hören.

Ein Pfad führte bis zum Bahnhof, der 10 km von unserem Dorf entfernt war. Um Petroleum oder Seife zu kaufen, mußten wir dorthin gehen. Der Hexenmeister war unser Arzt.

Aber es ist einiges anders seit ein paar Jahren, nämlich seitdem eine Straße durch unser Dorf führt. Der dicke Wald ist verschwunden. Die Landschaft verändert. Viele große Bäume sind gefällt worden. Das Dorf wurde größer durch die neuen Häuser, die am Rand der Straße liegen. Man kann einige Läden da finden. Jeden Tag kommen große Wagen von der Stadt. Wir können jetzt ein Taxi nehmen und zum Bahnhof fahren. Das schwere Gepäck wird von dem Wagen getragen. Jeden Morgen können wir Brot essen. Wir kaufen die schönsten Kleider. Ein Spital ist gebaut worden. Es gibt einen Arzt und einige Gehilfen. Ab und zu hören wir das Hupen der Autos. Aus Stille wurde Lärm.

Das Leben wird anders. Die Menschen werden auch anders. Sie haben nicht mehr dieselben Sitten. Sie legen keinen Wert mehr auf den Hexenmeister. Sie gehen gern zum Arzt. Jedermann will genug Geld haben, um gut zu leben. Der Mensch wird allmählich selbstsüchtig.

Man fühlt einen großen Unterschied zwischen der Vergangenheit und der Gegenwart. Die Maschinen ersetzen die Menschen. In einiger Zeit werden die Hände des Menschen nicht mehr wichtig sein. Aber wir fragen uns, ob die Maschinen die Menschen in allen Fällen werden ersetzen können. Das ist ein Problem, das eine eilige Lösung will.

Zitiert nach: B. Burckhardt (Hrsg.), Zeit der Reichen, Zeit der Armen, a. a. O., S. 39.

Erhard Eppler[1], Anfänge und Kinderkrankheiten unserer Entwicklungshilfe, 1971

Am Anfang der deutschen Entwicklungshilfe stand weder ein innerer Aufbruch der Deutschen noch eine ausgefeilte Hilfs-Strategie, sondern Impulse von außen und – sehr viel Zufall.

Nachdem Präsident Truman sein „Punkt-Vier-Programm" im Jahre 1949 verkündet hatte, lag der Gedanke nahe, daß auch die europäischen Länder, die der Marshallplan wieder auf die Beine gebracht hatte, sich an dieser neuen Last der USA beteiligen sollten. Von einem Gespräch, das ich im Spätsommer 1962 zusammen mit anderen Mitgliedern von Henry Kissingers internationalem Seminar mit Präsident Kennedy führen konnte, ist mir noch die Mahnung in Erinnerung, einige europäische Länder neigten dazu, sich vor dieser gemeinsamen Aufgabe zu drücken. Gemeint waren vor allem die inzwischen wieder wohlhabend gewordenen Deutschen.

Diese Deutschen waren darüber keineswegs nur unglücklich. Einige von ihnen empfanden es als moralische Erleichterung, daß sie nun endlich an einer Anstrengung teilnehmen konnten, die ganz offenbar zu den sinnvolleren und angeseheneren der Zeitgeschichte gehörte; sie waren froh, helfen zu können, nachdem man ihnen geholfen hatte. Wichtiger war wohl die Chance, die sich der Bundesrepublik Deutschland damit bot, in die internationale Politik zurückzukehren. Schließlich ließ sich Entwicklungshilfe auch da verwenden, wo jemand mit dem Gedanken spielen sollte, die DDR anzuerkennen. Und im übrigen könnte auch der Experte von alledem profitieren. Die Entwicklungsländer wurden die „Märkte von morgen", ohne daß hinzugefügt wurde, daß sie unser Markt nur in dem Maße werden konnten, wie wir bereit waren, ihr Markt zu werden.

Niemand konnte erwarten, daß sich nun sofort ausgereifte Projekte anboten. Die Entwicklungshilfe hat nach 15 Jahren Arbeit noch manches da-

---

1) Erhard Eppler, geb. 1926, war von 1968 bis 1974 Bundesminister für wirtschaftliche Zusammenarbeit.

zuzulernen, wie hätte sie dann sofort mit einem Konzept aufwarten sollen?

Zwar galt das Antragsprinzip, wonach die Projektprüfung erst begann, wenn ein Entwicklungsland einen präzisen Wunsch übermittelt hatte. Aber in den frühen 60er Jahren taten sich die Verwaltungen in manchem Entwicklungsland noch schwer mit der formgerechten Abfassung eines Projektantrages, und so war die eine oder andere Regierung nicht unglücklich, wenn eine deutsche Firma oder Interessengruppe ein wenig nachhalf. Schließlich wußten diese Leute am besten, was bei deutschen Ministerien Aussicht auf Erfolg hatte. Wenn dann schon Wirtschaftlichkeitsberechnungen oder Bestellisten beilagen, um so besser. Oft spielte auch die persönliche Vorliebe des einen oder anderen Referenten für ein Land oder einen Sektor mit. Bei der Technischen Hilfe suchte man gelegentlich ein Projekt für einen oder mehrere Experten, die sich zur Verfügung gestellt hatten. Aus der Korrespondenz eines einstigen Stipendiaten mit seinem deutschen Doktorvater entstand eine Universitätspartnerschaft, fein ordentlich als Regierungsantrag in Bonn vorgelegt.

Die Botschaften, von denen eine erste Stellungnahme erwartet wurde, waren ebenfalls überfordert. Natürlich neigt ein Botschafter dazu, der Regierung seines Gastlandes einen Gefallen zu tun. Schließlich ist es seine Aufgabe, für gute Beziehungen zu sorgen. Und wenn dabei ein bißchen Öffentlichkeitsarbeit abfällt bei Einweihungen und Besichtigungen, um so besser. Bei alledem wundert man sich, wie viele vernünftige Projekte trotz allem zustande kamen. Eine technische Schule, deren Absolventen entsprechende Arbeitsplätze finden, ist nie verfehlt, aus welchen Motiven auch immer sie entstanden sein mag. Und die wenigen landwirtschaftlichen Mustergüter, die von den entmutigten Bauern der Umgegend fassungslos bestaunt, aber natürlich nicht nachgeahmt wurden, mußten rasch Genossenschaften oder Agrarberatungsprojekten weichen. Die Neigung zu spektakulären Stahlwerken ließ rasch nach, weil das Risiko zu groß war. Und die Glanzidee, mit veralteten, abgeschriebenen deutschen Textilmaschinen Fabriken in Afrika zu errichten, hat einigen deutschen Unternehmern sehr viel weniger Nutzen als dem Steuerzahler Schaden verursacht, so daß man auch davon rasch wieder abkam. (Ein Empfängerland mußte die Preise für die eigenen Baumwollerzeuger drastisch herabsetzen, weil sonst die Waren der Fabrik völlig unerschwinglich geworden wären: soviel verschlang die Unterhaltung der ehrwürdigen Veteranen der Textil-Technologie.)

Auch die Zeiten, wo ein afrikanisches Staatsoberhaupt beim Staatsbesuch so von unseren „weißen Mäusen“ begeistert war, daß er solche als Entwicklungshilfe beantragte und dann erhielt, dauerten nicht allzu lange, zumal die Motorräder, aus politischen Gründen gewährt, dann doch einen DDR-Minister eskortieren durften.

Schließlich dürfte es kaum noch vorkommen, daß angehende Elektroingenieure in einer von uns errichteten Ingenieurfakultät an deutschen Schukosteckern ausgebildet werden, die in ihrem Land nur einmal, nämlich in der Hochschule, vorkommen.

Dies war sicher nicht der einzige Fall, wo unsere Maßstäbe zu selbstverständlich auf Entwicklungsländer übertragen wurden. Gerade in der Bildungshilfe brauchte es einige Zeit, bis man einsah, daß unser Bildungssystem, von dessen segensreicher Wirkung für das eigene Land heute nicht mehr alle überzeugt sind, anderswo noch weniger geeignet sein könnte. Schließlich brauchten wir ein Jahrzehnt, um zu begreifen, daß ein Starren auf ökonomische Wachstumszahlen schließlich sogar das Wirtschaftswachstum gefährden kann. Am Beispiel Pakistan mußten viele lernen, daß Wirtschaftswachstum, wenn es nicht begleitet ist von sozialem Fortschritt, durch soziale und politische Krisen wieder verspielt wird.

Was bei allen Verbesserungen unbefriedigend blieb, war die Tatsache, daß auch gute Projekte keine große Wirkung hatten, wenn sie nicht in eine Gesamtplanung eingefügt waren. Straßen, auf denen nur selten ein Lastwagen fuhr, weil die erwarteten Fabriken nicht gebaut wurden, technische Schulen, deren Abgänger keine adäquate Arbeit fanden, Landwirtschaftsprojekte, deren Überschußproduktion keine kaufkräftigen Abnehmer oder keine Transportmittel zum Markt fanden, mögen als Beispiel dafür dienen.

Doch der geringe Erfolg der Ersten Dekade geht nicht nur auf irrationale Entscheidungen der Industrieländer zurück. Nationalistisches Prestigedenken und unzureichende Verwaltung in den Entwicklungsländern haben auch ihren Anteil daran.

Führungsschichten, die zwar moderne Gesetze machten, aber weder willens noch in der Lage waren, sie durchzusetzen, haben nicht immer den besten Gebrauch von Entwicklungshilfe gemacht. Wo sozialreformerischer Geist da war, fehlte die administrative Kapazität, um daraus praktische Politik zu machen. So erwies es sich als nötig – national wie international –, ein Konzept, eine Strategie zu erarbeiten, die einen wirksameren Einsatz der Mittel garantierte.

Zitiert aus: Erhard Eppler, Wenig Zeit für die Dritte Welt. Stuttgart 1971, S. 73 ff.

Joseph Ki-Zerbo, Was heißt, die Dritte Welt „wirklich kennen“? 1978

Professor Joseph-Ki-Zerbo aus Obervolta ist Präsident des Verbandes afrikanischer Historiker und Herausgeber des ersten Bandes der auf insgesamt acht Bände angelegten „Allgemeinen Geschichte Afrikas“ der UNESCO, zu deren Autoren vornehmlich Gelehrte des Schwarzen Kontinents gehören. Ki-Zerbo der mehrere Jahre dem Excutivrat des UNESCO angehörte, hat auf dem entwicklungspädagogischen Workshop „Die Dritte Welt in Schule und Jugendarbeit“ 1978 in Essen einen umfangreichen Vortrag „Unterricht über die Dritte Welt und die Probleme ihrer Entwicklung“ gehalten, dem die folgenden Auszüge entnommen sind.

Die Länder der Dritten Welt müssen als eigenständige Einheiten ernstgenommen werden. Man muß endlich damit aufhören, sie an den Maßstäben der nördlichen Welt zu messen.

Ein Land der Dritten Welt kennen – das heißt, seine genaue georgraphische Lage kennen, seine Vor- und Nachteile auf allen Gebieten, seinen „Ort“ im physischen, ökonomischen und kulturellen Sinne. Die wirtschaftliche Bedeutung eines Landes drückt sich nicht allein in Chiffren wie dem Bruttosozialprodukt aus, die nur einen arithmetischen Mittelwert angeben, ohne Rücksicht auf die genaueren sozialen Probleme, die in vielen Ländern der Dritten Welt von Jahr zu Jahr zunehmen.

Es ist erstaunlich, wie schnell die Europäer in Gesprächen über die Probleme der Dritten Welt auf die Frage kommen: „Was produziert Ihr? Über welche Bodenschätze verfügt Ihr? Was exportiert Ihr? Habt Ihr etwa auch Öl?“

Kein Interesse hingegen an den Menschen, ihrer Sprache, ihren sozialen Problemen (Landflucht, Wanderungsbewegungen, Unterbeschäftigung, Arbeitslosigkeit, Gesundheit, Bildung, politische Systeme usw.) Die Völker werden in vielen Fällen mit bestimmten Produkten gleichgesetzt, hinter denen ihr wirklicher Charakter verborgen bleibt. Bauxit aus Guinea, Kupfer aus Zaire oder Sambia, Baumwolle aus dem Sudan oder Tschad, Öl aus Senegal, Gas aus Algerien, Uran aus Nigeria – das sind Bezeichnungen, mit denen man Völker charakterisieren zu können glaubt.

Um die Völker der Dritten Welt kennenzulernen, ist es notwendig, auch ihre lange geschichtliche Entwicklung einzubeziehen. Durch die Geschichte erschließen sich die Grundlagen für das Wertsystem dieser Länder, das man nicht aufgrund der heutigen, oft dürftigen Erscheinungsbilder beurteilen darf. Oft werden die Einflüsse, die von früheren Kulturen in den Ländern der Dritten Welt ausgegangen sind, vergessen oder verdrängt. Wer erinnert sich daran, daß die Algebra arabischen Ursprungs ist, daß die wissenschaftliche und technische Entwicklung im Mittelalter wesentlich von den Arabern bestimmt wurde? Wer erinnert sich daran, daß die großen Entdeckungen des 15. Jahrhunderts nur möglich waren durch Techniken, die aus Asien übernommen wurden? Wie steht es um die Kultur der Inkas?

Man muß beachten, daß die armen und ländlichen Völker der Dritten Welt sich den Fremden nur langsam und unter Schwierigkeiten erschließen. Ihre scheue Zurückhaltung ist charakteristisch. Das Ungesagte, Anpeilungen und Allegorien, die häufig in Sprichwörtern formuliert sind, haben infolgedessen eine besondere Bedeutung ...

Aus diesen wenigen Hinweisen mag ersichtlich sein, daß man nicht wirklich zur Entwicklung eines Landes beitragen kann, das man nicht von Grund auf kennt. Die Dritte Welt ist in den nördlichen Ländern zwar durch ihre Diplomaten, Studenten und Wanderarbeiter vertreten. Diese können einen ersten Ansatz zum Kennenlernen bieten. Im übrigen muß man sich davor hüten, Informationen über die betroffenen Länder ohne Mitwirkung von Vertretern dieser Länder zu produzieren.

Schulbücher sollten nach einem neuen Verfahren in Koproduktion geschrieben werden und eine neue Perspektive aufzeigen. Man mag auf Universitätsebene über Entwicklungsprobleme sprechen. Wichtiger erscheint mir, in der Sekundarstufe und selbst in der Primarstufe darüber zu sprechen. Man könnte beispielsweise Filme über die verschiedenen Museen in der Dritten Welt zeigen, z.B. das in Niamey. Wenn sie gut kommentiert sind, können sie einen vielfältigen Zugang zum Leben und zur Kultur eines Landes vermitteln. Auch Theateraufführungen, Ausstellungen, Informationsveranstaltungen oder Bilder und Zeichnungen können dazu beitragen, die Barriere zur fremden Kultur zu überspringen.

Man kann nicht etwas entwickeln – etwas kann sich nur selbst entwickeln.

Keine menschliche Gruppe kann die Verantwortung für die Entwicklung einer anderen übernehmen. Die Entwicklung ist ein organischer Vorgang, der die dynamischen Kräfte in einer Gesellschaft vorantreibt. Wie man das Wachstum eines Baumes nicht beschleunigen kann, kann auch kein europäisches Land die Entwicklung eines Landes im Süden übernehmen. Man kann einen Baum zwar bewässern in der Hoffnung, sein Wachstum zu fördern. Aber was ist, wenn der Boden schlecht ist? Selbst aus philanthropischen Gründen gegebene Entwicklungshilfe ist nicht frei von negativen Aspekten. Der Bauer, dessen Ernte schlecht ist, könnte meinen, daß er sich gar nicht zu bemühen brauche, da die Ernte ihm ohnehin von draußen geschenkt wird. Eine karitative Entwicklungshilfe kann dazu beitragen, die lebenserhaltenden Kräfte eines Volkes zu lähmen.

Sich entwickeln kann nicht heißen, rein passiv technische Hilfe zu empfangen, komplizierte Maschinen oder gar schlüsselfertige Fabriken. Es handelt sich dabei immer um Prothesen, die einem fremden Sozialgefüge aufgepfropft und infolgedessen oft abgestoßen werden. Der Körper reagiert auf Prothesen mit Allergien. Auch die entwicklungspolitischen Prothesen erfüllen oft nicht die Erwartungen, ganz zu schweigen von den negativen Auswirkungen, die eine nicht akzeptierte und unfunktionale Industrie auf die Kultur eines Landes hat.

Sich entwickeln kann auch nicht heißen, in seinem Land eine ganze Armada von Experten anzusiedeln, die sich anheischig macht, die Politik des Landes beeinflussen zu wollen. Durch die Experten entsteht eine strukturelle Abhängigkeit zu Mächten, deren Interessen im Grund nichts mit denen des „unterstützten" Landes gemein haben.

Sich entwickeln kann nicht heißen, die vorhandenen Bodenschätze des Landes auszuplündern, nur um Kapital zu erwirtschaften, das wiederum nicht für Entwicklungsinvestitionen, sondern zum Aufbau eines bürokratischen Apparates genutzt wird. Die Entwicklung hängt weniger von der Kapitalmenge ab, sondern von der Arbeitskraft des Menschen. Der deutsche Wiederaufbau nach dem zweiten Weltkrieg hat dies sehr deutlich gemacht. Der Marshall-Plan wäre ohne die Arbeitsleistung des deutschen Volkes wirkungslos geblieben. Wenn ein Land, nur um die Wachstumsraten einzuhalten, von fremdem Kapital abhängig ist, so kann das nicht Entwicklung, sondern nur Unterentwicklung bewirken. Wenn der Kapitalfluß noch dazu dem Export von Rohstoffen zu „danken" ist, dann baut man in die Volkswirtschaft einen verderblichen Mechanismus ein, der die künftigen Generationen in dauernde Abhängigkeit führen wird.

Sich entwicklen kann nicht heißen, die Vorbilder der anderen erreichen oder nachahmen zu wollen und dabei immer den rückständigen Deppen zu spielen. Die objektiven Lebensbedingungen sind nun einmal nicht identisch, und insofern ist es sinnlos, diesen Versuch zu machen . . .

Sich entwickeln heißt dagegen, vor allem aus eigener Kraft den gemeinsamen Willen zum Fortschritt zu haben. Das Kind lernt gehen, es steuert sich selbst und löst sich vom stützenden Halt der Mutter, selbst wenn es stürzt. Das Hinfallen ist dabei für das Kind eine wichtige Erfahrung, aus der es lernt.

Sich entwickeln heißt, alle verfügbaren Kräfte zu mobilisieren, zunächst auf der Ebene der politischen Bildung, danach bei der Umsetzung der Pläne in konkrete Vorhaben. Mobilisierung aller Kräfte – das bedeutet vor allem die Einbeziehung der Massen in die Verantwortung, denn die Massen sind es, die über lange Zeit die für die Entwicklung notwendigen Opfer bringen müssen. Die Massen müssen interessiert werden und sich von der Entwicklung einen wirklichen Vorteil versprechen können. Die Annahme, daß Ideale und Enthusiasmus als Motoren der Entwicklung fungieren können, ist oft genug widerlegt worden.

Worin kann das Interesse der Massen bestehen? Doch wohl nur in der Befriedigung ihrer Grundbedürfnisse. Dies ist eine Grundeinsicht aller Entwicklungskonzepte. Man sollte sich allerdings hüten, die Grundbedürfnisse auf das zum Überleben notwendige Existenzminimum zu reduzieren. Die Grundfreiheiten des Menschen wie z. B. die Gedankenfreiheit, gehören unbedingt dazu, was allerdings nicht zu bedeuten hat, daß die Grundfreiheiten notwendigerweise nach dem Rechts- und Moralverständnis des Abendlandes zu definieren sind.

Die Demokratie ist eine Grundvoraussetzung für die Entwicklung, wobei diese ebenfalls nicht unbedingt nach westlichem Vorbild gestaltet werden muß. Bestehende Rechtsformen und beispielsweise der afrikanische code der Familie müssen in die Demokratie integriert werden.

Das bringt mich zu einem weiteren Hauptmerkmal der Entwicklung: die kulturelle Identität. Kulturelle Identität umfaßt das ganze System der sozialen Beziehungen, der Werte und Zielvorstellungen, durch das sich der Mensch von den Ameisen und Bienen unterscheidet. Sich entwickeln heißt in diesem Zusammenhang, darauf zu verzichten, seine Identität zugunsten des Besitzes aufzugeben, darauf zu verzichten, wegen dieser oder jener technischen Errungenschaft zu einem Kultursklaven zu werden.

Entwicklung muß schließlich global angelegt sein, global, weil sie alle sozialen Klassen einschließen muß. Nur in einer globalen Entwicklungsstrategie lassen sich Fragen wie Umweltverschmutzung oder Rohstoffverknappung und andere Lebensfragen der Menschheit überhaupt bewältigen.

Übersetzung: Hans Wolf Rissom. Zitiert nach: Entwicklung und Zusammenarbeit 1/1979, S. 12ff.

987 654 321